明治知識人としての内村鑑三

その批判精神と普遍主義の展開

柴田真希都

みすず書房

本刊行物は、独立行政法人日本学術振興会科研費 JP16HP5007 の助成を受けたものです

明治知識人としての内村鑑三　目次

凡例

内村鑑三の文章は、『内村鑑三全集』（岩波書店、二〇〇一年、全40巻セット）を底本とする。

『全集』のテキストに忠実に従ったが、傍点、・・・・・・、○○○○○○、◎◎◎◎◎◎、●●●●●●、ゴチックのような強調は生かさなかった。

ルビについては、『全集』に振られたものの中から選択して引用テキストに振った。

引用は「　」で括る。それ以外に、特定の語に読者の注意を促す際にも「　」を用いた。用語、あるいは概念の強調に〈　〉を使用したところもある。

引用文献について、本文中に発表年やその媒体への言及がない場合、注の初出にそれらを記した。

年表記は基本的に西暦で記すが、新聞・雑誌の発行日など適宜、年号を記したところもある。

『全集』三巻収録の英文 *JAPAN AND THE JAPANESE* および *HOW I BECAME A CHRISTIAN* からの引用ページは、注において後ろ左開きからの頁数を斜体の算用数字で示す。

各章節にて適宜整理される内村の伝記的知識については、総じて、鈴木範久『内村鑑三日録』全一二巻（教文館、一九九三―九九年）記載の情報による。

序論　近代知識人論の問題意識から見た内村鑑三

第一節　研究の視座——新たな方法的視点からの内村研究に向けて

1　信の人・知の人

本書は江戸末から昭和初期までを生きた思想家・内村鑑三（一八六一—一九三〇年）を、日本や世界の歴史・社会の中に位置する「知識人」として立像しようとする一つの試みである。

内村鑑三は生前、あるいはアジア・太平洋戦争後、その特異な人生や書き残された言葉の内容から広く関心をもたれ、今に至るまで多くの人物が言及し、目下、彼にまつわる研究は汗牛充棟ただならず、といっても過言でないほどの様相を呈している。[1]

そのような状況において新たに内村を論じる本書の特色は、内村の主に明治期の活動を「知識人」(intellectual)という観点から整理し理解し直そうとする点にある。それは、今後、彼の言動の歴史的意義を、他の同時代、あるいは世代の違う「知識人」との比較・継承・対抗・提携などの相において浮かび上がらせるための下準備とすることを視野に入れたものである。

日本語の「知識人」なる語は、intellectual あるいは intelligentsiya の訳語として明治末頃より使われ、大正以後盛んに用いられた近代語である。日本ではマルクス主義の文脈で、「大衆」「労働者」、あるいは「貴族」「資本家」などとの対比のもと、彼らの意識を開発しつつ先導し、国際的な視野をもって特定の国や地域の社会的、経済的、精神的発展の段階を意欲的に進めていく一群として学界や在野にて用いられた言葉であった。[2] あるいは、戦後民主主義の文脈において、人民一般に民主主義の理念と作法を啓蒙する人々、ないしは人民一般を率いて、世俗権力の政策や立法に対し意義申し立てをする一群として脚光を浴びた時代もあった。前者では活動家たちの組織的集団の様相を呈し、後者では特定の作家や大学教授など、比較的目立つ個人を中心に語られることが多い概念であったと総括される。[3]

「知識人」なる日本語は現在でも一般に、社会においてある特殊な職責を担う人々——知識・情報の生産、伝達、活用などの役割に従事する——の一群、あるいはそこに属するとされる個人を指す言葉として使われている。マスコミ等では、その言葉の厳密な意味を定義しようとする意識は特に見られないまま、「文化人」などという言葉と大差なく使われているように見受けられる。そこでは、その「知識人」が intelligentsiya の訳語としての意味あいの強かった東西冷戦構造下のマルクス主義由来の概念を引きずったままである場合が多々あり、西欧において年来、活発に議論されてきた intellectual 論との相違や接続についてはほとんど議論されないまま、その両者の意味が流れ込んだ概念として、「知識人」なる日本語が世俗的な諸場面で消費されているような現状であると考えられる。

K・マンハイムの『イデオロギーとユートピア』(*Ideologie und Utopie*, 1929) に代表されるごとく、「知識人」の一群視や、その働きへの特殊な着眼それ自体が近代に推し進められたものであるがゆえ、章題で用いた「近代知識人」という言い方自体が、一つの重複的な言明となることは十分考えられる。が、ここでは一応、各地域の近代以前にも「知識人」なる概念を適応できる／されている、という想定／事実のもと、あえて、それとの差別化から「近代知識人」という表現を用いることにした。それは一つの合意された専門用語を指し示すのではなく、あくまで〈近代〉という時期区分に相当する歴史の一場面に活躍した知識人、という程度の含意に留めておくというのが筆者のここでの意図である。

ところで、内村鑑三を「知識人」とする認識を冒頭に掲げて彼に取り組んだ研究は、意外にもこれまで見当たらない。代表的な内村論において、内村を日本あるいは世界の知識人として取り上げ、位置づける試みはいまだ主題的になされてはおらず、また、代表的な知識人論において、内村にその章節を割いた著作も見当たらない。[4] どうやら内村という人は、あまり近代日本に代表的な「知識人」として認知されることがなかったかのようである。戦後の諸研究を通じて、近代の代表的な「思想家」あるいは「宗教家」である、という評価・言い方が研究者や読者の間に定着しているだろうことと対比して、それは興味ある現象であると思われる。

そういった認知状況をもたらした理由の一つとしてまず考えられるのは、内村が「知」の人（知識人）であるよりは「信」の人（宗教家）として、他者・同時代人、または彼を見ようとする後代の人々から認識されやすかったということがあろう。[5] というのも、内村は事実、少年時代から死に至るまで一貫して宗教実践者であり、その「信」の必要と具体的な様相を、隣人や社会、海外に向かって発信した人だったからである。何を発信したのかの、最も枢要な部分だけに注目された結果、内村は「信」の人として日本近代史上、ひときわ目立つ存在となった。それゆえに、実際のところ何らかの意味で「知」に関する提供者であったということや、何らかの意味で「知」の生産・発信源でもあったという事実が、比較的に語られがたくなる、という現象が起きやすくなったのだと考えられる。ここでは「宗教家」を「知識人」に該当する職種の筆頭に置かない intelligentsiya 寄りの知識人理解の伝統が色濃く残っている、と見ることができるかもしれない。

ところがよくよく考えてみると、内村や彼に関する言明を特色づけているその「信」に関する事柄においても、彼はただ「信」を実践したのみでなく、それを積極的に言語によってかたどり、文章におさめ、雑誌等に掲載し、顔を知らない遠い人々へも理解されるよう努めていたことに留意される。彼はただ「信」を実践するにとどまらず、それをある言語による構造の形に転換させ、それを他の情報や知識にまつわる文章に並置させては、遠くの他者や社会へ向かって発信していた。本書では「信」の人と思われる内村が、その「信」にまつわる言説や別種の言説を、自己とその周辺にとどめずに、それを丹念に知識の形に構築して、日本社会や海外の読者へと伝達したことを重んじる。そして、そのような「信」にまつわる事柄の一般的な「知」の文脈への移行を、私的な「信」の出来事から公的な「知」的活動への位相転換と捉え、彼のような人物を「知識人 intellectual」として考慮する視野をもつことを提起する。

　とはいえ、これは作業仮説上の一種の区分けにすぎないかもしれないことを断っておきたい。「信」の領域と「知」の領域は截然と分かたれるわけではなく、実際は大きくその領域を共有していることだろう。その上で社会的な情報の分類において、それぞれの意味づけを異にするということ、あるいは個人の認識において別種のものとして分類されていること、などを踏まえ、論旨の展開上、「信」と「知」を区分けする慣例を踏襲する、というのがここでの筆者の見立てである。その上で、ある人物像——ここでは具体的に内村鑑三という歴史的人物の像である——を「信」の人として規定するのみならず、「知」の人としても積極的に捉えられるということを中心に据えた言論を構築しようと試みる。その「知」が、なんら特殊な手段によって社会の特別な場所に位置していたわけでもなく、実際のところ、一般的に流通する知識や情報の中に紛れて存在している「知」であったことを確認し、内村の言動の歴史・社会的な意味を「知識人」(intellectual)という視角から語り直す方法を持ちたいと考えるのである。

　むろん、筆者が上記のように「知」と「信」の間に横たわる事情を把握しようとするとはいえ、依然、内村が「信」の人であることにも変わりはないことを言い添えておく。[6] その上で、彼が果たした社会的、あるいは共同体的役割としては「知」の人としても機能していた、という文脈に注目するのである。内村個人の生活空間に依拠した「信」の営みは随時言語化され、それが他者に読まれることによって、他者からある「主張」や「思想」として見なされえた。それが「主張」あるいは「思想」として読まれた時点で、すでに彼(発信者)の「信」は他者(受容者)の脳裏で何らかの意味における「知識」に変換され、他の「知識」と並置されることになったという過程を踏まえておきたいのである。

本書ではこういった個人の経験の言語化による思想の生成、テキスト化から、そのテキストの他者による読解、他の知識との混在にまで至る一連の思想伝達の出来事を、内村の言葉を論じるさいの基本的な単位経路として想定している。「思想」の静的な存立や体系化以上に、その「思想」が他者に提供されて何らかの意味での「知識」となることや、その「知識」を受け取った同時代、あるいは後代の人物の間で何か単なる集合以上の意味をもった言論が形成される可能性を重視するのである。そしてそのような一連の出来事の発端、または結節点となった人物を、今、仮に「知識人 intellectual」という言葉で指示することにしたいと考えている。

2　知識人論という方法――内村鑑三という事例

ある時代、ある地域における作家、思想家、学者、専門家などの個人、あるいは集団を「知識人」として措定することで、その社会的・政治的・倫理的役割の実態を解明したり、その規範的あり方を追求したりする著作分野に、知識人論というものが挙げられる。本書は、この知識人論の蓄積を背景に、近代日本の知識人個々、あるいは知識人集団の活動を読み解いていこうとする長期的な試みの一部として位置づけたいと思う。すなわち、本書を一つの発端として、主に西洋近代を中心に蓄積された知識人論の諸視点から、近代日本の知識人の活動の意味を再解釈し、彼ら個々の思想史的境位を、一国史の中にではなく、国際的な思想交流史に開いた形で提示していく、という試みである。本書はこうした展望の下で、まずは内村鑑三という人物を、西洋近代の知識人論の問題意識から解析する対象に選んだ、ということになるだろう。

そうした展望のもと、本書では対象となる内村個人の「信」に関わる内面的領域を細かく検討すること、信仰者内村の思想世界の全体を解明すること自体はあえて主題としない。内村の多様な思想家としての評価とは一応別個の、その知識人としての足跡にとどまり、知識人としての意義や価値を論じる言葉、その基準をもとうとするのが本書の意図である。明治の知識人・内村鑑三の全体的な像を構築し、その特色を語る表現を発見すること、それを本書の初発の目的と定めておきたい。

さて、日本の知識人論は従来、歴史研究や思想史研究における個別研究という形をとってきており、それ自体、独立した研究分野となっているとは言いがたい。その中でも、近代では福澤諭吉や中江兆民、幸徳秋水や河上肇といった、ある主要な思想家たちを狭い意味での知識人として捉える試みはみられようが、実際のところ、「知識人」という言葉・概念の誕生・普及が主として大正期であったことから、明治以前の「知識人」たちを現代の視点から論ずる際に、適用・共有される規定的な条件はなかったように思われる。内村の場合、その活動は大正時代にもわたり、昭和に入っても数年間は続くのであるが、その明治期の活動内容が、大正以来の近代日本語としての「知識人」の意味内容になじむのか、なじまないのか、といったところから検討が必要となるかもしれない。そういう段階を飛ばして明治人としての内村を「知識人」という範疇に入れてしまってよいのかどうか、議論の余地があるだろうことも推測される。

本書は、こうした議論に貢献するという意味でも、用いるべき知識人論の諸点を用いれば、内村鑑三をその宗教家像とは別個の「知識人」として立像・認知していくことに無理がないこと、さらに、ある意味で彼はその名に最もふさわしい人物の一人と見てよい理由があることを実証する場ともなると考えた。内村の諸活動を西欧由来の知識人論の諸点から解析しようと試みることで、日本語の「知識人」概念の内容を逆に問いかえし、ある基準を設けてその概念自体の再検討を促すような効果が生まれるだろう、とも考えている。

内村を「知識人」という観点から考察するに値すると考える主要な理由の一つに、彼が生きて活躍した時代が、ちょうど西洋で知識人なる一群に注目が集まり、知識人論が発生していった頃に重なる、という事情が挙げられる。本編でも取り上げることになるが、西欧において知識人という存在集団や活動様態が脚光を浴びるようになったのは、一九世紀末フランスで起こったドレフュス事件（一八九四―一九〇六年）を嚆矢とする、というのが有力な意見である。[7]内村はこのドレフュス事件勃発の頃、日本でいえば足尾鉱毒事件が田中正造の質疑により国会で問題とされ始めた明治二〇年代半ばに、公共人としての活動を活発化させている。そして内村は、日本に居ながらにして、ドレフュス事件の動向に高い関心を示し、その事件をめぐるゾラらの動きに触発されるところ少なくなかった（第五章第二節を参照）。そこで、内村の一九世紀末から二〇世紀初期の思想史的境位には、西洋の知識人たちの意識や活動と某か連動するところがあったのではないか、というのが筆者の問題意識に上ってきたのである。もし、内村が福澤諭吉のように幕末・維新期に活躍した世代の人物だったとしたら、あるいは内村の多くの教え子らのように明治中期以降の生まれであったならば、ドレフュス事件や足尾鉱毒事件に、タイムリーに、強い共感をもって反応することは困難であったかもしれない。

ある歴史的に意味ある区切りの時期に、ある年齢や職種において、特定の事件に関わったり目を留めたりするという偶然性を重んじるなら、内村は西洋でいう「知識人」の第一世代と同じ時代状況に、同じように文筆と講演の職業についていたことを重視しないわけにはいかない。こういった偶然は、彼を一国的な知識人として取り上げること以上に、国際的な視野と活躍の場をもつ「近代知識人」の一人として取り上げることを推奨する要因となるだろう。それはまた、内村鑑三を、近現代欧米の知識人論を念頭に対象化すべき、日本近代の事例として選定するにふさわしくする、主たる要因の一つになるとも考えられた。

内村を、知識人という観点から考察するに値すると考える二点目の理由は、後世への影響力や語られ方にある。内村鑑三は、目下、福澤諭吉に次いで多く言及対象になる近代日本の思想家の一人であるといってよい。福澤はその生前から知の巨人として諸方面からの尊敬を受けており、死後も明治維新の文化的功労者として継続して高い関心を払われてきた人物である。対して内村は、一九四五年以前には、現在これほどの関心の対象となるとはまず想像されるような人物ではなかった。彼は第二次大戦以後、多くの理由から、急速に光が当てられ、今に至るまで大小の研究がひっきりなしに続くのであるが、そこには、例えば福澤諭吉などの場合とは少し異なった接近のされ方の傾向が生じているよう見受けられる。

端的にいうと、それは科学的あるいは歴史学的な関心と、実存的あるいは人生論的関心の比重の違いである。福澤については、主に前者の関心から頻繁に接近され、現在の熱心な福澤講読者の中には、研究者や歴史家の比率が高いことが推測される。ところが、内村の場合、彼の言葉や人生の歩みが、多分に市井の人間の実存的な関心、「人生如何に生くべきか」[8]をめぐる参考対象になってきた、という点に特色があるように思われる。むろん福澤も常人以上の業績を上げた人物であり、驚くべき頭脳をもった人物であるという点で疑いえないが、「人生如何に生くべきか」という実存的な問いに応答する標本として、そのテキストが世間一般に読まれてきた、というほどにはいかないようだ。それは福澤だけに限られない、近代日本のほとんどの著名人は第一にそうした実証的分析の対象として接近されているといってよいだろう。ところが内村の場合、それを読む個人はどうすべきか、どうあるべきか、といった反省的思索を促されるような形で積極的に読まれてきたことに特徴があるように思われる。

こういったことが、知識人論の問題意識からする分析の対象として内村を選ばせるのに何の理由があるのか。それは、本書が知識人の規範性、あるいはその言動や姿勢の倫理を問うような形で知識人像を構築する知識人論を想定していることに連関するのである。

政治思想史学者の加藤節によれば、現在から顧みて、二〇世紀に登場した知識人論は、その特殊な専門性を取りかかりにする「存在表象で規定される知識人」像と、いかに行動すべきかを代表する「規範表象で規定される知識人」像に大きく分けることができるという。[9]本書では前者に割り振られる系統ではなく、後者に割り振られる系統に注目する加藤の立場を踏襲する。そうした知識人論の執筆者としては、A・N・チョムスキー、J・ハーバーマス、E・W・サイードといった人々が挙げられる。基本的には、近代欧米において結実した倫理的諸価値の擁護に熱心な、いわゆるリベラル派の人々による議論が多いことが指摘されうる。規範性とリベラルな立場をともに満たし、それらの擁護に強く共鳴する人物として内村鑑三が想定されることが適切かどうかは、本編の諸論において立証されることになるだろう。

3　サイード知識人論の骨子

知識人論は規範的表象で表わされるものに限っても、二〇世紀にいくつか代表的なものが誕生しているが、本書ではそれら代表的なものを網羅して検討するようなことは手に余る。本書は近現代欧米発の知識人論の問題意識からみて、内村鑑三という人物を知識人としてどう立像していくことが可能か、という一つの試みでもあり、その試みが実りあるものになるよう、対象の性質に適った知識人論を選定したいと考えた。知識人論では、知識人とはいかなる人物であるのか、という定義から問いに渡されているため、どの知識人論を参考にして対象となる人物・集団を読み解こうとするのかによって、問題意識や評価基準が異なることになり、結果として立ち上がってくる当の知識人評も異なってくるに違いない。

本書では、内村という知識人の特徴を最も鮮やかに浮かび上がらせるのに貢献するだろう二つの知識人論を選出した。その一つがここにその概要を整理するエドワード・W・サイードの *Representations of the Intellectual*, 1994[10] である。

このテキストを選んだ理由は二つある。一つはこのサイードによる知識人論が、近年の知識人論としては最も広く読まれ、引用されるものの一つである、という意味でぜひとも参照すべきと思われたこと。もう一つは内容に関係する。すなわちサイードの提出する知識人像が、近代日本の内村鑑三という知識人の特性を鮮やかに浮かび上がらせるいくつかの議論の枠組みを提起してくれる、と筆者に思われたことによる。

そこでサイードの知識人論の内容を以下、簡単に要約してみたい。

サイードが *Representations of the Intellectual* のもとになった講演（BBCリース講演、一九九三年）で行ったことは、知識人の存在意義の復権である。すなわちポスト・モダンの潮流に連なる思想家たち――その代表者はリオタールであろう――が消極的に取り扱った、伝統的な意味で、知的、倫理的に特定の役割を社会において担っていると思われた一群の人々について、その役割や責務を規範的な視点から再検討して、現代における存在と活動の意義を再確認しようとしたのである。

サイードはこの決して長くはないテキストにおいて、実に多くの先行研究を取り上げていく。知識人論の古典であるグラムシのそれを整理したかと思えば、リベラルと自任するサイードから見て、保守寄りに位置すると認められたJ・バンダの知識人論 *La trahison des clercs*, 1927（『知識人の裏切り』一九九〇年）を取り上げ、その議論の一部に大きな賛意を表明している。サイードがバンダから受け継いだ最重要の知識人理解は、〈普遍的で単一の基準にどこまでも固執する姿勢〉というものであった。サイードはバンダが打ち出した真理と正義への殉教者といった概念に戸惑いつつもひかれており、時の権力・権威者の意向よりも、普遍的な価値基準の擁護に踏み留まる知識人の職責理解に強い共感を示している[11]。

サイードは斯界の先行研究だけでなく、自身の専門である英・仏文学の世界に分け入って、そこに描かれる知識人の表象について分析したり、実際にパレスチナの独立国家再建に向けた実践活動に参加した経験から、政治的な動きに批判的に関わる知識人に必要な性質を抽出したりする。そうした多様な領域にわたるこの知識人論を筆者なりに整理していけば、次のような事柄が「知識人 intellectual」の職責ないしは特色として提出されてきたといってよい。

i）現実を疑い批判する態度に徹すること、常に冷静に事態を観察できる見地を確保すること
ii）現状の攪乱者として、支配的で図式的な議論の範疇を打破するよう仕向けること
iii）党派性よりも単独者としての責任ある姿勢を貫くこと。あくまで個人について語ること
iv）専門性ではなく、アマチュア意識とボランティア精神で動くこと
v）国家や民族・宗教などの属性を越えて、人間の悲惨と抑圧、差別に関する真実を公表すること
vi）権力者に対して真実を語ること。大衆に対して聞こえの良いことを言わないこと
vii）普遍的で単一の基準にどこまでも固執する姿勢をもつこと
viii）数多くはない意見表明の場にあって、人々に注視させ、反省を促すような魅力的な言葉で語ること。
ix）「亡命者」「周縁的存在」「アウトサイダー」のパースペクティブをもつこと
x）公的活動が予測できない意外性に富むゆえ、その存在様態を一義的に定義されえないこと

サイードは「知識人とは」という問いに回答を与える意図をもって、繰り返し、異なった文脈と表現において、読者に対しこれらの性質へ注意を促している。特にi（公平で徹底した批判精神の発揮）を基調としながら、ix（周縁的存在として）、iv（アマチュアの立場から）、vi（権力に対して真実を語る）といった要素を大きな柱として、知識人の規範的職責が表象されていくのが特徴といえるだろう。[12]

階層や職業集団という形ではなく、あくまで単独の個人の活躍に注目していること、主として言論をもって権力の世界に対峙する作家やジャーナリストのような人々に親和的な要素を提出していることなども、後に整理する内村鑑三の活動実績とよく共鳴するところがあるように思われる。本書では、こうしたサイードの知識人論か

ら抽出できる諸要素を各章節にて問題提起として散りばめながら、近代日本の知識人・内村鑑三の多様な言動を読み解く際の導き手として取り扱っている。

4　バンダ知識人論による補完

本書では、先に述べたように、サイードの知識人論以外に、もう一つ別の古典的知識人論に依拠して議論を組み立てることも行なった。それは、サイードが参照したJ・バンダの *La trahison des clercs* である。[13] この知識人論は、どちらかといえば追加・補完に見えるような使い方をすることになったが、その実、きわめて重要な論点を提供するものとして、本書の構想の当初から適用範囲を想定しつつ採用する予定であった。なぜその必要があると思われたのかについて一言述べておきたい。

本書では基本的に、先に挙げたようなサイードの知識人論にて展開された、知識人に規範的に要請されるとみられる諸性質を、筆者なりに整理して各章節の問題提起として使用している。サイードは一九世紀末頃からの国際的な知識人の活躍を視野にいれているため、その視座からして、彼より二・三世代前の知識人である内村を語るのに不適合ということはない。しかし、サイードが該テキストで造形した知識人像は、必ずしも内村鑑三という近代日本の知識人を深く読み解くのに十分な切り口を余さず提供してくれるわけではないと筆者には思われた。例えば次のような点が、論ずべき事柄として残されることになったと考える。

ⅰ）抽象的または超越的価値と、現実的または実際的価値の衝突にあたり、知識人がいかなる方面へ加担していくべきか、ということについて

ii）普遍的なものと、歴史的、地域的、個別的なものとの関わらせ方について。特に「愛国心」をめぐる問題について

iii）知識人の政治化が顕著な時代において、非政治的あるいは反政治的な意図を強く打ち出して公的な活動を展開する意義について

iv）プロイセン・ドイツ流の組織運営や人材育成を基幹とした近代日本の国是に立ち向かうということについて

v）知識人における古典的素養と古典の文言への依拠、その同時代的な活用の重要性について

むろん、これらの点すべてに対して本書が十分な回答を提供することは不可能である。が、以上のような諸点は、場所はちがえど内村と同時代を生きたJ・バンダの問題意識の方に強く根付いており、その知識人論にも重要な動因として機能している、ということが発見された。サイードが主題的に論じてはいない、時代史的に重要な事柄を、内村と同時代人ともいえるバンダの方がより意識化しているのは、当然のことながら注目すべきことと思われた。

そこでまず、バンダの知識人論（*La trahison des clercs*）の内容について簡潔に整理することが必要となるだろう。バンダは、同時代のヨーロッパの知識人が伝統的にそうであったところの抽象的で普遍的な真理への忠誠という職責を放棄し、あくまで特殊な存在であるところの自己の所属国家や民族、特定の階級にのみ奉仕するようになった事態を「知識人の裏切り」と呼び、その主体を「裏切りの知識人」と呼んで激しく糾弾する。中でも、従来、超越的真理の擁護者であった哲学者や聖職者――バンダのいう知識人はその表題通り、彼らclercs（英語のclerks）が最たる指標である――が大衆の自尊心に奉仕することばかりを口にするようになり、国民的特殊性の讃美や国家的エゴイズムに加担するようになったことが、その裏切りの最たるものであると認識された。

そのような「裏切り」の発生は、一九世後半から顕著になった知識人たちの政治的情熱の高まりに原因を採ることができると言われる。また、それはドイツ由来であると名指しされる。バンダのいたフランスだけでなく、全ヨーロッパがこの一九世紀後半以来のドイツのナショナリズムの煽りを受け、自らも国家主義的偏狭性を高めている、との指摘は実に厳しい。

バンダは知識人が、古来、彼らの務めであった真理や正義、理性の擁護者ではなく、国家という具体的な美的対象の忠誠者に様変わりしてしまったことを非難し、彼らの政治的野心の基礎に、その哲学・思想の現実主義化を認めたのである。バンダによれば、そうしたドイツ由来の思想にかぶれてしまったのは、一九世紀末以来、伝統的な西洋古典の教育体系が崩されてきてしまったことの影響が大きいと言われる。すなわち、普遍的な真理や善なるものの擁護が蔑ろにされてしまうことと、古典的教養の没落が密接に関連づけられて論じられているのである。

このように、バンダは「知識人の裏切り」という現象を、国際的な思想の流通と、国内的な教育内容の変化の両方に配慮しつつ、その交錯地において論じている。そして裏切りの知識人たちが、普遍であるべき真理と正義を、実際的な個々の実利主義に奉仕させておきながら、さも普遍的真理や正義の擁護のために立ち上がるかのような名目で戦争を次々に煽っていく姿を、知識人の末期的姿として認めるのである。むろんバンダは古典的な知識人の役割の価値を信じていたからこそ、現状の「裏切り」の知識人たちの終末を望んだのであった。

以上述べてきたことは、サイードのポスト・コロニアリズム時代を背景にもった知識人論の視点を借りるのみでは十分に論じきれないものを多く含んでいる。とりわけ第二次世界大戦終結以前の、帝国主義下の知識人の歴史的な姿を捉えるさいには、熟考すべき見解が多い。本書では、こうした両者の知識人論の特性を踏まえつつ、愛国心や実際政治を論じる際には、自然とサイードからバンダへと参照すべき知識人論の主軸を移して考察する、ということが行われている。特に愛国心を扱う第四章や、現実主義と政治批判、非戦論という流れで論じる第五章は、バンダの知識人論における問題意識に導かれて論じられたところが多い。

このように、内村とサイードとの関係だけでなく、そこにバンダという第三者の見解と課題意識をはさむことによって、サイード、バンダ両者の知識人像と歴史的人物・内村鑑三とのいくつかのズレを測ることも意図されるようになった。また、内村という知識人の近代思想史的な境位だけでなく、歴史を貫いて現れるとされる知識人の普遍的特性に関しても、検討しやすくなったと考えている。

第二節　導　入——内村鑑三をめぐる基礎的見解

本節では、前節で提起した方法を本論にて一つ一つ具体的な資料を通して実施していく前に、対象となる内村鑑三について、筆者が着眼しているその思索や行動の傾向性という点から簡単に整理して述べておきたい。それは歴史的な知識である一方、実際は証明を要する仮説でもある。この仮説が正しいかどうかは、これから提示される立論と考察の結果を通じて読者の判断に委ねられるだろう。さらに、その知識人としての諸相を検討していこうとする内村鑑三を、筆者がいかなる人物として捉えようとしているのか、その解釈の道具立てや切り口といったものの一部を、予め読者に呈示しておくこともここでの目的となる。総合的に見て、彼を、一組の対となる要素がともに強く発現されている人物として描こうとするのが筆者の基本的な視点である。[14] こうした把握は内村研究の代表的論者の一人、小原信がすでに試みたことであるが、[15] 本誌で掲げる内容は彼の整理した項目とは異なっている。しかしそこにいくつかの対となる「二つのもの」のバランスを見る、という視点は共通するものである。

1　科学性と実存性

内村鑑三は札幌農学校卒業（一八八一年）後、科学者として、職種としては開拓使という技術官僚として、成人後の公的生涯を出発させている。彼は専門的な訓練を積んだ農学・漁業学・海洋生物学の専門家として、斯界では将来を嘱望された人材であり、その遺された論文業績は、現在の専門家の眼からみて多くの科学史的価値を持つものだとの指摘がなされている。[16]

内村は渡米（一八八四年）後も農学を中心に自然科学全般への関心を高くもち、帰国（一八八八年）後も生物学を教える機会があるなど、自然科学と縁が切れることはなかった。だが研究の第一線は退いて久しいゆえ、もはや正確な意味で自然科学は専門とはなりえず、知識・方法として教養の体系の一部に組み込まれる対象となった。しかし内村はあくまで科学者としての視座と思考法を保持したまま、あらゆる対象（政治・教育・社会・宗教・文学など）の観察や分析にその経験や手法を反映・投入させていったと見られる。論理的な、起承転結が整えられた簡潔な文章構造に、彼の視座と思考法の一端が開示されていると考えられる。

一方、内村は科学技官として働く以前、すなわち応用科学の実践者となる訓練を積んでいる時から、人間の魂の問題の探究者であった。彼が本格的に科学者の道を歩み始めるのと、キリスト者の道を歩み始めるのはほぼ同時である。札幌でダーウィン『種の起源』と『聖書』をともに参照することができたのは、その二つに出会った少年時代、まだ彼の中で、科学もキリスト教も未成形であったという事情が大きいだろう。若き内村においては、宇宙の秩序を説明する統一された思想、あるいは原理が求められていたのであり、そのために両テキスト、あるいはそれらテキストが位置する両分野（科学と宗教）が等しく参考にされたということになるだろう。

内村は周知のとおり、一八九一年初頭の「第一高等中学校不敬事件」によって、一度そのキャリア＝公教育における教員生活を挫折させている。知識人として、公的な書き手・作家として世に再登場した時、彼は実存探究的な、日本近代では新しい類の文学をもって現れた。『六合雑誌』などに人物評論や伝記ものを書き続ける一方で、『基督信徒の慰』『求安録』（ともに一八九三年）、*How I Became a Christian*（一八九五年）のような自分の内的経験の足跡をたどる著作を発表し、キリスト教界を中心に、読者の高い支持を獲得した。これらは後年、彼の代表作と目されることになったが、それはその著作が、アウグスティヌス『告白』、バンヤン『天路歴程』、パスカル『パンセ』、ルソー『告白』、キルケゴール『あれかこれか』などに通じるような、さまざまな文学的な工夫を凝らして提供された一個の魂の遍歴の物語として、近代日本における一つの新しい文学的試みとなっていたからであろう[17]。

この実存探求的な文章の特徴を述べるとすれば、それが自閉的な意識の動きの記述ではなかったということが指摘される。あくまでも自らと外部世界との交渉において生起してきた問いをめぐって、主人公が他者——この場合、まず何よりも絶対他者としての神が目されている——に開けた形で、力動的に論理の構築や提言・要請を繰り返していくのである。それは外部現象の観察に促された仮説の構築と、可視的なものによる検証を繰り返していく科学的実証や結論づけの過程と重なり合うものがある。

このように、内村鑑三の書くものは、一方で科学者の書くものであり、一方で実存探求者の書くものである、という二重の視点から接近することが可能なものとして提出されたことが注目される。後に本論にて述べるように、彼は一八九四年頃から時事評論にも関わるようになり、日清戦争後の反政府・反主流文化的な抵抗の文章で、日露戦争時まで若者たちの熱い支持を取りつけるジャーナリストとして活躍した。後年、「内村時代」を築いたとまで回想された彼の文章や講演の魅力は[18]、先に述べた、ジャーナリストとして活躍する以前の、科学者としての経験や実存的な作風といったものに多く与っているだろうことが指摘されなければならない。そして、その科学性と実存性の共存ということが、日本の従来の物語文学、あるいは評論文学の主流に対して内村の文学が放つ、何ほどか新鮮かつ異質な魅力の核心となっていたのだと推測される。

2 書斎と実地

内村の知識人としての個性を捉える際には、その足跡に外郭から接近するということも重要な方法になる。内から外へ、という段階を便宜的に分けるとするなら、彼の思索、読書、執筆、自宅講義、公的な講演、といった方向へと展開していく同心円のような活動軌跡を描くことができるかもしれない。場所に注目するなら、書斎、自宅講義所、外部編集室、市内の講堂、地方の講演所、というふうに展開されてゆくだろう。そしてこうした場所の移動や広がりを考えてみると、思想家として、あるいは文学者としての内村が、いかに広い行動圏や影響圏をもち、実際に地方各所を歩いてまわったか、ということに想到される。彼はその一生で、日本国内では北は北海道、南は九州（熊本）まで、国外では米国西海岸、東海岸へと足を運んだ経験があり、そのすべてに、そしてそれ以上の範囲にまでも——自らは滞在したことのないヨーロッパ各国にも——著作を通じて自らの言葉を届けた。現在残っているものは、主に雑誌や単行本に遺された文章と思想であるが、実際のところ、内村は都会の真中でもよく話し、地方の田舎でもよく話した。いろいろな表現手段がありうる中、彼は文筆を主軸にしつつ、雑誌製作における編集作業、他者と肩を並べた都会の講演活動、地方における小規模の集会などを周囲に配置するような生活様式（その配置状況は時期によって大小の差がある）を採った。

この内村の書斎から実地まで、という行動圏は、実際のところ、彼が科学者として活動していた時期にまで確実に遡ることができると見られる。その当時は実験室から調査地まで、と言いえたところのものである。寄宿所から大自然の中へという行程を描くとすれば、その原型は札幌農学校時代の、学友たちとともに楽しんだ自然散策にまで遡れるかもしれない。内村に限らず、明治大正の人は散歩や遠足と称して、よく自然の中を歩いたものであるが、内村も自然科学者としての興味をもちつつ外世界を歩きまわりながら、一方で実存的な、ほとんど詩的といってもよいような思索に身を投じていた。その外世界における思索の成果が、翻って書斎における執筆活動をも促していく、という繰り返しが描けるかもしれない。

地方に遠出する場合もそうである。彼は移動中の列車の中で時に本を読み、時に人と話しながら思索の種を仕入れる。現地に着いて講演を行っている間も、人々の反応を観察して、その地方の生活・文化の状態を感じ取る。講演よりも規模を小さくした集会や茶話会などで、地方農村の人々の声に耳を傾ける。同時代の地方農村の人々が抱える問題に直面し、その場で何か回答を捻出しようとする。即答できない場合もあるので、それは以後の思索や執筆の過程に課題として持ち込まれることになっただろう。最後に、その地方を去るにあたり、個々人の心身への配慮とともに、これから帰っていく大都市東京の状況と対比された上での、その地方全体の観察結果が所感となって抱かれる。内村はそうした地方での実地の経験を蓄積した上で、自身の書斎という定位置での思索に再び没入していくのである。

明治人としての内村の全貌は、まずこういった具体的な身体の動きとともに把握されてくる必要がある。サイードがジャン・ジュネの言葉を引いて言うように[19]、内村は文章を公表する生業につくことで、彼の生きた時代や後代の政治・社会・文化に某か影響を与える可能性のある人間となっていた。彼の文筆や講演に期待する市井の人々、あるいは地方農村の人々にとって、内村は公的な影響力ある言葉を放つことになっただろう。彼の文筆や講演は都市の青年だけでなく、地方農村の青年の人生にも影響を与え、文学、教育、社会運動、地方自治など広い範囲において、他者の精神を整える助力を提供した。そのような内村の、主に言語による長期の深甚な影響の足跡を見るにあたっては、彼が外世界を広く渉猟し、よく働きかけ、そこに生きる人間の精神を耕すことに熱心であった、という活動家の側面を看過することはできないと考える。

3　humanity と divinity――二種の価値基準

内村鑑三はこれまでの研究史において、よく彼の「矛盾」が取り沙汰されてきたことでも顕著な思想家だといえるだろう。その「矛盾」なる現象の指摘・解析は、枚挙にいとまなしというほど提供されてきており[20]、筆者も、いずれかに加担することを辞するものではない。今からしてみれば、一時期、内村を扱う際には、彼の「矛盾」なるものについて何か言わずにはおられないといった風潮があったのは、それ自体検討を有する興味深い現象である。

論者の矛盾がことさら問題になるということ、これは裏を返せば、生涯とまではいかずとも、思想家は、ある一定期間は一貫した判断や物言いをするのが望ましい、あるいは、当の文脈において矛盾しているような発言はその思想家の信用にかかわることである、とするような斯界の論者・学者たちの理解や身構えを反映するものであろう。しかし、今これを深く問うことはしない。筆者からみれば、例えば福澤諭吉も徳富蘇峰も、「矛盾」という点では内村に引けをとらないように思われるが、どうも、これら二者に対すると、内村はより「矛盾」が声高に問題化されてきたような向きがある[21]。こうした現象の方こそが確かに検討を要する問題だとも思われる。

詳述するのは主旨から外れるので簡単に見通しだけを述べるとするならば、内村の場合、ある一貫した原理のようなものが、その思索・活動の底に脈うっているように思われるということが、逆に彼のその都度の言説における「矛盾」のようなものを目立たせている、ということがいえるのではないか。その点、福澤や蘇峰は、生涯一貫した強い思想的立場のようなものがわかりにくく、それゆえ、内村よりも言論の倫理のようなものが期待されていないので、彼ほどそのことで騒がれることがなかったのかもしれない。内村がその点を期待されているのだとしたら、彼が一なる神を信じるキリスト者として見られているからであるか、それとも非戦論や権力者批判など、いくつか生涯を貫く思想的立場の保持が認められているからだろうか。

そうした「矛盾」にまつわる諸言説の解明にも資することになると筆者は見込んでいるのであるが、本書では内村という知識人の言動を、その思考の原理的構造から説明していこうという視座をもつ。「矛盾」に関していえば、ある事柄に関する見解が表現に結実した際に、相互に「矛盾」していると読者に実感される、おのおのの言説が導かれた思考の原理的な違いを明らかにする、という見通しをたてる。

そこで重要なのは、内村における思考の原理とは一体何か、という問いである。内村自ら、自身の思考の原理はこうこうである、といった直接的な回答を与える文章を書いていないようであるから、これは読者の側が発掘する必要があろう。筆者はこの内村の思考原理について、仮説的かつ模式的に、二つの主要な方向に分けて考えてみることを提示する。その方向とはhumanityの方向とdivinityの方向とでも便宜的に名づけておく。

記憶力と勘の良い内村読みは、この言葉が内村自身のテキストから採用されたものであることに気づくかもしれない。humanityとdivinityという二つの対比は、後期内村の代表作「羅馬書之研究」（一九二一―二年に『聖書之研究』に連載）において、「人に欠くべからざる」「両方面」として次のように呈示されたものであった[22]。

キリストは神人God-Manであつた。神と人との両性を一体に於て有《も》つ者であつた。信者も亦さうである。信者は此世を全然超越したる所謂聖人ではない。彼に神らしき所がある。同時に又彼は人らしき所を失はない。彼の最大の心懸りは勿論天に属《つ》ける事である。然れども彼は地に属ける事を忘れない。基督者《クリスチャン》はintensely divine（深刻に神らしく）たらんと欲すると同時に又intensely human（深刻に人らしく）である。天に関し最大の興味を懐くに至りし彼は、地に関し最も熱心なる者である。ヒユーマニチーは地と人とに関する熱心である。之を人間味と訳すべきであると思ふ。DivinityとHumanity神に関はる事と人に関はる事。神学と文学、完全なる人に必ず此両方面がある[23]。

こうした文章自体、内村が物事を捉える際の、複数的な視座を示す最良の例となっていることに注目されたい。そして、ここで述べられていることが、思索者としての内村の、世界と人間への対し方の原型を簡潔に表明するものであると仮定してみたい。humanity と divinity についていえば、この二方面は、区別され対比されつつも、人にともに備わるべきもの、共同して相互に高めあうものとして内村に把握されていたことが読み取られる。本書ではこの内村の用語概念を転用し、彼自身の思考の原理に働く二方面として設定することを試みていく。

そして、この二つの方面を思考の原理に働く二つの基準とするにあたり、筆者はそれらの間の緊張関係と共同関係の両方に着目することが必要だと見る。これら二つの方面が、時に緊張関係をはらむ別々の価値を体現している、ということを、次のような内村自らの文章を例にして説明してみたい。

以上はイエスの誕生に関する聖書の記事が我等に伝ふる永久の真理である、其中に歴史的事実として疑はしき節はありもしやう、乍然《しかしながら》、其伝ふる心霊的真理は永久に変はるものでない、歴史的に正確なればとて記事は必しも実際的に価値のあるものではない、多くの歴史的事実は多くの心霊的虚偽を教ふるものである、真理は歴史に由てのみならず、又詩歌に由て、又神話に由て伝へらる、最大の事実は有つた事ではない、有るべき事である、歴史は有つた事の記録であつて詩歌は有るべき事の預言である、理想のみが唯一の永久不変の事実である、我等は理想を学ばんと欲て歴史家にのみ頼つてはならない。[24]

この文章で注目すべきは、ある事柄の理解をめぐって内村の事実観が一見、二つに分離しているという事態である。一つは「歴史的事実」の方面であり、一つは「心霊的真理」の方面である。ここでの目的は、理想に適うという点で、後者の方面に注目を促すことであった。これを先の humanity と divinity の対比から読み解くなら、次のように説明されることになるだろう。

内村は humanity の基準からすれば信用の高い「歴史家」を divinity の基準から相対化している。ここでは「詩歌」や「神話」といったものが理想を表す形式として採用され、その必ずしも歴史的な事実でないものが、かえって当時の人々の理想を伝えることがあることを重要とみる。「歴史」としての正確さという humanity の系における事実が、後世に伝えられるべきと目された実際の理想を運ばないとすれば、それは「永久不変の事実」とされる理想、すなわち divinity の系における真理を覆い隠すものとして機能してしまうので、十分注意されなければならないのである。

ここでは、内村の学的実証性（主として humanity に関わる）と、それを相対化する精神傾向（主として divinity に関わる）との関係の一例が見られて興味深い。ともに必要とされていることに変わりないが、当の文脈において、より重視したい伝達内容は何であるのかによって強調の置き方に変化が生まれることがありうる、その好例と考える。内村の「矛盾」なるものも、こういった思惟の伝達過程において発生しただろうことに注意を促しておきたい。

以下では、この humanity と divinity という、内村の思惟原理において機能する二種の方向性を、内村の価値判断における二種の基準として応用することが多くなる。その場合、humanity の基準は、世俗世界で共有されるべき普遍的諸価値の達成・擁護を志向する方面を指し、divinity の基準は、『聖書』や福音主義に連なる諸言説への忠誠を志向する方面を指す言葉として用いることが多くなる。二種の基準に分けて使用することになるのは、そのようにした方が作業仮説として、内村の思索の揺れ幅を二種の組み合わせから適切に記述することが可能であると思われるからである。この両者がいくつかの接点と十分な連関を持っており、やがては一つの機関のように機能していることの分析は本編の各所で行われることになるだろう。

4　一九世紀的教養と西洋古典研究

内村の知識人としての諸活動を読み解くにあたって、彼の思考の原理に働く二方面、ないしは価値の二つの基準への見通しを立てることと合わせて重要なことは、内村の保持する教養の質について常に思い描く、ということである。というのは、内村はその教育と学習の経験から導かれるところの教養の体系からして、近代日本において一つの新しい類型を指し示す代表者となったと考えられるからである。

一世代前の偉人・福澤諭吉と、同時代の巨人・徳富蘇峰という人物を対比例として考えてみたい。そこで内村という知識人をこの二人と分かつ最大の特色は何か、と問うてみる。その一つは先に取り上げたところの、思考の原理に働く二方向の共存であり、そこから導かれるところの二つの価値基準の保持・適用ということになるかもしれない。さらにそうした価値基準の存在、あるいはその基準が常に維持される栄養源としての知識を推し量ってみた時、浮かび上がるのは、内村における古典テキストの確固たる存在なのである。

福澤諭吉について考えてみると、彼は西洋文明の輸入者として、一九世紀英米（主にイギリス）の功利主義、実用主義の思想をふんだんに日本に紹介し、その価値意識を自らも前面化して活動したといってよい。福澤の人格形成期における教養であった儒学的なあれこれの名残はよく知られていることであろうが[25]、啓蒙家あるいは時事論者としての活動において、それらの古典に価値判断を依拠するような言論構築は、意識して控えられていたようである。徳富蘇峰の場合も、福澤らの働きの延長線上で、一九世紀の「時勢」としての思想や統計を、自国の針路形成について論じるのに役立てていたことが目に付く[26]。それぞれ英語の輸入書を用い、ほぼ独学で泰西時流のテキストを自らの立論形成の論拠に据えている場合が顕著であった。

しかし、内村にとっては、そうした時流のテキストを用いることと並行して、常にそれ以上に西洋の古典テキストが権威をもって参照されるという点で対照的である。その古典は第一に『聖書』であったが、それだけに尽きない。彼はパレスチナとその周辺に対する関心だけでなく、歴史論者としての関心から、ギリシャ＝ローマの古典世界へも高い関心を払った[27]。明治期ではヘロドトスやプルタルコスなどが愛読されており、晩年の哲学熱の中ではプラトンが愛読書の上位に上がってきていた。通観すれば、彼は自らの価値意識が養われた一九世紀英米の知的言説の源流に遡って、西洋文明の基礎を育てた二大ルーツ（ヘレニズムとヘブライズム）の古典に身を寄せていたことが確認されるのである。

内村の古典主義とでも呼べるような古典志向、これは具体的な諸相の提示は本編に譲るとしても、ここで例証だけでも示しておくべき事柄であろう。内村の場合、古代世界にその道の原型を探索するような傾向が強いのは、彼があくまで原始キリスト教の教えや共同体形成にこだわって「無教会」を運営していったことに最も顕著に表れている。また、あまりこれまで指摘されることがなかったのは、内村の思想世界におけるヘレニズム系統の比重の大きさである。例えば、彼はその歴史哲学の形成にあたり、ヘーゲル的な精神の自由の発展史という福澤ら啓蒙思想家とも共通する文明史理解だけでなく、ヘロドトスに学んだところの、歴史における神意の発現を見届けるといった観点を特に重視している。そのヘロドトスの言葉は時に聖書の言葉と並ぶ権威を発揮することがあった。内村は歴史における「原則」とは何か、という説明で次のように『聖書』の言葉とならんで、ヘロドトスの言葉を引き合いに出している。

神の摂理論と云へば如何にも困難《むつかし》いやうでありますが、然かし其原理は至て単純なるものであります、世界歴史の法則とも称すべきものは僅かに是れであります、即ち驕傲《たかぶり》は滅亡に先だち誇る心は傾跌《たふれ》に先だつと（箴言十六章十八節）、是れは智者ソロモンの言であると記されます、然かし史学の始祖ヘロドータスの言に依れば是れであります、即ち

神の意はすべて高く聳ゆるものを斬り倒すにあり、神は神以外の者の己を高くすることを許さず。

是れ彼れがその『大世界史』の劈頭《へきとう》に掲げし標語でありまして、彼の著はした歴史はすべて単純なる此原理を証明せんためであつたとのことであります、高ぶる者は仆《たお》れ、謙遜る《へりくだ》者は起る、是れが歴史の原則であります、東洋

史と云ひ、西洋史と云ひ、歴史と云ふ歴史は凡て悉く此簡単なる原則に依て支配せらるゝ者であると思ひます。[28]

ここで内村は『聖書』中の知恵文学『箴言』の言葉と、古代ギリシャの知恵の所産であるヘロドトスの歴史観を接続して見せている。このように両古典世界に共有される「原理」＝「摂理」観をかすがいにすることで、無理も飛躍も意識しない形で両者の思想世界の接続が図られたのだといってよい。

古代アテネの政治家ペリクレスについても、内村の評価はきわめて高い。彼が古典世界に見出すものは常に、同系統の中では最大の評価を得やすいという傾向の、一つの代表例となるような文章を次に引いておく。

ペリクリスは実に希臘《ギリシャ》文明が産出せし最大最美の産物なりしなり、武と文とを兼ね、智と略とに富み、哲理をアナクサゴラスに受け、音楽をダモンに学び、神を畏れて迷信ならず、武に長けて粗暴ならず、民の権利を重んじて彼等の放肆なるを許さず、国権を最も広遠なる而も最も神聖なる意味に解し、彼の雅典国《アテネ》を以て万世に亀鑑たるべき模範的国家と為さん事を努めたり、而して彼は幾分か此偉大なる目的に達するを得たり、歴史有りてより以来十九世紀末年の今日に至るも未だ曾てペリクリスの雅典共和国の如き完全に最も近き国家あるを見る能はざるなり、メデイチのフローレンスは徳に於て欠くる所あり、クロムウエルの英国は美に於て欠くる所あり、伊藤博文侯の日本の如きに至ては智に於て徳に於て美に於て全然比較以外にあり、若し世に完全なる政治家の存在せし事あらんには、彼はペリクリスより完全なる能はざりしならん、若しプルタークが伝記者の模範たらばペリクリスは政治家の模範たらん。

模範的伝記者の筆を以て模範的政治家の性行を画きしもの、是をプルタークのペリクリス伝なりとす、[29]

内村はここでペリクレスを「完全なる政治家」「模範的政治家」として誉めあげるだけでなく、その伝記作者プルタルコスをも「模範的伝記者」として称揚している。古典世界における古典的英雄という存在が、内村にとって一つの権威と魅力の発生源であったこと、さらにその古典的人物を描写する作家の仕事一般の価値が非常に高く見積もられていたことがここに認められる。

福澤や蘇峰において、こうした古典世界の対象を探すことは難しいことであると思われる。正宗白鳥がかつて、福澤の新しさに比べて内村の旧さを指摘したことがあったが[30]、それは新しいものに傾斜して淀みない精神を見せる明治初期の福澤への驚きを表明するばかりでなく、内村の古典世界への精神の逍遥傾向に対して、白鳥自身、何ほどかそれに同調するところがあったことを示唆するものと読まれる。実際、内村の古典主義的傾向は、彼に西洋古典に関する連続講義を開かせて白鳥のような青年を虜にしたり、西洋の諸古典を模範とするような文学観を核心に据えた「大文学論」を人気雑誌の誌面に投下させたりした[31]。

内村の古典主義的骨格は、アマースト大学における教育によって、かなりの程度整えられたことが推測される[32]。「古典的教育を欠く人は超時代的の観察を為す事甚だ難し」[33]というのは内村において不動の真理として把握されていたことだと見てよい。内村の公的な思索、文筆、講演の前提に、『聖書』を中心とした西洋の古典群――そこに『太平記』や『古今和歌集』『孟子』など和漢の古典もいくつか並ぶが、その傾倒の程度は比較的小さい――の提供する思想や教訓が息づいていたことは、内村に古典テキストへの依拠を重視する、西洋の古典的知識人としての骨格を供えさせることになったと見通されよう。このことは、J・バンダによる同時代の古典的教養の没落の観察と、その復権の提唱[34]、といった仕事と響きあう、内村の知識人としての顕著な特質だと思われる。

以上、本書において、知識人・内村鑑三の諸言動を読み解くにあたり、筆者が用いる道具立てや切り口といったものを予め呈示しようと試みた。本論では、先に整理したサイードやバンダによる、知識人をめぐる規範的諸性質を参考にしながら論旨を組み立てていく。そこでは内村が、先に挙げられた諸性質に通じる規範的知識人像に対して、どのような適合性を示すことになるのかが確認されるだけではない。彼らの規範的知識人像の諸点を議論枠組みとしたとき、内村の諸言説がどのように整理され、新しい解釈可能性を帯びることになるのか、そこに大いに注目すべきものが生まれていると考える。最終的には、明治の知識人、内村鑑三が、欧米を中心とした近代一般の文脈において適切な位置づけを得るような普遍主義的かつ批判的知識人であったことを論じていく。また、そこから改めて、近代日本にて独自の職責を担った内村の歴史的意義を述べる、新しい表現や基準を見つけることも試みられるだろう。

第一章　現状に対する異議申し立て

第一節　批評家としての活動とその影響

1　活動の概要

内村鑑三の名前を一気に全国的にしたのは、明治二四年に起きた第一高等中学校における「不敬事件」であったといえる。[1] それ以前の数年間、内村はいくつかの中等学校の教師であり、キリスト教系雑誌への投稿者であり、彼の書く文章やその言葉の特徴については、まだ知る人ぞ知る、といった状態であった。後年盛んに行われた課外での講演活動も、まだほとんど行われていなかった。内村に直接教わった山路愛山や田岡嶺雲などは早くから内村という人物に接して彼の言動の個性に心を留めていたが、[2] それでも明治二〇年代前半までは、内村の文筆はキリスト教界とその周辺でのみ注目されていた、と考えてよさそうである。

内村の文章は、当時出版会最大手、民友社の『国民之友』や『国民新聞』に書くようになった一八九四年から全国的になったと見たい。当時のものとしては、英文と和文の両方で発表した「日清戦争の義」（一八九四年）が有名であるが、その時期、この類の言説は多く出回っていたから、これによって内村の名がとりわけ際立つということはなかったであろう。むしろ、そういった戦争関連文章と並行して連載された「流竄録」（一八九四—五年）[3] こそが、彼の名を青年読者の記憶にとどめるのに貢献したと思われる。

「流竄録」は端的にいえば内村のアメリカ体験記である。しかしただの留学体験記ではない。アメリカで生活していくこと、アメリカの人々と正面から、人格的に交わることがいかなることであるのか、そういったことが、知的障害者教育施設での就労体験やアマースト大学での精神の師との交流を通じて伝えられる。その経験の新奇性もさることながら、その経験を選ばせた精神の持ち主へ自然と興味がかきたてられるような内容の文章になっている。「流竄録」こそが、内村という知識人に特異な経験を人々に印象づけ、数年前の「不敬事件」の当事者という枠からはみ出す彼の個性を世間に認めさせる契機になった重要な文章だといえるだろう。

その後も『国民之友』『国民新聞』にたびたび寄稿した内村の文名はいよいよ高くなり、『時勢の観察』（一八九六年）で一つの到達を見る。『時勢の観察』は『国民之友』（三〇九号）に付録された小冊子であり、その内容は現状の日本のあらゆる腐敗現象の根に認められた国民的傲慢さへの批判であった。批判の範囲は広範にわたっており、また調子が調子であったため、同じように政治や社会の実態に不満をもつ青年たちには大いに歓迎されたものと思われる。

内村自身が私信で述べたところによれば、これは初日に一五〇〇〇部が完売し、一部六銭だったものが翌日には二〇銭にまで値が跳ね上がったという。[4] 具体的な数字の真偽はともかく、彼の単著のテキストとしては空前絶後の流布を見、多くの識字可能な民衆に内村の文筆を知らしめる最大の機会になったと見られる。その文章は一種の衝撃として数年後まで人々の記憶に刻印されたと言われる。[5]

日清戦争の推移と帰結、さらに戦後の日本社会の道徳的腐敗へ強い不満をもっていた内村は、当の日本を導いた薩長藩閥政府のやり口を批判の中心に据えた。実際のところ、内村には藩閥政府を支える日本の政治文化一般への不満が募っていたのである。一方そこには、戦争前後から日本を誇大に宣伝し、大陸への軍事的拡大を正当化し始めた「膨脹子」こと「国民之友」主筆・徳富蘇峰への批判も込められていた。つまり内村は蘇峰の雑誌において、蘇峰批判を展開したのである。一年前に発表した文学論でも「膨脹子」への批判は見られたが、それは各論的な批判であり、蘇峰個人への批判性は際立っていなかった。[6]『時勢の観察』では、自らの思想的立脚地が、かつて信頼していた蘇峰とは決定的に異なってきた、ということが示されており、勘の良い読者たちはここに蘇峰との対決姿勢を読み取ったことだろう。内村はこのテキストを最後に――一九二四年に蘇峰と一時手を組むまで――約三〇年間、民友社の刊行物には文章を書かなかったのであるから、これは実質、蘇峰との決別の意味をもつものになったといえる。

こういったことから、内村鑑三といえば、鋭い観察、激越な調子、仮借のない批判、といった文筆のイメージが生まれることになったことは想像に難くない。それが数年前の「不敬事件」の記憶や風説と相まって、人々の中で、権威・権力に歯向かう人物、痛烈な批判者といった印象を醸成していったようである。不敬、反逆といった印象で名を挙げた内村は、権力関係が幅を利かせる官立の組織で働く可能性はなくなってしまったが、その反対に、官への不満をいだく在野の人々の間では、静かに注目され、その言葉が待望される存在になっていく。

一八九七年、黒岩涙香に請われて入社した朝報社は、上流階級の座敷に入れてはならぬといわれるような著名人の醜聞記事で部数を伸ばした『万朝報』を発行する通俗新聞社であった。そうした通俗性ゆえに、自らに都合の悪い言論を統制しようと介入する権力への根強い批判の姿勢が保たれたともいえる。内村の批判精神はこの『万朝報』に発表した和文、英文の両方においてよく発揮され、認知された。内村が『万朝報』へ文章を載せていたのは、日露非開戦論を貫いて朝報社を退社する一九〇三年秋までの約六年半であったが、この間に彼は『時勢の観察』に連なる多くの時事批評を発表し、多くの青年がそれを読んで随喜したり、内村を慕ったりした。

一方、内村は一八九八年から二年間、自らを主筆とする雑誌『東京独立雑誌』を刊行した。この雑誌は小型ながらも一種の総合雑誌の趣があり、月二、三回のペースで発行され、現状への強い批判性をたたえた時事批評が展開されていた。その批評に新鮮さが失われてきた頃、内村は社内の人間関係のこじれもあって雑誌を廃刊したが、その後は主題と文体を新たに『聖書之研究』（一九〇〇―三〇年）に陣を張り、依然、時事批評も繰り広げていた。『聖書之研究』は『聖書』という西洋古典の枠となる書物の内容を伝えたり、その文章に沿って注釈を加えたりといった地味な作業が中心に据えられたが、そのような『聖書』の言葉の解釈に息づく世界観や人間理解、社会道徳の側から、現実の腐敗や未熟さが痛烈に批判されていったのである。こうした批評のスタイルは、時勢という大小の波を横目に晩年まで貫かれ、個性ある批判、すなわち、特定古典の世界観や教説からの現実事象への批判という形を遺すに至っている。

E・W・サイードは知識人のことを、決して調停者でもコンセンサスの形成者でもなく「批判的センスにすべてを賭ける人間」[7]だという。サイードの規範的視点によれば、権力にすり寄ったり、権力に都合の良いように事実を覆い隠すような発言をしたりするのではなく、民衆を審判者として背後に捉えつつ、権力めがけて真実を突き出していくことが、知識人に求められる言論への不可欠な姿勢だということになる。「とにかく迎合する前に批判せよ」[8]というサイードの言葉は、一見、急進的に響くが、また、時勢との不断の接触を失わない、リアリティに留まる気概がある。少なくとも内村の批評家としての歩みを見ていると、明治中後期知識人としての内村に、この言葉はよくあてはまるような印象を与える。

2　批判精神の魅力

内村が後進に与えた影響においても、彼の批判精神や批評行為がそれに与るところ大であったといわねばならない。彼が明治二〇年代後半から三〇年代にかけて健筆をふるったジャーナリズムでの批評活動は、当時の社会意識の高い青年たち（主に一八七〇年代―八〇年代生まれ）に大小の衝撃を与えたことは後代の著名人の証言に満ちている。[9]以下ではそれらを参考に、この時期の内村の批評活動の意味を、後進への影響という点から実例を挙げつつ簡単に整理し、彼の批評が後代の作家、思想家、運動家などと呼ばれる人々にいかに大きな意味をもったの

郵便はがき

料金受取人払郵便

本郷局承認

9196

差出有効期間
平成29年12月
1日まで

113-8790

505

東京都文京区
本郷5丁目32番21号

みすず書房営業部
行

通信欄

（ご意見・ご感想などお寄せください．小社ウェブサイトでご紹介させていただく場合がございます．あらかじめご了承ください．）

読者カード

みすず書房の本をご愛読いただき，まことにありがとうございます．

お求めいただいた書籍タイトル

ご購入書店は

・新刊をご案内する「パブリッシャーズ・レビュー　みすず書房の本棚」（年4回 3月・6月・9月・12月刊，無料）をご希望の方にお送りいたします．

（希望する／希望しない）

★ご希望の方は下の「ご住所」欄も必ず記入してください．

・「みすず書房図書目録」最新版をご希望の方にお送りいたします．

（希望する／希望しない）

★ご希望の方は下の「ご住所」欄も必ず記入してください．

・新刊・イベントなどをご案内する「みすず書房ニュースレター」（Eメール配信・月2回）をご希望の方にお送りいたします．

（配信を希望する／希望しない）

★ご希望の方は下の「Eメール」欄も必ず記入してください．

・よろしければご関心のジャンルをお知らせください．

（哲学・思想／宗教／心理／社会科学／社会ノンフィクション／教育／歴史／文学／芸術／自然科学／医学）

（ふりがな） お名前　　　　　様	〒
ご住所　　都・道・府・県　　市・区・郡	
電話　　（　　　）	
Eメール	

ご記入いただいた個人情報は正当な目的のためにのみ使用いたします．

ありがとうございました．みすず書房ウェブサイト http://www.msz.co.jp では刊行書の詳細な書誌とともに，新刊，近刊，復刊，イベントなどさまざまなご案内を掲載しています．ご注文・問い合わせにもぜひご利用ください．

か、その見取図を提供することを行いたい。

① 社会主義への橋渡し

日清戦争以後、内村が急進的リベラル派の一人として提唱していた「平民主義」は、いくつかの点で労働運動や他の社会改革運動と課題意識を共有し、キリスト教と隣接してあった社会主義や社会改革思想とも当座の目的を共有する場合が多かった。そこで、自らの思想的に進む道がまだ明確化していないが、時代の閉塞感に敏感に反応し、社会改革へのやむにやまれぬ気持ちを抱くような青年たちにとって、『万朝報』や『東京独立雑誌』、『聖書之研究』に載った内村の社会批評は彼らの精神を活性化させるのに一役買ったと見られる。内村を慕い、その活動様態を自らの立志に結びつけた青年の中には、堺利彦や大杉栄、山川均や荒畑寒村、河上肇など、後に社会主義、共産主義活動へと参与していく青年たちも多かった。内村の仮借ない批判精神の発露によって自らのそれに火をつけられる思いがあったようである。ここでは荒畑寒村の証言を例として挙げてみたい。

先生の文章、特に多くの論難の文章を私は愛読した。真偽のほどは知らないけれども、先生は論敵の写真を机上においてそれを睨みながら論難の文章を書くと云われたくらいで、その実に強く激しい調子の文章はいつも私の心を捉えたのである。[10]

先生はその頃、黒岩涙香の万朝報の社員だか客員だかであって、ほとんど毎号その第一面の紙上に警抜犀利、秋霜烈日、いわゆる秋官の獄を断ずるが如き筆鋒で社会批評の短文をかかげていたが、『飢饉よ来れ』もその一なのであった。その上下腐敗堕落した日本を亡ぼす神の劫火として、飢饉の襲来せんことを祈り求めた激越な論調は、まるで旧約の預言者の俤を目の当り見るようであったのを覚えている。[11]

この荒畑の回想は、内村の批評文がいかなる受け取られ方をしたのかの、一つの典型を示しているように思われる。「論敵の写真を机上においてそれを睨みながら」といった、内村にまつわる伝説といえそうなものすらすでに流布していたこともわかる。[12]

明治期、キリスト教は西洋の先進的な思想の最も手近な運搬車であったことから、その方面に期待をもったり、一時は熱心に『聖書』を探求したり、といった読書青年は多かった。内村はキリスト者ながら、「耶蘇坊主」くさくない姿勢をとっていたため、教会文化に抵抗のある人間には近づきやすかったのかもしれない。とはいえ、内村は表面的に耶蘇くさくなくても、思想・倫理としてのキリスト教の厳しさを薄めることはなかったため、その主張の理想の高さに行き詰ったり、何かの言説に失望あるいは反発したりして、『万朝報』で内村と記事を並べていた幸徳秋水や堺利彦を代表とする社会主義に流れゆく青年たちも多かった。内村と幸徳、キリスト教と社会主義という、当時・反体制側とみなされた要注意思想の代表格が、『万朝報』という一つの新聞社のデスクに集い、それぞれの主義を堅持しつつも共同で社会の浄化を目指す姿は、閉塞しがちな時代精神を揺さぶる好事として、青年のみならず、かつて自由思想の鼓吹者として著名だった中江兆民にも好感のまなざしを向けられていたのである。[13]

そこで考えてみるに、内村が旺盛な社会批評の精神を発揮していなければ、このような青年たちの社会主義への接近の仕方はだいぶ異なったものになったかもしれない。また、内村においては、ただ単に場当たり的に目前の事象を批判するだけでなく、時勢に流されず、それに強く抵抗するような、歴史や自然に結びつく普遍への意識を強く持ち合わせていたことも、欠くべからざる魅力であったに違いない。当時の社会主義も、国籍や民族といった所与の属性を越えるような普遍的世界への志向性が強い思想文脈を背負っていたからである。

明治年間のキリスト者で、内村と同じような形で社会主義と縁の深いキリスト者としては、徳富蘆花が挙げられる。蘆花の場合は、その生活様式の全体を通して社会主義者予備群に継続的感化を与え続けたと見てよいだろう。それに対して内村の場合、その文筆や講演活動における批評の力によって、それほど長くはない期間において一気に青年たちを社会問題に喚起させていった、という影響史の比較が可能であるかもしれない。内村が気質としては蘇峰よりも蘆花の方に共感する面があり、互いが互いを賞賛し合っていた、という事実も興味深い。[14]

② 白樺派や教養主義的文化人への影響

後述する内村のキリスト教的人道主義からの粘り強い、技巧的なスタイルをもつ批評は、当然ながら必ずしも青年たちを社会主義に橋渡ししたわけではない。社会主義の急進性・集団性にどこかなじめずに、内村のように個人性に強く立脚して、孤高の中、不屈の精神に生きようとする人物を鼓舞するところもあった。大正教養主義の時代に頭角を現した安倍能成、天野貞祐、倉田百三、阿部次郎、津田左右吉といった人物が皆、青年時代、内村の文章の愛読者であったことは偶然ではない。安倍や天野などは直接内村の講筵に連なる経験をもち、戦後、晩年に至っていよいよ内村の影響を捨てがたく回顧している。次の安倍の回顧は、通常の安倍の乾いた批評眼からすれば異例の好評といってもよいだろう。

私の上京した時には、内村先生の雑誌は、「聖書の研究」であった。薄い雑誌の全巻は、聖書の解釈と、基督教徒の立場から辛辣に放れた時代の批判とを以て充たされ、私の見た時分には、巻頭に自作の短い英文が乗せられて居たが、それは内村先生の日本文と同じく、簡明直截で分り易く、しかも力強い文章であった。[15]

安倍は明治三〇年代の後半、自由主義的キリスト者の綱島梁川の愛弟子の一人であったが、魚住影雄らとともに、かの綱島に内村の雑誌を差し入れた人物の一人でもある。[16] 病床の師に読ませたくなるほどの文章として内村の辛辣な批評文を評価していたことが窺える。

一方、白樺派への内村の広範な影響については、改めて取り上げるまでもない。おそらく志賀直哉や有島武郎、長与善郎らの人格形成において、最も影響を与えた日本の思想家の一人に内村鑑三を選ぶのは誤りではあるまい。人格形成とまではいかずとも、文体への影響という点では武者小路実篤その人も告白しているところである。彼らは内村のキリスト教思想の全体は継承しなかったが、それを包み、支えるところの普遍的な倫理意識の高潔さに感応した。また、それに徹して生きる人間の美に憧れ、そのような人間の率直簡明な言語表現、あるいは対象との批判的距離を崩さない鋭利な観察眼に影響されたとも思われる。次の武者小路の回想などは、そういった事情を全体的に伝えるものであろう。

僕は内村さんのキリスト教的信仰には賛成しなかつた。（中略）その他の点殊に文章の調子の高さ、頭の動きのするどさには感心し、聖書之研究の巻頭に出てゐる文章は愛読した。（中略）信仰は別だが内村さんの詩編の訳など実に感心し、感動した。内村さんの演説を本にした、後世への最大遺物や、愛吟など実に愛読した。日本語も内村さんの情熱を表現する時、生きた言葉になつた。僕は内村さんだけから文章を教はつたわけではないが、内村さんの短文から知らず知らず教へられたり、影響されたりした事は少くないと思つてゐる。[17]

武者小路がここで指示する著作は、『聖書之研究』巻頭に日英併記で掲げられた文章、あるいは『後世への最大遺物』や訳詩集『愛吟』などである。ジャンルとしてはどれも異なったものであるが、その作品の魅力を語るにおいて、一貫して日本文化や日本社会の現実とは異質のエートスが込められていたことを逸することはできない。もし内村が社会の現実に対して我関せずの姿勢を濃厚にして文章を書いていたとしたら、後に白樺派やオールド・リベラリストと呼ばれた教養主義者たちの、個人が独り立ち、観察し、批判する姿勢への共感の程度は異なっていたかもしれない。彼らの精神が内村の情熱的で鋭敏な批判に反応した、という仕組みは、社会主義へ推移していった青年たちの場合とそれほど事情は変わらないと思われる。ただ、内村という生身の人間そのものとの接触を計り、その人間性の長短合わせて内村を偉大と認めたという点に、社会主義へ行き着く青年たちとの違いが認められる。トルストイズムへ惹かれつつも、やがてはホイットマンの賛嘆者になった有島武郎もこの例外ではないだろう。

この類の青年たちは、内村という批判精神の具現のように生きた人間を先例とすることによって、人間精神の自由と高潔さをあくまで個人において認める立場を堅持しようとしたと見られる。社会の変革という点でも個人から、という姿勢が徹底しているため、社会主義の理想にはリアリティの欠如を感じたに違いない。白樺派の創作における精神の批判的自己追求、あるいは個人的な関係における他者への批判的省察などは、内村がその初期の著作で発揮したところの私小説性[18]、告白文学性と何ほどか類縁性を感じさせるものがある。

内村には時勢ないしは発表の文脈や媒体、聴衆の課題や関心などに呼応する形で、短い期間においても、発言内容に変化・更新が行われていく、という性質が見られた。むろん、対象や状勢に応じてただ発言を推移させているだけであったら、批評の生命は軽んじられ、批判精神の旺盛な青年層からは短期間で見放されたに違いない。しかし彼の場合、その危険性はほとんどなかったのではなかろうか。なぜなら、彼の発言の揺れの底に一貫した「プリンシプル」[19]を感じ取ることもまた容易であったと思われるからである。

このプリンシプルを端的に表現するとすれば、普遍的な「真理」や「正義」に連なろうとする、彼の熱心な姿勢にあったといってよいだろう。もっと限定された文脈でいえば、『聖書』への信であったり、福音主義の堅持であったりということも可能である。しかし、大手ジャーナリズムの舞台では、『聖書』や福音主義といった思想の核心を剝き出しに伝えることはどちらかといえば控えられていたため、むしろ普遍的な真理の探究、それへの不断の意志といった要素が受け手において強く感じ取られたのだと思われる。いわば、やや抽象的なまま、真理、正義、自由、公平さといった人類に普遍的とされる価値への熱誠が述べられていたため、受け手は自らが置かれた文脈においてそれを独自に具体化することが可能となり、多様な思想的背景にある人々の共感を広く得ることが可能になったのだと推測される。

こうした見通しを携えながら、次に、この内村におけるプリンシプルの内実に当たるところの、批判の際に機能するいくつかの価値判断の基準について、事例を挙げて検討していく。

3　内村における批判の様式とその基準

内村鑑三という人物は何をそれほど徹底して批判する必要があったのだろうか。また、何を基準としてその絶えざる批判が可能となっていたのであろうか。内村の批判精神に光を当てるに際しては、まずそのことを闡明する必要があるだろう。批判の対象や様式の明確化であり、その批判に伴う価値の基準についての検討である。発言の時代に注意しつつ、いくつか批判の事例を挙げて考察してみたい。

はじめに次のような内村の発言を取り上げる。

吾人の実見する所に由れば日本人の神の国に入るよりは駱駝の針の孔を穿るは却て易し、其虚栄心、其貴族根性、其人物崇拝、其武士道、其儒教道徳は彼の進路を遮て彼をして嬰児の如くなりて神の国に入らざらしむ。[20]

これは一九〇七年九月に『聖書之研究』に発表された短文（「日本人の救済」）の一部である。時期的には社会批評活動の量的な最盛期を少し下った時期ではあるが、内村が批判の対象としたものが端的に列挙されている点で文脈に適ったものだと考える。

まずここでの批判の対象は「日本人」である。そして日本人のいかなる性質が批判の対象となっているかといえば「虚栄心」「貴族根性」「人物崇拝」「武士道」「儒教道徳」が挙げられている。批判の基準としては「嬰児の如くなりて」というのが相当するであろう。それ以前に、『聖書』の言葉（マタイ伝一九章一三―一四節）がその文章の全体構造を提供しているということがわかれば、批評の基準は『聖書』のいずれかの教えにあるということは容易に判明する。

この時期、内村は日露戦争後の文化と社会の道徳的荒廃に敏感になっている時であった。一方で、持論となった非戦論が有力な潮流にならず、発言の場も制限されて、社会の表舞台からはやや引き下がった状態にあった。『日刊平民新聞』の廃刊が同年の四月であり、「戊申詔書」が出るのが翌年一九〇八年であるから、社会道徳への問題意識だけでなく、社会主義者への当局の弾圧の気風も知り、時代状況の厳しさ、それをもたらす政府当局への批判性も高まっていた時期だと考えられる。

そうしたことを背景にしながら「虚栄心」を取り上げるのは、日露戦争後ますます増長した「帝国」日本の自我自讃傾向に矛先が向けられていると読める。「貴族根性」は権威や既得権益に拠った人間理解への批判であり、「人物崇拝」というのは、戦争功労者への讃仰や社会的成功者への追随傾向の指摘かもしれない。またそういった時代の現象に現れるところの、日本文化・日本精神への根源的な批判をそこから受け取ることもできよう。「武士道」や「儒教道徳」への批判は、日本人、とりわけその知的指導者層が培われてきたところの精神文化そのものへの批判として機能する。

「儒教道徳」への批判は、福澤諭吉ら先達から継承する内村の「文明人」たる一側面であり、年来ほぼぶれることのない批判点の一つであった。その視野は儒教道徳に連なるところの「教育勅語」と、それに養われる国家主義教育を捉えていたが、彼は「儒教道徳」「支那道徳」などと言うことによって、その標的の直接具体的な指示を避ける方法をとっていたと見られる。

「武士道」への批判は「武士道的キリスト教」などという看板で論じられやすい内村においては意外に思われるかもしれないが、内村の発言としてそういった色調が目立つようになるのは、やや後年の大正年間になってからである。一九〇七年のこの時期だと、ちょうど武士の教育を受け、儒者として活躍した彼の父が亡くなった直後であり、内村が「武士道」について再考するきっかけが訪れている時期であるが、それへの評価はいまだ定まっていなかった。それ以前には武士道の評価は文脈によって肯定的な時もあり、否定的な時もあったが、いずれにせよ言及は少ない。武士道が内村なりにその内容を改新されて積極的に用いられるようになるのは、一九一六年前後からと見られ、それが適用されるのは、主に近代的な成果主義的なキリスト教批判の文脈においてであった。ここでは歴史的な実体ある武士道を取り上げて、日本の指導者層を養ってきた道徳体系の一つである「儒教道徳」と組みにして批判されているのである。

そこで、以上のような批判の対象は、実は同じ一つの現実をいろいろな側面から批判した場合に取り上げられる諸要素であると考えてよいかと思われる。内村がここでなしたことは、日露戦争後にいよいよ加速する、日本の民衆から指導者層にまで至るところの現実主義・成果主義・物質主義・自尊自大主義への「嬰児」の立場からの批判であった。その「嬰児」の立場が批判の基準となりえるのは、「嬰児」性――俗世では最小の存在であるが、その率直さ、無垢さゆえに神に嘉されるという性質――こそを究極の価値として見る『聖書』の基準が機能していたからであろう。大陸進出の成果として、物質的に膨張し、道徳的に不正と見られる根拠によって自尊心を肥大化させる大日本帝国とその臣民たちへ、内村は「嬰児」を最良とする古典の基準から、自信をもって彼らの帯びる文化諸要素を批判したのであった。短いながらも含蓄あるスタイルをとったこの批評は、主に『聖書之研究』刊行（一九〇〇年）以降に多く試みられた、内村における一つの批評様式の凝縮形であったと見てよい。

続いて、別の批評の様式も取り上げてみたい。内村における「出世作」となった『時勢の観察』に引き続き、彼の批判精神が高潮したものとして、『万朝報』に連載された「胆汁数滴」を挙げてみる。一八九七年四月に発表されたこの批評集は、同年二月から同紙英文欄で、国内英字新聞と早速論争を始めて耳目を集めていた内村においては、その批判精神の満を持しての日本語文での発露であったといえる。

この文章は短文の連作で構成されているが、その批判の対象と内容は、各短文の表題を列挙しただけでもある程度窺い知れるので、それら表題をまずすべて掲げてみたい。

社会の病源／大に維新歴史を攻究せよ／大胆なる歴史家／起てよ佐幕の士／道義的革命／腐敗の相続人／東北対西南／「利用」の語／大不敬／薩摩大臣／腐敗の泉源／希望なき日本／無能政府／善き時／新華族／大虚偽／虚偽の実証／薩長政府の非道徳／今日の社会と薩長政府と／東北の不正児／代価付きの道徳／薩長政府の報酬／薩長政府と北条政府／丹波栗／此極／無学大臣／無学の害毒／肥後人／肥後人の教育／福澤諭吉翁

この文章全体の論調は次のように総括できる。すなわち、当時の政府である薩長藩閥内閣の政策やその支配の正当性への疑問、あるいは薩長藩閥政治と何らかの人脈でつながる文筆家（陸羯南、竹越与三郎、柴四朗ら東北地方出身者）や、彼らに富国強兵思想という面で協賛する思想家（福澤一派）の実利主義への批判である。さらに詳しく述べれば、薩長藩閥政府の称える「尊王愛国正義公論」[21]が単に名目上のものであること、彼らに多少の功労があったとしても、実際は彼らが新しく「華族」になって自利をむさぼる状態に至り、もはや足尾鉱毒事件など国家的危機に適切に処することができないことなどへの批判が繰り広げられている。これは政策批判から始まって、政治体制全体への批判に至り、その政治体制の確立を導いたところの思想潮流（尊王愛国主義や功利主義）をも射程に収めた批判だと整理することができる。

ではこのテキストで内村が用いた批判の基準は何であったろうか。『聖書』や特定の古典に依拠するものがあるのかどうかは一読して定かではない。むしろ具体的な事柄に即した形で展開される一般道徳による批判、「常識」に基づく正偽の判定といったものがなされており、いうなれば人道主義（humanism）といったものが批判の基準であったように見受けられる。

人道主義とはいっても、内村の場合、かなり明確な形でその構成要素を抽出することが可能である。それは掲げた表題からも推察されるように、正直であり虚偽を行わないこと、万民への公平さを期すること、特権階級に自分を囲わず、平民の立場から行動すること、外国語習得を通じて他国の精神に通じること、などであった。どれも内村の批判精神の発露において欠かせない基準であり、終生持続したものと考えられる。が、これらが一体どういう思想潮流に連なるものであるのかは、ここではあまり明らかではない。自由民権運動や、民友社を中心にした平民主義の時代を経た後であるから、批判の基準をあえて問われる必要もないほど、同質の批判精神は広くいきわたっていたのであり、内村はそれを自らの言葉で表現してみたにすぎないのだともいえる。反体制の立場が色濃い『万朝報』の読者は、硬質な歯切れの良い短文で矢継ぎ早に権力者や知者への批判が展開される内村のこの文章を読んで、自らの溜飲を下げる思いで内村の活動に支持を送ったのであろう。

このように、当該の内村の批評の基準が特定の古典に明示的に依拠していない、という場合、読者にとってその基準は自らと共有された自明のものとされ、それ以上推測の必要がなかったのか、それとも、内村の思想的立場を他のテキストから割り出して、そこから批判の基準を補って読むのか、のいずれかになったと推察される。

では、このような内村における一般道徳や人道主義といえそうな批判の基準が、実のところ、どういった思想潮流に支えられていたのかを考えてみたい。むろん、それは、日本近世以来の通俗道徳にも共通の要素を発見しうるものであろうし、内村が批判した「儒教道徳」や「武士道」からも一部、導けるものであろう。しかしそういったものがもはや先代のように厳格に機能しなくなっている文明開化後の時代において、一般道徳を基礎づける素地はどこに見出されるべきと考えられていたか。

後述するように、内村の場合それは、自覚的であれ、無自覚的であれ、大部分欧米に由来するものにあった。彼は祖国日本へのこだわりを「愛国」という形で表して終始棄てなかったが、そのこだわり方において、すでに伝統日本的ではない要素が多分に機能していた。事実、日本は多くの場合、内村の批判の対象になったのである。同時代日本を対象とする批判の基準を同じ日本に求めるなら、それは過去の歴史からということになるであろうが、実際のところ彼は、日本の歴史への造詣は深くなく、それを深めようとする意欲や関心も比較的低かったといってよい。では、内村は日本の諸事を批判する基準を一体どこに求めていたのだろうか。
その点に関して、次に挙げる文章から考えてみる。

余に取ては日本今日の社会に在ては嫌ふべき者は多くして愛すべき者は至て尠い、余は実に現今の日本の社会に対しては言ひ尽くされぬ程の不快の念を懐く者である。[22]

これは一九〇一年に『万朝報』に発表された「余の従事しつゝある社会改良事業」と題された文章における言葉である。内村はこれに次のような言葉を続けている。

余は日本今日の社会を嫌ふ者である、然し余は日本国を憎む者ではない、
日本国は余の故郷である、余は人として此世に生れ来た以上は日本国以外の国へ生れ来らんことを欲する者ではない
何も日本国が悪いのではない、日本人が悪いのである、何も日本人が悪いのではない、薩摩人、長州人、肥後人等

が悪いのである、然り、何にも彼等が悪いのではない、明治政府と其奴僕《ぬぼく》とが悪いのである。

この帰結だけを見れば、先の「胆汁数滴」の論調とあまり変化はないようである。しかし全体として決定的な違いが一つ見受けられる。それは「日本国」「日本人」総体が批評の標的になっている、ということである。なぜ「日本」であるのか、ということ自体が問いの対象になっている。その点、はじめに検討した「日本人の救済」（一九〇七年）における日本への徹底的な疑義にだいぶ接近しているのがわかる。

さらに内村はこのテキストにおいて自らの教育者としての試みが失敗に終わったことを振り返り、教育の理想は「学生」を「真個のゼントルメンに仕立てんとする」ことであると述べる。そしてそれに失敗した自らの境遇をふりかえりつつ、「是れ宇内万国に対して余の恥辱《ちじょく》ではないと思ふ」「余は日本国の教育家たるの資格を剝がれてより、稍《やや》や人間らしき人間となるを得た」[23]とも言っている。

ここで使われている「宇内万国」という言葉であるが、この言葉は「世界」と変換してもよい。川西進がかつて指摘したように[24]、内村において「世界」というのは大部分、西洋・欧米のことを念頭においた概念であると見るのが正確なところである。その不動の中心は彼がかつてそこで三年半を過ごしたアメリカ北東部、ペンシルヴェニアやマサチューセッツの地であろう。先の言葉に続く箇所はこういった内村の精神の消息を見事に表現するものである。

教育界を逐はれたる余は日本に於て全く無要の人間となつた、此事を聞いたる米国の余の友人（宣教師ではない）は余のために非常に心配して、交々《こもごも》書を寄せて余に彼国への移住を促がし来つた。世も亦た思ふた、日本許りが世界ではない、亦日本人許りが人類ではない、余の愛心と勤労とは之を世界何れの処に用ひても可いと、余は此時すんでのことにアツレガニー山上の人とならんとした。[25]

この「アツレガニー山」とは、北米アパラチア山脈の一部分 Allegheny Mountains のことである。その近辺に米国滞在中にできた友人が住んでいたようである。彼は祖国日本で無用者となったと観念した時、日本の外に自分の居場所を夢想し、具体的にはアメリカの一地域に自分が伸び伸びと活動できる「世界」の舞台を設定したのであった。この引用箇所のすぐ後には、「世界主義を唱ふる余」[26]という言葉も見られる。

内村のいう「宇内」や「世界」は、物理的な広がりとしては宇宙規模としてよいのであるが、精神の領域としては主としてまずは欧米の地理や文化に連なるものと見るべきであろう。その類の言葉は主に、日本の現状が批判的に問題になっている時に発現するのであり、その場合、インド思想や中国思想は全く彼のとるところではなかったことからも、内村の「世界主義」が、本当は欧米の精神文化に依拠しているだろうことが判明する。

この「世界」＝欧米、といった無意識の把握においては、内村の進化論的文明史観が一枚からんでいるが、それには今は触れない[27]。また、内村におけるアメリカニズムの全体的な影響、ということも非常に重要な問題であるが、これも後章（第三章第一節）にゆずる。今は内村の批評の基準が、主に欧米の精神文化の蓄積に依拠するものであり、それとの比較の相において、日本文化批判が展開される機縁が生じていた、ということを確認するので十分としたい。アメリカ中心の西欧精神文化（の理想）を基準とする「世界」の側から、現状の「日本」への批判が旺盛に展開されていたということをである[28]。

さらに、明治末に至ると、この欧米の精神文化は一つの理想的な姿をとって現れて、現実の欧米――やはりアメリカが中心である――の文明の歪みや変化を逆に批判する基準となっていったことも重要であろう。このことも後の各章節で適宜触れられるはずである。

以上、内村における批評の基準としては、主として

i）『聖書』をはじめとした、特定の古典の言葉やそこで展開される世界観を基準とする批判
ii）現今の日本社会に一応認められている、一般道徳や常識による人道主義的批判
iii）欧米の精神文化の始源や理想（主義）を基準とした批判

に分けて押さえておきたいと思う。この三つの関係であるが、iiiがiとiiを架橋する機能を負っていた、と考えるのが適切だと思われる。なぜなら、大きな文脈で見れば、内村におけるiはiiiの土壌から流れ出して特化したものであり、またiiはiiiへの参照とそれによる補強を絶えず必要としたからである。明治期内村における欧米の精神文化の問題、とりわけそこから抽出される普遍的諸価値が織り成す布置や構造については、引き続く章節において、次第にその具体的な姿を現していくだろう。

第二節　言論統制下の批評の技術

1　言論統制への意識と批判

これまでの内村研究において全くといってよいほど語られていないことに、内村と言論統制の問題がある。内村は明治中後期、手厳しい政治批判や社会批評で人気を博したが、彼が関わった新聞記事、あるいは雑誌論文がもとで一度でも掲載媒体の発行停止や出版禁止が起こった例はなかったと見られる。また、苛烈な社会批評で名を挙げた内村であるが、検閲による明らかな削除・伏字の跡は確認される範囲では数件のみである[29]。これらの事実は、彼の批判の意図することからすれば、驚くべきことであると筆者には思われる。

そのような結果になった理由の一つは、まずは取り締まる側の事情にあるだろう。内村がジャーナリストとして政治・社会批判を含む時事批評を活発化させる一八九七年、新聞紙条例が改定されている。この改定により、言論統制の実態が緩やかになったかどうかは微妙なところであろうが、内務大臣（実際はその配下の検閲担当者）の即断による統制が不可能となり、一応処分は司法判断に委ねられる結果となったというから、突然に前兆もなく発行停止になる、という事態は従来よりも少なくなったものと思われる。

この新聞紙条例は一九〇九年に手を加えられ（新聞紙法）、再び従来のような内務大臣の独断のもとに位置することになった。このことは日露戦争後の労働・社会運動の高まりや風紀の壊乱に対応したものと見られる。このように、実際、内村の社会批評活動が活発であったジャーナリスト時代――一八九六年から一九〇五年までと見たい――は、法制史的には、出版界の言論統制が比較的緩やかな時代であったとも考えられる。[30] 調子の高い評論が可能となっていた要因の一つとして踏まえておくべき世情であろう。

もう一つ、今度は内村の側の配慮ということを考えてみたい。内村が表立って言論統制について語ることは、事の性質上あまりないはずであったが、それゆえに目立たない形で、あるいは暗示的な形で何度かそのことを問題化していたのは注目に値する。次の文章は一九一四年（大正三年）の夏の講演録からのものであるが、過去二〇年間のことを振り返って、次のようなことを述べている。

私は私自身の事を申上げる様になるが仕方がない。二十七年頃には基督教主義の雑誌にも関係せず新聞にも縁を有たなかつた。翌年私は万朝報に関係して何か書くことになつた。併し当時は官憲の干渉が盛んであつた。そして私は三十三年に於て一大決心をした。それは此の世の文学にはたづさはらないと云ふ事であつた[31]

明治三三年といえば、内村が手厳しい批評を専らとする『東京独立雑誌』を廃刊して、『聖書之研究』を出し始めた年である。『万朝報』にも盛んに投稿し、『万』に内村あり、という印象も喚起していた頃であった。『聖書之研究』はその初号の内村の言葉にもあったように、〈破壊から建設へ〉が一つのモットーであった。[32] それは、徹底的に対象を破壊せんばかりの苛烈な批評に重点を置く姿勢に一区切りをつけ、『聖書』の教えを核とした人心の平和的建設の方に力を入れる、という意味に受け取られる。

ところが、実際、内村が言うように、破壊から建設へ、という内的動因があったとしても、他方、「官憲の干渉が盛んであった」という外的原因が、彼に「此の世の文学」、すなわち時事批評や社会・文化批判を得意とした『東京独立雑誌』の執筆態勢から身を引こうと思わせるほどであった、と読める告白を無視することはできない。また上記の文章では「三三年に於て一大決心をした」とあることが注目される。つまり、それ以前からすでに「官憲の干渉が盛ん」であると感じられていたのである。その証拠になりそうなものに、一八九八年（明治三一年）に朝報社を一度退社する際の次の言葉（『万朝報』明治三一年五月二二日）が挙げられる。

万朝報社は世の不遇者の結合体なり、此偽善的社界、此偽紳士と偽教育家と、偽政治家と、偽愛国者とを以て充ち満たる社界、焉んぞ能く多数の不遇、無友、孤独の徒を出さゞるを得んや、心裡に熱情を蓄ふるあるも之を語るを得ず、語れば罰せられ、国賊を以て罵られ、阿《おもね》るにあらざれば迎へられず、媚ぶるにあらざれば近けられず、全然幇間《ほうかん》の類に化するにあらざれば貴きと高きを望み得ざる今日の我国の社界の如きに在ては万朝報社の如き者の起り立つは甚だ当然の事なりと信ず、33

ここで注目すべきはこれ自体、政治社会に対して調子の高い批判文であるその中に、「語れば罰せられ」といった一言が挿入されていることである。これは一般的な現象を述べたものであるだろうが、「心裡に熱情を蓄ふるあるも之を語るを得ず、語れば罰せられ、国賊を以て罵られ」という当事者の立場に置かれた、内村の強い実感がこもるように読むのも正しいだろう。少なくとも一九一四年の時点で振り返っていたように、一八九八年の内村は確かに「官憲の干渉」を強く意識していた、と読める証言である。もしかすると『東京独立雑誌』から『聖書之研究』に移行する時だけでなく、それ以前に、朝報社を退社し、『東京独立雑誌』を創刊する際にも、「官憲の干渉」という要因は重要な役割を果たしていたのかもしれない。

朝報社の中に身を置きながら「英文欄」の主筆を担当していた頃（一八九七―九八年）の内村は、最低限、『万朝報』の全体的な方針に沿いながら文章を書くことを余儀なくされていた。それゆえ、自らの文章を随意にしたことが原因で検閲に引っかかってしまえば、朝報社全体の被害となってしまう、という認識があったと思われる。

つまり、朝報社にいたままでは、検閲による被害範囲ということを考えた際に、独立の身分で自己の責任範囲において文章を管理するのには限界がある、ということが自覚されていただろうと推察される。

これには『万朝報』が日刊新聞であり、『東京独立雑誌』とは検閲のされ方が異なった、という事情が大きく関わるだろう。日刊新聞では検閲は発行後であり、その結果の発行停止処分なども、当局との相談の範囲ではなく、突然やってくるものであった。一方、内村の発行する雑誌の場合、発行以前の当局への納本を通じて事前検閲が行われたので、当局により怪しからぬ言説だと指摘されれば、出版・流通前にその文言を伏せたり書き換えたりして、出停などの処分を免れることが可能であったようだ。[34]

『万朝報』英文欄の執筆は、日々、同業者（日本各地の英字新聞）の文章や時事情報のこまめな収集を必須とする激務であり、生来あまり体の強くない内村には耐えきれない、というのが退社の主たる事情であったことを疑う必要はないと思う。しかしながら、それに伴う外的な理由としては、「官憲の干渉」と自らの文章の自己管理との兼ね合い、という問題が影を落としていたことも、また有力な要因として考慮されうるのではないかと考える。

このように内村の批評活動における検閲、という問題を少し真剣に追及してみると、彼が自らの発行する雑誌において検閲にはだいぶ悩まされていたということが、ところどころで洩らされていたことに気づくようになる。例えば明治三二年三月二五日発行の『東京独立雑誌』二六号「記者之領分」欄の最初に載った、次のような言葉である。

我が裡に愛国心の燃ゆる時は我の国事を語らんと欲する時なり、而して我の国事を語るときは我の国賊視せらるゝの危険を冒す時なり、故に我は努めて我の愛国心を抑圧し、以て順良忠実の民たらんと欲す。[35]

これは「愛国心の抑圧」と題された短文である。これまでに考察したことを踏まえて読むと、この文章の「我の国事を語るときは我の国賊視せらる、の危険を冒す時」という言葉は、内村の批評に対する社会あるいは同業者の反応に加え、「官憲の干渉」のことをも指すように読めなくもない。また、この短文に続く次の文章も併せて読むと、「官憲の干渉」を指しているということは、より明瞭になってくるように思われる。

強ひて国事を語らんと欲せず、然れども天下無数の無辜の民を如何せん。我は富豪の暴慾を責むるを好まず、然れども路傍に飢餓に泣く者多きを如何せん。我は我の愛国心を抑圧するを得べし、然れども我の人情は制抑し得べきにあらず、我若し時に悲嘆の声を揚げて天下に訴ふる所あれば、是れ国事を語りしにあらずして心事を語りしなり、国家の為に叫びしにあらずして饑餓に迫る我が同胞の為めに呼りしなり。[36]

これは内村に典型的な、旧約聖書の預言者の批判スタイルを応用したものといえるが、注目されるのは「我若し」以下後半の言辞である。「天下」に関する事柄であれば「国事」と解されるのが普通であろう。それなのに、彼はその政治や社会への批評を、あえて「国事」を語るとはいわず「心事」を語っていると受け取れ、というのである。これを内村の詩的精神の発露、あるいは人心へとくい込む批評のレトリックと見ることも可能かもしれない。しかしここまでの考察に照らし合わせると、どうも検閲当局に対する目くらましのような気がしないでもない。目くらましというのがふさわしくないとしたら、当局者に対する一種の擬態や申し開きであると見てもよいかもしれない。いずれにせよ検閲をくぐるための技法として、自分の批評は「国事」に触れるのではなく、「心事」の発露なのだから、国権の介入する類のものでない、と当局への牽制を行っているようにも読めるのである。

このことに関連して、同じ号の同じ欄に載った最後の短文を取り上げてみたい。

自由思想を圧するも可し、国家至上主義を唱ふるも可し、然れども社会道徳の日々に頽廃に赴くを奈何せん、東洋の壊頽日々に迫るを奈何せん、吾人は当局者の主義如何を問はざるべし、唯願くは我日本と東洋とを救へ。[37]

これは「主義と行為」と題された短文の全文である。ここで注目されるのは当然「自由思想を圧する」「当局者」とは誰を指すのか、ということである。その当局者の主義が「国家至上主義」である、ということを考えると、これは、従来からの内村の批判点である儒教的国家主義教育を推し進めた教育政策担当者、あるいはもっと狭く見て、その枢要である「教育勅語」を発布させた数名の政治的指導者を目していると読めなくもない。しかし、もっと時間的に限定して捉えるとすれば、目下の内村の営みである「自由思想」の公表を圧迫している存在は、紛れもなく司法担当者と結びついた検閲の「当局者」であろう。そしてこの「記者之領分」欄の全体を捉え、先に引いたその最初の言葉と併せて読んでみると、この一連の言葉は検閲当局者への牽制が意図されていると読むのが妥当なのではないか、と考えられるのである。

ところで、この時から二年後の一九〇一年、今度は客員という身分で『万朝報』に特別の地位を得ていた内村が発表した文章に次のような言葉が発見される。

然しながら何たる不幸か此偽善政府を戴く此偽善社会に生れ来て、余の心に存する天賦の良性は少しも発達するの機会を与へられず、馬を見ては之を鹿なりと言はざるを得ず、虚を吐くのが反て忠信である義士であると称へらる丶ことなれば、余は人類の一人《いちにん》として如何にして此世に処せん乎と、殆んど途方に暮れる者であつて、幾回か天を仰ぎ、地に伏して余の不幸を嘆ずる者である。[38]

内村はこの時『聖書之研究』を自らの言論闘争の本拠地としながら、同時に、以前『万朝報』に専任であった頃よりも身軽な立場で『万朝報』にも盛んに文章を発表していた。この程度の文章はジャーナリスト時代の内村においては格別調子の高いというほどでもないようだが、「偽善政府」「偽善社会」は率直に現実を暴かれることを嫌い、人に虚偽ばかり言うことを強要する、といった主旨は、内容的な踏み込みという点で目を見張るものがある。「馬を見ては之を鹿なりと言はざるを得」ない言論人の苦悩を「人類の一人」の立場から、すなわち一国を越えた普遍的な視座から慨嘆しつつ政府当局を批判したものと読める。この時、内村の念頭には、言論の自由を肌身で覚えた留学先のアメリカ社会におけるそれが比較対象に上がっていたことは推測してもよいだろう。日本の目下の政治体制下にいる限り、批評構築の苦悩は依然として変わらず、結局どの媒体においてもつきものであったと実感していたことが看取される。

以上、内村における言論統制への意識、特に検閲当局者への牽制という点を、事柄の性質上、推理も交えつつ考察してきた。次に、こういった言論統制下において、内村がいかにその網の目をくぐり抜ける努力をしてきたか、その足跡とそこに息づく技法について、事例を挙げつつ整理し、分析してみたい。

2　言論統制への対策技術

①　非政治性・非具体性

現在の見地から、明治のある時期の検閲の基準、とりわけ削除や発禁の対象となる言論の線引きを行うのは難しいことである。しかしながら当局の忌避に触れることが確実である事柄もあるだろう。[39] 例えば天皇主権の国家体制への批判、皇族個人の言動への批判、「教育勅語」に代表される天皇勅令への批判などはまず公表を許されないだろう。その天皇の欽定憲法の内容を批評することは微妙なところだろう。その他、諸外国との外交関係に不利になると認められるような指摘、あるいは日本の植民地支配に関する具体的な批判なども、場合によっては処分されたに違いない。しかしながら、境界線上の事柄としては、実際は何を指し示しているのかはともかく、政治的主張に過ぎたり、批判対象が具体的に過ぎたりすれば、統制の対象になりやすかったことは見やすい道理である。そこで内村においても、批判の対象を具体化しない、あえて政治的な文脈を作らない、といった苦労が払われた形跡がそこここに散見される。例を挙げて確認していきたい。

例えば『東京独立雑誌』時代の文章から次のようなものが挙げられる。

雑誌界の寂寞は思想の枯渇を意味し、思想の枯渇は圧制的教育制度より来れり。雑誌の廃刊に伴ひ、兵営の増築と軍艦の増製とあり、文は武に圧せられ、想は暴に抑へられ、華族と山師とは栄えて、文人と思想家とは餓死す。[40]

これは「秋夜雑感」と題された短文集における一節である。短いながらも、ここからは内村が用いた検閲対策の技術を二点指摘しておきたい。まずは単語レベルで考えてみると「圧制的教育制度」という言い方が注目される。ここには国家主義教育→儒教道徳→忠孝道徳→教育勅語、と遡っていく批判性が込められている、と見ることができるからである。

内村の場合「圧制的教育」「国家教育」「儒教道徳」「忠孝道徳」といった単語までは使われるが、決して「教育勅語」を名指しして批判することはなされなかったのが注目される。[41] 実際のところ、内村の勅語への言及は「不敬事件」と関連づけられるため、印象に強く残るものの、生涯においてそれほど多く語ったことではない。また、内村の勅語に対する言及は一様でなく、どれもあまり鮮明なものではなかった。それは、勅語への「低頭」が不要であることと組みにして述べられているため、実際には虚礼よりも実質を、と言っているだけなのである。

日清戦争を境に日本社会を見る目が更新されていく内村にとっては、忠孝道徳批判はもはや辞するものではなくなっていたと考えられる。ジャーナリスト時代に彼が頻繁になした忠孝道徳批判は、人格の平等を根拠とする欧米の家庭内道徳を普遍的とする見地からなされたものであろう。この普遍的見地からすれば、「支那的」忠孝道徳は地域に特殊な道徳体系であるから、それを核とした「教育勅語」の教えは相対化されざるをえず、その内容は結局、評価の対象ではなかった、としても言い過ぎとはいえなくなる。

しかしながら、天皇の名の下に出された「教育勅語」の文言への直接的批判は許されないことであった。そこで内村は、最も批判の筆鋒を鋭くした時ですら勅語そのものには触れず、「軍人は剣を以て殺し、教育家は勅語を以て殺し[42]」と、勅語を恣意的に用いるかのような当局者を批判するにとどめたのであった。内村がいう「圧制的教育制度」とは、教育勅語を手にしつつ、忠孝道徳を核とした国家主義思想を人民に吹き込む当局者の姿を照らして批判する言葉であったと見ることができよう。

さて次に、文脈レベルで考えてみると、先の文章が「秋夜雑感」という、いかにも雑文集といった主題をもつ短文の連作の一角に息づいていることが注目される。主題としては「雑誌界」の「思想の枯渇」が前面に出ており、政治については前面において批判されていない。あくまで批判的な姿勢を表立てないことによって、批判精神を静かに深くいきわたらせる、という手法がとられている。

こうした非政治化の技術に、内村の批評への決意の深刻さが宿ると筆者は見たい。彼は事柄の生成の連鎖を仄めかすことによって、最終的には政治、しかも直接的には批判のままならない教育勅語の是非にまでも批判精神を届かせることを意図していたと考えられる。文脈的には政治批判が主なのではなく、あくまで「思想が枯渇しつつある雑誌界」に光が当てられる。政治批判的な論調をあえて避けることによって、それと引き換えに、政治批判の文脈では指摘するのも危険な事柄を緩やかに名指しすることが可能になっている、と読めるのである。

② 黙示性

危険な単語や概念の置換に加え、文脈レベルでの配慮があった上で可能となった批判としては、古典を引用しつつ、さらに巧妙になされたものがある。それは日本の朝鮮支配に対する批判である。一例として「国家的罪悪と神の裁判」（一九一八年一二月の講演の筆記録で翌年二月の『聖書之研究』二二三号に発表）においてなされた日本の朝鮮支配への批判の仕組みを解明してみたい。これは大正期のテキストであるが、この後に検討する明治期のテキストにおける技法との比較のために、まずこちらを先に検討することにする。

この文章は、表向きは副題に「亜摩士《アモス》書一章二章の研究」と付されているように、あくまで旧約聖書中の一書「アモス書」の解釈研究の形で始まり、しばらくはその趣である。しかしながらその預言者アモスの言動——自民族を囲む四方の他民族の罪悪を指摘し、それらへの審判を予言した後、最後に自民族について一層厳しい同様の裁きの預言を展開する——がにわかに、内村の生きる同時代の歴史的文脈に応用されることになる。

その際、まずはポーランド分割の話題が取り上げられる。この講演はちょうど第一次世界大戦の終結時になされており、ポーランド分割に加担した三帝国がこの時点でことごとく崩壊したことを、内村は「預言的」に受け取っていた。他国に侵入し、武力により領土を併合するような「弱国を弄ぶ」[43]行為は罪悪であり、その国はやがてその罪悪の報いを受ける、という批判である。彼は、その構図を適用すると、イギリスにも、やがては日本にも同じような結果がやってくるのではないか、と聴衆に問いかける。その言葉は次のように表現されている。

> 最後に汝等日本人よ、汝等に果して罪なき乎、汝等の富豪と政治家との堕落は如何、官吏社会の腐敗は如何、我等の姉妹は海外に大なる恥辱を蒙りつゝあるではない乎、然らば如何、同じ神は同じ罰を以て汝等にも亦臨み給ふであらう、神の世を裁判き給ふや決して人を偏視《かたよりみ》ない、日本人と雖も其罪を悔改めずば必ず同様に亡ぼさるゝであらう、[44]

これは内村がよくする『旧約聖書』の預言者の文体の借用という批判様式である。それは神がかり的なものではなく、冷静な現実観察と、現実を解釈するための世界歴史の知識、さらには、高い倫理的要求に呼応した批評精神、それらが織りなす知的所産であるといってよい。

ところで、ここには「朝鮮」なる語は一度も出てきていない。それでいてなぜ、このテキストにおいて日本の朝鮮支配を内村が批判している、と読むことが可能となるのか。

それは、このテキスト全体の中に一ヵ所だけ「朝鮮」という語が出てくるのだが、その用いられ方が次のように文脈上決定的に重要だからである。

波蘭は独墺露三国間に介在せる大国であつた、其面積は我国の凡そ二倍位であつた、然るに今より百二十三年前に此強大国は忽焉として亡びたのである、其滅亡の原因に朝鮮の末路に酷似する所がある、即ち国内に二党派ありて烈しく相争うたのである、而して隣国なる露独墺は少しも此国難を援助する事を為さず却て之を利用して自己の欲望を充さんと欲した、[45]

この箇所と先の日本批判を併せ読むと、必然的に日本の朝鮮支配への批判が導かれることになる。日本の朝鮮に対する関係は、露独墺のポーランドに対するそれと重ねられるからである。

ところで、この「朝鮮」への言及はテキスト全体の中間あたりに登場する。先の日本批判は全体の最後に位置する。注意深くない読者には内村による日本の朝鮮支配への批判が鮮明化されないが、注意深い読者にはしかとわかるように微妙な配置に言葉が分散されている。肝心な日本批判の箇所では、具体的項目に朝鮮支配を挙げて糾弾することは避けられているが、文章全体の中頃で提出したポーランドと朝鮮の境遇の類似の指摘は、注意深い読者にしっかりと想起されたことだろう。ポーランドを侵略した三帝国を批判することに応用されたアモスの論理は内村の論理となり、やがてイギリスなど列強の植民地支配の批判として機能する。その先の日本批判が朝鮮支配を特別に指し示すことは、感度の高い読者には明瞭であったと思われる。

旧約聖書の一つ「アモス書」の預言の論理は、国家の隣国関係に踏み込んで自国の罪悪の指摘を行う際には、内村に最も早くから用いられていた準拠枠であった。一八九五年、日清戦争の成り行きと帰結に失望した内村は「農夫亜麽士《アモス》の言」（『国民之友』二五三号）を発表し、戦争にまつわる日本の虚偽と不義を批判したが、そこでも「隠語」による暗示的な方法がとられていた。冒頭の次の言葉は検閲担当者や掲載雑誌の編集方に寄せる牽制の言葉であり、同時に、読者に対しては黙示文学の宣言であったと見ることができよう。

> 余輩の今茲《ここ》に訳出し、之に余輩の註訳を附し、以て読者の一読を乞はんと欲するものは今人今世の作にあらず、著者は自ら称して「テコアの牧者の一人なる亜麽士《アモス》」なりと曰ふ、テコアは西方亜細亜の一小邦パレスチナの首府エルサレムを距る南十里に在る一小村なり、著者の時代は「猶太亜《ユダヤ》王ウジアの世以西羅耳《イスラエル》王ヤラベアムの世」なりとあれば、紀元前八百年頃にして今を距《さ》ること凡そ二千七百年、我神武天皇紀元より尚ほ二百年前の昔なり、故に此著作にして今世今時の時事に一つの関係を有するなく、之を掲載する雑誌にして発行停止の厄運に遭遇するの危険なきは勿論なり、否な、常に新に媚び旧を疎んずる「国民之友」雑誌が其掲載を肯ずるや否やは尚ほ余輩の疑問に存す、訳者は政治嫌ひの一人なり、彼は好古的精神を以てのみ此の旧記の編纂を試みしなり、若し其内に多少の隠語の存するあれば之れ読者の臆察より来りし者なるべし、読者心して之を読まれよ。[46]

このテキストを少し嚙み砕いて解釈してみたい。

ⅰ）自分はあくまで「訳者」であるといっている。つまりこのテキストの「著者」はあくまで古代イスラエルのアモスだと誘導する。これは検閲への予防線を張ったものと理解される。そうすることによって「内村鑑三」という署名を隠す必要はなくなり、匿名の、素性を隠しながらの政策批判という、及び腰の、後ろめたさが残るような手段をとらずに済むのである。

ⅱ）「発行停止」になるような危険はないことを念押ししている。つまり、この文章が、「政治嫌ひ」であるただの「好古」趣味の古典研究にすぎないといって、表向き政治的に不可侵の領域への批判の意図はないかのように演出している。「発行停止」の対象に当たるような力んだ代物ではないことを印象づけようというわけである。ところが最後の文章で、実は本文に「隠語」があるかもしれないことをにおわせており、それは読者の「臆察」によってのみ判明する類のものだから、心ある読者はこういったことに思い当たったとしても（きっと思い当たるのであるが）、それを心に留めて表向き知らぬふりをせよ、という意思を通達している。これは一体どういうことなのか。このような記述は検閲する側に対しては逆効果ではないのだろうか。

このような記述から、内村が、「顕」と「密」を使い分けることを、あけすけにも宣言しているように受け取ることも可能であろう。当の本文での主眼はアモスのユダヤ批判を整理することであるが、同時に、ユダヤは東亜の日本に擬せられることが明言されている。実際、開戦の大義――朝鮮の独立の達成――を名目とした、奢れる勝者日本への幻滅と強い批判がここで展開されていることは、深い聖書知識がなくとも容易に看取できるようになっている。内村がどうしても言うべきと思われたことを吐き出すための最後の手段が、このような歴史研究・古典研究の形を演出する「擬態」であり、その「擬態」のもとで、目下の現実と同じ構図をもった物語を解釈し、その批判に替える「黙示文学」というスタイルが採用されたのであった。

この「農夫亜摩士の言」は、内村がジャーナリズムでの発言の初期に、すでに、特別な西洋古典である『聖書』に依拠しつつ、現実を鋭く切り取る姿勢と技術をもつものであること——それこそが内村が年を重ねるごとに円熟の度合いを増していった彼の批評様式の真骨頂であった——を公表したという点で、批評家内村の記念碑的労作であったとしてよい。

このテキストは権力者の道徳的腐敗への批判から始まり、やがては国体を自慢し、神国の民と自ら誇り、隣邦を見下す政治化された大衆やジャーナリズムへの批判に至る。天は万国を差別せず、といった内村の万民平等主義は、天の名を用いて日本を特化し、その隣国への侵略を正当化する徳富蘇峰ら国家膨張論者への批判が狙われていたことだろう。事実、当局の検閲に引っかかったのか、編集側の自主検閲のためなのか、いくつかの箇所が伏字になっており、読み取れない。[47] この時の内村も、先に検討した一九一九年の彼と同じく「知恵あるものは悟れ」といった姿勢をとっている。その宣言自体ですでに当局に挑発的であった。そのためか、検閲との戦いには完全には勝利できないということも想定済みであっただろう。時代的に一八九七年の法改正前であった、ということも考慮される。

それを差し引いても、一九一九年の時点での内村は検閲をかいくぐる技術が数段向上しており、同じ古典テキストを用いた、同じ方向性をもつ批判——自国による他国の侵略への批判——であっても、周到なテキスト構成上の工夫を施すことが可能となっていた。このことは明治から大正にかけて彼の批評技術が向上した、と見なせる点で特に注目に値するものである。[48]

③ 反語の駆使

内村らしい批評の技術であった黙示文学性が、『聖書』の研究の深まりとともに、その工夫の仕方を充実させていったことを先に確認したが、そのような技法が実るに先立って、内村が別種の検閲対策技術を早々と自分のものにしていたことは、ここに項目を改めて検討すべきことであると思われる。その技術とは反語の駆使のことを指す。

内村は英米文学のエッセイ、特にトマス・カーライルから「修辞的疑問」を深く自分のものとしたとの指摘がなされている[49]。内村は著作活動の当初から、この「修辞的疑問」を豊かに用いて記述に劇的な効果を多数もたらしてきた。内村の著述の魅力の一つは、独自の力強い言葉選びだけでなく、この種の疑問の多用、さらには逆説に逆説を重ねた弁証法的記述を次々にしていき、力動的かつ律動的にその思惟を展開していくことにあった。

ところで、修辞的な疑問に限らず、ある特定の章節に、あるいは文章全体に反語という形式を適用して書く、という文章を内村は何度か作っている。これは心ある読者には大胆な皮肉の表現として痛快極まりない印象を与えたであろう。そして、それは単にレトリック上の効果だけでなく、言論統制を軽やかに切り抜けるという点でも実に大胆不敵な営みであったとしてよい。

実例を挙げて分析してみたい。一八九九年に『東京独立雑誌』に発表した「世道の栞」という一〇〇〇字程度の文章は、その主張が見事に反語を用いて構成されている点で特異である。

主義は主義、商売は商売、理想は理想、実際は実際、宗教は講壇より講じて金儲けは店頭に於てす、真面目なる時あり、真面目ならざる時あり、文士として詩文を評する時あれば、経世家として政策を献ずる時あり、博愛主義は詩人として唱ふべし、国家主義は実務家の必要なり、人は常に極端に走るべからず、中庸は処世の大秘訣なり、人を責むるに理想を以てするあり、又実際を以てするあり、之を臨機応変の策とは云ふなり、万事都合よきを以て方針とすべし、終生不易の主義の如きは之を口と筆とにするの外は決して心に確守すべからず[50]。

これは書き出しの言葉であるが、どこにもこれは反語であると断っていないため、この文章だけ見ても全体が反語であることはわからない。主義の固持、博愛主義、反国家主義、中庸の精神の排除など、日頃の内村の主張と姿勢を理解しているものだけが、この文章の反語性を読み取り、倍加した痛快さを味わうのである。文章は次のように続き、話題もやや具体的になる。

若《も》し理想が実際に行はれたらば大変ならずや、人が己を愛する如く其隣人を愛するに至り、剣は改鋳されて犂鋤となり、精神は方策に愈《まさり》て重んぜらるるに至らば、それこそ社会の大事変なるに相違なし、然らば富士も八島も敷島も廃艦となりて開港場の蔵船として利用さるるに至るべく、為めに数千の海軍士官は職を失ふて路頭に迷ふなるべく、陸軍十三師団の兵営は空家となりて備荒貯蓄米でも蔵するに至るべく、為めに肥馬に跨る将軍武官の方々は雑誌記者の従者とまでも落ちねばならぬべし。才子策士が不用となりては国会議員は飯が食えざるべし。其他今日の社会組織は一変して待合茶屋も不用となり、愛国屋も不用となり、只悦ぶ者は真面目に働く百姓、職工、其他彼等の勤労を慰藉奨励する少数の文僕教僕に止まるに至るべし。[51]

これは形態としては一つの思考実験のようにも見えるが、表現の意図は反骨精神が貫かれた反政府的で戦闘的なものである。この時期、軍隊の増設とそれによる民税の負荷が内村には大きな社会問題と見えていた。彼は実際には「百姓、職工」などの「勤労」の価値を重視する平民主義の先鋒であったが、それに対する立場からの、国家主義者の側に身を置いた思考実験を、パロディとして行ったのである。彼はこのテキストの最後で「忠君愛国、国家主義を唱へ」る「文学士」を批判しているのだが、これはかねてから『太陽』文芸欄にて、その立場から内村のキリスト教的人道主義や平民主義を批判していた高山樗牛、[52]さらにはその師でかつての内村の論争者、井上哲次郎あたりを皮肉ったものであろう。

とはいえ、この程度の内容の具体性では検閲の対象ではなかったかもしれない。しかし、次のように時の欽定憲法をまで批判していたとするなら、この反語という形式が検閲をかいくぐるのに有用であった証拠にもなると考えられる。

FREEDOM is something more than is stated in the articles of a Constitution. A nation may have a most perfect constitution, and yet at the same time have no freedom to speak of. Mexico or Gautemala《ママ》 with its constant recurrence of bloody revolutions has a constitution which like one that Marquis Ito made for Japan "may be compared even, for brilliancy, to the heavenly luminaries." It was Buddha or Christ that gave us plenitude of Freedom, and not any statesman, not even Marquis Ito. The sooner we open our eyes to this fact, the better.[53]

（自由とは憲法の条文に記されている以上の何かなのだ。ある国では最も完全な憲法をもっているかもしれない。しかし同時に言論の自由は保証されていないときている。たえず流血の革命を繰り返しているメキシコやグアテマラは日本のために伊藤侯が作ったような「光輝日月に較ぶべき」憲法を持っている。豊かな自由を我らに与えるのはブッダやキリストであって政治家ではない。ましてや伊藤侯ではありえない。この事実に我らの眼が開くのが早ければ早いほど良いのだが。）

この文章は『万朝報』一八九八年一月一八日の英文欄「EDITORIAL NOTES.」中の一段落をそのまま抜いたものである。この箇所の精確な理解は容易ではない。文中の「最も完全な憲法をもっている」「ある国」（a nation）を日本と読むのは早計かもしれない。けれども紛争止まないメキシコやグアテマラの憲法と伊藤博文の作った日本の「光輝日月に較ぶべき」憲法が等しく扱われていることから、これは大日本帝国憲法に関する痛切な反語表現であることが理解されてくる。加えてその憲法の供する自由はブッダやキリストのもたらす自由に比べて何ほどのものかと相対化されている。それは日本の憲法が「自由を我らに与える」のに最も完全なそれだという前提そのものをゆさぶり皮肉るのに十分である。憲法を、天皇を無視して伊藤博文に直接帰属させていることからして、欽定憲法に対する「不敬」に該当するおそれもあったかもしれない。これは反語なしの直接的な表現では検閲を通過しがたい文章であった可能性がある。

ところで、ここでこういった批判が英文において行われたということは一応考慮すべきことだと考える。検閲においては外国語の方が結果的に審査が緩くなっていたであろう、ということをである。当時、邦人による出版物において、英文欄というのは『太陽』や『万朝報』、その他一部の新聞・雑誌にしか設けられていなかった。その点、検閲する側も一応目を通していたではあろうが、日本語や漢語で書かれたものと同じ程度に達者に検閲できていたかどうかは疑わしい。内務官僚になるくらいの語学力なら、直接的な表現であれば見つけられる程度の技量はあったとも思われるが、内村のように、ネイティブに準じる程度の英語表現を駆使しての国家批判となると、当局者の眼も徹して真意を追えなかったのではないだろうか。

もちろん、この後すぐに朝報社「退社の辞」において、「語れば罰せられ」といった言論統制の圧力をほのめかす発言をするくらいであるから、その圧力が全くなかったとは考えられない。しかしながら、結果として一度も処分対象にならなかったということは、内村がそれに配慮して具体的・政治的に書くことを遠慮しつつ巧みに修辞的に書いたか、あるいは当局者が英文で書かれた検閲対象事項を拾うことができなかったかのどちらかになるだろう。筆者としては両方の可能性が交差したところに、内村の判断としての、英文著述による技巧的な批判が遺されたのであろうと考えている。

一八九八年一二月頃からの『万朝報』への週一回ペースでの英文寄稿などを読むと、事実、同時期に『東京独立雑誌』に載った日本語評論よりも一段具体的に踏み込んだ主張――例えば、先の明治憲法が不十分であるという批判に加え、帝国主義的政策への批判や共和主義の支持など――が見られて目の覚める思いのすることがある。そう考えると、英文で書くという選択自体もまた、時に十分戦略的な検閲回避の方策であったと見てよいのだと思われてくる。

④ 言論統制の示唆とそれによるユーモアの創出

①から③においては、言論統制の隙間を縫って、言わんとすることを読者に察知してもらえるよう努力して言論を紡いでいく内村の作文技術を確認してきた。最後に項目を割いて検討したいのは、あえて検閲の可能性を口にしてしまうという手法である。本当に検閲の対象であればこうした指摘ごと伏字や削除の対象となってしまうかと思いきや、実際のところ、この種の言葉は残されている。ということは、当該の文脈では検閲対象になるようなことは言われていなかったか、言われていても事前の指摘で修正済みで、この言論統制批判だけが残った、ということになるだろう。内村の場合、こういったことをあえて公表してしまうことで、言論統制の不当さを世間に暴露することを行うとともに、そのこと自体をどこかユーモラスに茶化してしまうような姿勢をとって、読者に言論統制の滑稽さと理不尽さをより強く印象づける手法がとられていた。例えば次のような文章にそれが表れている。

『東京独立雑誌』の発行人は、彼の総ての財産（甚だ軽少なる）を賭する現実の発行人なり、其編輯人は、彼の言責を自身に脊負ふ現実の編輯人なり。吾人若し不幸にして伊藤大勲位と持説を異にし、彼の憤怒に触れて市ケ谷亦は石川島に呻吟するに至ることあらば、此艱苦を嘗むる者は、強健堅壮、終生の禁錮を以て意とせざる名義発行人並に編輯人にあらずして、柔軟羸弱《るいじゃく》の吾人自身なり。愚人の運命の拙なきこと斯の如し。彼は責を他人に委ねて、自から経綸を語るの術を知らず。嗚呼吾人の愚を憐めよ。[54]

これは「吾人の言責」と題されたもので、『東京独立雑誌』第一号の「初言」という欄に掲載されたものである。これは無署名の記事であるが、文体や主筆という立場を考えれば、内村が書いたことは確実とされる。この時点での「発行人」は『少年園』の発行でも有名な山縣悌三郎であり、彼の出資の提案があったからこそ、『東京独立雑誌』は発行可能になったのだった。また「編集人」と「吾人」との関係であるが、「編集人」は内村自身であり、「吾人」は発行人と編集者に加え、各文章の執筆者（特に内村自身）を指すと見ることができよう。この記事が「無署名」であることがここで効いている。『独立雑誌』を発行する独立雑誌社には内村以外の社員もおり、彼らも文章を寄せていた。この文章は彼ら一人一人に共有された独立の責任——自らの言責を自身に負う——を確認・公表する目的のものだと見ることができよう。これは社内における内村自慢の「共和主義」[55]の気風を垣間見せる宣言でもあったと注目される。

ところで、ここで内村はこういった宣言文を勇ましいだけのものとして提出せず、自分らの書くものが検閲に引っかかるかもしれないことをあえて読者に印象づけている。「伊藤大勲位」とか、監獄の場所を指す「市ケ谷」「石川島」などの固有名詞を出し、「呻吟」「艱苦を嘗むる」「柔弱羸弱」「愚人の運命」など非劇的な表現を用いて、言論統制下に自由な言論を繰り出すことの不自由さを逆手にとってユーモラスな表現に仕立てているのである。これは雑誌の初号での言葉であるから、あまり読者を重苦しい気分にさせない効果を発揮したことだろう。また、厳しい言論状況において、許容範囲ぎりぎりまで批判的表現を辞さないことの覚悟を、緊張にひるまず軽やかに社内に共有させることを意図する、という向きもあっただろう。

言論統制とその結果の実刑という、寒々しい現実と隣り合わせの仕事を選ぶ言論人の寄る辺ない身上、それでもそれを選んだという気概がともに、こういったユーモアにおいて表現されたのは重要である[56]。内村はこの文章の前に位置する「独立」と題された文章の中で「吾人は吾人の心中を監視し給ふ神明に深く頼らんことを期す」[57]と宣言していた。彼において自らの力にのみ依拠した独立宣言などは、どこかリアリティのないものであって、言論統制に引っかかってうろたえつつ、それでも言葉を曲げない態度の方が、人間の真に適っているように見えたようだ。この人間の弱さと神明への依拠による言論の強さ、こういった対比が、内村において勇ましくも自己戯画的な、かの文責の所在表明に結実したのだと読み取られる。

言論統制の実態を道具化したユーモアの創出、という点では、もう一例確認してみたい。それは「東北紀行」と題されたもので、内村が一八九九年二月に東北の第二高等学校の学生たちの要請で演説に出かけた際の出来事を報告した文章である。二つに分けて引用してみたい。

偖《さて》演説はと聞けば、明日紀元節の午前九時第二高等学校の講堂に於て〇〇〇〇〇の後なりとの事、是はシタリ、高等学校の講堂に於て然かも紀元節の朝、搗《かて》加へて〇〇〇〇〇の後とよ、時勢も変れば変るものかな、回顧すれば今を去る八年前、一月九日東京本郷なる第一高等学校の講堂に於て…………不敬漢、国賊…………然るに明治卅二年の紀元節に余を招て亦も高等学校の講堂に於て余の演説を聴かんとは…………58

ここで伏字部分「〇〇〇〇〇」が「勅語奉読式」であったことは、当時の読者ならば一目瞭然であったはずである。また、表記上「…………」を用いて含みをもたせた箇所にどんな心中の言葉が適当であるのかも、不敬事件で世に知られた内村の雑誌の読者ならば容易に埋められた。そのことをわきまえた上で、沈黙を多くとりながらもったいぶった言い回しを選んでいるのは、当局の指示への対応の結果なのか、内村の自主的な対策なのかわかりがたい。しかし、いずれにせよ、不敬という日本社会では絶対的に負の価値を帯びた出来事により、皮肉にも全国的な知名度を得た内村にしかできないこのような表現は、自虐的でありつつもそこに十分な精神の余裕も漂わせており、読者を妙にユーモラスな気分にさせる。この文章は次のように続く。

然れども是れ忠実なる日本国の市民として余の乗ずべき機会に非ず、余は既に一講堂の神聖を汚せし者、（汚せしと称せられし者）、いかでか再び同一の危険を冒すべけんや、殊に今日の余は八年前の余に非ず、余の幼少時代より持来りし観念は幸にも八年前に全然破砕せられたれば、余は今は純然たる日本国の一平民と化し、富士山に腰を掛けて太平洋に足を洗ふの思念を以て此世に存在する者、余は余の主張を開陳せんとするに当て神聖なる講堂を好まずとて、平民の集会場たる他の会場を要求したりき、委員諸氏は反駁しぬ、曰く準備既に整ひ、校長既に歓諾を与へたりと、然れども余は頑として動かざりき、曰く余は再び神聖なる高等学校の講堂を汚さゞるべしと、委員諸氏は閉口せり、然れども余の決心は動かざりき。[59]

こうした顚末を読めば、内村を支持する読者は微笑を禁じえず、あるいは思わず溜飲を下げたことだろう。事が事ゆえに、全く言論統制を意識せずというわけにはいかないこの場合に、あえてその忌避の対象の周りを執拗にめぐりながら、代用的な表現で、直截に口にしてはいけない事柄——天皇崇拝の拒否と、その臣民意識からの離脱——を誤りなく伝えきるための技法がここに展開されていると見ることができる。「余は今は純然たる日本国の一平民」という言葉が、文脈上、ここまで激越な意味をもつことになったのである。「富士山に腰を掛けて太平洋に足を洗ふの思念」も読む人が読めば、その指し示す実態は当時「不敬」とみなされることであったはずだが、ここも象徴的表現ゆえに無事乗り切っている。こういった表現の妙は、まさに言論統制あればこそであったといえる。検閲への意識やそれとの駆け引きの結果、こういう反時代的な、しかし強靭な独立精神の技巧的な表明の仕方が生まれることになったのである。これが言葉の背景を知っている読者には強いユーモアを喚起する要因となったに違いない。

以上、本節では、言論統制への意識や検閲をかいくぐろうとする苦心の産物として、内村が文章構成上や表現上で凝った試みを展開し、批判という言論形式の十全な達成を追求していった足跡を確認してきた。権力による統制を逆手に取り、言論の制約があるからこそ生まれうるユーモアの創出にまで踏み込んでいたことは見逃せない事実である。「批判的センスにすべてを賭ける人間」「権力に迎合する前にとにかく批判せよ」[60]といったサイードの批判的知識人像に内村も連なるものと筆者が見立てる理由は、こうした批判精神の粘り強さと、その表現への飽くなき、巧みな姿勢を、彼の少なからぬテキストにおいて発見するからである。

第三節　ドグマの軟化への挑戦

1　内村をめぐる各種のドグマ——政治・学問・宗教

サイードは知識人の性質について、「複数の異なる規範にのっとって生活するがゆえに決まった物語をもたない」といい、彼らをそれでも「なにかをゆるがす効果を発散させる」存在に描きだそうとする。「知識人は地殻変動のようなものを引き起こす。人びとに衝撃をあたえる。だが知識人はその背景を考慮しても、また友人たちをとおしても、理解することはできない」といった彼の言葉[61]は、これまで取り上げてきたような内村の行為と思索の軌跡を説明する言葉としても十分適合的であると思われる。

自己も揺れ、他者も揺さぶる強い反骨精神を推進力とする弁証法的思考、これを思索の方法論として身に着けた内村が対峙する相手は、それ自身組織的で、揺るぎない圧力をもって個々の精神の自由な動きを封じ込めると感じられた「硬直化したドグマ」であった。

こういうと内村自身にまるでドグマがなかったかのようであるが、筆者はそうは見ない。ドグマ＝教条、あるいは信仰箇条がなかったのならば、彼は自らの確信するところを権威をもって人に伝える言葉をもたなくなるからである。内村自身もそうみなしているように、彼の基本的な理解である「聖書は神の言葉なり[62]」ということも一種のドグマなのである。それゆえここで問題となるのは、ドグマの規模や程度、あるいは思想的営為全体に占めるその固定性や他者への拘束性であろう。

サイードは、彼が *Representations of the Intellectual* のもとになった講演で試みたことは、知識人を、「その公的活動が予測できない意外性にとみ、その発言がなんらかのスローガンや党の綱領や硬直化したドグマにとりこまれたりしない、そんな人間として」描くことだったと述べている。[63] 知識人は正統思想やドグマをうみだすのではなく、正統思想やドグマと対決しなければならない、というのがサイードの見解であった。[64]

同じように、内村においても問題となったのが「硬直化したドグマ」への距離の計り方であり、それに対して個人がもつところの批判可能性と変革可能性についてであった。つまり、内村の思惟構造の中核に位置する思索の推進力＝反骨精神が、自由活発に機能することを許される余地があるのかないのか、といったことが、あるドグマに直面した時、彼にとって精神の死活問題として取り沙汰されたのである。

そこで、内村が各種ドグマの、程度を越えたと思われる圧迫・侵入に対していかなる批判・抵抗を試みたのか、という点に注目してみたいと思う。[65] この場合、彼をとりまくドグマは主に三つの領域に見出される。一つは政治・社会、一つは学問、一つは宗教である。

内村が期せずして最初に戦ったのは、日本近代国家形成の求心的ドグマである、天皇中心の国家主義であっただろう。一八九一年初頭に起こった不敬事件について詳述はしないが、この前後に沸き起こったキリスト教界への排斥運動は、天皇の「御真影」に「頭を下げなかった」[66]「内村某」の名を象徴的な燃料にして燃え上がった。

彼が「教育と宗教の衝突」に際して唯一、公に反論した際の論敵・井上哲次郎は、『勅語衍義』（一八九一年）を著した、ドイツ帰りの、天皇中心主義を奉じる若き教養学者であった。アメリカ仕込みの内村が、ドイツ的な精神によって強化された東洋道徳の鼓吹者――それゆえ、二重の意味で中央集権国家志向、「大きな政府」志向の骨格をもっていた知識人――と対立したというのは示唆的である。というのも、J・バンダが戦った「裏切りの知識人」と呼ばれる面々も、一九世紀末よりドイツ的な、強い国家統合・国民統制的思想に感染した人々とみなされており、バンダは、そのドイツ的な排他的国家・民族主義を徹底して非難していたからである。[67]
しかしながら「教育と宗教の衝突」論争が起こった明治二五年頃の日本には、同時代の第三共和政下のフランスほどの言論・集会・出版の自由はなかった。それゆえ内村による井上への批判は、意を尽くした正面からのものとしては不可能であり、ある意味で側面攻撃や足払いのような非正攻法的なやり方も辞さない、といった難しい立場からのものとなったのである。[68]

一方、政治的な国家主義というドグマは、やがて社会的なドグマとしての「愛国心」と結びつき、広く人々の思考様式を規定するようになる。条約改正との交換条件として現実化する外国人の内地雑居を目前にして、再び幕末のような攘夷的気分が高まり、日清戦争の勝利によって、自尊的排他的愛国心（ショービニズム）に酔い騒ぐ軍人的精神が市井にも満ちてきた。このような中で「愛国心」こそが日本の正統宗教「日本教」のドグマであると――もちろんそこには「天皇崇拝」への批判が込められていたが、「天皇崇拝的愛国心」などと直接的に批判はできなかった――いかにも適切な表現をもって喝破した内村の先見性は評価されていい。そういった近代日本政治社会のドグマ＝国家主義的愛国心、を奉じる国民精神との最大の戦いが、かの日露非戦論であったことは改めて指摘する必要もないかもしれない。

そのドグマとの戦いの勝敗は不明のまま、彼は重苦しい時代の空気を背景に、明治四〇年頃には言論界の中心から身をひく。そこから明治の終わりまで、内村は主に二つの領域のドグマと戦った。一つは日露非戦論の提唱の結果生じたところの、彼自身長年保持してきた歴史理論のドグマである社会進化論の根本的な問い直しである。非戦論の構築と時を同じくして、進歩史観そのものへの疑惑が生じてきたからである。これは近代の自由主義的歴史観への、やがては近代の合理的探求精神に対する自己の位置づけをめぐる模索であって、表には見えにくいものの、血のにじむような知的変革闘争が彼の内面で行われていたといってよい。明治四〇年代の内村の思索が、彼の生涯において稀に見るほどの精神主義的志向、あるいは迷いをもってなされていたことは、当時、彼が自らの雑誌を廃刊しようとしたり、東京を引き払って、田舎で農業と伝道に従事したりといったような、全く生活環境を一変するような進路を構想していたことからも推測される。[69] それらは結果的に実現されることはなかったが。

もう一つのドグマとの戦いは、学問的領域のドグマとの戦いと併行して行われた。それは従来、進化論との調和のもとに適度な形態を保ってきた正統的福音主義のドグマとの戦いである。そのことは特に、信徒集団のあるべき姿の独力での模索と、その半面である既成教会への激しい批判となって顕れた。内村の英米宣教師への激しい批判も、彼らが運んでくるところの物・人・金への統計主義的見方や、教派間調和を不可能にする宗教的非寛容という、まさにドグマティックな伝道姿勢への拒否であった。明治の前期と違って、後期にもなると近代の自由主義的な聖書理解を宣教するものも多くなり、その合理性第一の、人間理性中心のドグマも、内村の可塑性の高い、しかし基本的には古いタイプの聖書理解からの反感を買うものであった。

一九〇五年以後、雑誌読者かつ同信の人々に寄せた、各地方における集団形成とその自治的活動への期待は、第一種のドグマ、すなわち国家主義的ショービニズムという世俗のドグマへの闘争の、一つの新たな変種であったと見ることもできよう。すなわち、このままいけば行き詰まりが遠からず訪れることが察知された国民精神の充満を徐々に晴らしていくにあたり、草の根からの人格育成の道――生得的な属性から自由になり、狭隘な自己・自国中心主義から脱出した、霊的に自由かつ謙遜な個人格の確立――のみが内村に、着実な成果を収めうる方途だと思われたのである。

以下では彼のドグマとの対峙の仕方を通時的に取り上げることによって、その「硬直化したドグマ」に取り込まれない、常に思索し、思想内容を更新するサイード的知識人としての姿勢、その大局的な歩みを把握することにしたい。

2　自由な思索とドグマとの緊張関係

内村の各ドグマとの戦いは、言論において現れ、見やすくなるところの外的対象への批判と、その反響を受け止め、咀嚼し、新たな思想的打開を図ろうとする内面的反省の二つの過程に分けて考えることが可能と思われる。前者は方々で話され、書かれたことなのでことさら本書で取りあげるまでもないが、後者の事例は必ずしも声高になされないので、内村と同時代の人間にも知られていないということがありうる。

例えば、内村において学問的ドグマとしての人類の「進化」や「進歩」[70]の理論に決定的な亀裂が入ったのは、明治末期の一九一〇年頃だったと考えられるが、そのような移行期には、いかにも内村の内面的葛藤が表れているような通常の思考法を攪乱するような文体でドグマへの疑義が表現されていた。

> 世の謂ゆる進歩とは富源の開発なり、快楽の増進なり、唯向不見《むかふみず》に進むことなり、何に向て進む乎を知らず、唯前に牽かれ後より押されて止むを得ず進むなり、其果して進歩なるや退歩なるやを知らず、唯世が之を進歩と称するが故に爾《し》か称するなり、或ひは地獄の底に向ての進歩なるやも計られず、多分然らん、然れども静止する能はざるが故に止むを得ず進むなり、不信者は勿論進むなり、信者も不信者と共に進むなり、煙も響と電光の閃《ひらめき》とを以て進むなり。[71]

このように、明治期において内村が従来の進歩史観のドグマにメスを入れることがどれだけ難儀なことであったのかは、例えばあの福澤諭吉が最期まで——といっても没年が一九〇一年であることを考えれば無理もないが

——この思想に身を置いて人類と日本の行く末に楽観してみせたことや、[72]徳富蘇峰が終生この見方に養われ、自国の歩みに停滞や退潮を認めることを拒み、進歩史観を帝国主義政策の思想的根拠として保持し続けたことでもわかる。[73]内村の進化論はこの後も、「進化」なる言葉に伴う前進の価値だけは維持しながら、結局のところ聖書的な歴史理解に吸収され、その範囲でのみ意味をもつ概念となる。大正期以後の内村の進歩史観は、実質、世俗人間社会の滅びと、神の国の完成へと進む救済史観の枠内で機能するものに収まったと見られる。[74]

　進歩史観にしてそうであるなら、彼における近代文明の理解も当然揺さぶられることになる。近代文明をその緊張関係において下から支えるとされたキリスト教とそれとの関係もまた見直されざるをえない。そこで内村が次のように「国は基督教なくして立つを得る乎」（一九〇八年）というテーゼを、ドグマを抜きにして問い直したのも必然の至りであった。

　是れは極めて古い問題である、然かし未だ結論に達した問題でない。

　単に論理の上より言へば基督教なくして国が立たないと云ふ理由はない、国は正義に拠て立つ者である、爾うして正義は必しも基督教に限らない、正義は儒教にもある、仏教にもある、宗教と云ふ宗教にして正義に依て立たない者はない、基督教に依らざれば国は立たないと云ふは独断の最も甚しいものであるやうに聞える。

　事は茲に止まらない、所謂基督教国に於て多くの不義の行はれることは最も明白なる事実である、最も醜悪なる習慣、最も残忍なる圧制は基督教を奉ずる国に於て行はれる、之に反して多くの美徳、多くの善行は非基督教国に於て行はれる、実際道徳の立場より見たる非基督教国は多くの場合に於ては遥かに基督教国の上である。

　然るに基督教に由らざれば国は立たぬと云ふ、妄説も亦甚だしいではない乎。

　然しながら奇《ふし》ぎなるは茲に掩ふべからざる一つの事実がある、それは歴史上基督教国として絶対的に亡びた国の曾て無いことである、基督教亡国史といふものは書かんとするも書くことが出来ない、国は基督教を信じて不滅となるやうに見える。[75]

ここでは結局、キリスト教と国家（存亡）の有意味な関係は保持されることになる。しかし従来のようにキリスト教は文明に順ずる形で国を保持するというよりは、むしろ反文明的に国を保持する、という見方が提出されてくる。すなわち、キリスト教が文明の毒消し効果を発揮するがゆえに、キリスト教精神を底に控える国は文明の猛毒によって自滅しないのだ、という理屈である。これはこれで一つの「独断」にすぎないかもしれない。が、内村が、従来自らも少なからず抱いていたドグマ「国は基督教なくして立ちえない」を再検討に付したこと、それに対して厳しい審査を自ら提出して、結果、経験主義的に回答を導くことになったことなど、彼にとっては一つ一つの思索が新しい思想段階へと進む痛みを伴うものだったと推測される。

このような形で、自らの思惟構造に深く組み込まれたドグマに対して、ある現実的な出来事を契機として審査を行い、やがてはその優越の地位を剝奪するに至る、といった作業の結果が、当人の思惟構造を不安定な状態に陥らせることになるのはいうまでもない。先の例のように、特にそれが内村の信仰の事柄に深く関わる時――というのも、進歩史観が学問的ドグマであったのならば、それに対する信仰者の姿勢はある意味信仰的に是認されたものといってよいと考えられるから――、彼の思惟構造は動揺した。その構造は内村の思想世界に盤石な秩序を提供していたから、それが揺らげば彼の思想世界の秩序も揺らぎ、秩序維持機能との緊張関係のもとに制御されていた思索の推進力だけが自由に加速することになる。彼における思索の推進力は思惟構造の中核に位置する反骨精神であったことは以前に述べた。この反骨精神の自由な発露が、今度は彼を取り囲む外的事象に埋め込まれているドグマの動きを敏感に察知し、事にあたってそれらに反発するようになったのであろう。

今や安定した機能を果たすのは、ドグマになる以前の抽象的な真理への意志、正義への意志などであり、それのみを制御因子とする精神の自由な飛翔であった。明治末期に、内村が自我の自主性を尊重するあまり、神ですらその自由は冒せない、といったのは、彼の自由主義的思索における一つの極致を見せたものといえよう。[76] もちろんそれは一つの極致であるから、そこにずっととどまるということはなく、並行して行われた聖書研究において、神への信頼の連続性は保持されていた。しかし非常に短期間ではあったとはいえ、観念的にでも自我の自由のために神の自由を制限しようとした、ということに、不動の信仰者のように見られがちな内村の、反ドグマ志向の強さを認めることができよう。

内村における反ドグマ志向は、その強い精神的理想主義の傾向からきており、その強い精神的理想主義は、組織体系に限定されない真理と正義への強い意志に基づくものであったと見られる。それゆえに、自己の徹底的な無力さと、組織的身体的なものの重要さに気づかされた後は、ドグマに対する一本調子の批判的姿勢は改められ、既成のドグマに対する価値中立的な探求姿勢もまた生まれてくることになる。それが大正期以後の内村の正統福音主義の強化につながり、一方で、学問的ドグマとの自由な関係の構築、やがては聖書研究の進展という点で充実した成果を遺すまでに働いたと見られる。[77]

しかし明治知識人としての内村は、その思惟構造には常に改変があり、ある意味で思想的に不安定であった。特に非戦論提唱以後の内村の思想は、見る側の立場や、選ばれるテキストによって違った印象を与えることがむしろ常態となった観がある。しかし顕れの違いの底に、その思索を動かすところの一つの衝動のようなものが常にうごめいており、その衝動が真理や正義、自由や独立といった近代の普遍的な諸価値への固着――これが内村の humanity の核心であるといってもよい――を示していたことは一貫していると見られる。この人間存在をめぐる普遍なるものへの絶えざる衝動こそが、「正統思想やドグマをうみだすのではなく、正統思想やドグマと対決しなければならない」といったサイードにも、内村と同じく時代のドグマであった偏狭な国家主義や愛国心と戦ったバンダにも共有された、「近代知識人」の規範的姿勢の根幹に共通のものであったのではなかろうか。

第二章　独立・自由・個

第一節　個人あるいは単独者であることの意義

本章は、知識人を個人単位で把捉しようとしたE・W・サイードの見解に注目することから始める。すなわち「知識人とは、あくまでも社会のなかで特殊な公的役割を担う個人であって、知識人は顔のない専門家に還元できない、つまり特定の職務をこなす有資格者階層に還元することはできない」[1]個人である、という見解にである。このサイードの知識人観に導かれて、明治期・内村鑑三の単独者としての実践と思索の足跡を再構成してみようと考える。この場合、単独者という言葉は、サイードが言うように、階層や党派から離れて行動する個人を意味するのはいうまでもないが、孤独な生活や単独による仕事、といったことを必ずしも意味しない。自他において等しく単独であることを重んじる姿勢から始まり、単独者の連鎖によって徐々に共同関係が発達していくという展開をも視野に入れた概念として用いる。その核となるのは、単独者の自覚のもとで責任ある社会的言動を選び取る精神である。

1　自由・独立の宣伝者——経済的独立から信仰的独立へ

内村は自らの自由・独立にこだわっただけでなく、その最良の幸福さを宣伝し続けた点でも、近代日本において顕著な人物だと見られる。しかしそれだけなら独立自尊で有名な福澤諭吉や自由民権運動の闘士たちとの思想的違いは明確でない。内村の場合、個人が独立する、ということが一種、出来事的に理解されており、もし本当の独立が達成されれば、それ自体改革に等しいものと理解された。よって独立者は改革者であって社会改革の単位であり、独立者の一致協力は社会変革の勢力となる。おそらく、その「独立」に込められた意味内容が、国家や政治に関する目的意識が強い明治前半期の思想家たちのそれとは異なることが予想される。

内村は著作家として全国的に知られるようになった、すなわち民友社の刊行物に書き始めた一八九四年、日清戦争に関連する諸論文を発表する合間に、次のような文章を発表している。

独立を唱ふるは善し、然れども如何にして之を実行すべき乎、言ふを休《や》めよ「汝我と共に独立する時は我も独立せん」と　独立とは「独り立つ」といふことなり、他人と共ならでは立ち得ざる人は独立には非らざるなり、独立を望むものは先づ独りで立つべきなり、而して独立の人相集て始めて独立の教会もあり、独立の国家もあるなり、集合的独立を望んで個人的独立を敢てせざるものは独立するとも独立の好結果に与かり得ざるなり、我等は厄介者と共に独立するを甚だ迷惑に感ずるなり、他人の独立する迄は依頼して他人の独立を待つて始めて独立せんとするものは何時迄待ても独立し得ざる人なり。[2]

この文章は「独立論」と題されている。このしつこいまでの「独立」なる言葉の説明への試みは、「集合」よりも「個人」を優先せよ、という主張が核となっている。そして特徴としては、何かからの、あるいは何のための「独立」かという点でやや具体性を欠くことが指摘されよう。現実問題に即した形で独立が語られる前に、精神の気構えの問題、他者への依頼心の排除の強調という点で「独立」なる言葉が重んじられている向きがある。

さらに内村はこれに「一致の来る時は何時か」と題された文章を続ける。

是れ宗派的交渉の成りし時にあらざるなり、是れ神学的一致の来りし時に非ざるなり、真正の一致は吾人各々がその奉ずる所の主義を其儘実行する時にあり、約定上の一致は無益なり、我等をして之に信を置かしむる勿れ、実行上の一致のみが頼むに足るの一致なり、自身の主義を実行し得ざる人は人情の秘密を会得し得ざるが故に他を容るゝ雅量を有せず、実際に真面目《しんめんもく》に生涯の真味を味ひし人のみが互に共に働き得る人なり　宗教を以て茶話席の活題となすに止まるものは言語的捺印的の一致を計れよ、然れども二つとはなき此の生命を捨ても真理の為めに尽さんと欲するものは斯の如き演劇的同盟に加はること能はざるなり、汝一致せんと欲する乎、先づ汝の主義を決行せよ、然らば其時汝は宇宙に存在する総ての誠実なる人と一致せしなり、一致の難《かたき》は外が来て汝と一致せざるに非ずして汝の誠実ならざるにあり。[3]

ここでは「独立者の一致」なる方向性が打ち出されている。興味深いのは、彼が個人の独立にあれほど重きを置きながら、このような形である種の孤立主義を回避することである。個々の一致のためには「人情の秘密を会得」する、といった経験による秘訣のようなものが仄めかされている。真正の独立者は「他を容るゝ雅量」を持ち合わせている、ともされている。内村が知識人活動の初期段階から、独立者どうしの共同一致、すなわち「真理の為めに尽さんと欲するもの」の団体形成を視野に入れ、そのための方針を発表していたことを重要と見たい。

とはいえ、ここでも一致の具体的な形は明確でない。各々の主義に立脚した独立の個人の結果こそが一致である、といった論理すら見えてくる。言い換えれば、各人の主義思想の内容（ここでは「宗派」や「神学」）は問わないが、その特定の何かに実践的に踏みとどまるような「誠実」な人格が、個人間の共鳴板となって人々の一致が成立する、という筋書きともいえる。初期の内村の独立論はこのような意志的な、抽象的な事柄の取り扱いに等しいものがあった。

それから二〇年後（一九一四年）、内村は「独立」や「自由」をより具体的な形で捉えることを行うようになる。そこでは「経済」という言葉が鍵になっていた。

経済上の独立は最上の独立ではない、其上に思想上の独立がある、信仰上の独立がある、我等は経済上の独立に達したればとて、敢て安心すべきでない、勿論誇るべきでない。

然れども経済上の独立はすべての独立の始めであつて、其基礎である、先づ経済的に独立ならずして、思想的にも信仰的にも真正《ほんとう》の意味に於ての独立に達することは出来ない、経済は肉に関する事であるが、然し霊に及ぼす其感化は甚だ強大である、人が肉である間は彼は経済的に自由ならずして、其他の事に於て自由なることは出来ない。故にすべて自由を愛する者は先づ第一に己が経済的独立を計つた、哲学者としてはスピノーザとショペンハウエル、文学者としてはエマソンとカーライル、美術家としてはレムブラント、彼等は自由を愛したるが故に経済的に独立であつた、哲学者カントの如きですら普露西《プロシヤ》政府より俸給を仰ぎし結果、幾回か彼の自由唱道を妨げられし事は人の能く知る所である、独立の無い所に自由は無い、而してすべての独立は経済的独立を以て始まるのである。[4]

これ以前の二〇年間、政治・社会・道徳・宗教の具体的な問題を、できるだけ「独立」の立場で取り扱おうとしてきた内村が、「独立」といえばまず始めに「経済」の独立を強調したのは、注目に値する。彼は自身、金銭的な不足には多く悩まされてきたといえるが、それでも精神の独立のためには経済の不足は二の次のようであった。彼がいう経済の独立とは、自由に満足した生活をしていけるだけの稼ぎがある、という意味ではない。ある経済的主体のもとに置かれた結果、金銭的恩恵を受ける代わりに、自身の精神的・信仰的な営みにおける自由が制限されてしまうこと、それをもって内村は経済的に独立でない、といったのである。逆に経済的に独立であるという状況は、金銭の不足においても世俗の権力主体に帰属せずに、神へ直接頼ることから実現されるとも言われた。こうしたことは、貧窮の危機において、思わぬところから寄附や、出版物の印税など金銭のつてが舞い込んできた内村自身の経験が下地になっていたと思われる。

彼の著作 *How I Became a Christian* が、翻訳されたドイツで予期せぬ好評を博し、少なからぬ印税が舞い込んできたのは一九〇五年の暮れである。その後もそれは北欧・中欧各国語に訳されて読まれ、毎年、印税が入るようになっていた。一九〇七年の年初、彼は『聖書之研究』の発行について次のような談話を披露している。

余輩が又感謝に堪えない事は本誌が始より今日に至るまで経済的に絶対的独立を維持し来つたことである、本誌は未だ曾て一銭一厘の負債を以て年を越したことはない、然れども未だ曾て何れの教会、何れの伝道会社、何れの富める友にも寄附を請求したことはない、[5]

ここにはかの経済的独立と負債ゼロへの自負が認められよう。[6] 自らの事業に対する、内村の以上のような理解と自負によるならば、経済的な実力者の庇護のもとで、彼らの意向に一致する形で自らの言動を方向づけていくことは、最も「独立でない」状態として非難されることになるだろう。滞米中に世話になった新島襄に対して、彼の死後、内村にあまり良い印象が残らなかった原因の一つに、こうした経済的独立という要因があることも留意されてよい。[7]

内村の場合、先の引用箇所でも表明されていたように、経済的な独立が達成されていないことは、金銭を給与する者の思想的な束縛下にいることである、と強く意識されていた。つまり経済上の援助・被援助の関係の存続は、思想形成やテキストの言葉の理解という真理探究の次元においても、本来中立・平衡であるべき姿勢が歪められ、有害となる、と認識されたのである。そこで彼のとった「知的自由を守り抜こうとする姿勢」の問題が浮上してくる。

2　知的自由を守り抜こうとする姿勢

①　真理の観点から

サイードは知識人の一つの規範的性質として、あくまでその知的自由を守り抜こうとする姿勢を挙げている。[8] 何から守り抜くかといえば、世俗の政治経済的権力――「いつも失敗する神々 Gods that always fail」とサイードは表象する[9]――にほかならない。

内村の場合も、「経済的独立」が「信仰的独立」よりも喫緊の課題として認められたのは、もし世俗の権力に経済的独立を売り渡せば、真理探究という人間に許された自由な知的営為が阻害され、真理の確保やその十分な保持・表明が危うくなると理解されたからであろう。そのような「真理探究」と「独立」について、彼は次のようなまとまった見解を遺している。

> 真理は自己を支持すと云ふ（Truth supports itself）、故に真理は自づから独立なり、之に反して虚偽は自己を支持する能はず、故に自づから依頼するなり、独立は真理を証し、依頼は虚偽を証す、事物の真偽を験す標準にして之に優りて確実なるはなし。[10]

これは非常に明快かつ簡潔な説明であるといってよい。重要な働きをする概念が、「真理」と「虚偽」、あるいは「独立」と「依頼」という二つの対義語の間の対応関係で捉えられているのがわかる。内村においては、独立＝真理ではないが、独立こそが真理を保証する器なのであって、依頼の状態には結局虚偽が混入することになるだろう。また、先ほどの引用（「一致の来る時は何時か」）とも併せて考えてみると、虚偽の混じった状態は誠実でありえない、ということもできよう。依頼は虚偽を盛ることになり、不誠実さは真の共同一致を生まないという論理である。内村において、この構図を示す一つの典型が（というよりも、こういう構図を帰納したところの一つの最たる経験が、というべきか）、海外の宣教師団体に資金援助を受ける日本のキリスト教会において認められていた。[11]

夫の外国宣教師に依て伝へられし基督教なる者を見よ、其帰依者は教会と宣教師とに依頼せずして一雑誌を起す能はず、一教会を建つる能はず、而かも彼等は真理を伝ふると称す、然れども彼等の依頼は彼等の伝ふる真理の真理ならざるを証す、彼等は意力の欠乏を歎くを要せず、そは彼等と雖も若し真理を受けしならば、独り立て道を伝ふるを得べければなり、人をして独立ならしめざる宣教師の基督教は真の基督教ならざるを自証して余りあり。[12]

これは表面上は論理的な筋の運びに見せているが、実際は、真理ならば独立しているはずだ、依頼ならば虚偽だという、先の「真理は自己を支持す」というテーゼを敷衍しているにすぎない。内村は「独り立て道を伝ふる」状態を真理の宣伝形態としては質的に最上と見たのであり、それゆえに、独立を真理の系にあるものと見ていた、という点が確認されれば十分であろう。

こうした宣教師系キリスト教への批判は、過去に内村が手痛い目にあった北越学館事件（一八八八年）を想起させる。教育の場を通じて布教を意図する宣教師側と、その宣教師がもつ外国語教育力を安い雇用として当てにする日本人側、双方の間に発生する問題性を認識した、かの場合と感知した構図が等しいようである。

是は外国人の資金と宣教師との労働とを利用して彼等の称する精神的教育なるものを行はんと欲し、彼は日本人の共同を得て彼等の宗教を我が邦人の中に拡めんと欲す。彼に譲らん乎、文部省と国民との反対を奈何せん。是に譲らん乎、本国伝道会社の否認を奈何せん。断々乎として所信を実行するにあらざれば、此世は如何に面倒なる所なる哉。[13]

自らの主義主張を侵されたくない一方、他者の主義主張を認める適度な寛容さをもつ、というのが内村の対人姿勢をめぐる公平さの原則であったといってよい。その原則の徹底は、各個人の経済的独立に立脚した知的自由の確立をも射程に収めるものであった。彼の場合、こうした対人姿勢の保持において、真理―誠実―独立―自由といった概念が連鎖的に確保されようとしていたのが特徴といえよう。

② 正義の観点から

「真理」と並んで、内村の採用する普遍的諸価値の体系を形作る中心的概念の一つは「正義」であろう。この「正義」とも「独立」や「自由」が重要な形で関係づけられてきた足跡がある。

例えば、内村が日清戦争を「義戦」として、熱心に清国を懲誡することを迫ったのは、そうしなければ朝鮮の「独立」が危ぶまれるから、という論拠によっていた。彼には、それ以前のような清の属国状態から朝鮮を独立させることこそが「正義」であったのだ。それゆえ清が今後、周辺国に猛威をふるえない程度に叩いておくことは「正義の剣を以て彼れ積年の罪悪を問はん」とするに等しい、と開戦前期には思われていた。[14]その開戦支持の大前提があったからこそ、朝鮮を自らの勢力圏に組み込み、その独立を遠ざけただけでなく、列強の支那分割の端緒にもなった日清戦争の行く末を見て、内村は日本の不正義を糾弾することになったのである。[15]

日清戦争批判と同時期に始まった藩閥政府への手厳しい批判は、その日本の不正義批判の延長線上にある。それもあくまで内村の独立の立場でなされたことであった。彼は自らの所信を達成させるため、有力政治家や政商に近づいたり離れたりしなかった。[16]その点では福澤諭吉や徳富蘇峰ら、有力新聞社の創立者とは事情が異なる。

また彼らとは異なり「挙国一致」的な煽り方で、他者の言動を方向づけようという政治的な意思は日清戦後の内村には縁遠かった。各個人の主義や思想への確かな立脚こそが誠実であり、一致共同の成立の基礎である、と彼が理解していたことからもわかる。

それゆえ、内村の独立への意識は、世俗権力からの個人の自由への意識とほぼ一体である。内村にとっては、彼自身苦い経験をし、その経験に明治年間を通して痛みを感じていたように[17]、国民的統合すなわち、思想信条のレベルから社会的言動にまでわたる国家の一なる教権体制への帰依への圧力から、自他の思想信条の自由とそれが根付くところの自由な生の経済的基盤をいかに確保するか、といったこと、あるいは、権力に対していかにそれを承認させるのかといったことが、重要な対政治的課題になっていたといえる。

そうした課題を社会経済の領域で展開したのが、内村における「徳」と「富」との次のような関係把握であった。

> 富と徳とを説明して見ますれば両者の関係は自ら分明であります、先づ個人の場合より両者の関係を話して見ませうか、正義を断行すれば金銭は溜らぬとは善く俗人の口に上る言葉であります、成程富といふものは道徳に伴はない感じも致します、併し富は正義の為めに用ふべき武器であつて肉慾の為に使ふべき筈のものではありません、これによりて心の独立を得、心の改革を得ますれば富は即ち富でありますが、富の為に徳を奪ひ去られては富は却て我を貧にする障魔と判定する外は有りません、富と徳とは一致せぬとの論は確に〱大間違であります、我が使用すべき筈の富に使はれて富は全く我の物でありません、かゝる時我は全く無力無能の一器械たるに過ぎません、[18]

ここでは「富」が人々の「徳」を縛る、という先の経済的反独立状態が批判されている。そしてその逆の事態に当たるのが、「心の独立」や「心の改革」に基礎づけられた「我が使用すべき筈の富」の使用である。内村にとって正義の断行のために用いられる有効な手段こそが真に富と呼ばれるのであって、正義を行えば富がたまらぬ、といった理解はナンセンスなのである。ここには富＝money でなく、富＝resources（目的に適って有効化している資源）といった理解が認められよう。富はそれによって「心の独立」や「心の改革」のために用いられてこそ有益に「徳」の達成に資するのであって、精神生活を貧しくし、自我を「器械」化するようでは「障魔」と呼ぶのがふさわしいのである。

3　個人について語る覚悟

①　個人の力を説く

前節では、内村が個人の独立の価値を、真理や正義のそれと同じ系にあるものとして、時にはそれらと一体化するかのように語ってきた足跡を確認した。彼にとっては「独立」こそ「自由」の最適なパラフレーズであって、その独立の根拠は世俗権力の干渉を許さない、抽象的かつ普遍的な価値体系へと自らがコミットする、という内面的革新に根付くものであった。そのことは次のように調子高く述べられている。

独立とは必ずしも他の援助を絶つの謂ひにあらずして、自己の有する総ての実力を活用するの謂ひなり、人一人は小宇宙なり、彼の衷に殆んど無限の力の貯蔵さるゝあり、之を悉く活用せんか、彼一人の希望（正当なる）を充たし得るのみならず、彼は進んで他を助け、以て尚ほ余りあるべきものなり、（中略）吾人各自は一大富源なり、之を開鑿して吾人は欠乏を感ずべき者にあらず、余輩は云ふ依頼は弱性にあらずして罪悪なりと、独立は美徳にあらずして硬要《インペレテイブ》的義務なりと。[19]

内村はこのような信条的かつ社会哲学的次元で把握された「独立」の意義を大いに宣伝し、その独立への可能性を等しく秘めた「個人」を、随一に重んずべき、語るべき社会的単位として承認した。彼は『東京独立雑誌』時代にこんなことを言っている。

余輩は多く国家に就きて語らざるべし、そは是を口にする者は今や我国に充満して、余輩の特別に其の喧囂《けんごう》の声に加ふるの要なければなり。故に余輩は多く人一人づゝに就きて語らんと欲す。即ち偉大なる、高潔なる、正直なる、真面目なる個人の養成を助けんことを勉むべし。[20]

このような主張は、知識人を個人という単位で把握しようとし、その知識人をあくまで個人に注目して語る存在であると見た、本章冒頭のサイードの見解を再び想起させよう。

この時期（東京独立雑誌時代）の内村は、思想信条に関しては、宗旨を問わず、その信仰の誠実さや熱心さの程度において共通のものを見出して協力していこうとする姿勢が強かった。その姿勢には、仏教の改革の気性に富んだ青年達をも共鳴させた。[21] 朝報社に再入社後の理想団活動、あるいは社会主義者らとの共闘もその一環と見ることができる。彼にとってはあくまでも生きた人間個人が価値判断の際の基本単位なのであって、通常の人間関係を阻害しない程度に存在している他者の私的な思想などというのはまず問題にならなかった。公的な表れにおいて「真正に人たること」が反映されていればひとまず十分だったのである。

伝道精神あふれる内村像と、こういった事情は一見、調和しがたいかもしれない。彼の場合、伝道においても、聖書語句の読解とそれに関連づけられた自己の経験や思索の展開が主軸であって、他者の内面への押し入り、押し売りになることは、人格の尊重という点でも、また教えの尊さという点からも否定される傾向にあった。内村が何らかの理由で去りゆく弟子らを強硬に止めようとはしなかったのは、こういった方面への意識があったからでもあろう。

独立した個人の高い可能性への配慮をもった内村は、「独立的生涯」の鼓吹者であり、自らそういった人物の「代弁者」かつ養成者たろうとした。その際、繰り返し確認しておくべきは、これが個人的生活の充実の範囲にとどまらずに、国民の一人として、国家の独断的な動きを規制するところの普遍性への射程をもって語られたということである。

余輩は日本国の一小民なり、而して一小民として余輩は国民の最大多数を占むる小民の心を語るを得るなり、余輩は彼等の代弁者たるを得るなり、時には彼等の戦士たるを得るなり、彼等の悲鳴を伝へ、彼らの憂愁を宣べ、彼等も亦天の許を得て此地に存在するものなることを語り得るなり。[22]

吾人は古今の大著に接して其幽と玄とを吾人の同志に頒つを得るなり、[23]

余輩は国を作る能はず、然れど努めて人を作るに難からず、余輩は軍隊を編制し能はざるも、高尚強健なる意志を有する個人を作り得るなり、而して若し人ありて国家あり軍隊ありとするならば（余輩は爾か信ずるなり）余輩の事業も亦全く国家建設に関係なきものとは信ずる能はざるなり。[24]

社会に不満をもつ中層の青年たちの支持を多く取りつけた内村ではあったが、彼は依然、高山樗牛らによって、その非国家主義や、日本を特別扱いしない世界主義を批判されていた。[25] そこで、内村が自身を「一小民」と把握し、その小民の心の「代弁者」として自らを登場させるのは、彼の平民指導者、改革者的な気概による見事な自己演出であっただろう。ここで「小民」と卑下して表現されたところの「高尚強健なる意志を有する」個人の誕生こそが、「国家建設」の唯一盤石な基礎であり、静かなる革命成就への最短経路とされたのである。「人ありて国家あり」という彼の見通しは、その主導者たる意欲の発露でもあったと考えられる。

② 偉人を語る

内村が、個人のみを唯一徹底して語るべき価値単位として認識し、その独立と自由の生涯こそが同胞への最大かつ真正の貢献であると訴えていたことは、彼が折にふれて提出した「偉人論」において、より一層明確に読者に伝えられたものと見られる。

偉人論や伝記の類は、明治中後期に一貫して人気のあった一つの文学ジャンルであったといってよい。その潮流を強く後押ししたのは、徳富蘇峰の民友社の出版物やその周辺に位置する史論家たちの働きであったと見てよい[26]。民友社刊行物を通じて全国的な著作家となった内村も、思想史的にはその潮流の一角から出発したとみなされうるかもしれない。

しかし彼は蘇峰＝民友社に関係する以前から、歴史ものの一分野としての偉人や伝記をいくつか認《したた》めていた。民友社に関わる以前、すなわち一八九三年以前の著作を確認すると、時事問題に積極的に発言する以前の内村の得意な文学ジャンルの一つが、作家論やそれと隣り合わせの人物論・偉人論であったことがよくわかる。具体的にはダンテやゲーテを皮切りに、一八九二年に記念年を迎えたコロンブスなど世界史的な大物の名が目に付く。その他にも、内村が交流をもった人物の追悼記事や回想記事、あるいは友人についてなど人物論が充実している。

彼が偉人について語るのを好んだのは、人間の価値はその個々の思想にではなく、生涯の全体的な歩みにおいて判定される、との理解によると思われる。というのは、彼の偉人論は具体的なエピソードに満たされており、そこからその人格のもつ歴史的あるいは倫理的な価値が導出される、というのが常套であって、作品、テキストの個別具体的な検討や評価は二義的であったからである。彼にとっては、どんな専門のどんな作品を遺した人物であれ、作品やその専門における貢献以上に、特殊具体的なエピソードに代表される高潔な人格こそが目を引かれる出来事であったかのようである。初期の代表作『後世の最大遺物』[27]も基本的にはこういった人間理解に導かれた偉人論的人生理解を中核としている。

内村が各種の偉人論という点でも需要のある作家であったことは、すでに指摘されていることである。例えば、代表作「詩人ワルト　ホヰツトマン」（一九〇九年）が、普段内村の雑誌を読まない層にも浸透していたことについては亀井俊介の指摘がある。[28]独特の魅力ある聖書研究に加えて、歴史上の人物を興味深く語ることのできる作家という点でも、内村の公的役割は認められていたようだ。そのような偉人論の書き手である内村が、いかに対象を選択し、その対象の中の特定の要素を選定し、強調して描いていたのかがここでの関心事となる。そこで、彼の偉人論の本格的なものの嚆矢であったコロンブス論から、彼が偉人・英雄に関する知識を同時代の平民生活へと結びつけようとした企画の特色を探ってみたいと考える。

ここで取り上げるテキストは「コロムブスの行績」（『六合雑誌』一四二号、明治二五年一〇月一五日）である。この年はコロンブスの新大陸発見から四〇〇年にあたり、欧米ではコロンブス再評価の機運が高まっていた。内村が読んでいたいくつかの英文雑誌でもコロンブスに関する講演筆記や特集などが組まれたことだろう。内村がコロンブスをどういう意図で人々に紹介しようとするのかは、この論文の冒頭の言葉がよく表明している。

英傑は彼の時代の代表者にしてその最美の顕象なり、コロムブスは十五世紀の花なり果なり、此著しき歴史上の期限を知て、始めてコロムブスなる驚くべき人物を知るを得べく、コロムブスを知て十五世紀の希望と精神とを窺ひ知るを得るなり

歴史家は千四百九十二年十月十二日コロムブス西大陸発見の日を以て中古時代の終結と認め近世時代の創始とな

せり、コロムブスは千四百三十五年（？）に生れ千五百六年に死せり、即ち彼は中古時代に生れて近世時代に入て死せり、人類は彼に依て中古を脱し近世に進入せり、宗教上の迷信、思想の束縛、封建時代は彼と共に死し、合理的宗教、自由思想、立憲政治は彼と共に生れたり、シーザルは羅馬帝国を建立しシャーレマンは仏独伊三国の基礎を定めたり、コロムブスはルーテルに優り　コロムウエル、ワシントンに秀で　新世界を発見すると同時に全地球を改造せり、若し英傑は宇宙の共有物なりとせばコロムブスは其最も貴重なるものなり、[29]

この文面からわかるように、偉人を語るにあたり、内村は目下の人物を生んだ時代背景や歴史的潮流をまず考慮する。そうした目配りは確かに学問的である。しかし、彼はその盤石な舞台の上で演ずる主人公を激賞する。まるで世界歴史における最高の人物であると断言するかのような調子で、これから述べようとする人物を読者に推薦し印象づける。

ここに補足したいのは、内村がその都度取り上げる人物に最大限の評価を呈している時は、その文脈と評価点に注意して読む必要がある、ということである。コロンブスならコロンブスに、クロムウェルならクロムウェルに、それぞれ最大の評価が与えられる文脈が設定されている上での叙述なのである。逆にそれ以外のところではコロンブスもクロムウェルもしっかり相対化されており、時に厳しく批判されもすることになる。

ではなぜ、そうした取り上げる対象に最大級の評価が与えられる人物論を書いているのか。

それは内村が基本的には、読者の人格の陶冶に資するために人物論を書こうとした、という理由が挙げられる。内村のホイットマン論において、ホイットマンの人格の全体的な輪郭が取り上げられていない（例えばその性的な表現などは無視されている）ことなどもここから説明されよう。[30]読者に対して何を伝えるべきかという観点から、対象の性質を取捨選択したり、拡大縮小を施したりする、という作為こそが彼の偉人論の注目すべきところとなる。

このことを逆に見れば、内村にとって、特定の歴史的人物を延々と批判する類の文章は公にする必要のないものであった、ともいえよう。人物批判は同時代の権力者を対象に、皮肉やユーモアといった修辞交じりに行う類のものが適当であって、歴史的人物については基本、人々にその人物の美点を提示し、それに自らも連なることを推奨するために書くのである。ここには学問的公平さ以上の基準が働いている。

また、そこにはロマン主義好みの孤高の人物、悲劇的な、忍耐の人物として偉人を紹介しようとする誘因も働いているように思われる。「古俗に従ひ時勢の潮流に泛《うか》びて進むは凡人の事業なり」[31]といった言葉に顕れているように、内村にとって偉人は凡人の対義語であった。しかし偉人は凡人と必ずしも決定的に違う人物でなく、個人の心がけ次第で、偉人の業績は無理でも、偉人と同じ精神を獲得することは可能とされる。『後世への最大遺物』他、内村の文章がこういう精神の理想主義的な高邁さによって、一九世紀末のロマン主義思潮に何ほどか身を浸していた青年の支持を集めたということは不思議ではない。

内村の偉人論の特色は、初めは通り一遍の人物伝に見えたものが、個人の「自由」「独立」などの思想史的な諸価値が差し挟まれることによって、「偉大なる平民」の物語へと転換されていくことにある。内村は一般的には偉人と呼ばれる境遇にない、名もよく知られていない人物を取り上げて、彼らに偉人の魂を見出すことを得意とした。それだけでなく、偉人の魂をもった当の人間が、あえて平民的な境遇にとどまり活動することを顕彰する。そこに彼の反権威主義や強い個人の礼讃傾向が浮かび上がり、かの反骨精神が伸びやかに発揮されて、読む側に新鮮な感覚を与えたことが想像される。

それは例えば次のような文章に現れている。これはかつて内村のところで女中として働いていた高橋ツサ子が、明治末期に郷里でひっそり早逝した時（一九一一年）、その弔辞として述べた言葉である。

皆様は此女を以てたゞ耶蘇教を信ずる頑固なるツマラナイ女であつたと思はるゝ乎も知れません、然し、私は思ひます、若し世が世ならば高橋ツサ子は実にエライ女であると云はれて世に尊まれたのであります、彼女は今の日本人に解せらるゝには余りにエラクありました、彼女の理想は欧米人に聞かしても決して耻かしくない者であります、私は信じます、今より百年の後、日本人の思想が今日よりも遥かに進歩した暁には、この花巻の人等は「我等の中に高橋ツサ子なる高潔なる女傑ありたり」と云ひて天下に誇るでありませうと、ツサ子はまことに是れぞと云ふ社会的大事業を成しませんでした、然し彼女は社会を其根底より改めんとしました、彼女は先づ自己を改めました、而して後に家を、而して後に花巻の町を、而して後に日本をと彼女は計画したのであります、彼女は彼女の理想の余りに高きが故に早く仆《たお》れたのであります、彼女の失敗は彼女の無能の故でありません、彼女の生存せし社会の不完全なる故であります、彼女は此社会を救はんとて、之と闘つて、不撓不屈、終に彼女の主義のために仆れたのであります、[32]

ここでは内村が名も知られぬ個人の、しかも社会的には弱小者でしかない、地方出身の独身の若い女の身の上にいかに大きな「偉人」の精神を見届けていたのかが表明されている。内村が、当時にあっては社会的弱者の極みのような人物を取り上げて、「日本人」一般の価値観、あるいは「日本」社会全体の集合に対比するかのように彼女を際立たせて顕彰していること、そこに時代と文化への強い批判精神の発露を認めることができよう。

そのような一見非対称な個と全体の構図が成り立つ根拠は「欧米人に聞かしても決して恥ずかしくない」こと、すなわち、個人における人類的・普遍的諸価値の抱懐にあった。逆に言えば、そういったことが当時の日本（この場合、特に「花巻」の風土）で不足していることへの強い批判をもつがために、当の女を欧米＝普遍に繋ぎ合わせたり、一〇〇年後の思想的に進歩した日本につなげたりすることになったのである。

内村による所属を問わない個人への期待、あるいは偉人の魂を宿した平民への期待は、同時代の日本文化に根強い人間観への強い反発の表現ともなったことが重要である。彼はあくまで長期的な視野のもとで、幾分ロマン的な歴史理解と、より一層古典的な人間理解を盛り込んだ人物論をいくつも書き残した。そこで心がけたことは、当の人物が、生きた時代や地域の文化に制限されて十分に発揮できずに終わったところの精神の偉大さ、あるいはその個人の魂が直ちにつながるところの普遍的諸価値の重みを指示することであり、その挫折の過程で表明された強い人格の個性を、包人類的な視野のもとで生き生きと描きだすことであった。

第二節　反「社会」思想

1　社会という怪物

内村が単独の個人を重んじ、独立の何よりも勝る価値であることを唱導したことは、一面、彼の「社会」や「政治」に関する見方を厳しいものとした。しかし明治期の内村に関していえば、こういった見方が原理的な「社会」の拒否のように響くものもあるし、既成の社会を理想的なそれから批判する、という意図を込めたものもある。大正期以後の近代大衆社会への徹底的な批判とはまた違っている。

しかし、著述家としての初期の活動からすでに独立した人間の正直な言行への強調があったように、同時期からすでに人間の権謀術数をひとしなみに嫌悪する姿勢があり、権謀術数うずまく「政治」や「社会」という単位への強い反発心が存在していたことは注目に値する。

例えば『東京独立雑誌』時代に発表した「社会の征服」という文章では、社会という単位、そこでの人間の基本的な動きそのものが批判の対象となっている。内村の書いた同種の評論の中では比較的長いものであり、その批判も、対象の本性を徹底して暴き出すような冷徹さがある。

有るが如く亦無きが如く、感ずるが如く亦感ぜざるが如く、恵あるが如く亦恵なきが如く、義者を迎ふるかと思へば亦之を却け、偽人を逐攘して亦之を歓待す、是れ実に社会てふ怪物の呈する現象にして、之に欺かれ、之に誑《たぶら》かされ、終に耻辱の淵に墜落せし者、世に挙げて数ふべからず。
抑《そもそ》も社会なるものは何者ぞ、或は一箇の組織体にして個人格を備へたる生体なりと云ひ、或は地理と人種とに拠りて制限せられて空間時間に存在する個人体なりとも云ふ。然れども社会学者てふ冷的人物の定義を離れて常識的に其真相を究むれば、是れ『俗人の集合体なる俗世界』たるに外ならず、之に社会てふ学的名称を附すればこそ、何となく奥ゆかしく、何となく頼もしくも見ゆるなれども、若し其真相の何物たるかを看破せば、その決して畏るべき、頼むべき、敬すべき者にあらざるを知るべし。[33]

内村のここでの批判点は、社会を一種の「個人体」のように捉えて論じる不適切さということにある。彼は、学者がやるように社会を人間個人のごとく有機体として扱うことを拒否する。それはただの「俗人の集合」であって、そこには頼みなき流動的な価値基準しか存在していないと見る。こういった彼の理解は「社会」という単位が同時代に不当に重んじられている、という意識からくるものであった。内村からすれば、「社会」なる言葉は同時代日本では、自由気ままな振る舞いをする、ほとんど神に等しい制裁力をもつものとして現れるとされた。

社会てふものは近世人の神《ゴッド》其物なり、社会の制裁力と云へば、聖衆の裁判の如き者と思ひ、善事善行は悉く其賞讃に遇ひ、悪事醜行は悉く其忌諱に触るゝ事と思はる、然れども事実に於ては社会は盲人の盲なるが如く盲なる者にして、時には魔魅の眷族に勲賞位階を贈り、志士仁人の首を刎ねて以て快哉を叫ぶものなり、其好悪の変り易きこと東洋紳士が彼の貞淑の妻に於けるが如し、（中略）国家主義を求むるかと思へば世界主義を歓迎し、我は金甌無欠の君子国なりと誇るかと思へば、世界の淫乱国なりと白状す。其文人に各々其光栄の時限ありて、彼が彼の社会に飽き果てられん時の到来するは、艸木が黄落の秋に会ふよりも確かなり。社会に一定の主義理想なきは、曲学阿世の哲学者に学的方針なきが如く、軟骨無腸の政治家に政的確信なきが如し。此学者と政治家とを膨大して此社会あるなり。此に依るは彼に依るが如く危く、此の制裁を仰ぐは彼の判決に従ふが如く拙し。「神は最も大なる人なり」とは、スキーデンボルグの神に関する定義なりしが、余輩は少しく彼の語を更へて「社会とは最も大なる俗人なり」との新定義を茲に提せんと欲す。[34]

その現代人の神なる社会であったが、内村から見ればその実、社会は無定見であり、ほとんど曲学阿世の哲学者と区別がつかないとされる。そんな社会の構成員として学者と政治家が拾い上げられるのは必然であった。といってもこれは職業としての学者と政治家からのみ社会が成り立っている、ということではもちろんない。同時代日本に例を見ることが可能であるところの、原理原則なき学者のように、政治的確信なき政治家のように、時勢と流行に流されるだけの人々をそう指したのであって、両者の精神的な類縁性に根差した比喩である。内村はそのような人々の精神が支配している社会に「個人」——内村にあってはindividualの訳語であり、各人の霊的独立に根差した積極的な概念——との類推による概念は与えず、単独でも独立でもないただの「俗人」であるという、最低の評価を与えたのである。

しかしながら内村は、そのような最低な対象を放っておいてよいと考えているわけではない。社会はプリンシプルなき神であるから、その実は「怪物」であるといってよい。内村がこれを「盗賊」といいたくなったのは、社会の圧力が個人の自由をかすめ取ろうとするからだろう。

今人動《やや》もすれば社会を革《あらた》めんとするに当りて、其非業非徳を社会其物に訴ふるを以て惟一の方法なりと信ず。然れども余輩を以てすれば、是れ盗賊の改善を計るに盗賊彼自身に訴ふるの類にして決て其功を奏すべからざるは勿論なり。噴水は其源泉より高く昇らざるが如く、社会は社会其物の理想より高き行為に出づる能はず、蓄妾を既定制度として実行する社会に向ひて蓄妾の実例を指摘すと雖も、社会は其愉と快とに感じて、其耻づべくして悪むべき制度なるを認めず。

然り、社会は聖賢にあらず、亦最高の法衙《ほうが》にあらず、社会の有する智識と道徳とは、其之を組織する個人の智徳を平均せしものに外ならず、而して智者は常に最少数にして愚者は最多数なれば、社会知識なるものは、常に平均以下に位するものなり。此平識以下の「個人体」に対して正義を訴へ更革を迫らんと欲す、是を愚極の沙汰と称せずして何とか称すべき。[35]

ここで内村が行っていることは、やがて法となるところの社会知識と社会道徳への根本的な批判である。つまり社会内在的な慣習などというものは、社会そのものが下劣であるのだから、必ずしも「正義」を伴うものではない、盗賊は放っておいたら有害なので改善させる必要があるが、しかしその方途を盗賊自身の経験的な知恵から拝借するのではなく、盗賊＝社会の外部からその基準をもってこなければならない、というのである。内村はこのことを端的に「吾人は社会てふ此怪物に対しては、唯戦ふべきありて和睦すべからざるなり[36]」と表現している。

これは具体的には日本の「古習旧慣[37]」の現状から割り出した、社会の自己改善の余地の否定である。それは、特定文化の歴史的文脈にかかわらず、ある普遍的な価値意識を人々に採用することを要求する姿勢から出たものであった。目指す内容の大筋としては『文明論之概略』の福澤の系列といってよいが、福澤や徳富蘇峰『将来之日本』のように「時勢」に対する依拠は高くない。内村からすれば、「時勢」は「旧習」を打ち壊す力をもつとはいえ、まだ「社会」の側に近いのであって、彼が見据える「普遍」を裏切る可能性が高いからである。

そこで内村によって、社会という「怪物」「妖蛇」「ゴースト[38]」との戦い方が指南されることになる。内村はかつての科学者らしく、自らよく要点を整理してこれを記述する。

（一）、妖物殲滅の第一途は、其真性を見定むるにあり、彼は実在物なるか、将《は》た想像的幻象なるか。若し実在物とならば、彼は獣なるか、将た人なるか、彼の貌は如何、彼の体は如何、善く彼を識るにあらざれば、彼の勦滅《そうめつ》を謀ること難し。[39]

ここには内村による「社会」＝「想像的幻象」なる問いが出てきており、注目される。[40] 彼が個人の意義を強く自覚し、その独立と自由を確保することへの意識を高くする時、旧習をふりかざす既成の人間集団は怪物のごとく戦うべき相手になった。ここに第一節で考察されたところの個人の力が試されることになる。

（二）、世に勝たんと欲せば、我裡に存する凡ての邪念を退け、世の欲する所を我は需めず、世の欲せざる所を我は追求すべきなり。我裡に虚誇の思念断えて、社会は虚栄を以て我を誘ふを得ず、我に天上の快楽ありて、下界は我を迷はすに其勲章位階等小児の玩弄品の如きものを以てする能はず、我れ社会と嗜好を異にして、我は社会に勝ち、社会は我を如何ともする能はざるに至る。[41]

ここで注目されているのは社会（＝世）は個人の誘惑者である、という理解である。そこで社会に流布する、個人を誘惑する金銭的・社会名誉的言説には特に適切な対処を施さねばならない。しかし内村は社会からの撤退にも似た禁欲は説かない。反骨精神に促される彼は、社会の価値に抵抗しながら、社会を超え出る道を模索する。それが、社会内在的な価値ではないところの、社会に嫌われるような価値へと自らコミットせよ、「社会の厄介物」[42]となれ、という提言につながっている。そうすれば自らの価値と社会の価値が衝突しないので誘惑もされないし、自由を蹂躙されることもない、というわけである。

しかしながら、この社会一般の個人生活への侵入の度合いは軽度ではありえないと内村は見る。そもそも個人の生活に対して「社会は大にして強」いからである。そこで彼が推奨する道は次のようなものである。

(三)、然れども社会は大にして強し、而して我は小にして弱し、我之を圧服せんとするに当りて、我は我のみに頼るも益なし。此妖蛇を屠り、此魔界の王を斃さんと欲せば、我は我以外にして社会以上の力に頼らざるべからず。即ち強大にして清浄なる者、無限の力に加へて無辺の愛を包蔵する者、其名称は何であれ、是れ義者の拯《すく》ひにして勇者の隠場《かくれば》なり。43

このだいぶ抽象的な表現は、『新約聖書』に描かれる、ローマ帝国に対峙する「ターソの保羅」がモデルとなっていることからもわかるように、いわゆる超越救済への道の指示である。超越救済の個人的達成によって、権力と対決する強い個人を創出することが可能となり、「超自然の勢力」によって「国家を調理」するにまで至るのだという。福澤や蘇峰のように、改革の主たる基準として「時勢」を借り出してこない最大の理由がここにある。

もちろん実際は国家を調理する、といった大それた道が即座に行われるわけではない。強い個人に伴う非世俗的な権威によって、強い社会を「叱咤する」ことが可能となり、「社会も竟に亦彼の声」を聞き、やがて彼を「教導師」として仰ぐに至る、という段階が踏まえられる。

内村の年来の読者からすれば、この結論は一種の既定路線であったかもしれない。一方で彼の思想に共鳴しない者にはこの結論はあまりにも夢物語に聞こえたことだろう。彼はこういう立論を生涯、手を変え品を変えて行ったにすぎないともいえる。しかしながら、このテキストの興味深いところは、内村が社会と個人を最後まで調和させようとしなかったことにある。それは通俗日本社会の価値観が、尊ぶべき個人存在の価値観とはそぐわない、という理解による。内村にとって「個人」とは本来、独立の自由な霊的主体が核にある概念なのであって、何か特定の文化社会で流動している俗なる価値とは全く異なった、もっと普遍的な真理と正義を希求するものであると把握されていたのである。

こういう社会と個人の対立の過程において、内村が社会、ひいては国家存在を〈想像の共同体〉のごとく根本的に疑ったことは興味深い。日清戦争後、彼は社会に限らず、既成の人間集団を（特に国家を）ひとまず疑ってかかるようになっていたが、それは、基本的に共同体は個人の集積である、という数学的な見立てが働いていたからである。内村が社会を一つの「個人体」として把捉することを非とするのは、この社会があくまでも個々人の集まりである、という理解による。「個人格」はそれ以上、分かたれようのない霊魂の独立に根づいた概念であったから、いくらでも個に分かつことが可能な「社会」には適用されようがなかったとみえる。

その上で、彼は個人存在の理想的達成の側から、現実の社会の堕落を厳しく見据える目をもっていた。社会が個人よりも強くて大きいのは、単純に物量によるのであって、質的価値の比較によるのではない。その物量に比例して、個々人が出し合う悪の総量も大きくなるわけだから、内村が二、三人、あるいは顔の見える規模以上の集団組織を警戒したのもそういった理解による。目の届くところ、手の触れるところを「実験」を通して確信していく姿勢が、少年から成人するまでの内村の基本的な世界経験の仕方であったから、外郭も知られず、相貌も明らかでない「怪物」はいつまでも懐疑の勝る対象でしかない。内村の「反社会」思想はこのように、彼における「強い信」と表裏一体の、「実験」を通じても腑に落ちないものへの「強い懐疑」に根付くものであったと推察される。[44]

ところで、「社会」そのものへの内村の懐疑が、実は、現状の人間個々人への不信用にも根付いていることは改めて指摘されてよい。彼が宗教的に理解した、罪なる人間理解という視点が隠れて強く機能している、という可能性である。しかしながら社会を斥ける論調は表向き個人を肯定的に提出することで成り立つことが多い。これは内村において、日本社会という単位が、個人の自由や独立を脅かす限りで強く意識された、という傾向性を浮き彫りにする。

死に瀕するは社会にして、其之を組成する個人の全数にあらず、誠実の人は今尚ほ存するなり。其数の寥々たるは、吾人の志を弱むるに足らず、何れの時代に於ても、至誠を受け納る、者は少数たるを免れず、而して社会の救済は、常に少数の手に拠りて成るなり。[45]

このような言葉にも表れているように、社会を信用しないということはその構成員である大部分の人間をも信用しない、ということになるだろう。そして内村にとっては同時代の日本人一般はまるで信用に足るものではなかった。もちろんここにあるように、彼は「少数」の人間の誠実さを信じ、「少数」の価値を高く見積もっている。この点は強調されるべきである。そして、一般に内村の論調はまるで、一部少数者だけが醒めていて、他の人間は皆愚かさの中に眠り込んでいる、とでもいうかのように強い印象を与えるものであった。その手加減なく演出された「吾人」の意志の強さこそが、日清戦争後の多くの青年たちの社会正義への目を覚まさせる効果も発揮したのである。彼らは内村のいう「吾人」の側に身を置くことによって、閉塞感漂う社会を突破するような痛快な心境も得られたのだと推測される。

しかし、『東京独立雑誌』以後の内村は、自分が目を醒まさせることに貢献した青年たちの中から、まるで信用できない類の批評家たちが登場することをも知るようになる。激越な表現と進歩主義によって旧弊を破壊し去ろうとする内村の精神が、時代の新しい到来であった社会主義へ向かう多くの精神と呼応したことは第一章で言及した。彼らにとっては、権威に立ち向かい、弱者の価値を高調するような内村の革新性やロマン主義的な精神こそが好まれたといえよう。

ところが、内村はその半面、強い秩序志向をもっており、歴史の中で重宝されてきた書物の言葉に呼応し、権威を伴ってそれを引用する古典主義的精神の持ち主であった。ただ、その古典に日本文化の旧習に該当する東洋古典はほぼ登場せず、西洋古典の系譜で占められていたため、日本社会においてはその精神もかえって革新的に機能する、という質的転位が見られたのである。その結果、近代日本における内村の主張は二重に――地域的に、かつ歴史的に――革新的な性格を帯びることになった。彼は、同時代日本では最も古習旧慣から遠い位置にいる人物となることで、かえって社会にその独自の存在意義を際立たせることになったのである。

2　反・社会主義と親・社会主義

①　内村における社会主義

内村の「反社会」思想は、必然、時代思想としての社会主義へもメスを入れることになった。内村が社会主義への理解を徐々に推移させ、結果的には一応、それとの断絶を宣言したこともよく研究されている。内村の時代思想としての社会主義への決別は、その思想内容への反発によるというよりは、むしろ彼をとりまく社会主義者たちの直接行動性への危惧と、内村に向けられた度を越した個人批判への応答によるものであった[46]。

ところで、内村が社会主義というものをそれほど狭く考えていなかったことはあまり注目されていない。彼の社会主義への最たる批判点は「無神無霊魂論」、すなわち唯物論であったが、社会主義者への最たる批判点はその思想というよりはむしろ礼儀の欠如や秩序の壊乱といった傾向に向けられた。社会という単位を徹底的に批判した内村も、人間の共同生活における秩序や礼儀は基本として重んじたのである。そこが彼の古典的な精神の骨格とも呼応した。その精神は「改革」という点においては、現実と理想を厳しく峻別し、理想状態を直ちに、強制的手段を用いてでも目前の世界に実現する、といった性急な姿勢を峻拒する姿勢となって現れていた。

当初は幸徳秋水や堺利彦らとの人間的な接触の中、批判はされつつも部分的には高く評価されていた社会主義思想は、非戦論によって朝報社を退社し、彼らとの直接の接触を断って後は、徐々に批判点を強調されることが増えた。筆先・口先では過激な風に聞こえがちな内村の思想であったが、それは表現によるところ大だったのであり、破壊への意志もいわば個人レベルの精神的変革を目したものが多かったのである。第五章で詳述するように、内村の政体の理想はクロムウェルから米国ニューイングランドへ至るところの共和政治にあったから、まずもって、共和主義的精神を宿すところの個人の精神の変革が求められたのは至って当然の道筋であった。

内村は幸徳の反キリスト教宣言や、山口孤剣らによる度重なる誹謗中傷によって社会主義者への信用を失っていったが、当初、社会主義それ自体に反対する姿勢を見せたわけではない。それは一九〇五年の一一月に、安部磯雄や木下尚江などキリスト教社会主義者たちが発行する『新紀元』創刊号に祝文を寄せ、彼らの静かな、紳士的な社会主義の宣伝に大きく期待を寄せていたことからもわかる。[47]

内村が社会主義と一応決別したのは一九〇七年春頃であると見られる。三月に、自分の聖書研究会に列席していた福田英子の出席を拒絶したことで、急進社会主義陣営からいくつか非難を浴びたことが出来事として目立つ。この頃は幸徳らがゼネストによる直接行動論を展開しはじめた頃であることに注意したい。そうした社会主義主流派の風向きがいよいよ変わってきたことを内村も察知していたのであろう。また、福田英子その人に関しては、石川三四郎と同棲していたことへの道義的な批判があった可能性が当初から言われていた。[48] 筆者としては、この時期、死期が近く、同年五月には死去する内村の父がひどく社会主義を嫌い、そのことが内村の懸念事となっていただろうことを指摘しておきたい。内村は父を尊敬しており、父の死後は、その立派な人格のイメージをもって彼なりの新生「武士道」像を構築していったふしがある。社会主義者拒絶への思い切った姿勢も、死期が近づく父の意向を某か汲んだうえでの決断であった可能性が考えられよう。

とはいえ、内村が「今日我国に於て唱へらる、社会主義[49]」と注記つきで社会主義を否定したことには注意したい。彼の中にはこの時点でやはりまだ、諸外国において試みられてきた別の形態の社会主義への視線が残っていたのである。

その一つはいうまでもなく、キリスト教社会主義である。内村は個人の霊的救済に立脚した上での社会改革思想を歓迎したが、その文脈で、キリスト教社会主義には依然、一定程度期待するところがあったと見られる。内村と社会主義との縁が表向き切れたように見えたとしても、例えば社会的文脈におけるユニテリアンへの積極的な評価があれば、必然、またその担い手とつながることになる。内村は安部磯雄との付き合いもあり[50]、また賀川豊彦の活動を評価していたことから[51]、そういった消息が大正期以後もゼロではないことが見えてくる。

もう一つは、主流ではないオルタナティブな社会主義である。内村はロバート・オウエン（一七七一―一八五八年）についてかなりまとまった発表をしたことがある。明治四五年の六月に講演したものであるが、明治四三年にはすでにオウエンについての言及があり、積極的な評価がなされていた[52]。内村がこのオウエンの名に注目したのはアメリカの社会的福音の代表的宣教者、ラウシェンブッシュの『キリスト教と社会的危機』（*Christianity and the Social Crisis*., 1907）を読んだことがきっかけであったようだ。ラウシェンブッシュといえば日本では前述の賀川豊彦との関連がよく知られているが、内村も一九一〇年の時点で一九〇七年に発表された彼の著作を読み、その感想を『聖書之研究』に記していた。その中でロバート・オウエンの名前が初めて出てくるのである。

このように、明治後期の時代思潮としての社会主義主流派とは断絶の意志を示しても、内村と社会主義との付き合いは終わったわけではなかった。内村は内村なりに「真正の社会主義[53]」を模索するところがあったのである。また彼は大筋で時の社会主義を斥けつつも、特定の問題圏では、どうしても社会主義と関わらざるをえない時があった。その際たるものは非戦・平和論である。一九〇三年以降、公的な文脈において非戦論を唱えていた内村にとって、同じく非戦を掲げる社会主義者はこの点で同志であった。また、初代教会のキリスト教信仰を原型的に把握し、その立場から同時代の教会を批判する見地に立った内村にとって、『聖書』における使徒時代＝初代教会の共産主義的描写を理解することは、どうしても避けて通れなかった。

以下ではこうした内村の、従来ほとんど注目されてこなかった社会主義への積極的な探求について整理してみることにしたい。

② 社会主義との共鳴点

内村は当初から社会主義への批判をもっていたが、それと同時に、部分的に高く買うところもあった。一九〇三年の暮れ頃までは、批判しつつも自らの立脚地であるキリスト教との共通点も抽出するなど、その対応にはある種の好意からくる平衡性を感じさせる。

ここではまず、彼が幸徳や堺といった社会主義者たちと朝報社内や理想団活動などを通じて密接に関係していた時期から、すでに社会主義に対して抱いていた違和感に注目してみたい。

第一に、内村が社会各階層間の経済的不平等を、ある意味で積極的に肯定するところがあったことを挙げる。この点で、経済的な平等の実現、もしくはプロレタリアへの生産手段の独占を目指す類の社会主義とは相いれなくなる。

世に社会主義者の唱ふる財産平等説といふがある、平民主義といふがある、然し人々は心の奥底に於て一所になるべしである、或点に於ては隔離《へだて》のある方が却て可い、五十人が一団となつて祈る時は皆兄弟姉妹である、然れど彼等が五十日間合同し見よ、予輩は必ず彼等の中に喧嘩口論の起るを見るであらう、[54]

ここには少し意味が通じづらい箇所があるが、要するに、人間は互いに差異があるからこそ共同関係が長く続きやすくなる、という思想だと見てよい。人びとの共同一致とは、内村においてあくまでも単独者の独立による一致を意味したが、それは経済的平等にではなく、各人の主義や思想といった個性に深く立脚することを要求するものであったことはすでに確認した。

このことは、経済的な次元でも同じように把握されていたようである。貧しい者、富んでいる者、その差がさまざまであるゆえ、人々は互いに慈善的に協力する余地が生まれる、という論調である。共同一致の精神の共有のためには、人間の間における物質的な差異はむしろ有効に働くのであり、それを温存することは良いことですらある、という見通しから「財産平等説」が斥けられている。内村はこの点でもアメリカ社会においてなされるその物質主義の半面の麗しさとしての、大規模な、富者による貧者弱者への慈善事業を想定していたことだろう。[55]

第二に、内村は社会主義の理想に共鳴するところがありつつも、その実現性には終始疑いの眼を向けていた。つまり個々人におけるその理念の実行可能性への懐疑の表明である。

> 社会主義は立派であります、然しながら如何うして人をして其美麗《りつぱ》なる条目を実行せしめませう乎、如何して人をして自己の利慾を忘れしめて社会全躰の利益を意《おも》はしめませう乎、是が問題中の最大問題でありまして、茲に至て如何なる社会主義者も筆を擱き匙を投ずるに至るのであります。（中略）人が自分勝手である以上は、人が自れを先きにして他を後にする間は、彼に中心の満足なくして、只肉慾の満足を以て其饑《うゑ》たる霊魂《たましひ》を癒さんとして居る間は、如何に巧妙なる社会説と雖も決して之を実行することは出来ない。[56]

これは先に検討した内村の個々人の独立への理解、すなわち「霊魂」からの変革＝真正の独立論を考えれば当然導かれるべき批判であったろう。美しいが絵に描いた餅に終わる、といった類の、理想主義へのよくなされる冷笑的な態度とは全く別種の批判である。それは、社会主義が展開する、社会全体に施すべき理想の高さに比べて、個々人の内面の変革への理想が浅く見積もられている、という批判であって、社会主義の理想が実現されるとする精神風土への、あるいは人間本性への楽観的な展望に対する警鐘であった。

内村が遺した最も充実したキリスト教と社会主義の比較論といってよい「基督教と社会主義」（一九〇三年）においては、両者の思想内容上の相違点によく注意が払われている。その内容を整理してみると、

i）政治体制への姿勢が異なる。事実として、キリスト教はある特定の政治上の主義には頓着しない。

ii）所有に対する理解が異なる。社会主義は万民共有、あるいはプロレタリア占有をいうが、キリスト教は詰まるところ、自分の持ち物といった考え方自体を否定し、すべて神の所有物とする。

iii）働きの方法が異なる。キリスト教では神と人との関係を説くのを専らとするが、「一定の社会制度を定めて」これを採用させようとはしない。どちらかといえば、神に委ねた後は、自然の成り行きに任せるところがある。

これらは今ではなるほど、ごく当然な指摘に聞こえるのであるが、当時としては社会主義とキリスト教は、一組にして国体宣揚者から排斥される傾向があったし、実際のところ両者を兼ねて採用し、その結合を当然視する者もいたから、個人性に立脚した独立・無党派を理想とした内村としては、自他の違いを明らかにして、広く民衆を啓蒙する必要を感じていたようだ。

このテキストでは他にも注目すべきことがある。その一つに内村が「社会主義」を「帝国主義」と対峙しているることが挙げられる。これは序文も寄せたところの『廿世紀之怪物帝国主義』（一九〇一年）、それを著した幸徳秋水の主張などが念頭にあったことを想起させる。

内村はここで「帝国主義」に欠けているものとして「公平さ」「慈悲」「万人の権利を重んじる」などという点

を挙げている。一方、その対極の思想内容と位置づけられた「社会主義」の陥りやすい欠点には「貧者を弁護するあまりの富者に対する不実」「非礼」「粗暴」「平和への謙遜に欠ける」といった項目が挙げられている。前者に対する批判が思想に内在的な批判であるのに比べ、後者への批判は主に実施者の行動姿勢に関わるものであったと認められる。

また、彼が結論で述べた社会主義とキリスト教との相違に関する総括の言葉「基督教は制度とか組織とか云ふものには至て重きを置かない[57]」という理解は、身分を問わない独立の個々人の共同性にこだわる内村であったからこそ、躊躇なく言えた言葉であったろう。先に検討したように、内村にとっては「社会」存在そのものが懐疑の対象であったから、そこに建てられた「制度」なるものは、個々人の独立の達成という基礎があやふやな限り、理想の高いものであればあるほど、いつ崩れるともおかしくない砂上の楼閣のようなものなのである。

次に内村によって提出された社会主義とキリスト教の類似点を整理してみたい。この点から彼が社会主義のどの部分を高く買っていのかを確認することができる。

内村は、聖書に描かれているイエスの言葉「汝の持ち物を悉く売って、それを貧者に施せ」（「ルカ伝」一八章）は、社会主義者も評価するところであるという。また、「使徒行伝」に記されている初代教会の共同生活が一種の「社会主義其儘」の「財産共有」の実行であるかのように読まれうることも挙げている。あるいは貧者の救済、貧困の絶滅などはキリスト教が世俗において目指す最大目的の一つであって、社会主義との一致点であるとも述べる[58]。しかし、これは必ずしも「財産平等」の段階まで行われるものとは想定されていない。これらに加え、内村の生涯の関心事であった日本の農業に関する次のような発言にも、自らと社会主義との共通の関心領域が見出されている。

> 日本国の農業に取て最大問題とも称ふべきものは地主と小作人との関係である、此関係の滑かならざるために農

家の苦痛の十分の八は生ずるのであると思ふ、如何《どう》したならば地主と小作人とを親睦せしむるを得る乎、是れ経世家の頭脳を絞る大問題である、小作条令の発布は恒に政治家の口に上る、地主取締の必要は社会主義者の常に唱道する所である、此問題にして解決せられずんば日本国の田畝は終には荒廃に帰し、一大争乱は全国を通して起り、為めに死屍累々として全国の山野を掩ふに至るであらふとの心配は必ずしも杞憂であると云ふことは出来ない。[59]

「如何したならば地主と小作人とを親睦せしむるを得る乎」という問いには、内村が労使協調主義を採用する姿勢が見えている。彼は資本家と工場労働者との関係も協調を理想としており、それゆえ片山潜の『労働世界』の立場には近しいものを感じていた。[60] もちろんそれですら社会制度のことには話が及ばない、個々人の関係や姿勢上の共鳴だったかもしれない。しかし、その内村も「社会」に対する根本的な疑義を提出した「社会の征服」以前には、次に挙げるように政府を差し置いた形での労働者による社会共同組織に期待をかけてもいたのである。

▲政府以外の政府
内閣員の無能、人材連の倒用は政府なる者の依て以て頼むに足らざる事を吾人に示せり、渾《すべ》ての改善、渾ての進歩を政府に委任する国民は竟に著しき改善と進歩なくして終らむ、故に国民は政府以外に革新進歩の法方を講ぜざるべからず、共同組合組織の如き其一なり、ギルド苦楽部《くらぶ》の制等其二なり、政府をして何処までも政府の失敗を重ねしめよ、而して国民は党人の嫉妬奸策以外に屹立し、徐々として社界組織の完全を計るべきなり、是れ目下に於ける惟一の革新法なり。

▲冀望ある階級
社界は腐敗せり、然れども腐敗の最も甚だしきは其上層に留て未だ深く下層に及ばず、変節、詐欺、婬縦、多慾、

偽善、虚飾等の罪悪は多くは世に所謂縉紳なる者の犯す所にして是等の点に於ては職工労働者等は比較的に純潔なる者なり、かの大工左官等の間に共済的組合の如きもの、存するありて自然と兄弟的団躰を作るが如きは実に美はしき兆候と言はざるを得ず、我国社界の改善を計らんとする者は世に所謂文士政客実業家の類に信を置くを休《や》めて大に望を下層の民に置くを要す。[61]

むろん、こういった主張も、労働者一人一人が人間個人として「独立」した生を送っていることが前提であったことは言うまでもない。内村が消極的な社会イメージを語る場合、「所謂縉紳なる者」や「文士政客実業家」といった人々が幅を利かせるそれが想定されやすかった。対して「職工労働者等」は社会を改革する主体として、すなわちまずは個人としてその生の質を改める可能性を高くもつ主体として、彼の教育・啓蒙・対話の対象となっていた。

「反社会」の志向が時に高まる内村にとって、社会主義者を常に間接的に評価せざるをえなくさせたのは、非戦平和の問題である。このことに関しては生涯で何回も発言しているが、最も早いものは一九〇五年に見られる。

今や無神論者、社会主義者、さては商人、製造家等《たち》が続々として非戦主義者の列に加はりつ、ある時に際して、平和の君なるイエスキリストの福音を伝へると称する基督教の監督、宣教師、牧師輩が世の普通の愛国者の声に聴いて戦争を賞讃するとは実に驚き入つた次第ではありませんか乎、戦争のことに関しては何にも特別に基督教の聖書に訴ふるの必要はありません、普通の人道に訴へて見ても其極悪の業なることは能く分かります、[62]

一見して気づかれるように、内村は、主戦論を採用したキリスト教界一般への批判性を込めて「無神論者、社会主義者」をそれに対置している。この文脈では、「非戦論」こそが福音書に描かれたキリストの意思に適う最たる基準になっているから、無神論者も社会主義者も戦争に反対しないキリスト教界よりも高く評価されることになる。ここでは「普通の人道」なる基準、すなわち humanity の基準が高く機能しており、その基準から、キリスト教界が保持しようとする divinity の威光を大きく揺さぶるといった試みが見られるのである。[63]

この批判形式は彼が社会主義と決別したかに見られる一九〇七年に入ってもあった。すなわち、イエスが再びやってきた時、「彼を第一に排斥する者は今の所謂る基督教会であらふ」とドストエフスキーの「大審問官」のようなことを述べた際に、「無神論者と猶太人と社会主義者とは反て彼を迎ふるであらふ、而して真理は教会の手より奪はれて異信の徒に与へられるであらふ[64]」とまで言われたのである。権威への反骨精神を独立者の思索の推進力にしていた内村においては、批判の対象や分野によっては、「異信の徒」である社会主義者にもこのように高い価値が与えられていたことが確認される。

その他、社会主義を間接的に評価するものでは、次のように、内村によるユダヤ人の歴史的評価の文脈が挙げられる。

ユダヤ人は其祖先より革命的民族である、モーゼを以て始まり、イザヤ、ヱレミヤ、パウロ等を経て、スピノーザ、ブロツホに至るまで大志を懐き、偉想を唱へ、以て人類を根本的に革正せんと計りたる者である、彼等は武を以て鳴らない、馬と戎車《いくさぐるま》とは彼等に取り昔時よりの禁物である、然しながら音楽を以てして、哲学を以てして、理財を以てして、而して最近に至りては非戦論と社会主義と倫理運動とを以てして彼等は誤謬に沈む社会を其根本より救はんとしつゝある、[65]

もし社会主義一般を嫌悪していたら、平和と社会正義を模索するユダヤ人を積極的に評価する文脈で、あえて彼らの「社会主義」に触れることはしなかったであろう。後年、彼が「教会と牧師」を「軍旗の祝福者、戦争の奨励者」として批判し、それに対して「社会主義者」のことを「平和運動に最も熱心なる者」と対置したのは決して苦渋の判定でもなかったわけである[66]。

③ 初代教会とロバート・オウエン

先にも述べたように、内村には非戦論以外でも社会主義を評価しなければならない文脈があった。それは『聖書』の「使徒行伝」に描かれている、初代教会の共産的な生活の解釈をめぐる問題である。内村は「初代の教会は如何なる者なりし乎」（一九一〇年）において、次のように初代教会の共産主義的傾向を説明している。

教会は信者の作りし社会であつたから其内に在りて信者に関はるすべての事が行はれたのである、即ち其身に関する事、其智に関すること、衣食、労働、救済、教育等、信者に関はる人事の万般は悉く其内に行はれたのである、其事に関し、聖書は委しくは之を示して居らないが、乍然、其内に散在する此事に関する記事を綜合して見て、此結論の決して誤《あやまり》でないことが判明る。

信者は皆な偕に在り、すべての物を共にし、其産業と所有とを鬻《う》りて必要に応じて之を分与《わけあた》へぬ（行伝二章四十四、四十五節）。

茲に一つの共産的社会が起つたのである、キリストの愛に励されて財産所有の観念は消え、歓喜と希望を共にする初代の信者は茲に此世の物までを共にするに至つたのである[67]

このように、内村は彼の信仰生活の模範とする初代教会において、社会主義の一形態である共産主義の実態を認めるに至った。もちろん彼はその結果、共産社会の同時代における実現について手放しで推奨したわけではない。次のような留保をつけている。

斯かる共産的生涯に多くの弊害の伴はないではない、共産が信者の上に強ひらるゝに方て一面にはアナニアとサツピラの場合の如き偽善を生じ（行伝五章）、又他の一面には多くの依頼信者を起し、「工《わざ》を作《なさ》ずして専ら余事を努め妄《みだり》なる事を行ふ者ある」に至つた（テサロニケ後書三章十一節）、共産的生涯はたとへキリストの弟子たりと雖も之を実際に行ひ得るや否やは未決の問題である、[68]

しかし彼はこの共産社会の価値を今日にも保つ方向に出る。でなければ彼の初代教会の理想は守られなくなるからである。ここに改めてロバート・オウエンの名前が出てくる。

初代の信者が之を行つて遠からずして失敗に終つたことは確かである、然しながら、斯かる生涯が彼等の理想でありしこと、而して今日と雖も又人類の理想であることは是れ又疑なき所である、近世に於ける最も健穏なる社会主義が英人ロバート・オーエンを以て始まりしこと、而して彼の終生の理想が完全なる共産的社会を作るにありて、彼は幾回か失敗せしも、幾回か試み、以て後世に多くの貴き教訓を遺せしことは人の善く知る所である、失敗は理想を毀《こぼつ》に足りない、共産的社会の如き高貴なる理想は幾回か失敗して而して後に終に光栄ある成功に達する者である、而して初代の基督信者は大胆に此大試験を試みたのである、[69]

内村はここでロバート・オウエンを二つの意味で提出しようとする。一つは「高貴なる理想」の体現であった、初代教会の共産社会の延長線上にある先例としてである。理想の共同体は、このような初代教会＝共産社会の延長線上に位置する必要がある、という理解は、大正期の彼の代表作『羅馬書の研究』（一九二二年）でも同じように披露される。[70] 第二に、内村はオウエンを、現今日本で行われている社会主義に代替する「近世に於ける最も健穏なる社会主義」として提出する。彼はそのオウエンの「失敗」から学ぶ、という路線に、日本の社会主義の主たる展開を委ねたいと考えているのである。具体的にはオウエンの失敗に学んだイギリスの穏健な協同組合主義などを指すことになるだろう。[71]

以上のような理解がある限り、内村は「理想」としての社会主義を問い、あるいはその形態の今日化の可能性を探ろうと試みることになったと見てよい。

内村の最もまとまったオウエン理解は一九一二年の六月、かろうじて明治である初夏に講演として披露された。[72]その模様（筆記要録）は、内村の弟子によって二ヵ月後の『聖書之研究』一四五号に掲載されている。[73]一九一二年といえば、その年頭に娘を亡くすことで、内村はそれ以前の数年間の、生涯において最も精神主義的傾向の高まった時期から抜け出て、再び社会へ向き合う傾向を強めていく時期にあたる。その時期に彼が社会主義のもう一つの——つまり大逆事件に象徴される、幸徳らの直接行動論ではない——可能性を模索していたことは注目されてよい。そのことは、これを筆記した彼の弟子が序文で次のように書くのを許したことからも推察される。

社会主義てふ語は近年吾国に於ては、嫌悪、悪徳、戦慄の代名詞かの如くに用ゐられ、危険思想を以て目され、甚しきに至りては社会主義者と称すれば直に犯罪者の如く做さるゝに至り候。社会主義果して斯くの如く忌む可く厭ふ可きものか、先づ其祖オウエンの生涯に就いて知るは極めて必要且つ興味ある事と存候、余亦社会主義に注意し吾国の社会主義者と称するものが真の社会主義を誤るの甚しきを慨する事多年、今先生の講演に侍し、偉人の生涯により真正社会主義に就いて学ぶを得快感禁ぜず、地方読者諸賢中同感のものも可有と存じ拙き筆に托して其大要を報ず可く候、[74]

もちろんこのテキストは、大逆事件から一年後という時節を警戒していないわけではない。官憲の干渉を警戒して「吾等は茲に社会主義を研究せんとするものには無之、此偉人の生涯を知らんとするものに候」[75]なる注意書きをつけるのを忘れてはいない。しかし内村は「社会主義」という言葉の使用を避けなかった。むしろ「真の社会主義」「真正社会主義」という言葉遣いによって、現下におけるその概念にまつわる否定的なイメージを拭い去って、その穏健な理解と発展を促進しようとしたのだと読み取られる。

内村の講演はオウエンの生涯の梗概にほぼ尽くされている。しかしながら結論部分では彼のオウエンへの評価や、それを取り上げた意図が次のように整理して述べられるのが目を引く。

オーウエンの高潔なる心事と熱心と力量を以てして遂に失敗に終るの止むを得ざりしもの亦実に茲にあり。彼は宗教を軽視し其施設余りに現世的なりしにより失敗せり、オーウェンのために誠に惜む可きも吾等は彼によつて此教訓を恵まれしを感謝す、彼の事業は宗教を除外して成就せしめんには余りに大に且つ高かりし也。然りこれ大なる欠点なりしと雖ども、今や宗教を与ふれば可なりとして其境遇の改善に尽す事をなさゞる教壇宗教家の多きに苦むの時其反動としてオーウェンの如き又誠に必要也。[76]

内村はオウエンの活動が宗教を軽視し、その社会主義の実験的施設があまりにも現世的であったことを彼の失敗の理由とする。しかし、内村はオウエンの理想を切り捨てない。一種の教会批判の文脈を作って、その籠城主義に対置する形で「失敗」した社会主義者オウエンの「境遇の改善に尽す」事業への情熱を評価していることがわかる。この時期、講壇的な宗教活動にやや倦んでいる観のあった内村に、かつて渡米時のような慈善事業への評価が高まっていたのであろうか。ここで彼はオウエンを慈善事業家として描くことによって、この講演の社会主義の研究といった側面をあまり強めないことにも貢献している。

彼に愧《は》づるなき宗教家幾人かある。事業は神聖也てふ語はあれども其実現を見る事稀にして、人動もすれば己が事業を俗事と卑下し、利を得るために暫く忍び他日以て神聖なる事業をなさんと言ふあれどもこれ大なる誤にて、各自の事業は夫自身神聖ならざる可らず、利して慈善をなすに非ずして、利しつゝ慈善をなす可き也、オーウエンの全生涯の如きは実に其理想的のものと言ふ可し。[77]

ここには内村による慈善事業への一つの哲学が含まれていると見てよいだろう。利益が上がってからその余裕分を人に還元するのだったら、それは株式企業の配当と同じである。少しずつ利益を上げながら、それを間隔を置かずに少しずつ他者（労働者）に還元していくようなオウエンのやり方は慎ましやかで穏やかで、彼が諸事の基準とする初代教会の共産社会の方式にも重なるものと見えたのだろう。ここでは、資本家側の労働者への慈善的な歩み寄りにこそ労使協調への第一歩が委ねられている、という理解を見ることも可能である。それゆえ逆に、こういった経営側と良好な関係で結びついていない同時代日本の急進的な社会主義は、内村にとって、元手がないのに対価を要求するような、無謀で粗野な行為と大差なく見られたかもしれない。それは内村の掲げる経済的独立にも適わない行為であったといえる。

今や哲学繁瑣に流れて「カントに復《かえ》れ」の語あり、自由の弊に苦みて「ジェファソンに復れ」の語あると共に、社会主義悪性に変じて亦「オーウェンに復れ」の語ある宜也。嗚呼気の毒なる社会主義吾日本に入りて蛇蝎の如く忌み嫌はるゝも仝主義の唱導者深く其真髄を研め、幸にして其誤りより醒め「オーウェンに復る」を得ば国を益し人を救ふ事多大にして呪詛は変じて感謝と化せん、[78]

ここには大逆事件で処刑された幸徳ら「気の毒なる社会主義」者達に対する同情的態度を見ることも可能と思

われる。内村は幸徳らの急進的な社会主義を不適切と見ていたが、それが国家権力によって処刑に至るような弾圧を受けることも不当に思っていた。[79]内村としてはもし日本の「社会主義」が幸徳のような無政府・急進主義に導かれるのでなく、オウエンのような労使協調の議会政策路線に導かれていたなら、政治・司法権力による強圧には至らなかったかもしれない、といった思いがあったようだ。また、たとえどんな急進的な思想であれ、公然と議論することは許されるべきであり、ましてやオウエンのような社会主義の穏健路線の可能性については、「社会主義」の名のもとに忌避されず、もっと積極的に語られてよいではないか、といった複合的な感懐があった。この理解は、彼の理想である初代教会のような共産社会の、将来の日本における成立可能性を確保するといった意味も同時にもっていたといえる。

以上、内村が、オウエンの試みを社会主義運動に貫かれるべき精神の原点として把握したこと、さらに、その試みに見られた労使の関係、生産と利益の分配の手順などを聖書内世界と接続し、自ら参与する共同体の運営に少なからぬ関係をもつものと配慮していた事実を検討した。

第三章　亡命者・周縁者・アウトサイダー

第一節　exile の自覚

1　内村の亡命的足跡とその亡命者意識

E・W・サイードは、知識人に求められる特質として「亡命者」（exile）や「周辺的存在」「アウトサイダー」のパースペクティヴ（展望、観点）をもつこと、という指摘を行っている[1]。もちろんそれは比喩的、精神的な意味のそれであって構わない。サイード自身はパレスチナの非ユダヤ教徒（キリスト教徒）の家庭に生まれたが、もともと家族がエジプトに家を持っていたこともあり、戦争の結果、狭義の意味における難民や亡命者となったわけではない。しかし少年時代を過ごしたパレスチナに定住できなくなったことから、自らを「故郷喪失者」と認識するようになった。むろん、サイードのような事情をもつ者がすべて、彼が知識人に見出すべき「亡命者のパースペクティブ」をもつものではないだろう。

本節では、一般的な意味で内村が亡命者であったかどうかはともかく、彼が亡命者的足跡を歩んできた過程を整理し、その結果生じたであろう彼の「亡命者」意識やその表象を問題とする。さらに、その亡命者意識と少なからぬ関係があるかもしれない、彼のパースペクティブの取り方の特徴、その複数性や境界性について議論していこうと考える。

① 伝記的確認

内村が「亡命者」意識を、比喩的な意味で強く自覚したと見られるのは、一度目の結婚生活が破綻したのを機に渡米した時であろう。[2] 彼は *How I Became a Christian*（一八九五年）で渡米の具体的な経緯に触れず、それを純粋に精神の求道の問題に集中して描いているが、彼の exile という自己定義は、[3] 単純に精神の出来事としてのみ見るべきではない。『基督信徒の慰』を読むと、内村は最初の妻への離婚の通知を、信仰者が守るべき規範からの逸脱として、キリスト教界内から責められたふしがある。それが幾分、キリスト教界からの exile 意識を高めたことは確かなようだ。内村は、サイードのように政治的・治安的な理由で国外脱出を余儀なくされたわけではないが、「罪」に対する「罰」の意識をもって破婚を受け止め、その自責の念に促されて、日本脱出という形式的な exile の形態をとったと見ることができる。

すでに太田雄三が解析しているように、[4] 内村は渡米中も聖書の中に、自分が妻を離縁することを正当化できる言葉を探そうと試みていた。もし信仰者の規範から外れること、あるいはそれを人に指摘されることを内村が気にしなかったのならば、強い「流竄」= exile の意識を当時の記録に、あるいは帰国後（一八八七年に帰国）も長く著作に刻むことはなかったかもしれない。しかし、実際には十分な生活手段の展望もなく日本を出航したのであり、その姿はまるで追われるもののようであったと形容できる。

How I Became a Christian において、渡米の理由は、仕事の中でも消えない心の真空（the vacuum in my soul）[5] を充たすことが目的であった、と抽象的・精神的にのみ取り扱われている。彼においてそれが実感であったとしても、実際は、破婚で生じた人間関係のいざこざ、あるいは復縁を迫る声から一時身を避けるといった実際的な効果も狙われていたと見られる。

ところで内村の exile 的経験は、脱教会や渡米に関することに尽きない。彼は米国から帰国後も exile の思いを味わったことだろう。その際たる出来事が、かの一高不敬事件（一八九一年）である。[6] 渡米が物理的には exile でありつつも、同時に自らの立志の範囲の選択でもあり、多くの有意義な経験を積み、新生（conversion）までなされたということを考えると、結果としては充実した日々であった――もちろんそれは同時に困難と忍耐の日々でもあった――といえそうである。これに比べ、不敬事件後の内村の境遇は、人生の充実とは程遠い、単に思想的な意味ではなく、実際に連日、身の危険にさらされた迫害の日々であったのであり、彼が名前を伏せて各地を転々とした様子は、まさに国内亡命と言うのにふさわしい。職を取り上げられ公立施設から追放されたことも、まるで外国人を排斥するかのように、罵声だけでなく石や糞尿を投げつけられていたのも、日本国内での exile 化――地理的にいえば、名前と顔が一致する東京府下からの、ということになるだろう――を不可避とする出来事であったといえる。

内村はこの不敬事件後、在米の友人に招かれ、アメリカへ移住しようかと本気で考えていたくらいであった。しかしながら、扶養すべき両親やまだ就学中の弟妹がいたこと、彼を援助してくれる人が日本国内にも少なくなかったことなどにより、短期間の教育職などをつないで何とか国内にとどまることができた。実際、不敬事件後は、内村だけでなくキリスト教関係者全般が排除・攻撃にあう雰囲気にあったから、内村に手を差し伸べるキリスト教関係者、あるいは非キリスト者の気骨ある人物も少なくなかったのである。この時期、内村の教会からの exile が軽度に終わったかに見えるのも、そうした事情と関係がある。しかしながら、彼は自らの不敬事件の後処理について、今度は主流のキリスト教関係者から批判されたことを忘れていない。彼が『基督信徒の慰』で、「国人に捨てられた」と書いたすぐ次に「基督教会から捨てられた」と題された章を置いたのはそういった時系列に沿っている。

ところで、内村は結局、世俗的には、終始「亡命者」ではなく、何度かの亡命者的経験を深く胸に刻みながら、その経験を活かしつつ、日本に滞留し発言してきた。「亡命者」であった経験は、彼をして政治組織や教会組織への克服しがたい懐疑を定着させ、どこにあっても彼に、半亡命者的意識を容易に復活させることになったと思われる。その結果、内村は時事問題を扱うにしても、特定の文化的問題に判定を下すにしても、自らを exile に駆り立てた既成文化や伝統的権威への批判的姿勢を保持し続けた。これは exile 体験の思惟傾向への反映として考慮されるべき事柄だと考える。

また exile の経験によって結果的には良い成果も収めることになった内村は、自らと他者を一ヵ所に停留させることを良しとしない傾向もあった。彼は家庭を持った後も、京都、名古屋、中渋谷、牛込、青山、駒込、角筈、柏木などと居住地を転々としており、土地を買って自らの骨をその土地に埋めるような決断は生涯避けた。彼は借地に住むことを好んだようである。最終的に二〇年余りも定住した新宿柏木の土地も終始借地であり、自分の不動産とはしなかった。独り立ちであれ、離反であれ、弟子らとの分離にも積極的であった。

大正時代以後の、安定した内村の社会教育家的地位にだけ目を向けていると、彼が実際のところ五〇歳頃まで、いつ exile になっても構わないように、「防御する縄張りのない遊牧民的な不安定な生活」[7]（サイード）を送っていた、という事実が曇らされてしまうだろう。内村は朝報社へ就職した明治三〇年以後、一貫して筆と講演で生計を立てていたが、その身はいざとなれば、自らの築き上げてきたものを後ろに捨てて、中央からの exile になる覚悟をしていたものと思われる。実際、後述するように、日露戦争以後、明治末の五年間ほどの内村の思想的な変革・動揺期には、彼のこうした exile 意識は、アメリカ・ルネッサンス期の思想家たち――エマソン、ソロー、ホイットマンら――への共鳴の高まりとともに、再び国内亡命者的な心境に近くなっていたことを思わせるのである。

言論傾向にも彼の exile 的な性質は現れている。彼は一定の文体でものを書くことにこだわらなかったし、同じ物事に対して常に同じような判断を下していない。事柄をめぐって変転する諸条件を考慮し、まるで数学の関数問題のように、時間的・環境的変移を踏まえて回答を捻出した。彼は近代化の伸長盛んな地域の人々が志向しやすい新しいものを、新しいがゆえに評価することがなかったので、ある人々には古い思想、古い信仰の持ち主と名指しされた。実際はというと、いつも古い思想、古い信仰を新しい学問的言説に照らして適宜更新しつつ公表していたといえる。それゆえ、近しい弟子においてすら、師の路線に沿って書いたと思われた主張が、完成の後には、当の師にとって過ぎ去った路の遺物であった、という出来事もあった。[8]

こう考えると、若き内村の exile の経験がこういう思惟傾向の定着に貢献したのか、彼の思惟傾向が自らを exile 化の境地に導くのを促進したのか判別がつきがたい。だがいずれにせよ、内村をサイードが言うように、「旧きものにも新しきものにもからめとられず身をかわすことを心得ている」[9]、そういった exile の精神を宿した知識人と仮定して無理はないと思われる。

② exile としての他者への視線

以下では少し具体的に、内村における exile に関わる言説を検討してみたい。内村は exile という言葉を主にその文筆活動の前期（明治二〇―三〇年）によく使用したが、その中では、特に *How I Became a Christian* と *Japan and The Japanese* における用法が際立っている。前者では内村が主人公に「the exiled」という称号まで与えて[10]、アメリカ社会に「流竄」した自身の特異な精神的境遇を具象化しようと試みたのであるから理解されるが、後者は彼自身の話ではないので、その中で exile が取り上げられることは、つい見過ごされてしまいがちである。

彼の場合、自らの経験を再構成して提示することと、他者である歴史的人物を論じることに一貫した姿勢が保持されていることは、すでに研究者の指摘がある[11]。筆者なりにそのことを再把握するなら、一貫して理想に向かって前進する精神として他者を描くこと、真理や正義といった人類に普遍的な諸価値を自らの価値基準に設定する人物として他者像を構築することであったといえる。そこで、内村なりにひいきの人物を取り上げた時点で、すでに彼はその人物に表れた理想的なものを拡大して描くことを決意していたのである。そのような人物描写において exile がいかなる意味を果たす言葉となっていたのかを確認してみたい。

初めに *Japan and The Japanese*、すなわち内村における「代表的日本人」の記述にまずは分け入ることにする。

内村がこのテキストで exile なる言葉を用いているのは西郷隆盛の記述と日蓮の記述においてである。他の三者（二宮尊徳、上杉鷹山、中江藤樹）には用いられていない。そこで推測されるのが、これは単なる実証的記述に用いられた言葉ではないか、ということである。それは一部は事実といえる。西郷の場合、幕末期に「二度、南海の島へ流刑にあっている he was twice exiled to south-sea islands」という箇所に exile という動詞が用いられている。[12] もう一例あるが、それもこの島流しに関することで目新しさはなく、そこからの思想的展開は見られない。exile の意味が内村なりに意味づけされているわけではない。

一方、日蓮論における exile の扱いには看過できないものがある。もちろん日蓮の exile も、西郷と同じく、二度流刑に処せられた歴史記述に関して用いられている。日蓮が西郷よりもその exile の期間が長く、内村にとって重要な検討事項となったことは該当の一節に「SWORD and EXILE」[13] いうタイトルを提示していることにも表れている。

では内村は日蓮の exile 体験から何を引き出したのだろうか。それは大きく二点指摘される。

一点目は、「末法の世に聖典を説く」日蓮のような者は exile という死の判決を受けるのは必定である、との理解である。内村は、日蓮のような「末法の世に聖典を説く者」という伝道の職務には、必然的に社会一般や政治権力からの迫害が伴う、と宣告する。これはまさに彼が日蓮像として描いた「ALONE AGAINST THE WORLD」（「独り世に立ち向かう」、第五章のタイトル）の核心的出来事であったと見てよい。この構図における聖典を『聖書』と捉えれば、内村が日蓮の境位を、古典解釈に徹底して立ち返って宗教改革を推進したルターに似せようとしていたのがわかる。実際内村は「キリスト教の『聖書』がルターにとって尊いのと同じように、法華経は日蓮にとって尊いものであった The Christian Bible was not more precious to Luther than the Pundarika Sutra to this man.」[14] と日蓮とルターを直接比較している。これは後の内村の伝道的歩みにも通じる決意として書かれていたと読んでもよい。

二点目は、exile 経験そのものが有益であった、という視点である。内村は先の「SWORD and EXILE」の節の最後で日蓮の佐渡への流刑を取り上げているが、exile はこの場合、死刑の宣告と変わりない、と認識されている。佐渡は当時、最重罪人が送られる流刑地であり、その過酷な生活条件が待ち構える exile は、結局ゆっくりとした死刑である、といった理解も強調されている。しかし結果として日蓮は五年間の流刑期間を無事生きのびるという奇跡（wonder）をみた。また、流刑は日蓮に「肉体に対する知の、力に対する魂の勝利 conquest of mind over body, spirit over force」[15]を与えたともいう。結果として、流刑が終わる頃には布教の成果があがり、彼の霊的領土（spiritual dominion）は拡大されていたからである。そういった日蓮の不屈の勇気と忍耐は、やがて鎌倉幕府の尊敬を招いたとも付け加える。内村はこうした一連の exile 経験を総括して、「精神がついに勝利を収めた Spirit conquered at last」と結論づける。そして国外者向けに、その精神は日本では今に至るまで勢力を保っている、と付け加えるのを忘れない。

日蓮を題材としたこの内村の積極的な exile 評価は、彼の逆説好みの精神の発露でもあっただろう。また、彼自身の exile を通じて獲得した勝利の経験が同意するところでもあったに違いない。日蓮論が *Japan and The Japanese* の中でも最も力作であることは、この exile への視点に注目してみるとより明瞭になろう。内村自らの経験とそこから引き出された理想への確信がしっかりと託されていることが判明するからである。では、実際のところ、exile へのまなざしや exile という境遇をばねにした逆転勝利といった物語は、内村の言論活動においてどのような展開をみたのだろうか。

③　ダンテにみる exile の意義

内村がダンテを愛したことは正宗白鳥の追憶により知られている。[16]内村はダンテを原書で読むためだけに、イタリア語を勉強したことがあるくらいであった。そのダンテを内村はあるところで the exiled Florentine と呼びなしている。[17] その内村の初期作に「ダンテとゲーテ」（『六合雑誌』一三二号、明治二四年一二月一五日）[18] がある。内村がダンテを知ったのはカーライルの著作を通じてかもしれない。その証拠ではないが、この「ダンテとゲーテ」では、カーライルのダンテ評として「沈黙せる十世紀間の弁護人なり」[19] という言葉が引かれている。カーライル『英雄および英雄崇拝』を通じての理解であるとしたら、内村にとってダンテは始めから社会で正当に評価されていない人物として把握されていたかもしれない。内村のダンテにおける「流竄」（exile）への強い注目も、こういった受容と関わりがあった可能性がある。

この著作で内村はダンテを読者に紹介するさい、彼を宗教上かつ政治上の理由により放逐されたexileとして読者に印象づけようとしている。

> ダンテはヲルソドツクス派の最もヲルソドツクスなるものにして遂にヲルソドツクス派に容れられず氏の著書は長くヲルソドツクス派の忌み嫌ふ所となれり　氏の政治上の思想に於るも亦然り　氏はフローレンス国を以て中古時代理想的の共和国となさむと欲し遂に自国に棄てられ漂流身を容る、の所なくして遂に隣邦ラベナ国に於て死せり[20]

オーソドックス以上のオーソドックスであったため時の教会に受け入れられず、という解釈には内村の好みが反映されていそうである。第二節で取り上げるように、異端であるがゆえに評価する、という視点は、まだここには生まれていない。ゲーテはギリシャ的でキリスト教にとっては異端であり、ダンテはユダヤ的で正統中の正統であったから、当時、正統思想から外れていた主流教会／政治の排斥するところとなった、という説明である。内村はダンテもゲーテも「ヲルソドツクス派より受けし所の待遇は両者略相似たるあり」[21] とするが、この場合、彼は正統すぎて排除されたダンテにより多く加担している。このゲーテとの対比で現れてくるダンテの評価点を見てみると、それは先の日蓮のそれと概ね一致する。すなわちゲーテが「物の形」にこだわったのに対し、ダンテは「物の霊」を求めたとするこの対比である。前者は科学的態度、後者は宗教的態度というべきかもしれない。内村は「二者共に人類進歩上に於て必要なるもの[22]」と明言するが、結局は、物に対する精神の優位を選択し、ダンテをゲーテよりも高く置くのである。精神が物質的な束縛を打ち破り高く飛翔する、その結果、後世への強い影響力をもつようになる、というのが内村の exile 物語の一つの型であった。初期の内村がだいぶロマン主義寄りであったのが、次のバイロン＝ダンテという引用からも見えてくる。

六百年を経て詩人バイロン歌ふて曰く Ungrateful Florence! Dante sleeps afar! フローレンス府は其愛国者の骨の隣邦に埋めらる、を耻ぢ遂に一大石碑を立て、ダンテの紀念を氏の自国に恢復せり[23]

内村においてダンテへの関心が最高度に至ったのは、ダンテを原書で読むためイタリア語を勉強していたという『東京独立雑誌』時代であろう。正宗白鳥が早稲田から神田まで徒歩で通ったという、月曜講演なる連続の文学講義で、内村は再び「ダンテとゲーテ」と題して講演している。そこで、彼は後に白鳥が「老いたる団菊よりも迫真の演技だった[24]」と評した、流竄中のダンテに成りきった様を披露している。後に整理された文章では以下の箇所にあたる。

彼曾て或る山寺に上り、四顧の風光の幽邃閑雅なるを愛で、或は美術学上の参考となすべきものを探れり。山寂歴として道心生ずる例ひ、左なきだに旦暮其の心を悩め居たる事とて、心霊上の問題に早くも思を沈め、首を垂れて身動もなさゞるを見、一僧あり、出で丶其の故を問ひ、『何物をか尋ねたまふ』と言ふ。彼徐ろに答へて曰く『平和なり』と。あ丶彼は身一たび堪へ難き悲惨の苦味を嘗め、修め得たる学問才能も之を慰むるに力なく、出で丶諸国を遍歴し到る所に平和を探り求めたりしなり。[25]

むろん、この箇所の演技が迫真であったということは、内村がダンテに成りきるのに無理がなかったということであるから、内村がダンテに寄せる共感も察知されよう。実際、内村はダンテに「国人には棄てられ[26]」と、かつて『基督信徒の慰』で自らの経験を模して言ったのと同じ言辞を提供している。

彼其の傑作『神曲』を草し終りたる時、人に告げて曰く『瘠せたり』と　彼は全精力を注入して此事に従ひ、殆んど其の全生涯を此書の為に献じたるなり。而して其万事を献げて成就したる書に題して『コメヂヤ』乃ち『喜劇』と云ふ。前に述べたる如く、此書を著すに至れる彼の境遇は、不平、苦難、断腸、悲惨、凡ゆる人生の暗黒面を辿りて、国人には棄てられ、愛人には伴ふ能はず、人生の紛々擾々として乱調極まりなきを見、日は照り花は咲けども、我が望みは達す可らず、我が愛は全うす可らざるを嘆じ、多年外国に流竄して天外の孤客となり、絶て顧みる者もなき時なりければ、彼若し筆を取らば正に悲痛惨憺たる悲劇をや書したるべきに、反つて此の書に題するに『喜劇』を以てす。一見不思議の感なきに非ずと雖、此は乃ち彼が如何に雄渾偉大なる思想を有したるかを示す所以に非ずや。[27]

内村によれば、ダンテの『喜劇《コメーディア》』（＝『神曲』）は「反つて」「流竄」（exile）の身であったからこそ抱かれた「雄渾偉大なる思想」の産物であったとされる。すなわち人生の行路において「地獄の苦みより天国の幸に導き行かる、こと」を認められるのは、「彼が自ら悲惨の生涯を通り抜け」たことを大きな要因とするという見解である。[28] ここからも内村がダンテの exile をたいそう悲痛に描きながら、一方で、その結果生まれた思想＝文学の高尚さを保証するものとして高く認めていることが知られてくる。

以上、ダンテへの言及に光を当ててきたが、内村においては、exile（流竄・遍歴）の生活を送ったものへの評価は総じて高く、その愛着もまたひとしおであったといってよい。彼が思想家・文学者では最高の位置に置いたホイットマンも、旧約聖書中のお気に入りのアブラハム、モーセ、エリヤも皆、放浪や遍歴の日々をその人生の糧、あるいは転機とした人物ばかりであった。そして彼が誰にもまさって敬慕し肉薄したパウロの人生にも、アラビヤの荒野への流竄の年月があった。内村はパウロのアラビヤ遍歴を決して軽く見てはいない。内村によれば、パウロは「無人のアラビヤの曠野に往て其処に直に神よりの黙示に与った[29]」のであり、そこで初めて使徒として誕生したのである。世俗のexile全般への高い評価は、『聖書』からの実例において最大の保証を得ていたと考えてよいだろう。

内村のexile意識とそれへの高い評価は、他の諸概念や出来事と密接に結びついている。一つは中心や主流から外れたもの、その結果、権威や権力の恩恵に与れず経済的にも精神的にも恵まれない立場に置かれたものへの共感である。これは内村における、社会的弱者や地方の平民たちへの細やかな視線の発揮につながっている。彼は一八九八年の暮れに「歳末の辞」という文章を発表しているが、そこで『東京独立雑誌』の社会における存在意義を問い直し、それを社会の「継児」であると結論づけた。そのことから、自らの役職を、次のように日本社会の「継児」たちの代表者として呈示するに至っている。

> 社会の此の継児の生れ出でゝより爰に半歳、餓死せんかと思ひしこと幾回なるを知らずと雖も、如何にかして棲息し来りて今日に至り、二千有余の可憐《あわれむべき》不幸児を集め来りて、戦闘を貴公子の群に挑み、時には博士、大臣、豪族までを石打ちにし、強大猛悪の社会までを征服せんと試みつゝあり。[30]
>
> 余輩が世の継児族の代表者となり、彼等の有する些少の権利を弁護し、彼等の人たるの特権を主張し、この空気を呼吸し、この日光に照され、この真理を信じて之を唱ふるの自由を発揚せんことは、余輩の為し得ざるの業にあ

らず、而して今や幸に此同情的団躰の稍々《やや》強固ならんとするあり、故に余輩も亦継児相応の新年を迎へ、以て余輩の同情者に酬ゆる所あらんとす。[31]

ここで「継児」はサイードの「亡命者」と同じく比喩的な意味で用いられている。実質は社会的弱者や恵まれない境遇にある人々を広く集約する言葉として機能するのである。そこにはとりわけ「孤児寡婦」[32]への視線が強く生じている。内村において「継児」なる概念は、その後はあまり語られることはなかったが、「寡婦」と「孤児」とは組となって、その後も頻繁に言及されている。彼にとって「寡婦」と「孤児」は長く社会的弱者を表象する代名詞になっていたといえる。内村はこうした種類の人々の視線を借りることによって、新たなパースペクティブを獲得し、その地平から読者意識とそれに伴う批判の動力を得ていたといってよい。

exile 意識と密接に結びつくもう一つの現象は、内村における既存の世界の外へ出ることへの強い関心である。内村は志をもって住み慣れた土地から移動すること、そこから一歩外へ出て新しい境遇を模索していく個人を高く評価した。これは、探検や開拓といった冒険的事業への高い興味や評価となって発露している。例えば彼は危険を冒してアメリカ大陸に行き着いたコロンブス、黒人伝道の志をもってアフリカ内地探検を行い、その地理的詳細を明らかにしたリビングストンなどへ高い関心を示し、彼らの伝記的梗概を人々に幾度か紹介している。後年には、かのシュバイツァーの事業に高い関心を示し、彼に金銭の寄附をするばかりか、内村の弟子からシュバイツァーのもとで働く者が出たりした。台湾医療伝道で有名な井上伊之助を支援したし、アムンゼンの南極・北極探検にも大きな評価を呈している。要するに、彼らに共通して見られた「先人未踏の境地を開拓するのアムビシヨン」[33]を内村は高く買ったのである。

内村自身、物理的・職業的な意味では探検家や冒険家ではなかったが、「真理への探究」の姿勢を重んじていたし、「信仰は冒険の一種である」[34]とも心得ていた。「世に所謂冒険者にあらず、我儕は或る確固たる信仰に依て総ての危険を冒しつゝある者なり」[35]というのが、内村における精神の冒険の消息であった。また逆に物理的な冒険心は信仰によって励まされるのだと、その密接な関係を強調してもいた[36]。

探検といえば、内村は札幌農学校時代から原始林への探検を大いに好んでいたことが *How I Became a Christian* の記述を通じて明かされている。当時、人も多くは住んでいない札幌農学校周辺で生活すること自体が、多かれ少なかれ探検的であったといえよう。また、彼は農学校卒業後、開拓使という職業についており、北海道の水産調査を行うため、単身、地方農漁村を訪れるなどしていたが、そういった経験も探検という営みと重なる内実をもった。

もちろんこれは後の exile の意識とはよほど異なった経験であったに違いない。が、自分の住み慣れた愛着ある土地を去ることに慣れていたのも、こういった青年時代に習い性になった長期出張の経験と無関係ではないだろう。サイードが exile の精神として挙げている視点の移動、二重あるいは複数のパースペクティブの駆使ということになれば、こういった職種における経験が貢献するところ少なからずと思われる。アイヌとの交流に代表されるように、言葉も生計の立て方も異なる人々と交わる体験を早くからもった内村は、日本脱出の exile 化以前から、その素養を少なからず培っていたであろうことを付け加えておきたい。

2　再誕の故郷に向けて――故郷意識の揺れ

内村の exile 的経験が大いに与った出来事として、内村における故郷意識の問題を取り上げてみたい。青年時代から親しい人間関係と離れ、長期にわたる移動を習い性としていた内村は、自らの故郷への意識も定まっていなかったかのように見える。この故郷意識の不定性は重要であり、それを表明した際の彼の価値尺度を解き明かす有力な手がかりになるものと考える。

伝記的な知識から整理する。内村は生まれは東京小石川であったが、明治に入りすぐ父親の奉公していた高崎藩に戻る。一八六九年から七一年までは父親の転勤に伴い、石巻と気仙沼で二年を過ごす。上州で少しばかり漢学と英学の教育を受けた後は、さらなる学術の習得のため、一二歳で東京の英学校に通うことになる（一八七三年）。家族もともに東京に出てきている。

内村にとって転機だったのは、言うまでもなく札幌行き（一八七七年）である。札幌農学校で四年、その後開拓使として二年務めた後、一八八三年春に東京に帰ってくる。一八八四年の一一月に渡米することになり、一八八八年の五月に帰国している。その時点ですでに二七歳であるから、故郷意識の形成のために必要な道筋は一応終了したと見てよいだろう。

内村の故郷意識に内在している問いは二つあると考える。一つは場所的な問題であり、もう一つは人か、自然か、それ以外かという構成要素の問題である。これらは、故郷意識が問題となっている場面でともに問われているのを見ることができる。

内村の故郷意識をめぐり取り上げるべきテキストとしては、第一に「余の北海の乳母　札幌農学校」（『聖書之研究』九二号、一九〇七年）を挙げねばならないだろう。これは内村における札幌農学校へのアンビバレントな感情を表白するものとして注目される。

余は札幌農学校（今は東北大学）の卒業生である、其事は事実である、然しながら余は札幌農学校の産ではない、農学校は余に多くの善き事を教へて呉れた、馬に就て、牛に就て、豚に就て、馬鈴薯《じゃがたらいも》に就て、砂糖大根に就て教へて呉れた、是れ皆な貴い智識であることは明かである、然しながら農学校は最も善き事を余に教へて呉れなかつた、神に就て、キリストに就て、永生に就ては、少しも教へて呉れなかつた、是れは余が札幌農学校以外に於て学んだことである、余は農学校に謝す丈けは謝する、然かしその余を謝さない、爾うして斯くなして農学校は余を忘恩者の一人として算へないであらふ。

余の札幌農学校に対する関係は子が其母に対する関係ではない、乳児が其乳母に対する関係である、[37]

この発言になぜ注目すべきかといえば、内村にとって北海道での生活が充実した価値あるものであったことは、客観的に見て疑いえないからである。*How I Became a Christian* における生彩ある彼の農学校時代の描写を認めた者は、内村のここでの農学校への冷めた視線に驚かされるだろう。それに加え、内村は、このテキスト発表の五年前（一九〇二年）に話した「聖書の研究と社会改良」という講演の中で、札幌農学校でクラーク流のキリスト教に接したことを肯定的に受け入れている旨を公言していた。[38] それなのに五年後のこのテキストでは、札幌農学校には「精神はなかつた」「現世的」「地の事に慧くして天の事に疎い」とそれらの評価を覆さんばかりの低い評価が与えられている。[39] この転換は読者を困惑させるに十分であろう。

この価値評価の変化は、このテキスト全体を読めばわかるのであるが、全否定ではなく、特定の価値の切り下げ、相対化と見られる。その証拠に文章の最後では、神が自分を札幌に向かわせ、その結果「帝都泥濁の中に留め置かれ」なかったことを感謝してもいる。[40] この札幌評価の相対化は、それ以前、事あるごとに語られた札幌での出来事の方が幾分美化されていたのだろうと思えば不自然ではない。

しかしそれ以上に考慮すべきは、この時期、内村におけるアメリカの理想への関心が新たになり、以前と比べてその重みを増していた、という事情である。つまり「自由国」[41] とたびたび言われたアメリカの理想への帰属意識が高くなっていたことと、札幌との距離を強く感じ始めたこと、この二つの相関性の問題である。実際にテキストに書いてあることを手がかりに話を進めると、当該テキストで内村はこんなことを述べている。

モーゼはエジプトの地を逃れ出てミデアンの地、ホレブの山に行て最も貴き黙示に接した、余も亦札幌の地を去て、マッサチユーセットの地、ペンシルバニヤの丘に於て人に由らざる教を受けた、札幌は余を此世の人にして呉れた乎も知れない、乍然《しかしながら》神の子たるの資格を余に授けた所は札幌ではない、余が札幌農学校の産でないと云ふのは是れが為めである。[42]

ここでは内村の滞米滞在地を、その移動――ペンシルヴェニアからマサチューセッツへ――を含めた上で、一応アメリカ北東部という地域名で呼ぶことにする。内村はここで、自分は本当の教えは札幌ではなく、つまり日本のどこかではなく、アメリカ北東部の地で授かったと言っているのである。札幌が乳母なら、こちらこそが本当に自分を生んでくれた母であるということになるだろう。「札幌農学校は余の母校ではない、乳母校である、余の父と母とは他に在る」[43]というこの「他」とは文脈上、アメリカの地を指すと読めるのである。

ところで、この文脈ではもう一つの対立軸が設定されている、それは札幌農学校と、その周りにある自然環境とからなる。

然しながら彼女（引用注：札幌農学校のこと）を囲む天然は日本国第一等である、彼女の南に聳ゆるエニワ岳、彼女の東を流るゝ石狩河、彼女の北を洗ふ日本海、彼女の西を垣するテイネ山、彼女を見舞ふ候鳥《わたりどり》、彼女を飾る春の花と秋の実、是れありて彼女の俗気は充分に償はれた、余は彼女に育てられたりと云ふよりは寧ろ彼女を囲む天然に養はれたる者であると云ふべきである、余は札幌農学校の産なりとの称は拒むが、北海の天然の子なりとの言は否まない。[44]

この言葉をもって札幌農学校ではなく、札幌の天然を対象に内村の故郷意識は向けられている、と読むこともできるかもしれない。しかし、ここで内村は読者がそう読むのを「否まない」だけであって、積極的にそう導こうとしているわけではない。彼は札幌の天然に「養はれたる者」と自己規定している。札幌の天然が自分の母であるとは積極的に述べていない。そこに留意するなら、実はこの文章の意図は、自分を本当に生み出してくれた場所、内村におけるアメリカ北東部への故郷意識の暗示、という方により傾いているように読めるのである。

では内村においてアメリカ北東部とはいかなる意味において新しい生をもたらす場所になったのか。そのことの検討を次に行う必要があるだろう。しかしその前に、彼の故郷意識の様子をもう少し探ってみたい。実は、印象深い「否」を含むこのテキスト以外では、内村は札幌をこそ、あっさりと故郷と認定しているかのようなテキストが多い。

一九〇一年の秋に札幌に向かった際の記事[45]では「旧き故郷の札幌」と書いている。また、同年の別のテキスト[46]では「札幌は私の第二の故郷」――この場合、単純に幼少期を過ごした「上州」が第一の故郷なのだろう――と記している。それらの書きぶりを見ると、従来、内村の故郷意識の筆頭に札幌があったことは疑いえない。札幌には自分が中心となって設立した札幌独立教会も存在しており、「二十五年来の友人」もまだ幾人かその土地に住んでいたからである。「札幌と聞けば私の心の臓は躍り立ちます」というのは素直な感懐だったに違いない。

また内村はかの「余の北海の乳母」から五年後、一九一二年の秋に札幌入りを告げる文章でも「余の信仰の故郷なる北海道札幌[47]」といっている。この時は娘が病死した年にあたり、内村の思想・信条に一大転機が訪れている頃であった。それゆえ、札幌入りもよほど感慨深かったようであり、「札幌所感」を詩に詠んでいる。[48]さらに一一年前には「第二の故郷」と少し含みをもたせて述べられていた札幌は、ここでは「第二の故郷と云ふよりは唯一の故郷」とまでいわれている。[49]「第一の故郷」がどこであるのかは語られていない。公衆に向かって素直にわかりやすく話す文脈であるから、おそらく生誕の地か幼少期を過ごした土地というくらいの意味であろう。それが生地の東京（江戸小石川）であるのか、上州であるのかはここではよくわからない。あえて言えば、川遊びの好ましい記憶が残る上州ということになりそうである。

実はこの「上州」という地も内村の故郷意識の中では定着していたのか怪しいところである。内村が上州を故郷と意識しているような文章に「故郷と人格」というものがある。これは一九一〇年七月一五日の『読売新聞』に発表されたもので、内村における「故郷」とは何か、その総括的な反省がなされているもので大変興味深い。そこで開口一番言われたのは、自分には故郷に対する特別な想いというものはない、という言葉であった。これは何気ない一言のようであるが、それゆえに本音が包まず述べられていて、重んじられるべき言葉である。

◎私には故郷に対する特別な情緒といふ者はない　私の生れた所は上州の高崎であるが あの辺へ行つてもいつも滊車で乗過して了ふ　私には故郷に対するなつかしみよりは故郷を離れたさびしみの方が強いのである。生れた国ではない　青年が情の動く時代をそこで費しただけまだしも北海道の方に故郷らしい情味を感ずる
◎それに主義としても私は世界を郷土とする世界の人《コスモポリタン》だ　特に一国一郷に執する必要を覚えぬ50

内村はここでいくつか重要なことを述べているので、それを要素分解的に以下に整理してみる。

ⅰ）自分の故郷を上州とするならば、そこは汽車で通過するだけの土地であって、故郷に対する懐かしみよりは、故郷を離れた淋しみのほうが強い。

ⅱ）生まれた国（土地）は自動的に故郷（home）とはならない。「青年が情の動く時代をそこで費やしただけ」そこが故郷と認識されるのであり、その観点からすれば、自分の場合、まだ北海道の方が故郷らしい。

ⅲ）いずれにせよ、自分は世界を郷土とするのだから、どこが郷土であろうかと、特定の国にも土地にもこだわるような愛郷心はない。

こういった一連の郷土への冷めた関心は、内村は「愛国者」だとか、ナショナリストだとかという流説を表面的な意味で鵜呑みにしてしまうだけでは十分に理解されえないだろう。詳しくは第四章第一節で扱うことになるが、内村には、定期的にその世界市民的な志向性が著しく高まる時があり、その際たる時期が日露戦争後の五、六年間であったと見られる。一九世紀末の雑誌記者時代も世界主義の傾向が強い時であったが、その頃は普遍の中に国民的なものを有意義に位置づけようとする意欲も同時に高かったことが注目される。

日露戦後においてはそれと事情が異なり、内村の現実日本に対する積極的な改革意欲はだいぶ低下したと見られる。その原因は日露戦後の社会道徳の壊乱や、言論弾圧の過激化、あるいはキリスト教界の政府高官との結びつきといった、彼にとって幻滅すべき出来事にあっただろう。内村が日本国民、あるいは日本のキリスト教に託そうとしていた期待がことごとく裏切られるような出来事が続き、非戦への世論の無関心と相まって、社会的な横のつながりに依拠した改革意欲は減退する傾向にあった。一九〇一年や一九一二年の時のように、率直な気持ちで日本や札幌を故郷とはいいがたい、その地への複雑な心境があったことが推測されてくる。

それをよりよく説明する言葉の一つは、彼がここで自省する故郷意識にあるだろう。内村は自分の近所に住んでいるドイツ人の故郷の観念が強いのを引き合いに出して、故郷意識と郷土から出た世界的人物の存在を関連づけようとする。それが次のような故郷における世界的人格と自然（天然）の関係論に抽象されてくる。

独逸人が故郷を誇るのは決して山が美しいとか川が清いとか郷土の自然に対する憧憬ではないのである　只祖先にゲーテとかシルレルとか郷土的でない世界的の人物をもつた　其悦びを郷国の自然に結付けてその一草一木にも直ちに大人物の人格の影を認め　之れに止み難い憧憬の念を寄せてゐるのである

◎大人物を生まない故郷天然はいかに美しくとも吾等の心を惹く力はない　之に反して大人物の追憶に伴ふ天然と

はいかなる荒村僻邑と雖も強く吾等の心を惹く　ダンテの詩に歌はれた故郷の霊的な憧憬は全然人格に対する憧憬ではないか　天然が人格を化するのではなく人格が天然を化するといふ事を忘れてはならぬ[51]

この箇所を読むと一九〇七年に札幌の価値を切り下げるにあたり、その人為的なものを否定し、自然物だけを救い出した理由も読めてくるように思われる。人格が天然を化するというような出来事、それを札幌にもたらすような人物が見当たらなかったということが問題とされたのではなかろうか。すなわち内村にとって、北海道は世界的人格を産出していないのではないかという問い、あるいは葛藤が強くなっていたということである。それは後に述べるように、その意識の半面におけるアメリカ・ニューイングランドの世界的人物への接近と表裏一体の思索であったろう。札幌には見られなかった「人格が天然を化する」というような出来事がそこには見られた、ということである。内村が先の「余の北海の乳母」から三年後、一九一〇年の時点でも、まだ北海道への複雑な気持ちをぬぐいえていなかったことがここに垣間見られる。

前にもいつた様に私は青年の心の最も動く時代を北海道に過したから北海道丈には今も心の故郷といふ快い感じがある　その頃私が日夕北海道の天然に親しんで得た霊的の感化は殆ど私の人格を作つた[52]

ここで内村は北海道に「心の故郷といふ快い感じ」を覚えながら、それを天然にのみ帰してしまっているのは三年前と変わらない。どうやら、北海道は天然をもって内村の人格を感化してはくれたが、その後、偉大な人格をもってその天然を化する、といった出来事を実感させてはくれなかったようである。内村はこのテキストの最後に「北海道を出てからは何処へ行つても一日も落ち着いた心にはなれぬ」と述べている。この言葉は意味深長である。青年の心を最も動かしてくれるのが故郷であるなら、それと同時に「落ち着いた心」を与えてくれるのも故郷の要件であるらしい。「東京」には「二十年近く居る」がいまだに「ホームではない」。なぜならそこは「戦場」であって「外国にでも俘囚になつてゐる様な心持がする」からである。[53] この生まれた国、生まれた土地である日本・東京にいることを「俘囚」とまで表現する内村は、一体どこを真の精神の故郷とすることができたのだろうか。その一つの行き場が、かつて強い exile の意識を伴って過ごされたアメリカ北東部の地であったとしたら、それは一つの劇的な逆説であったといえるかもしれない。

内村は一九二八年に、生涯最後の札幌入りをしている。母校北大で歓迎の中招かれて講演した際、「札幌に来る事は私に取り懐かしき故郷に帰る事」と述べた。「札幌に於て人生最大の宝を獲た」「札幌に於て神を発見した」ともいい、挙句の果てには「札幌は私に取り聖地であります」とまで言ってのける。その他、いろいろな言葉を用いて札幌の天然ではないものまでをも誉めあげている。[54] これは札幌の評価が一九一二年以後、次第に高まり、それから下がらなかったことを表すだろう。それどころではない。かの上州に関しても、内村は郷土意識を新たに獲得していったのであり、老年に入り、ようやく自らを上州人であると躊躇なく公言した。[55]

では、晩年の札幌あるいは上州の故郷性の十全な獲得に至るまで、内村は、先に述べられていたように、「世界」を郷土とする意識を持っており、どこの地域へも故郷に向けるべきまなざしを一切向けることがなかったのだろうか。次節では、そのような国内における故郷性の喪失期に強く台頭してきた、アメリカ北東部——ペンシルヴェニアとニューイングランド——へのまなざしを中心に、内村における故郷性の世界化、またはアメリカへの故郷性の転移、といった現象について考察してみようと考える。

3　もう一つの故郷・アメリカ

①二度目の誕生の地（―一八九五年）

渡米前の内村は、「異教国」にいるキリスト者であることにより、普通ならば彼の描いた西郷や日蓮のように過酷な環境が待ち受けているように思われる exile 体験を、キリスト教国アメリカへのそれであることによって、かえって当初から期待するところも大きかったことが推測される。実際「余の北海の乳母」で述べられていたように、内村はアメリカでこそ、実存的な「回心」を体験し、生涯保持されるところの普遍への意識やその思索原理を、精神の根幹に確かに据えるに至ったのである。

How I Became a Christian では、exile という言葉が heathen や strange という言葉と相乗効果をもたらす様子を確認できる。それは外的な移動というよりは、多分に内村の内面での出来事に依拠している。すなわち日本のキリスト教界に居場所を失ったこと、自分の行ったこと――それは離婚ではなくむしろ安易な結婚の方であっただろう――が神意に背いていたのかもしれない、と恐れたことなど、総じて、世の中にあるべき停泊地を失ってしまったような実感に拠っている。渡米により、地理的文化的変化が内村にもたらした疎外感は、誰もが最初に異国で体験するようなそれの範囲を大きく出るものではなかったと思われる。内村はアメリカ文化の個々の現象に、普遍的な観点から批判を加えることは行うが、逆にその普遍的価値基準を、アメリカで出会った善き人格者たちの生活と言葉を参考に、より精錬させてもいたのである。

彼らの中には、日本人として単身アメリカにやってきた内村の緊張をときほぐすかのように、彼の身の上を慮り、必要以上の援助を惜しみなく進んで提供しようという者がいた。また内村は、偶然街角で出会って話をしただけで、生涯の最大の友となるような人物——銀行家のD・C・ベル——を得ることもできた。進学したアマースト大学でも複数の優れた教師に出会い、充実した実り豊かな勉学の時を送った。そこで得た学友も、内村にとっては頼りになる存在であり、帰日後も、当地で発行されている書籍や定期刊行物を送ってくれるなど交流が続いた。不敬事件で国内流竄の状態になった時は、快く迎えるのでこちらに来てはどうかと提案され、結果、内村の心境はそういったアメリカ人の慰めによりだいぶ気が楽になり、何とか日本でできるだけの努力をしようと決意できた。

このように、内村はかの流竄地アメリカで、宗教的に生まれかわるという人生の「二度生まれ」を体験し、その上さらに、知的にも、情的にも、道徳的にも満足される交友関係をいくつか結ぶことができた。もともと追われるもののように向かったアメリカではあったが、結局はそこでの自由の空気になじむことによって、人格の無限の価値と、それが依拠すべき humanity に関わる普遍的諸価値を、具体的な経験を通じて血肉化して帰国したのだといえる。健康上の理由から神学の学位を獲得する道は諦めねばならなかったが、真理の探究のための道筋はすでに十分立っていたのであり、当地に禍根が残るほどのことは何ほどもなかったように推測される。

内村にはまた、かの地の自然環境も、他に代えがたい、偉大さという点では世界随一の天然の産物と認められた。第五章で検討するように、内村のナショナリズムが最も凡俗な表現をとった日清戦争の最中（一八九四年）ですら、志賀重昂の『日本風景論』における、愛国心からくる風景評価の偏り——日本の風景をあらゆる点で世界最高とうたったもの——に公正さの点から修正を迫ったのは[56]、ニューイングランドの壮大な自然の記憶が、彼の愛国心より高次に機能する普遍的諸価値への愛を呼び覚ます装置となっていたからであろう。

このように整理してみると、内村がいかにアメリカを受け入れたのかが少しずつ見えてくる。重要なのは、彼がアメリカにコンプレックスをもたないほどアメリカ的な思惟様式（大山綱夫のいう climate of opinions）[57]を自らのものとし、アメリカの個々の現象を臆せず批判できるほど、アメリカ文化に内在する普遍的諸価値への信頼が厚かった、ということである。内村は帰国後、自らの主張を断固として貫徹する姿勢、すなわちアメリカの市民文化で高い評価を受ける類の姿勢が、日本的な政略的打算主義と方々で衝突するのを経験することになる。

そのような内村は初期著作で、アメリカをいかに描くことになっただろうか。彼は英文を読むことに慣れた生活を送っていたから、帰国後も森羅万象に関わる知識の情報源は英語の著作や定期刊行物が主であった。コロンブスやトマス・ペインについて日本語で紹介する文章なども書いているが、大部分の執筆は自ら経験したこと、慈善事業、信仰、学問に関わることについてであった。出世作『基督信徒の慰』では、英米において慈善事業を推進してきた根本勢力がキリスト教にあったことを説いているが、それは自分がアメリカで見て、聞いてきた経験が核となって、一つの理論として採用されたものであった。

この本が書かれた明治二五年頃といえば、官学インテリ層においてはドイツからの留学帰国組が重んじられる傾向があった[58]。しかし、民間のインテリ予備層には、アメリカ大陸の自由広大さの魅力にこそ心を開いている者も多かった。彼らに対して、アメリカでいくつか特異な経験をしてきた内村の文章は、そこから伝わる著者の思惟様式、それに根付くところの事柄の整理の仕方や言語表現の新鮮さを何ほどか強く感じさせるものだったのではなかろうか。

内村はその後も「流竄録」などで、自らの体験してきた範囲でのアメリカの実像から、普遍的な諸価値の宣布に適うような側面を引き出しては日本人に見せていくことを行った。その一方で、英文著作をもって、日本を世界へ紹介すると称し、そこにアメリカ人の直すべきところと思われる箇所を大胆に提示していく作業も織り込んでいく。これは、古き良きアメリカの思想家たちの育んだ普遍的と思われる諸価値を擁護する陣営に組して、あるいはピューリタン的福音主義の立場から、現状のアメリカ社会のそこからの逸脱を裁く、という方法をとったものであった。

How I Became a Christian は、その「回心記」あるいは「霊魂の記録」という文学的モチーフ自体が、欧米の知

的伝統に則ったものであっただけではない[59]。自己を対象化して反省的・操作的に扱う方法や、常に発揮される鋭利な社会文化への観察眼、仮借ない批判精神など、多くの点で英文学の批評的エッセイの系譜に連なる作品であったといえるのではないだろうか。

②「自由の郷土」としての準拠（一八九六―一九〇三年）

日清戦争以後、内村におけるアメリカは、さまざまな点で価値の準拠枠として機能する場面を増やすことになる。すなわち、かつて *How I Became a Christian* などで、アメリカの理想の精神から現状のアメリカの逸脱を裁いていたその手法を、今度は、現状の日本批判に応用することになったのである。その際、価値の基準の取り方にそれほど変化はない。アメリカ経験を通して肉化させた近代西洋の普遍的諸価値の正しさへの信用は固く、そこから日本の現状を批判するのは、同じアメリカの現状を批判するよりもだいぶ容易なことであったに違いない。しかしながらそこには検閲の壁があったし、何よりもアメリカの建国の理想自体を読者が共有していない可能性があるので、その批判的言説に含まれる構造的対比を日本の読者に理解させるための啓蒙的作業も同時に求められたのであった。

いくつか例を挙げて考えてみる。内村は『万朝報』英文欄主筆時代は主としてイギリス系の国内英字新聞を相手取って言論形成を行っていたため、アメリカに関する記述は意外と少ない。その中でもアメリカの事柄に焦点を合わせた早いものに「Two American Parties.」[60]がある。

これはアメリカの二大政党――共和党と民主党――に関して、その思想的立場の違いを簡単に整理した短いものであり、その意図は読者市民一般、特に青年読者への啓蒙にあると見てよい。興味深いのは、ここで内村が共和党にアメリカのショービニズムを認め、高関税や移民法の擁護を批判していること、その反対に、民主党に公正さや自由への傾向、理想主義や良心を認め、そこから民主主義の基本的な理念を擁護していることである。内村はイギリスの保守党を引き合いに出してアメリカの共和党人気の永続性を保証してもいるが、一方で内村が最も高く評価していた政治家のグラッドストーンを引き合いに出して、自らは民主党の「正義と平等への愛 love of Justice and Equality」に組することを明言するのである。[61]

こうした整理はやや紋切型のきらいもあるが、内村の知識人としての立脚地を端的に表明したものとして重要である。内村は自己利益の追求から離合集散を繰り返す日本の政党・政治家には批判的な見解を絶やさなかったが、それはその定着性のなさというより定見のなさに対する批判であった。このテキストは、アメリカにはそういった定見をもった政党があるとする点で、かの国の思想的伝統、特にその政治文化に対する信頼を表明したものであったといえる。

また、この時期、内村はアメリカニズム（Americanism）なる言葉を使ってアメリカ的なるもの全般に対する高い評価を表明している。[62] すなわち、アメリカニズムに精神を開いた人間の方が、日本では「公共善」（public good）に貢献する度合いが大きい、というのである。

そこでは、アメリカニズムの核心に共和主義的傾向（republican tendency）があるからこそ、日本では嫌われると明言しているのが目を引く。共和主義的傾向などという微妙な表現をしているが、他の箇所でははっきりと Republicanism とか The spirit of Republicanism と表現しているテキストもある。[63] republicanism については第五章第二節で詳述することになるが、これが内村のアメリカ評価の要に据えられていただろうことを示唆しておきたい。

アメリカニズムの体現者としては、新島襄、森有礼、福澤諭吉という「三つの偉大な名前」（three great names）が引き合いに出されている。彼ら個々人に対する別の評価軸からの判断を今は問わない。内村が基本的にはこういう文脈で彼らを評価することもあったということが重要である。内村が彼らの名前を出してアメリカニズムの効用を強調したのは、同時代における思想界のドイツ寄りの傾向、すなわちジャーマニズム（Germanism）批判のためであった。ここでアメリカニズムは平民を主体に考えられた、国境を越える、普遍に開けた感性を意味した。

対するジャーマニズムは、貴族と軍人の理想である国家の名誉や帝国版図の拡大を目指すものであり、国民の生血を絞る（sapping its life-blood）有害のものと名指しされている。こういった意味でのドイツ批判は、序論で整理した、同時代フランスの知識人、J・バンダによる帝国主義ドイツの国家主義的精神への批判と共通の姿勢をもつもののように映る。

英文で書かれたアメリカ評価の一端を示してみたが、それは以前 *How I Became a Christian*（一八九五）でなしたアメリカへの仮借ない批判とは一線を画する仕事であったことは明瞭である。しかしそうした評価は、以前より内村がアメリカに認めていた美点が、日本の現状との比較において、より高く価値づけされて表明されたというにすぎない。日清戦争後の日本に決定的に欠けていること、普遍的諸価値の基準に定着して政治を行い、公的言動をなすことがアメリカではすでに文化となっている、といった認識が、滞米経験の確信を伴って力強く表明されたのである。この確信は日露戦争前くらいから揺らいでいくことになるが、結局、生涯にわたり完全に崩されることはなかった[64]。

では、日本語の文章ではどうだっただろうか。これに関しても基本的な立場に変わりはない。日清戦争以前、内村は、英語で書くことと日本語で書くことを、目的によって使い分けていた。単純化を恐れずにいえば、日本語でアメリカについて書くことは日本人にアメリカの良いところを伝達することであり、英語で書くことは、英米人に対して、「異教」徒的な立場から、普遍場裡に有益な日本人の理想や知的遺産を紹介することを意味した。それに対して日清戦争後の時期、内村の英文著作は、単に英語ネイティブへの強い批判的メッセージを届けることを主とする営みではなくなっていた。むしろ英文で書くことは、英文で表現する利点・有意義さを日本の後進に知らしめる、という教育的目的が大きな比重を占めるようになったと見られる。

日本語で書かれたものでは、アメリカに対する誤解をとく、日本よりも、そして他のどの国よりもアメリカの優れている点を発掘する、といった作業が注意をひく。例えば、「米国の富」（『万朝報』明治三一年三月四日[65]）で内村は、ドイツ的国家主義を採用した日本の権威主義的価値観からは軽蔑されやすかった、アメリカの物質的な価値を次のように擁護している。

一般の我日本国民は欧洲人と共に米国を蔑視して意気軒昂傲然としていふ　米国には偉大崇高のものあるなし　一人の大思想家なく一人の大詩人一人の大政治家なし　米国は富士八島の如き大戦闘艦を有せず　又吾人の如く大哲学者を有することなし　米国は遂に拝金の国のみ守銭奴の集合躰のみと　斯の如き考へを抱て進歩せる日本国智識高き日本国民はワシントンの生れリンコーンの生たる国に一物の感賞すべきものを見出すことなし、されど米国は日本国の有せざる物を有するなり、実に彼の国は日本国民が如何に忠君愛国を絶叫し如何に『哲学思想の発達』を呼号するも遂に及ぶべからざる物を有するなり　『哲学は麵包《パン》を作る能はず』、況んや之を産出するを得んや　日本国民は頗る発達せる哲学思想を有するならん　然れども米国民は自己の用に供して余りある麵包を有するなり[66]

これは後年の内村が、アメリカ批判に用いた諸点——実用主義など——を、逆に価値として捉えたこともあったという点で貴重なテキストといえるかもしれない。しかし内村が経済的独立、という点を非常に重要視していたことを確認した後から見れば、哲学思想以前の自給的食糧供給という実践的な達成を内村が重んじることは無理なく理解されるだろう。彼は農学者としてこういった問題を真剣に生業として扱った時期があるし、日本国内の食料不足による弱者の困窮した生活にも敏感であった。それゆえ単純に、こういう国民の生活の豊かさに貢献する米国の産業上の実績を、哲学・思想以前の、より重要な国民的達成と認めたのである。

ここに内村のアメリカびいきを見るのも正しいと思われる。それは当時の日本の権力筋のドイツびいきに対する、在野の人間の下からの反骨精神の表明であり、主流に対するアンチテーゼの提出であったと見るべきだろう。[67]

こういった物質的な面での米国評価を一方として、この時期、内村が最も米国を高く評価した点は、少数に価値を置くという人間理解であった。[68]「少数義人の勢力」（『聖書之研究』一五号、一九〇一年、「講演」欄）というテキストに述べられたアメリカ観に、内村のアメリカ的共同性への信頼の枠が表現されているように思われる。

亜米利加はクリステンドム（基督教国）であるが、これは必しも多数の人がクリスチヤンだと云ふ意味ではない、其実教会の塩となり、光となつて居るものは僅か其中の八人か五人、下つては一二人位のものである、されど夫れ等の人は常に教会の全躰を指導し、而して其小なる教会が常に厖大の社会を圧へ付けて居る、又亜米利加には合衆《デモクラ》党《ツト》と共和党《レパブリカン》といふ二大政党があるが、悲しいことにはどちらも利益一方に支配せられて居る、されど其間には極少数の正士より成れる独立党なるものがあつて、これは仲々買収などされる醜漢の集合躰ではない、常に前二党の仲《ミジ》裁者《エーター》となり、天秤となり塩梅よく軽重を定め勝敗を左右して居る。

かく言へば諸君は或は答へていふかも知れぬ、亜米利加の如き国では少数の義人が巧に勝を制することもあらう、が腐敗の極に達したる今日の日本は亜米利加とは全く別物である、現に我日本に於て正義の議論は風に舞へる蝴蝶の如く果敢《はか》なき有様ではないかと、乍併《しかしながら》これ未だ一を知て二を知らざる議論といはなければならぬ、正義は神の最愛し給ふものである、今日本に於て正義の力の振はざるはこれ即正義其者の微々たるが為に非ずして全く正義を唱ふる人の元気奮発が足らぬからである、[69]

ここで内村が重要視する人間理解は、アメリカの教会政治から政党政治を貫いて、やがて日本今日の「正義の議論」にまで通底されるべき普遍的なものとして提出されている。米西戦争の結果、アメリカがフィリピンを領有することを快く思わなかった内村は、この四年前の一八九七年の時のように、もはや民主党（「合衆党」）へも率直な支持を表明することはできなくなったが、それでも少数の独立者が正義を保存しており、それがいまだにアメリカ政治の決定票を握っている、との見解をもっていた。そしてそこに息づく類の正義は、アメリカから太平洋を渡り、ついには日本へと到着するような道筋が確保されていた。それゆえ、日本でも、その実現の希望を失わずに少数勢力が正義を唱えて奮励することを望むのである。

日露非戦論以前の、社会進化論的な文明史を奉じているこの時期、内村は、このようにアメリカが文明の先端を走っており、アメリカから普遍的なものが世界に流れ出て、正義と自由の共和精神があまねく未開国までをも潤していくようなユートピア思想を漠然と把持していたのであった。南米詩人について語った際には「米国の天地には永遠の希望の存するありて、南北共に最も高尚なる人類の自由を将来に発達するの使命を完成するに至らんは、今より期して待つべき」と南北アメリカ大陸を合わせてそこに高い希望を託していた。[70] アメリカが孤高の理想主義の精神から撤退し始め、帝国主義よりの動きを見せ始めてもなお、少数のアメリカ人や、アメリカ政治に通じるクロムウェル共和国の系譜にあるとされた南アフリカのボーア人の国に、古きアメリカの理想主義と同じ型の精神の発露を期待していた。小さな勢力でも正義を固く握って独立であれば、大勢力の間にあっても重要な役割を果たしうる、という思想は、軍備増強と大陸支配範囲の拡大を国是としていた帝国日本において、やがて支持者少数にとどまる小国日本論に展開していくことになるだろう。[71]

③ アメリカの変化とアメリカ評価の二分（一九〇四―一九一二年）

内村は米西戦争によるアメリカの帝国主義化を憤ったものの、その際、アメリカ議会においてそれを批判する勢力が小さくないことを知り、アメリカ政治の健全さを再度認めた。[72] しかし南ア戦争においては、アメリカが自由と正義の理想のもとに戦争を仲裁しようとせず、むしろ彼が不義と見たイギリスに接近したことに内村は失望した。[73] イギリスとの接近により「彼等の祖先が曾て非常に卑しみし英国の貴族と血縁を結ぶ」米国の富豪が現れるなど、「米国の自由独立」「祖先の自由の精神」が失われつつあることに内村は大きな危機感を表明している。[74]

その内村の、米国への失望の最たるものは、南北戦争による達成であったところの、奴隷制度廃止の精神の後退であった。

> リンコルンの奴隷廃止戦争の無効に皈《き》したことに就ては更らに著しい事実があります、此「義戦」は奴隷の黒人に政治的自由を供しました、併《し》かし彼等に精神的自由を与へませんでした故に、彼等は今は実際に彼等に供せられし政治的自由をも失ひつゝあります、北米合衆国の市民なる数百万の黒人を如何せんとは米国刻下の最大問題であります、黒人の或者は米国に在ては到底自由の得ら［れ］ないことを認めまして、今や同胞を引連れて故《もと》の亜非利《アフリ》加《カ》大陸に大移住を企てつゝあります、彼等の一人なる黒人メソヂスト教会の監督某は近頃米国の国歌なる『美はしき自由の国』を歌ふことを拒みました、爾うして彼が此拒絶の理由とする所を聞きまするに、米国は今は実際に自由の郷土ではないから之を「美はしき自由の国」と称ふることは出来ないとのことであります、（中略）リンコルンの公義心と米人五十万人の鮮血を以て購ひ得し黒人の自由なるものは今や三十年を出ずして終に消滅しつゝあります。[75]

ここで述べられていることを一言でいうならば「米国は今は実際に自由の郷土ではない」という黒人たちの実感を、いよいよ内村も共有し始めたということだろう。アメリカを去る黒人たちと同じく、内村も同時代のアメリカを去る心境でいるが、その去る先はアフリカではなく、かつての「公義心」が宿る、古き良きアメリカという理想の地なのである。

そこが内村のアメリカ評価の分かれ目になっていたのは明瞭である。アメリカのすべてに離反しようというのではない。日露非戦論はニューイングランドで発行されていた *Springfield Republican* という雑誌を参考にしつつ行われたし、平和主義という点では、アメリカにこそ多くの平和主義者がいることを知っていた。内村がこの時再発見した非戦論者もトマス・ペインであった。[76] トマス・ペインが無神論者として嫌われていたように、内村が非戦論によって結ばれた「多くの新らしき友人」の中には日米の非キリスト教正統主義の人々が多くいることが実感された。アメリカは決して一色にならない、という点を確認した内村には、古き良きアメリカの精神を盾に、再びその精神から逸脱した同時代アメリカの大勢を批判する姿勢が芽生えていったのである。

それと同時に、戦争を経ていよいよ精神的混迷を深める日本に対しても、内村は大きな失望を覚えていた。とりわけ戦争を肯定し、政治権力と手を握ろうとする日本のキリスト教界の堕落は目に余るものとして映り、教会批判もいよいよ苛烈を極めた。

ここに現状の日本とアメリカをともに批判すべき準拠枠が求められてきた。従来機能してきた福音主義には静かながら深刻な疑いの眼が向けられるのは避けられなかった。むしろ非戦論でできた友人関係を通じて、正統キリスト教以外のところで本当の真理が保持されているのではないか、という探求の境地にまで彼は進んでいったと見られる。

その際、内村にとって光を放つように見えたのが、アメリカ社会の古き自由思想家たちであった。日露戦争後、次章で検討するごとく、内村は日米の社会的動向への失望から、より精神主義的傾向を強め、単独者の勢力に新たな可能性を見出していた。そこで内村を改めて捉えたのは、昔、暗唱したニューイングランドの批評家で詩人、J・R・ローエルの『新人の祖国』の一節であった。内村はそれに次のような訳を提供している。

真人の祖国は何処に在るや、
　彼が偶然に生れ来りし国乎、
　　愛に焦る、彼の霊は
斯かる境界に限らる、を拒むに非ずや、
嗚呼然り、彼の祖国は碧空《あおぞら》の如くに

広くして且つ自由ならざるべからず。[77]

内村の故郷意識が揺らぎ、それを無形の「碧空」の世界につながるものとして発見しようとする意思がここに託されているようである。それは霊的な単独者としての自由な人格にふさわしい新しい「祖国」であった。このローエルの詩に附された内村の「斯かる遠大なる故郷、無辺の祖国は此櫟林《くぬぎばやし》の蔭にも在る、其下を逍徉する余輩の小《さゝ》やかなる心の中にも在る。[78]」という言葉は、国家に固着せず、輿論も信用できない人間を、自然や心の内奥に関わる見えない出来事へといざなうものとして読まれるもので、ほとんどアメリカの超越主義（transcendentalism）のそれに接近していたといってよい。実際内村は、ホイットマンをエマソンやソローの延長線上に置き、それらアメリカ北東部の偉大な自由思想家たちに脈々と受け継がれてきた、古き良きアメリカの精神の最高の具現者として提出するかのようであった。[79]

そうした中で、内村の渡米後あるいは帰国後二〇年を経たアメリカへの視線は、いかに形成されていただろうか。

彼が帰国後、文筆家となって、アメリカへ改めて視線を送る際に回想した対象は、先に「余の北海の乳母」で触れられていた「マッサチユーセットの地、ペンシルバニヤの丘」という言葉がよく象徴している。「ペンシルバニヤの丘」に代表されるのは、エルウィンでの看護人体験と、その付近での自然体験であろう。「マッサチユーセットの地」で連想すべきは、内村在学時のアマースト大学総長、J・H・シーリー（一八二四―九五）に代表されるその偉大な人間像と見てよい。前者から確認していきたい。

内村がアメリカの自然を語ったテキストとしてまず参照されるべきは、「過去の夏」（『東京独立雑誌』、四〇―四二号、一八九九年）収録の「米国の夏」の部分であろう。内村はこの「過去の夏」というテキストで「上州の夏」「北海道の夏」「米国の夏」と三つの章を設けている。こういった区分けから、内村の故郷候補がこの三者に絞られている様を確認することもできる。

内村はこの「米国の夏」の中で、まだ回心前に訪れたグロースター市で、心に憂悶を抱えつつ自然の中を逍遥した様を次のように記している。

心中の煩悶と囊中の欠乏とは余をして計画のニューファウンドランド行を断念せしめたれば、余はグロースター市に留まり、一日三回其附近を逍遥し、或は大磐の上に坐し、或は山嘴に烟磯を望み、或は太西洋の怒濤の来て巌を噛むの所に跪き、祈り且つ叫び、求め且つ天の門を叩きたりき、今日こそは形式的宗教は余の殆んど省みざる処となり、度々宣教師の輩より無宗教者視せらるゝこともあれ、十五年前の余は実に熱心なるアーメン的基督信者なりければ、余は余の人生問題の解釈を求めんとするに当りて自由に外形上の儀式に頼りたりき。

馬州の丘陵到る処に多く青漿果《ブリユーベリー》を産す、取て之を食ふも何人の咎むるなし、勿論独り異郷に客たる事なれば訪ふて来るの人あることなく、読んでは考へ考へては読むの外余の注意を惹くものなかりければ、余は重に散策を郊外に取り、昏の黒くなるまでに天然果の美味を嘗《あじわ》ひたりき、新英州《ニユーイングランド》の気候たる夏時の温度は時としては室内に於て百度に達することありと雖も、空気に湿潤なき為め蒸熱を感ずること尠く、炎天と雖も日蔽なくして郊外に徨ふを得るなり、夏時巌上の祈禱とし云へば何やら苦業の如くに聞ゆるなれども、余に取りてはアン岬附近の此逍遥は心に苦悶こそありしなれ、身は周囲の天然を楽しみ少しも苦痛を感ぜざりき。[80]

こうした記述の理解に際して重要と思われるのが、内村にとって自然に分け入ることが、同時に自らの精神の襞に分け入るような自己探求の営みでもあったということである。それは至って自由な形式でなされたことであって、実際のところ自然体験で心の憂悶は解決しなかったが、何となしに気が晴れて「自由」を感じていた境地が描かれている。この自然における自由さの体験はそのまま「自由国・アメリカ」のイメージに多大な貢献をなしていることは、次のような文章からも知られてくる。

グロースターとエルウキンとアマスト、ロングフエーローの歌ひし海とブライアントの讃へし森よ、汝等は余の心霊に自由を供せしと共に又余をして不幸なるものとならしめたり、汝の水にして余の足を洗はざりしならば、汝の陰にして余を宿さゞりしならば、余は何時までも東洋の君子として、新天地を夢想するなく、新理想を懐くなく、蝸牛殻的愛国心に甘んじ、智者として崇められ、国士として迎へられしならむ、汝等は余に太西洋岸の自由を与へて太平洋岸に於て余を不快の者たらしめたり、余は汝等に恩を謝すると同時に亦汝等に訴ふる処なくんばあらず。[81]

これは目下、自らがいる日本の「自由」の現状に強い不満を抱くがゆえに、一層かの地での「自由」が慕わしく思い出されるという文章である。この一八九九年頃の内村の、日本と対比した上でのアメリカへの思慕がいかに強かったのかが見えてこよう。この「太西洋岸の自由」は彼のグロースターにおける求道的自然散策と不可分に抽出されていたのであった。

「過去の夏」では触れられなかったペンシルヴェニアでの自然体験についても考えてみたい。

内村は一九〇八年に「香のなき国　之を補ふの必要あり」[82]という一風変わった題をもつ文章を書いている。それは内村と縁の深い香料商が発行している冊子に寄せた文章であった。[83]そこで内村は日本産の花木の形状の美しさを保証しつつも、その香りの弱さを指摘して、次のように続けている。

然し外国に於ては決して爾《さ》うではありません、其庭園は色の庭であると同時に又香《にほひ》の園であります、之に清き幽《ゆか》しき香のヘリオトロープがあります、濃き優しき香のハヤシンスがあります、其他薔薇と云ひ、百合花と云ひ、皆な見る花であるよりは寧ろ嗅ぐ花であります、我国に在ては春を告ぐる者は君子の花なる梅であります、米国に在ては平民の花なるアーブユータスであります、アーブユータスは梅の如くに幹を高うし、枝を広げて、其清香に誇りません、彼女は地を匍ふ植物であります、岩の間に隠れ、樹の蔭に潜み、尋ねざれば得難き小灌木であります、然しながら其放つ香に至ては彼女は遥かに梅以上であります、其小なる一束は広き一室を薫《かほ》らすに足ります、其一房を胸に挟んで美人は天使の装を呈《あら》はします、アービユータスは特に香の花であります、縦《よ》し其微さき紫の花は全く無いとするも其香丈けにて春の女預言者として尊愛するに足ります、私は我国の梅と桜とを以て誇る者でありますが、然し米国のアービユータスを羨んで止まない者であります、私はアービユータスの濃き優しき香を愛します、殊に其隠れて放つ香を愛します、彼女は誠に私の理想の花であります。[84]

ここで引き合いに出される「外国」や「米国」は、香という五感に関わることを話題にしていることから考えて、内村が実際に滞在した場所が想起されていたと推測される。内村は日本でほぼ知られていなかった「アーブユータス」（Arbutus：イチゴノキ）を、日本人自慢の梅以上の香の植物として紹介する。地を這うことで人に隠れつつ、少量で多大な芳香を発揮するその存在は、「春の女預言者」といった人格的表現まで与えられている。このような性質の植物が「平民の花」として内村に理想視されたのもふさわしいことであった。この自然体験がペンシルヴェニアの森の中でのことであったのは、他の叙述と照らし合わせることにより確認される。[85]

内村の触れたアメリカの自然といえば、グロースター港やアン岬での壮大な光景の方がよく言及されているように思われるが、こういったペンシルヴェニアの森の中の光景も、内村の苦闘時代の経験の一つとして胸中大事に保存されていたことは見逃せない。その苦闘において、日本では見慣れぬ植物を通してアメリカに根付いた「平民性」を捉えていたのも、グロースターの水辺でアメリカの「自由」を感じていたのと同じ感性の働きによる経験と見てよい。こうしたアメリカの自然体験と隣り合わせになって、次に見ていくようなアメリカの偉大な人格を発見していったというのが、内村の古き良きアメリカ精神の体得過程であったと思われる。

内村の米国体験にとってペンシルヴェニアの障害児看護人生活と並んで転機となったのが、ニューイングランドでの学生生活であった。そのことを語る際、学問より重要な対象であったのはそこで出会った教師の人格であった。中でもアマースト大学のJ・H・シーリー総長は、彼を「新生」に導いた存在として、内村にとって霊の父ともいうべき存在であるとみなされる。[86]

内村は一九〇四年に「本誌の創設者」[87]という短文を書いているが、ここで『聖書之研究』誕生の由縁をシーリーに帰している。つまり『聖書之研究』が一端となるような内村の日本における聖書伝道事業は、現在「新英洲の青山に眠」るシーリーから託されたところでもあったというわけである。また一九〇六年には、かつてシーリーを訪問したことがきっかけで「余と余の聖書との関係は一層親密なるものとなつた」とも言っている。[88]

内村は日露戦争後に、自分の著作が多く読まれたドイツの精神界を見直すことになるが、このドイツの敬虔主義にシーリーが連なることを指摘し、自らをもそこに連なる位置に見出そうとしていた。[89]これは内村により「何処々々までも現世の人」と言われた同時代の米国キリスト教一般へのあてつけでもあったが、実際、このシーリーとの対比で、札幌のキリスト教が「米国式の現世的宗教」と見えてきたことは事実であった。

余の知る米国人中でシーリー先生のみ真に敬虔の人であつた、即ち面と面とを合してキリストと語り、すべての哲学とすべての才能を其足下に投出して、彼を万善の主として仰いだ人であつた、余が知りし丈けにては先生に於て商人的根性の痕跡だも見ることは出来なかつた、先生は米国人に似ず広告を最も忌嫌ひ給ふ人であつた。

斯くて余は米国人に由て米国主義より救はれた、爾うして基督教を信ずる上に於ては甚だ自由なる此日本国に帰り来て、余が三十年前に北海道札幌に於て陥りし米国式の基督教より全く脱出するを得た、爾うして神の摂理に由て落るは昇るの手段であつた、余は米国式の現世的宗教を脱して此世のすべての教会より脱することを得た。[90]

こういった発言のどこにも敬虔さを感じられないところに、内村の精神の一つの地金、従順ではなく反骨のそれが出ているようにも思われて興味深い。当時の内村は、続々輸入されるアメリカのキリスト教が日本のキリスト教を駄目にするのだと本気で考え始めていたので、何とか自らにまつわるそれを批判的に相対化したかったのだろう。そしてかつてニューイングランドの一角には本当のキリスト教が根付いていたのだと、当のアメリカに向かって叫びたい気持ちがあったようである。厳密にいえばW・S・クラークのキリスト教はシーリーのそれ以上に独立のそれであったはずだが、[91]この時の内村は「反社会」の傾向が強まっており、クラークが札幌に伝えた、実業と一体となったプラクティカルな目的意識をもつキリスト教に嫌気がさしている時期であったのだろう。それゆえ前節で「余の北海の乳母」に見たように、札幌はその自然以外は退けられてしまったのである。内村の故郷意識がいかにこの信仰の問題――アメリカ的なものとの対比で浮かび上がるそれ――と結びついていたのかがよくわかる。

ところで本当のキリスト教といえば、内村にとってそれがピューリタニズムに見出されていたことは十分指摘されることである。クロムウェルからグラッドストンに至る系譜、さらにアメリカの共和主義や南アフリカのそれへの高い評価も、元をたどれば彼の一七世紀イギリスのピューリタン時代への評価に行き着くことが可能である。彼がエマソンやホイットマンなどアメリカの自由思想家たちの思想を全体的に採用せず、自覚的な取捨選択を施して、一部のみ強調して評価することになったのは、端的にいって、彼らがピューリタンの正統信仰から外れていたことが大きい。内村は思想理解に関してはピューリタンへの評価を切り下げたことはないようである。むしろ、それが変質してしまった末の現状の「正統信仰」への批判を強めているのであって、こういったところにも、ロマン主義の全体的な浸透を阻み、制御する内村の古典主義的傾向がよく表れている。

内村は一九〇六年に「ピューリタンの消滅」という次のような短文を書いている。

余輩はピユーリタンを尊敬す、彼は実にプロテスタント教の精華なりき、彼れありしが故に地球の表面の一変せしことは余輩の充分に認むる所なり。然れども悲哉、ピユーリタンは今や米国より其跡を絶ちつゝあり、其本拠の地たりし新英洲《ニユーイングランド》すら今やピユーリタンの所有《もの》に非ず、ピユーリタンは今や米国の主人公に非ず、其政府も議会も、然かり、多くの場合に於ては其学校も教会もピユーリタン以外の者の支配する所となれり、我等が米国を迎へしはピユーリタンの米国を迎へしなり、然るに今やピユーリタンはなきに等しき者となりて米国は我等に取りて精神的に全く要なき者となれり、我等は我等の師たりしピユーリタンと共に米国今日の堕落を歎く者なり。[92]

内村の、生涯続く大小のアメリカ批判[93]を知る者には、この文章の重要さはいくら強調しても強調しすぎることはない、といった印象を覚える。内村にとってピューリタンは、単なる宗教分野の一思想ではなくアメリカの建国の理想に関わることであり、政府や議会、学校や人間生活全般にわたって人々を導く良心的エートス（倫理的気風）として把握されていた。そのエートスが「消滅」したというのであるから、内村の中でアメリカに対する根本的な姿勢の変換が起こっても無理はなかった。その結果が、以後絶えることない執拗なアメリカ・キリスト教批判であり、それと表裏一体と見られる、日露戦争後のアメリカ・ニューイングランドを中心とする自由思想家たちへの積極的な加担であった。

中でもこの時期特に注目されたのが、「泥酔詩人[94]」と呼ばれたウォルト・ホイットマンである。ホイットマンへの傾倒の大きさは「詩人ワルト　ホヰットマン」（一九〇九年）という、内村の中期の著作の中では比較的社会への浸透力の高かったテキストに最もよく表れている。このテキストの内容については亀井俊介による行き届いた研究があるので、それに付け加えることはほとんどない。[95]ここで指摘しておきたいのは、内村のホイットマン論の前提となっていたのは、彼におけるアメリカの理想への愛であったということであり、またそれは、アメリカが先頭になって育んできたとされる、人類に普遍的な諸価値への愛であったということである。それは「詩人

ワルト　ホキットマン」冒頭の「地と人」と題された文章と次の「今の米国人」と題された文章の対比において明らかと思われる。[96]

ここで強調されるべきは、内村はアメリカ以外のどの地域に関しても、それだけ具体的で幅広い知識に裏づけられた過去への認識と未来への希望を結びつけた文章を他に書かなかったということである。内村には、米国の理想からの逸脱は米国自身が取り戻すことが可能である、と信じる根拠があった。この根拠こそ、実際にアメリカ生活で内村が体得してきたものの中にあった。同様の根拠は過去の日本には見出せなかった。イギリスの過去には見出せたが、イギリスの将来にそれを期待しようする情熱は内村にはなかった。それはエートスとしてはすでにアメリカに移譲されたと見たからである。

ここに、明治期の内村が、天的な「神の国」を究極の「故郷」と設定しつつも、一方で、普遍的価値の保持者となりうるアメリカを真の精神の故郷としていた、と見てよい根拠があると考える。日露戦争後の内村は、真理や正義があると実感される場所をこそ究極の故郷とするような精神の持ち主となっていたが、その精神を定着させた唯一の場所こそが、ほかならぬ地の国の一角であるアメリカであると思われた。これは確かに札幌にはなかったことであった。

序章で整理した divinity と humanity という対概念を用いて説明するなら次のように言えるだろう。内村は、札幌には divinity の種はまかれたと認識したが、その divinity が humanity と結合して人々の生活を律するエートスとなることは発見できなかった。つまり札幌農学校や札幌独立教会の初期に見られたエートスは、日露戦後の一時期には発見できなかったのである。かの上州が、ある時期まで故郷とも認識されていなかったのは、そこが内村の記憶の中で、divinity の経験とも humanity の経験とも明確に結びつくところがなかったからだろう。

この明治末頃を過ぎると、内村は札幌を故郷と公言したり、自分は上州人であると公言したりする機会も出てくる。そうした時宜に応じての自覚の問題はさておき、知識人としての内村の思考原理そのものに着眼してみれば、彼の精神の中核に、米国を故郷とする普遍的諸価値を絶えず志向する意志が内在していた、と率直に言っても誤りではないだろう。

第二節　異端への価値づけ――正統と異端の媒介者

1　誤解への着目

内村はその文筆家としての歩みの初期に「誤解人物の弁護」なるテキストを書いている（『六合雑誌』一四三号、明治二五年一一月一五日）。長いものではないが、彼の人間理解、その評価点などが整理された初期のものとして重要なものと考える。この表題における「誤解人物」とは誰かといえば、当時アメリカで再評価の機縁が訪れていたトマス・ペインである。

内村はペインについて以前はあまり良いイメージを抱いていなかったようであるが、ペインの評価が専門家の研究（M.C.Conway, *The Life of Thomas Paine*, New York: The Knickerbocker Press, 1892）によって、従来一般の低い価値から覆されて提示されたことを喜んだ。すなわちペインは無神論者ではなく、「政治幷《ならび》に宗教に関する意見は今日欧米の進歩主義を採る学者の説と伯仲し、今日の自由的の英国を造出する上に於て、今日の神学説を発達さする上に於て、不尠功労ありし人なり[97]」との見解がアメリカ人研究者「コンウヱー氏」によって提出されたことを歓迎するのである。彼はアメリカにおけるペイン再評価の機運を広く見届けて次のように付け加えている。

余輩勿論トマス、ペーンの欠点を知る、――而して欠点なきの人は何処にかある――彼は所謂オルソドックス派の信者にあらざる事、彼の言語は野卑に失し反対者を駁するに無遠慮なりし事等は掩ふべからざる事実なり、然れ共彼の今日迄彼の国人より受けし批評、基督教会より蒙りし擯斥《ひんせき》は全く彼の受くべからざりしものなりしはコンウヱー氏の勤労に成れる著述を以て定められたるが如し。取るべきは正義の道なり、守るべきは良心の声なり、若し未来の裁判なしとするも歴史は無辜の英霊をして永く誤解の中に埋め置かざればなり。[98]

ここでは内村が人物を評価する際の、一つの基準のようなものが提出されていると見てとれる。すなわち、正義や良心など、人類に普遍的とされる諸価値に適うように自らの生涯を歩んだことを第一に評価し、それに傷をつけない範囲での欠点は大目に見る、あるいは致命的なこととして評価しない、ということである。ここでは「オルソドックス派の信者にあらざる事」と「言語は野卑に失し反対者を駁するに無遠慮なりし事」を衆人非難の点に挙げているが、内村からすれば、それらは「正義の道」や「守るべき良心の声」を保持して譲らなかった、という第一の評価基準に適っていることに比べては大きな問題でもない、とするわけである。それゆえ、内村は従来のペイン評価を不当であると告発する。従来なされてきた誤解の解消を推し進めることに手を貸すだけでなく、むしろ人類の普遍的価値を掲げた人物として積極的にかの人を再評価すべきである、という論調へ強く加担するのである。

興味深いことに、ペインが受けた「オルソドックス派の信者にあらざる事」という批判は、このテキストを執筆していた内村がさほど昔ではない頃に受けた非難でもあっただろうことは『基督信徒の慰』から推測されるところである。またもう一方の非難「言語は野卑に失し反対者を駁するに無遠慮なりし事」は、後年ジャーナリストとして活躍する内村が、文壇における自らの位置を模索していく際、積極的に活用した「文の美なるを要せず」[99]や「ぶいき」[100]（無粋）といった表象に通じるものがある。ペインをとりまく誤解について、何か他人事とは思われない親近性を感じたからこそその、この紹介文の執筆であったかもしれない。

さて、こうした作業には、カーライルによるクロムウェル再評価の仕事を高く買っていた、内村らしい着眼点が生きているように感じる。ここで見られた内村による人物の評価の仕方を整理すると次のようになるだろう。

i）生前、オーソドックスと呼ばれるような人物ではない、むしろ異端的とみなされている人物の選定。
ii）humanity の普遍的価値の系としての「正義の道」「良心の声」による姿勢が闡明にされていること
iii）後世の審判の公平さを信じること。神の摂理の顕れとしての「歴史」への信頼を前提とすること

特に三点目は、歴史における進歩思想に関係しており、内村の初期から前期の著作に顕著に見られる視点である。例えば、内村は自らが「誤解」に巻き込まれたとする『東京独立雑誌』廃刊問題に際して、読者に次のような歴史哲学を披露している。

此世は実は誤解の世なり、真実の人も互に相解し得ざるは人世の大惨事と云はざるを得ず、然れども吾人の望む国は今世に於てあらずして来世に於てあり、而して凡て誠実なる者、凡て人の善を思うて悪しきを思はざる者、凡て愛を以て律とする者、凡て謙遜なる者、総て柔和たる者は、皆な何時か彼所に相会して、今世に於ける凡ての誤謬を悟り、驕を去り、謙を迎へ、神の如き者となりて、永久の友誼を継続するを得べし。[101]

ここでは「後世」は「来世」にまで持ちこされて考えられている。善き人物の間の「誤解」がやがて解けるだろうことを、未来に向かう時間の経過に委ねて信頼しようというわけである。

しかしながら、内村は従来、自らについても他者についても、死後とはいわず、できればその場で迅速に誤解を正すことにも熱心であった。初期の代表作『基督信徒の慰』では主人公が「誤解」から「最愛の良人に離縁さ

れし」[102]状況が設定されたり、教会から「誤解」された結果「無神論者」とされたりしたことが取り上げられる。そのことから旧約聖書中の人物、ヨブが友人たちに誤解された例などを引き合いに出しつつ、『聖書』が「誤解人物の休所《やすみどころ》」となるなどと導いていく。[103]事ごとにまつわる「誤解」の指摘はすなわち、それを正そうとする意欲に由来しているのである。

ところが訂正されるべきとされながらも、「誤解」は一方で、人物評価の際に積極的な条件ともなった。すなわちクロムウェルのように、真の英雄というべき人物は、世間から誤解されるのがむしろその英雄である証となるくらいだ、といった見通しである。『伝道之精神』（一八九四年）なるテキストでは次のような言葉が見られる。

人生の事勿論《もちろん》百年の後を待たざれば曲直を定むる難し、コロムウエルの如きあり、二百五十年を経て始めて彼の心事を世界に弁護するものあるに至れり、誤解せらるゝは真英雄の特徴なるが如し、存命中に持囃さるゝ人にして百年の後に聖人として仰がるゝものは至つて少きが如し、然れども樹は其菓実《み》を以て知らる、羊は其牧者の声を識別す、我等若し誠実の人ならんか、我等誠実の人を識認して誤らざるべし、否な佞者《ねいしや》も佞人の佞を知る、佞者に仰がるゝ、是れ彼佞人たるの大徴候なり。[104]

むろん、ここでも誤解は晴らす方向で考えられている。人物を見ようとするこちら側が「誠実」であれば相手が「誠実」な人物であるかは感応的に認識されるというのである。内村のみならず、明治二〇年代のキリスト者一般にとって、誤解を晴らすこと、すなわち、キリスト教は日本にとって害ではない、と証明することが最重要課題であったことを考えると、『伝道之精神』に「誤解」を正すといったテーマが何度か出てきているのも不思議ではなかったといえよう。[105]

さて、ジャーナリスト時代になると、もはや「誤解」を恐れない、と居直る視点が打ち出されるようになる。

題して「誤解の恐怖」（一八九八年）とされた次のテキストでは、世の誤解はまず、感情的に対応すべきものではなく、その発生の仕組みを冷静に検証すべき事柄であるとして俎上に載せられている。

今の世に世人の誤解を恐る丶者甚だ多し。彼等は忠臣視、愛国者視、君子視、善人視されんことを欲する甚だ切なり。曰く、我は世人の見るが如き無情なる者にあらずと。曰く、我は中心に万斛《ばんこく》の忠愛の志を蓄ふるも、世人は我の真情を悟るの明なしと。曰く、我の外貌は我が胸中の善美なることの万分の一をも表顕せずと。而して彼等は凡ての方法と、凡ての手段とを以て、世人の此誤解を取り去らんことを勉め、若し広告の力を頼み、又は新聞記者の助力に依りて、世人一片の悪評をだに、彼等の身辺より拭ひ去るを得ば、彼等は大事業の成功せしかの如くに信ずるが如し。

然れども、彼等は未だ誤解の何物たるかを知らざるなり。事物を正解すると、誤解するとは、全く解釈者の判断力如何に依るものなることを知らざるなり。[106]

ここには過去に、自らにまつわる誤解を解こうと熱心になっていた内村自身への反省とその克服が見込まれていると読んで構わないだろう。では内村が解明した「世の誤解」発生の仕組みとは何か。それは概ね「解釈者」が自らの標準を他者に適用して裁くことにほかならない。次の引用に含まれるその「解釈者」とは「今の政治家、今の大僧正、今の大先生、今の大文学者[107]」であり、総じて「馬族」と称されている。

然れども、若し吾人にして、人類たるの威厳を固守し、苟も人類たるの本性に悖らざらんことを努めん乎、馬族は一斉挙て吾人を罵り、吾人を悪馬視し、吾人を彼等の仲間より放逐するに至るは、理の最も睹易《みやす》きものと云はざるを得ず。

故に吾人は世の誤解なるものに就て懸念するに当りて、先づ吾人を誤解する世其物の特質を講究せざるべからず。[108]

「馬族」という今では差別語に当たるかもしれない言葉を使って、誤解する連中を軽侮する辛辣さもこの時代の内村らしい。要するに、あてにならない評者の標準にまで自分の基準を下げることは馬鹿げている、という理解である。誤解を解くというのは相手あっての問題であるから、自分に後ろ暗いところがなければ、すでに相手の判断にのみよるわけで、そういったことを悩みの対象とするのは無益である、ということだろう。しかもその「馬族」といえば、決まって「人類たるの威厳を固守し、苟も人類たるの本性に悖らざらんことを努めん」とする人間を狙ってくるのである。サイードが示唆するように、権力者にとっては、公衆一般に開かれた真実なる言説にとりまかれることが最大の迷惑だからであろうか。[109]

では、相手が「馬族」でなかった場合はどうなるか。ここにも内村らしい、自我の強い姿勢による、それでいて徹底的な思索が発揮されているのを見る。

誤解！……何人か能《よ》く吾人を正解し得る、吾人自身すら能く自身を解するに甚だ難き者ならずや。「汝自身を知れ」とは古人の教訓なり。然り、自己を知るに勝る難業のあるなし、況んや他人に於てをや。我に四千万の同胞あるにあらずや、然るに少しく我の心中を解するが故に、我の親友とし呼び做す人は実に十指を以て算するも尚ほ余りあるにあらずや。矧《いわ》んや我に於ては路傍の立木と同様なる無情無感の世人に於てをや。彼等の我を誤解するは当然の事なり。我れ何が故に我が心奥の聖殿を開きて彼等を其処に招くべき　我は堅く其門を閉ぢて彼等を容れざらんのみ。故に彼等は戸外に立ちて、我に関する種々の評判を試むるなり。我にして彼等に誤解せらるゝこそ幸なれ、我にして若し彼等に正解せられん乎、是れ我の彼等と類を同ふするの証ならずや。彼等の善と称するものは、偽善なるやも知れず、彼等の忠と称するものは、不忠なるやも知れず。我に我の標準あり、我を正解する者一あり、即ち神なり、彼の判決に誤謬あるなし。[110]

世人を路傍の立木と等しい、というのはいかにも辛辣であるが、自らの心中を理解する親友を数えている姿には内村の繊細さが現れている。「我が心奥の聖殿」というのは「内部生命論」の北村透谷のようだが、内村はそこにはっきりと「判決に誤謬あるなし」という人格神の位置を確保する。神の基準にさえ適っていれば、他者の標準はいかなるものであれ、恐れるに足らず、ということになる。人間の判定基準が多様で頼りないものであることを知ることで、逆に「我に我の標準あり」と強気の宣言をすることが可能となる。そこにいよいよ、自らは普遍的なものへ帰属しているという自信が生じてくるわけである。

このような「誤解」に関する現象分析を含めてのまとまった思索の発表は、従来誤解をめぐって自他のため弁護してきた内村自身の到達としては画期的であったといえる。誤解が解けるのは絶対者の関わる来世、あるいは後世に委ねるという余裕が本当に出てきたからこそ、『東京独立雑誌』廃刊に伴って、方々で悪口を言われながらも、[111]内村はそれについてあれこれと世間に弁明することを避け、目前の新しい仕事に邁進することができたのだろう。

では、内村はもう誤解問題には一切手をつけなかったのかといえば、実際はそうではない。公的な必要から、解くべき誤解を見極めて発言していく慎重さを身に着けたようである。例えば、日露戦争に際しては、世間の熱狂を醒ますかのように、次のような事柄に即した大局的なものの見方を社会に要求している。

露国年来の敵は英国なり、而して吾人は英人に就いて知る所多くして露人に就て知るところ尠し、吾人は英人より彼が露人に就て懐く凡ての偏見曲想を接取したり、是れ過般の悲むべき戦争を惹起するに至りし一大原因なり、吾人をして今より後直に露人に就て露人を知らしめよ、彼は蓋し彼の敵人が吾人に紹介せしが如き「完全の悪魔」にはあらざるべし。[112]

これは「誤解の一大原因」（一九〇五年）と題された文章である。人間がいかに自分が見たい結果に適うよう自らの判断材料を選択しているかという、その偏りを突いた文章といえる。実際、プロパガンダ的な煽り文句が盛んに飛んでいた戦中戦後に、自らの判断材料を吟味せよ、と敵国理解に関して国民一般に反省を促すことは、サイード的な意味での知識人の責務であるところの、言論形成における諸方への公平さの要求がなされたものと評して不当ではない。

誤解に対する内村の客観的で適度な距離を保った思索は他にもある。彼は人間間に発生する個人的な誤解の解消に、究極的には不可能性を見出していたといってよい。しかし誤解の横行そのものを楽観視していたわけではない。むしろ公の世界に誤解を横行させるようなその心の在り方――日本の精神文化――自体が、やがては国を滅ぼす方向に導くのではないか、といった国運への鋭い洞察を披露している。

誤解に誤解に誤解に誤解、国は国を誤解し、政府は政府を誤解し、父は子を誤解し子は父を誤解し、兄弟相誤解し、友人相誤解し、此美はしき宇宙に棲息しながら誤解の暗霧の中に彷徨して憂愁の中に月日を送る、世にもし誤解てふものなかりせば此世は如何に好き世なるぞかし。

疑察に疑察に疑察に疑察、己れの心を以て他人を測り、他の欠点を挙げて自己の潔白を装はんと欲す、疑鬼は国家を亡し、社界を毒し、友人を離間し、家庭を紊乱し、楽園をして地獄たらしむるの力を有す、軍隊恐るゝに足らず、疾病恐るゝに足らず、恐るべきは実に吾人の心に疑察念を醸す疑鬼なり、若し此世より全然疑鬼を排除するを得んか、其清浄は期して俟つべきなり、誤解は弁明を以て解くるものに非ず、疑察は疑察を以て応ずべきものに非ず、誤解は行為を以てのみ解き得るもの、疑察は信任を以てのみ応ずべきものなり、誤解と疑察とを以て苦しむ日本の社会は勇敢なる行為と確乎たる自信を要するや大なり。[113]

内村は「誤解」の奥に「疑察」を発見した。「疑察」あればこそ「誤解」は絶えない。先に提出された、「誤解」は人ごとに違う判断基準が引き起こす必然的な現象である、といった見方にも真理はあるが、ここで述べられるように「疑察」があればこそ、そういった判断基準に曇りが生まれる、というのも一面の真理をついているだろう。実際この後に起こる、日露戦争後の社会主義者らへの思想犯としての弾圧、大正後期以後の国際社会における日本の外交的孤立現象などは、その要因として日本の精神文化に根を張る他者への「疑察」とそれが昂じた先の冷静な判断力の曇り、それによる誤解の連続と思索の混乱などを推定させて余りがある。内村としては「勇敢なる行為と確固たる自信」という表現によって、「疑察」の奥にさらに、本当の信仰、本当の確信の不在を見据えていたことだろう。

さて、話を少し戻して、先の「誤解を恐れず」の覚悟がどこまでいったのかということを確認したい。それは、明治の終わり頃に綴られたと見られる「誤解の幸福」（一九一二年）における次の言葉に見出される。

誤解せらるゝ事は善き事なり、人に誤解せらるる事なくして神を正解する能はず、誤解の暗中に在りてのみ能く天上の光を仰ぐを得るなり、誤解は我をして衷《うち》の人たらしめ、又神の人たらしむ、誤解は我をして深からしめ又高からしむ、願ふ社会と教会よ、願ふ我に関する汝等の誤解を続けよ、而して我をして何時までも汝等の知らざる所に神と親しみ汝等の行かざる所にキリストの福音を伝へしめよ、我の懼るゝものにして汝等の同情歓迎の如きはあらず、我は何時までも汝等の眼に「国賊」、「危険人物」、「異端論者」、「教会の狼」として存せんと欲す。[114]

ここで内村は自らが投げかけられてきた否定的な言葉を一通り並べている観がある。そして、もはや積極的にそれらのレッテルを引き受ける、という姿勢にでている。それは世の中が「人に誤解せらるる事なくして神を正解する能はず」という仕組みのもとで成り立つとされるからである。この仕組みに従えば、むしろ世の中で否定的な取り扱いを受けている方が自分のためである、と逆説的に判断されてくる。「誤解」は自分の命運にとっては逆説的に良いのであり、裁いていると思っている世間を逆に裁くことにもなる、というわけである。

こういった徹底的に逆説的な言辞は、divinity の価値基準に立脚するものと読め、少々てらい過ぎの感もあるが、そこに内村の思索の推進力である反骨精神の発露を認めてよい。しかし、ここに至るまでには、彼が本当に「異端論者」の側についてしまうかのような一連の彷徨の時代があったこともまた見過ごすことはできない。次節では、内村がいかにして社会における「異端」的人物を積極的に評価するまでに至ったのか、それを支える経験や思索の跡をたどってみる。

2　異端の自覚とその思索の跡

内村はいつから自らに異端のイメージを付加するようになったのだろうか。私見によれば、『東京独立雑誌』時代に、自らを積極的に社会の弱者——寡婦や孤児に代表される——の側に置き、声なき彼らの代弁者として自らを権力に対峙的に提出し始めたことが契機であったと考える。彼はこの時点ではまだ、自らを「信仰上の」異端とは考えていなかったと見られるので、異端の積極的な引き受けは、教会相手というよりもまずは、日本の社会や国家権力を相手になされたものであったと見てよい。

内村はいわゆる世の標準から外れたもの、招かれざる者、のけ者、といった意味で、積極的にアウトサイダーの位置に身を据えた。政治権力と接触しない、政治家と知己でないという意味でも、福澤諭吉や徳富蘇峰らとは違って、徹底的に日本社会のアウトサイダーの位置にあった。その位置にまで退き下がったからこそ、当時としては進歩的な雑誌『東京独立雑誌』を軌道にのせ、後世の読者の注意をひくような大胆な権力批判を遺すことになったともいえる。官民調和といった、時の藩閥政府との協調という考えが内村に思い浮かばなかったのは、思想的に平民主義・共和主義支持であったことに加え、福澤や蘇峰と異なり、政府高官の中に、彼が配慮すべき利害関係者や旧知の間柄の存在など誰一人いなかったことが指摘されよう。

言論という営みにおいて、権力との位置関係を計っていた内村が、自らを日本国体の異端者として公に印象づけようとした作業に、彼の Diogenes（ディオゲネス）という署名の使用があることは、ぜひとも指摘しておく必要がある。内村は一八九八年の秋頃から、同年五月に退社した『万朝報』に再び英文を不定期に、やがて週一の定期で寄稿するようになる。その時のペンネームが Diogenes であった。

彼が初めて Diogenes なる呼称を使ったのは同年『東京独立雑誌』（八月）に発表した「SEA-SIDE MUSINGS.」においてである。そこで内村は一つの寓話を作っている。すなわち世事を離れて海辺で暮す一匹のカニにおいて、かつて社会で活発に発言し、その後異端として斥けられた存在の末路を描いたのである。彼はそのカニに、自分を邪魔しないで陽の光と海藻を与えるように、と古代ギリシャの哲人・ディオゲネスのような懇願をさせている。内村自身とも思われる思索者はそれに「大いに感嘆し同情した with much admiring sympathy」とある。[115] そもそものカニでさえ、内村の精神の一つの投影であったと見れば、これは自己の分身同士の、思考実験の上での対話であったとみなされよう。

こういった小話的な創作が何ほどか自らに大きく訴えたのだろうか。彼はその二ヵ月後にはまた DIOGENES なる筆名を用いて『万朝報』に寄稿を始めている。[116] このディオゲネスの名で投稿された「LIE-TELLING IN

JAPAN AND ELSEWHERE.」[117]（『万朝報』明治三二年一月一六日）には、自らを heterodoxy（異端）だと解する箇所がある[118]。

このテキストは題名が示すように、言論統制下の日本では嘘ばかりいうことが流行っている、と皮肉る文章であり、その嘘つきは「愛国心」に極まるという論旨をもつ。内村はそうした主流言説を「嘘まみれの福音」（lying gospels）と呼び、それに対して自らの立場を heterodoxy という。ここに痛烈な反語のレトリックが配備されているのはいうまでもない。しかし、内村はこの heterodoxy が彼に多くの苦難を嘗めさせた、と「親愛なる友」（Dear friend）に訴えてもいる。まだ異端の側に心底、居心地よく与するほどには至っていなかったようである。

誤解人物を弁護し、逆説や反語を駆使して特定の対象の存在価値を反転させてきた内村が、いよいよ異端であることそれ自体に積極的な価値を付与するのは一九〇七年（明治四〇年）になってからであると見られる。彼は『福音書』を読みながら、イエスが罪人を友とする、という言説に大きく目を開かされた[119]。すなわち、キリストは当時の社会における異端者を主な対象に選んでメッセージを伝えていた、ということに思い至ったのである。異端の存在意義を正統のテキストから拾ってくるあたりが、いかにも逆説の精神のなせる業といってもよい。彼は「異端」（一九〇八年）を皮切りに、活発に異端論を発表していくことになる。

それだけでなく、彼自身の考えることも一九〇八、九年頃を頂点に異端的なもの――国体に対しても、キリスト教正統に対しても――が多くなる。このことに関連する出来事としては一九〇六―九年頃のホイットマンへの言及の増加や、それに引き続き一九〇九年以後に活発化するルター研究がある。経過としてはホイットマンに傾倒している時期が最もキリスト教正統から離れていた時期だと見られる。その後同じ異端でもカトリックに対する異端としてのルターに傾倒することによって、逆にプロテスタントの原初的な精神に立ち返る、といった揺り戻しが起きる、そのような軌跡を描くことができよう。最終的には近世初頭の初期プロテスタンティズムの精神に徹底することによって現代の教会に対する異端性は残らざるをえない。それは、内村も自覚的に記しているように「福音理解に関する」異端ではなく「教会」理解に関する異端、として把握される。

具体的に内村の思索の跡を取り上げてみる。彼は一九〇八年の「異端」において異端の意義を次のように輝かしく宣言した。

○異端、異端と云ふ、然し実は世に異端ほど貴い者はないのである、世に異端があればこそ進歩があるのである、預言者は異端であつた、イエスも異端であつた、パウロも異端であつた、ルーテルも異端であつた、ウエスレーも異端であつた、異端であつたからこそ彼等は今日仍《な》ほ世に勢力があるのである。

○異端は不道徳ではない、不道徳は正教の中にもある、然り、余輩の見る所を以てすれば不道徳は異端の中に於てよりも正教の中に於てより多く行はれる、異端は独創の思想である、真理を探研するに方て人のオーソリチーに頼らない事である、異端は真理の直参である、其陪臣でない、人には構はず一直線に真理と真理の神とに向て進むことである。

○故に異端は常に新鮮である、陳腐なるは異端ではない、異端は多くの誤謬に陥る、乍然《しかしながら》常に進む、異端を恐れる者は沈静の危険を冒す者である、身を所謂正教に委ねて其命維《こ》れ従ふに優るの安全はあるまい、然し斯くて奇峰に攀登《よじのぼり》て広原を望むの快楽はない、深渓に下て冽水を掬ふの愉快は無い、老人は悉く正教に帰依すべきである、然し青年と壮士とは異端を試むべきである、余輩は山川を跋渉するの心を以て好んで異端に入る者である。[120]

ここでは、異端こそ真理が直接に目指されて活性化している場所であり、真理が担われ、真理の唯一実体——神——に向かって伸びゆくところである、と大胆にその価値が宣揚されている。そこでは図らずも道徳性や独創性といったhumanity の価値が高く保存されている可能性が示され、それら異端こそが世界史を動かす「勢力」

であったとも評される。

しかしもう一つ留意すべきは、内村が、異端の価値を称揚しながらも、異端の否定面をもしっかり押さえていることを示唆していることである。「老人は悉く正教に帰依すべきである、然し青年と壮士とは異端を試むべきである」という言葉は慎重に取り扱う必要がある。この時期の内村はまだ「壮士」に該当するから、異端の「山川を跋渉する」といった「試み」を許されるが、いずれ誰もが老人になる現実が無視されているわけではない。生涯を通じて、自らを完全に異端化することはどこか警戒されているのである。異端の領域に入りつつも、最終的に正統中の核心は離さない、という意志が垣間見えるのを逸してはならないだろう。この点どこまでも、正統と異端、二つの車輪でいく覚悟が表明されているのである。

実際のところ、この時期の内村は内面の苦闘が続いている時期であった。客観的な事情としては、『聖書之研究』も発行から八年目で一〇〇号を迎え、新鮮な着想も湧きがたくなっていた。一九〇七年から一九一二年、すなわち明治最後の五年間において、それ以前に多用された「インスピレーション」という言葉がぱったり用いられなくなったのは注目に値する。事実、彼は自らのインスピレーションの枯渇――キリスト教の文脈に直せば「聖霊」の不足――を親しい教友への手紙に記し、祈りの援助を求めていた。[121] 正統信仰の範囲では言うべきことは言い尽くしたという実感もあり、知的探究心は異端の方面へと向きがちであったが、そういう志向をどこか押しとどめる気持ちとの間で葛藤していたと見られる。[122]

こういった葛藤の結晶として出てきたのがホイットマン論であり、そこでは注目すべき視座が見られることになった。すなわち、内村は正統な福音主義からして明らかに異端であるホイットマンを、要所要所でユダヤ＝キリスト教の正統文脈に接続しようと試みたのである。まさにこういう試み自体が、福音主義の立場からして異端的な読みであったといってよい。

例えば「詩人ワルト　ホヰツトマン」（一九〇九年）にはホイットマンをパウロと同格として取り扱う場面があ

る。「彼は真に使徒パウロの如く『神に頼りて生き、又動き、又存在することを得し者』であった[123]」というごとくである。また内村はホイットマンをモーセと同格にする。大地に対するホイットマンの高い感受性を見て、「彼は洵に昔時のモーセと均しく神前聖き所に立ちつゝあつたのである、此地は到る所、彼に取ては神聖であつた[124]」と汎在神論よりの聖所観を展開してもいる。

こういった試みをどう理解すべきであろうか。内村においてパウロの思想はあくまで正統であるから、ここではホイットマンをむしろ正統の方向に引き寄せて理解しようという意欲が見られるといってよい。しかし実態は、パウロやモーセを語る当の聖書の文脈が、ホイットマンを正統化するように範囲を広くとられた結果、異端的に読まれることになった、というのも正しいのではなかろうか。内村が異端的なものを許容しつつ正統的なものと接続していこうとする姿勢は、先に引いた「異端」で宣言されていた異端あるゆえに真理は独創的でありうるとした相互の依存関係を思い起こさせる。

こうした接続はホイットマンだけでなく、エマソンやソロー、カーライルなどについても適用されている。彼らは「預言者は常に教会の外に起る[125]」と法則的に理解された真理の具現であると指示されたのである。この大胆な正統と異端の相互乗り入れは、この時期以外、先にも後にも見られない。明治末期の内村が、いかにこうした超越主義的自由思想に一部入り込んでいたか——結果的には数年で出てきたものの——をよく示す例であるといえよう。

世俗社会における思想、という観点から考えてみると、内村がこの時期「反社会」の姿勢を強め、一方で日本の社会主義主流——幸徳らの直接行動論——とは異なった視点から社会主義の可能性を模索していた時期であったことはすでに論及した。彼の異端的境地は二重にも三重にも認められようが、これは結局のところ、政治権力や教会組織などからあらゆる点で「独立」を保持するための強い自己表明を意図していたことによると考えられる。すべての問題において、あえて正統と異端との接線の上を歩くことで、正統の固定性からも免れ、異端の無秩序性からも距離を置けるというわけである。

ホイットマン論を書いた内村は、その後、再び『聖書』を手にすると非常に新鮮であったという。まるで「久降りにて故郷に帰つて来たやうに感じた」[126]といっている。これは第一節で見たごとく、魂の故郷性こそが故郷を選定する際の真の基準であった内村にふさわしい感想であった。その後、内村はまだしばらく自由思想に揺られつつも、ルターへの集中によって、聖書に対する依拠だけは徹底化していく。ここで、またあの序章で提出した説明によるとすれば、超越主義的自由主義者への接近によって、humanity の線から「独立」や「自由」などの境地を謳歌した内村は、続いてその不足分を補うように、divinity の側から真理の内容を詰めていく作業に取りかかったと見ることができるかもしれない。

明治期の内村が最終的に到達したのは、思想内容は「正統」であるが、それを伝達する手段や組織形態は「異端」であるような、半分正統、半分異端と言った趣のあるキリスト教であった。これに関しては、「To Our Missionary-Critics.」[127]という英文で、彼自身一つの挿話を通して釈明している。その内容は次の通りである。

内村は訪ねてきた宣教師が内村の教会観を疑うのに対して、彼の方こそ教会と信仰とどちらが大事なのかと迫る。[128]この時期、福音主義を自称する宣教師の中でも、教会観さえ共有していればそれに安心して、その福音理解において自他が異端的であっても一向に構わない人が多い、と見えた現状へのプロテストであった。内村からすれば、形式上の多様性は、真理と現実世界との接触面では避けられない自然なものであって、まだ健全な現象と判断される。他方、形式には現れがたい、教会内で醸成され、それと気づかれずに流通している反福音主義的な精神――例えば世俗権力との癒着や戦争肯定などに表れるところの――は、全く不健全で本当の意味での異端である、と反論すべき事柄であったのである。

こういった信仰と教会の二分法的理解は、ルターを経由することで、『聖書』に対する近代批評学からの影響を早くも対自化し、相対化しようとしていた内村が、主流正統――その実は自分以上に異端的と思われた人々

――から自らを避難させておく方法でもあったといえよう。

むろん、こうした二分法自体が、オーソドックスの側から見れば、十分異端ということになるはずである。ここに教会と信仰を、形式と内容のように分けてしまう内村の「二元論的思考」の問題を指摘する見解もある。[129] しかし実際、内村は、信仰内容にふさわしい宗教実践の社会的な形態を、聖書に記された原始キリスト教のそれに求めていたのであり、教会問題と信仰問題を一応区別しているものの、前者を重要でないとして切り離して扱っていたわけではない。

そこでは神学上の問題はさておき、結局内村自身が「異端」なるレッテルを引き受けようとする意志があったことこそが重要であろう。内村は福音理解が異端かどうかに関しては divinity の基準で判別されると考えており、それを humanity の基準から裁くことはしない。それゆえ、自らを神学的に正統であると強く主張しない人物――ホイットマンやトマス・ペインなど――に対しては、humanity の側から評価すべきところを評価する、といった積極的な姿勢に転ずることが可能となったのである。反面、divinity の次元で正統を掲げる他者への内村の批判は厳しい。彼は教会観に関して自らが異端であると開き直ってしまうことで、異端を正統への捨てがたい役割を持つ批判者としてその意義を認め、かつてルターがカトリック教会に立ち向かったような構図を造り上げて、自らをそのルターの位地に立たせるのである。そこから、激しい正統内腐敗への批判が繰り広げられたのであった。

ここには、正統でありつつ異端、正統とも言いがたいが異端とも言いがたい、といった一種特殊な境位が成り立つことが確認される。内村はその批判的言論を構築するにあたり、常にこういう何者とも定義しがたい場所を狙っていたふしがある。しかし一方で自らこそが正統である、という強い意志を同時に保持してもおり、それを容易に実証できなくなるほど正統の位置から遠ざかることはしない。これは時の国家体制に対する内村の戦略――例えば『文学博士井上哲次郎君に呈する公開状』（一八九三年）でとった内村の論法――にも通じる、自らよりも圧倒的に強大な組織的権力への意義申し立てのための技法でもあったろう。自らをひとまず現在の異端の位置に据えつつも、より広範な見地からすれば、自分は決して異端ではなく、むしろ正統の初発の精神の保持者である、という――それ自体、異端側の主張としてはよくあることであるが――自負が現れている。この場合、歴史的な深さと地理的な広さに裏づけられた知識・教養が彼の主張を補強するのであり、現時点で正統の座に居座っている疑わしき主義主張に常に揺さぶりをかけることを正当化していくことになろう。

「異端」という概念は内村にとって現実のさまざまな人々を想定させた。それは世俗的文脈では「世の継児」「寡婦孤児」といった社会の周縁に放置されている人々や、中央の政治権力とは関わりない地方で粛々と言論活動を行う論者を指したりした。いわゆるアウトサイダー、招かれざる者、社会に定位置をもたないもの、のけ者、といったレッテルを自らに引き受けることによって、あえて開き直って、それら社会の周縁にいる人々の視線を結集させようとするようなアンビションが内村にはあった。内村における「平民」は、そういった意味で、社会権力に対して負の属性を担う主体として機能していることに注意すべきである。内村にとって、異端とは平民的独立と奥深い関係があり、独立とは主流派ではありえない真理の保持者のものである。彼は「正教と異端」（一九〇八年）という短文で次のように言う。

宗教、政権の保護する所となりて「正教」と化す、露西亜政府の保護する所となりて希臘教会は正教会となり、英吉利政府の保護する所となりて監督教会は聖公会となりたり、真理、人に頼らずして独り立つ時に、世は之を異端と称し、帝王の庇保する所となりて、人、之を正教と命《な》名《づ》く、邪曲の世に在りては事物悉く其名を転倒す、福《さいわ》ひなるは此世に在りて異端の故を以て「正教」の忌む所となる事なり。[130]

内村は時の世の権力の庇護下にある教説を「正教」と称するが、それは日露戦争後のキリスト教界の歩んだ道を指し示して批判することに等しい。内村はここで「邪曲の世に在りては事物悉く其名を転倒す」という、いかにも彼好みのアフォリズムを提出しているが、これを一九〇八年に述べるということは、日露戦争後いよいよ亢進した日本の政治権力と教会組織との癒着を批判することが主眼にあったはずである。これはサイードにもバンダにも求められていた、政治権力と癒着することへの、単独の「知識人」の立場からの批判であったと認められる。

内村における「異端」の引き受けは、あえて社会の周縁の側に陣取ることで単独者の知的自由を守ろうとすること、そこから、中心より排除されがちな主体のパースペクティブを借りて、腐敗した「正統」の保持者や権力者に対して普遍的な真実を突き出していくこと、これらを重んじる批判的知識人の戦略と気概とを感じさせるものだと評されよう。

なお、本章を締めくくるにあたり最後に言及すべきは、内村における預言者像についてである。彼が亡命者や周縁者、異端者やアウトサイダーの位置をあえて自らに引き受け、他者におけるそうした属性を高く評価しようとしたのは、彼の経験上の知見や、世界史的知識、あるいはそれらを採択させるところの反骨の精神に適うことであった。そして実際のところ、それらには皆、預言者という知識人の一類型ともみなすべき『旧約聖書』の提示する人間像が反映されていたと推測するのは難くない。内村は「異端」の先頭に「預言者」を持ってきているし、異端者の具現であったエマソン、ソロー、カーライル、ホイットマンらを「預言者」と呼んでいたのである。

彼は「預言者はその故郷においては貴ばれない」[131]という『聖書』の言葉（「マルコ伝」六章四節ほか）を重視していた。特定の故郷からの離脱とそれによる普遍的・超越的見地の確保は、明治時代における内村の思索の歩みを要約する。彼は明治末年に娘を失うことによって、この世のあらゆるものへの執着を失ったかのように、他界や復活への志向性を新たに強くしていくが、そうした実存的境地ほど地上の故郷性意識から遠いものはなかったであろう。

内村における預言者のイメージには単独者、地方から中央へ（例えば田舎祭司の息子のエレミヤ）、真理と道徳的メッセージ、権力者への批判、非専門性（本職は羊飼いであったアモス）などといった特性があり、それらは皆、この章で取り上げた、彼の重んじる人間像の諸側面によく通じている。またそれらが序章で整理して掲げたところのサイードにおける知識人の諸性質に通じていることも無視できない。

内村は滞米時代の一時期、『聖書』はほとんど預言書のみを読む、という時期があったと回想する。[132] 彼は、世俗のあらゆる腐敗に対する批判や、将来の事柄に対する「予言」という点で、戦後日本思想史研究の場で預言者の人格類型を強く感じさせてきた最たる一人であろう。実際のところ、内村の旧約預言者との類似は、そういった古典の内に描かれた「偉人」的立場を強く自らに引き受けようとする意志の産物であったとも思われる。内村が自らを正統（orthodoxy）の批判者として提出するにあたり想定された、権力との対立構図やそれへの挑戦的姿勢は、彼がその人生そのものを単位として発見・没頭した預言者のそれを、望ましい公的人間像の原型として自らに引き受けた結果と認められるのではないだろうか。

前章で考察した内村の、単独の個人からの出発に徹底するという個人主義（individualism）と、この預言者像の自己への引き受けという役割意識は相まって、内村その人において「預言者的個人主義」（prophetic individualism）[133] ともいうべき思想類型を醸成していたと考えられる。その思想類型と彼の知識人としての諸特質や責務との関わりについては、「考察と結論」の章にて改めて検討に付されることになる。

第四章　世界市民の立場からの告発

第一節　世界市民性への到達

1　世界市民としての自覚の形成

内村鑑三は「二つのJ」という彼の提出した概念（Jesus と Japan）、あるいは墓碑銘となった「I for Japan, Japan for the World, World for Christ, And all for God」の普及によるのか、愛国者のイメージが強いようだ。ごく単純にナショナリストである、と語られることも多い。しかし実相は複雑であることに注意したい[1]。彼の日本に対する愛が強いだけでなく、アメリカに対する愛も強いことは前章で確認した。真理への愛という観点からすれば、明治期の内村は日本よりもアメリカをより愛していたといっても過言ではないだろう。アメリカが一九世紀末より、過去の理想の精神を埋没させ、帝国主義や経済至上主義を前面化したと思われた際も、内村はその原因を分析したり、繰り返し批判したりすることで、真理の擁護者であるべきアメリカへの愛を表現した。日本に対しても徹底した批判が続けられたが、そこにホイットマンにあたるような近代の「預言者」的人物を見つけるまでには至らなかった。

もちろん内村は日本への執着も強かった。しかし、知識人としての骨格が整えられていく日清戦争後ともなると、それが何ほどか現状の社会や国策への見限りの上に成り立っていたことが指摘されうる。日本政府やその民衆に、人類の普遍的な理想に適った、世界の一部にふさわしい役割を担うように要請する内村にとって、身の回りで散見される通り一遍の愛国心はむしろ嫌悪すべきものに映った。やがてはその利己的自愛心が身を滅ぼすことも見据えていた。そのような冷徹な分析を提出する内村はナショナリストである以前にユニバーサリストであらざるをえない。そして彼はそういった愛国心の偏りに面した時だけでなく、実に多様な機会にその世界基準、あるいは普遍志向の思惟傾向を発揮したのである。

内村は実際、知識人の仕事としての早い段階から、「国を愛する」ということと、「世界の市民」であることとの兼ね合いや両立を問う姿勢を見せていた。『基督信徒の慰』の中では「国人に捨てられし時」と題された一章にて、冒頭からすでに当代流行の「愛国心」への牽制が行われている。このテキストは全体として、内村らしき主人公をモデルにして、彼が実際経験してきた苦難を素材に、それに対処する精神の在り方を問うものであるが、「国人に捨てられし」という出来事もまた、かの不敬事件を核として構成されたであろうことは随所の記述から明らかである。彼は実際、不敬事件の当事者になることによって、アメリカから帰国後、だいぶ力んで保持していた自らの愛国心に、大きな亀裂を生じさせることになった。その愛国心が実際に変質・瓦解し始めるのは日清戦争後であると見られる。

内村の愛国心への姿勢はこの二段階——不敬事件と日清戦争——を経て大きく変質を遂げると考えられるが、『基督信徒の慰』の時点では、まだ「愛国心」の害悪については大きな問いとなっておらず、「国民挙《こぞ》て神聖なる愛国者となるべきなり」[2]という要請にとどまった。すでに「愛国」に対して「真理」が対置されており、普遍的なものと地域的なものへの対比のまなざしは生じている。しかし、「完全なる社会に於ては二者決して瞠着すべきものにあらず」[3]と二者の関係はまだ楽観的に認められていた。そのような内村にとって、最初の問題は愛国心の内容それ自体ではなく、自らがその愛国心を紐帯とする集団性から締め出されてしまったことであった。彼はその結果、しばらく安住することなき実存的不安の境地に陥ったようである。「国人に捨てられ」から「世界の市民」へという自己認識に至るまで、神のみに対峙するかのような実存的な時間が置かれていたことは、かの著作全体が示唆している。

内村は自らの境遇を「真正の愛国者にして国人に捨てられしもの」と認識することで、同じような境遇の人々へと目を留めることになる。そこでまず見出された人々はソクラテス、パウロ、ダンテ、クロムウェルなど西洋の歴史的人物であった。自らが日本の愛国者集団からはじかれたことによって、世界という普遍場裡に視線が向かい、そこで発せられた言葉の力、世界文学とその思想の奥深さを次のように経験的に知ることになったと述べられる。

> 未来を論じつゝ矢鳩答毒《しきうたふどく》を飲みしソクラツト、異郷ラベナに放逐されしダンテ、其他夥多《あまた》の英霊は今は余の親友となり、詩人リヒテルと共に天の使に導びかれつゝ、球より球まで、星より星まで、心霊界の広大を探り、此地に決して咲かざる花、此土に未だ見ざる玉、聞かざる音楽、味はざる香味、余は実に思はぬ国に入りたりけり。
>
> 　実に此経験は余に取ては世界文学の註解書となれり、エレミヤの慨歌は今は註解書に依らずして明白に了知するを得たり、放逐の作と見做してのみデイビナ、コメヂヤは解し得るなり、殊に基督彼自身の言行録は国人に捨てられざるものゝ如何で其広其深を探り得べけむや、然り余は余の国人に捨てられてより世界人（Weltmann）と成りたり、曾てホリヨーク山頂に於て宇宙学者ハムボルトが自筆にて名を記せるを見たり、曰く、
>
> 　Alexander von Humboldt,
> In Deutschland geboren,
> Ein Burger der Welt.
> 独逸国に生れたる世界の市民
> 　アレキサンデル、フホン、ハムボルト
>
> 嗚呼余も今は世界の市民なり、生を斯土《このど》に得しにより、斯土の外に国なしと思ひし狭隘なる思想は、今は全く消

失せて、小さきながらも世界の市民、宇宙の人と成るを得しは、余の国人に捨てられしめで度《たき》結果の一にぞある。4

ここでは「世界人」(Weltmann)あるいは「世界の市民」がいかにして誕生したのか、その一つの経験的な道筋への自覚を確認することができよう。実際、内村の場合、日本からのexileとしてアメリカに生活してからか、あるいはそれ以前に札幌で英語によるリベラル・アーツ教育を受けていた頃からか、すでに世界精神の体得は始まっていたと見られる。その上で、かの不敬事件により、日本の愛国者たちから排斥を受け、「世界人」(Weltmann)あるいは「世界の市民」という立場に逃げこまざるをえなくなることで、故郷あるいは唯一特別に愛すべき土地としての日本への頑なこだわりが、いつのまにか溶解していったであろうことが察せられる。内村自身「めで度《たき》結果の一にぞある」と、その出来事を振り返って弁証法的にまとめてしまっているが、決してそこまでの道のりは平坦ではなかったのである。

この『基督信徒の慰』以後、日清戦争の成り行きを見た内村は、戦後、ものを書くたびに、このような世界市民としての思索を深く充実したものにしていった。「世界の日本」(『世界之日本』四号、明治二九年九月)なる論文は、内村と同じく徳富蘇峰のもとから別れた竹越与三郎発行の雑誌『世界之日本』に寄稿されたものであるが、内村の世界市民としての自己認識、日本を普遍的な価値世界の中へと位置づけようとする意志が最も明確に表現されたものとして、ぜひとも挙げる必要のある文献である。

余輩は世界主義を取る者なり、日本を世界の一部分として見ればなり、余輩は国家論者なり、日本の利益発達を正当自然の観察点より攻究せんと欲する者なればなり。

宇宙の真理は余輩に教へて曰ふ、善く全躰に尽す部分は栄ふと、善き葉とは全植物の養汁を悉く汲収消尽する葉を云ふにあらずして、善く植生全躰の発育を助くる者を云ふなり、善き手とは全体の血液を呼び、人をして手あるを知て体あるを知らしめざる手を云ふにあらず、善き手は善く全躰の衛養動作を助け、躰をして手ある事を知らしめざる者を云ふなり、善き市民とは一国の財貨を挙げて其快楽の料に供し、国家を挙げて名利を博するの具となす政事家博士新聞記者の類を云ふに非ず、善き市民とは自己あるを忘れ、国家あるを知て自己あるを知らざる献身奉公の士を云ふなり、善き大なる国家とは最も多く人類進歩の為めに尽し、世界の改造を助け、大真理と大思想と大事業とを最も多く全世界に寄附せし者を云ふなり、[5]

ここで内村は「宇宙の真理」の側から、あるいは「善き市民」(civic virtue) の側から、単に世界全体の一部分にすぎない日本の利益にのみ収斂されるものの考え方を退けている。自身、そうと名乗る「国家論者」の意味も、偏狭なそれを超克した意味で用いようとしているのがわかる。そこには「国家を挙げて名利を博するの具となす」といった、私利私欲の系にある愛国心への批判が伴っている。「善き葉」「善き手」などの例えを見る限り、全体を私化しようとする、分限を超えた「膨張論」的志向は退けられているが、より大きなものに奉仕する精神の捉え方が、儒学的滅私奉公の思想と十分には区別がつきがたいことにも注意される。

内村は一八九六年のこの段階(夏頃)ではまだ、同年の暮れに発表される「寡婦の除夜」[6]で披露されるような、軍事体勢下の弱者の扱いの悲惨さ、個人の卑小さなどの問題に大きく目を開かれていなかったと見られる。世界に伸びゆく精神において、個人特有の意義が十分闡明されていない。ところが『小憤慨録』(一八九八年)に収録されて流布した「史学の研究」[7]では、この点を補うような形での世界市民性が披露されているのを確認できる。彼は先ほどの「世界の日本」の時とは異なる視座をもって、「我」という個人主体を目的に据え、その主体を形成する世界のさまざまな出来事の重要性に読者の注意を喚起していく。

我は実に日本二千年間の作なり。

而して細瑣たる東洋一孤島の民たるに安ぜず、自ら進みて世界の市民たるに及びて、我は益々広闊雑駁なる我となれり。我は猶太人に依りて我神を拝し、希臘人に依りて思惟し、羅馬人の律に従ひ、独逸人に思惟信仰の独立を得、英吉利人に憲法を享け、法蘭西人に文化を施かる、耶利米亜《エレミヤ》は我が為に哀歌を謳へり。プラトーは我が為めに哲理を講ぜり、レオニダス我が為めに虐王の暴威を挫けり、シーザー我が為めに北欧の蛮奴を化せり、ダンテ我が為めに三界の苦楽を味ひ、ゲーテ我が為めに新紀元の理想を示せり、ルーテル我が為めに宗教的自由を供し、我亦ボルテヤ、ルッソーの輩に負ふ所尠からず、我れ今日憲法国の民たらんが為めには、グラカイ兄弟は殺戮せられたり、[8]

内村はこのように、世界各地の具体的な歴史的出来事が、現在の日本という一時代の一地域に住む「我」にその影響を波及させる様を列叙していく。それゆえ、今日の日本国とその国民も、当然世界史の産物に影響／規定されたものとして捉えるべきことを指摘するのである。

憲法的日本は世界の日本なり、之を正解せんとするに神皇正統記を以てのみ為すべからず、シーザー之に与かりて力あり、コリニー之が為めに血を流せり。明治の日本を以て日本のみの日本と做す、無識之より大なるはなし、世界偉人の協同に由りて成りし日本、之を知るに全世界の歴史的智識を要す。
我にして斯の如し、我国にして斯の如し、故に我を知るに過去の全世界を知るを要す。[9]

ここでも確かに世界への意識を「我」という個々人の問題として把握する姿勢が認められる。内村の世界市民的自覚が、全体に奉仕する各部（個）という先に検討したような方向に加え、主体としての個の形成に貢献する歴史的人類全体、という逆の方向性への意識をも伴って把握されていたことを重要としたい。前者だけでは、日本が利己を脱して世界に奉仕すべきことは導かれるが、同時に一国内の一個人の意義を際立たせることは危うくなるからである。二つの方向性が出揃ってはじめて、個人が国家に奉仕しながら、普遍性の視座によって国家の拘束を脱しつつ、世界市民として国家を批判する自由の見地を確保することになるだろう。

明治三〇年頃にはこういった形ですでに世界市民性に立脚していた内村であったが、ジャーナリストとしての経験を積んでいく過程で、その内容はいよいよ先鋭さを増していく。例えば、一八九八年に『東京独立雑誌』に掲載された「再び吾人の目的に就て」という雑誌発行へのビジョンを述べた文章で、内村は次のようなことを述べている。

吾人は世に所謂社会改良家を以て自ら任ずるものにあらず、勿論吾人も世界の市民なれば、吾人の及ぶ限り善事を務め、吾人の感化の範囲内に於て進歩改良を図るべきは勿論のことなり。然れども是れ吾人に限る職分にあらずして、何人と雖も此地球に棲息する者の担ふべき責任なりと信ず。[10]

ここでは「世界の市民」である「吾人」が当座の「職分」にすら縛られない存在として提出されているのを見る。「世界の市民」は単に「此地球に棲息する者」という原初的な位置に徹底されることによって、誰もが責任を担う個人になりうる可能性が示唆されている。個人が「社会改良」や「進歩改良」の実をもたらすことが可能な存在として、国民や国家といった枠を用いずに、即、世界人類的な意義に結びついているのが確認される。国政に幻滅しながらも、他の社会改良の方途を模索しつつあったこの時期の内村を象徴するような言説である。

その一年後、「如何にして夏を過さん乎」（一八九九年）では、こういった世界に伸びゆく個人の偉大な精神はより拡大されて、宇宙空間にまで展開されていくのが確認される。

日本国は広い大国だと思ふ者は如何うだ、我々の頭上に輝くアークチユラスは此地球から152,543,500,000,000哩《マイル》の距離の外にあると聞いたら驚くだらう、北極星は是に殆んど二倍の距離に於てあるのだ、一秒時間に十八万六千哩（光線の速力）を以てするもアークチユラス迄行くには二十六年もかゝるといふのだ、然し是は一番近い星の一つだ、我々人類はこんな広い宇宙に住んで居るのだ、我々は世界の市民どころではなく宇宙の住民だ、然るに一も国家、二も国家といふて、我々を僅々二十万哩に足らない此邦の内に押し込んでしまうとは余り情けない、故に能く天文学を研究すると詰らない不平も怒らなくなる、岩崎が一億万円の財産を溜めたとて何うするものか、此地球其物が宇宙の塵の如きものだ、我々に一寸の土地所有権が無いとて別に悲しむに足らない、オライオンも我物、プライアデスも我が物と思へば我々は王公貴族に優る金持だ、我は帝王の冠を戴かざるも我頭上アークチユラスの辺に『北冠』と称ふる七つの星が冠の形をなして輝いて居る、地上には俗人共が跋扈するから我々は天を覰《うかが》いて無限無辺無方の宇宙を我が家と定むる事が出来る、我々は喜んで此んな微《ち》いさな世界は俗人共に呉れてやる事が出来る、我々には第一等星より第十三等星まで算へて凡四千三百万程の世界がある、三井が日本中の礦山を買占めた所が月の世界一つにも足るまい、伊藤博文侯が威張つた所が水星や木星に於ては何とも思ふて居ない、[11]

ここでは内村の精神主義と、宇宙大の観察眼が合わさって展開された、稀有壮大な世界把握が披露されている。俗世に留まりながら、俗流の価値を相対化する視点が打ち出されている。「世界」が「宇宙」になるのは universal という言葉の意味を考えれば程度問題とも考えられるが、地球人類を際限にせず、「無限無辺無方の宇宙」をもって日本現下の政治・経済現象を批判する、という落差の創造は、単に内村らしい劇的な批評技術の展開であったにとどまらず、彼のいう世界市民性が含みうる際限なき越境性を率直に物語るものと見てよい。

以上のように見ていくと、不敬事件後、日清戦争以前にすでに始まっていた内村の世界・宇宙への帰属心の傾斜は、日清戦争後に批評家、ジャーナリストとして活躍していく中で急速にその内容を拡大、充実させていったことが発見される。むろん、世界市民性の拡大が、愛国的な感性を、あるいは日本国民としての責任感といったものを磨滅させていったわけでないことには注意しなければならない。世界や宇宙といった規模で共有されるべき「普遍的真理」に対して、いかに個別日本が、また個別「吾人」が積極的な役割を果たしていくことが可能か、そういった国民的倫理的使命への意識は失われていない。むしろそういった意識も同時に強まっていったからこそ、社会の果てに退隠せずに、世界市民性の立場から日本の論壇において、渋々でも現今の政治・社会状況を批判していく意味を認めたのであろう。

二十世紀に入っても、世界市民的自覚は一層の安定感をもって内村の文筆を推進していく。『万朝報』（明治三四年三月二日）に発表された「希望の区域」では、「国」だけでなく「人種」や「言語」といった所与の属性も、世界市民の精神から乗り越えられようとした。

日本国許りが我が国であると思へば失望する、然し我は世界の市民で有つて日本国許りの市民ではない、北亜米利加の草原《プレヤリ》も、南亜米利加の林原《シルバス》も、西比利亜の荒野《ステップス》も、クロンダイクの金鉱地も、ポトシの銀産地も、ミシガンの銅域も、亦今度新たに発見になりしと云ふ百十八万六千方哩（日本帝国の八倍）に拡がると云ふ加奈多《かなだ》の森林地も皆な我国であると思へば我は未だ此地の狭きを歎つに及ばず、亦貴族と豪商の跋扈を憤るにも及ばない、僅々十五万方哩の中に四千五百万と云ふ大勢が鮨漬のやうに押詰められて居ると思へばこそ不平も起るなれ、肘の支へるやうに感ずるなれ、全世界が我家であり我が国であると思へば我は大国の君主であるやうな心地して此世に存在することが出来る。

日本人許りが我が同胞であると思へば我は失望する、然れども人たる者はその皮膚の色の如何に関はらず、其言語の何たるに関はらず、総て真を真とし、偽を偽とする者は我が同胞であると思へば我は決して失望するに及ばない、かの南阿非利加に在て自由と独立との為めに苦闘しつゝあるブアー人も我が同胞である[12]

内村は国民性だけでなく人種や言語といった性質も、「自由と独立」という普遍的価値への依拠によって、個人個人そこから自由になれるものとして相対化しようとする。「総て真を真とし偽を偽とする者は我が同胞である」というこの理解が、引用部分の少し後に出てくる「四海皆兄弟」という言葉と響きあう。内村の場合、この「四海皆兄弟」という、使いようによっては徳富蘇峰的な「大日本膨張論」[13]にも同調する概念を、「真を真とし偽を偽とする」という厳格な条件を設けることによって引き締めているのだといっていい。民族や人種、言語や国籍という所与の性質をもって人間を計ることを拒否し、個人を真理に対する姿勢によって評価していこうとするこの基準が、世界主義を茫漠とした、それゆえに侵略主義や同化主義の正当化に利用されやすいものにすることを防いでいるといえよう。

では、このような世界市民性の理解は、日露戦争後に変化をみたであろうか。第五章第三節で扱うことになるが、彼は日露戦争を契機として、非戦論を確立しただけでなく、従来の進化論にも修正を余儀なくされ、愛国心をも一層冷却させた。世界市民性にも影響は出ないとは限らない。内村は日露戦争前後、人類の進歩といった楽観的な文明史観を見直すことになったが、それはただ歴史観の変容だけでなく、人間精神全般への深い懐疑の訪れでもあった。彼は同時期において、従来理想社会への最先端と目されていたアメリカの現実へも失望することが多く、地上的なものへ期待をかけることそれ自体への関心を失いつつあった。それゆえ、「世界の市民」以上に「天国の市民」であることへの思いが強くなっていく。世界市民性を直接何らかの希望に満ちた将来像へと展開することができなくなったとしても当然である。

内村はもともと世界市民性を、個人の独立や自由といった普遍的諸価値の確保を条件として理解していたから、特定の国への愛国心の冷却は、むしろその方面の強化に積極的に作用することも考えられる。一方で、人間精神全般への懐疑の亢進から、世界市民性への依拠が現実の問題解決の道筋として見出される可能性も低くなっている。そのような状況にて発表されたのが一九〇七年初頭の次の文章である。

新年に入りてより四人の珍客は余輩の小なる書斎に入り来つた、彼等は永く余輩と偕《とも》に留まるべし、余輩は慶んで彼等を優遇礼待せんとす。

彼等は現世の人ではない、過去の人である、彼等は日本人ではない、外国人である、然れども彼等は孰れも何国人と称して己を人に紹介せんと欲するやうな者ではない、彼等は彼等の一人なるアレキサンドル・フムボルトの如く「世界の市民」を以て自から任ずる者である、故に彼等は日本の角筈に来りたればとて異邦に来りしの感を懐《いだ》く者ではない、彼等のすべては謂ゆる国家観念なるものを脱却したる人類の友である。[14]

このテキストは、内村のもとへ四枚の肖像画が送られてきたことを告げるものである。その四名とはレンブラント、ベートーヴェン、ルター、カントである。日露戦争後、内村の英文著作 *How I Became a Christian* が北欧各国語に訳されて好評を博し、毎年増刷されていく状況であったこと、そのことが内村に「軍国主義のドイツ」以外のドイツ、さらに広く北欧の歴史的遺産に目を開かせたのである。この四枚の肖像画のいくつかは、デンマーク語版訳者のマリア・ウルフが内村の求めに応じて送ったものと見られる。

ここで興味深いのは、内村が真っ先に彼ら四名が「現世の人ではない、過去の人である」ことを強調していることだろう。天国への志向が強まっていたことを垣間見せる一文である。一方で「日本人」でないこと、外国人ではあるが、特定の「何国人」ではなく、「「世界の市民」を以て自から任ずる者」であることをも強調している。これは日本の国内事情だけでなく、世界どこを見まわしても愛国心によって戦争が煽られ、人類一般に担保されるべき普遍的諸価値が軽視されているとの認識が内村にあったことを思わせる。それゆえ、日本を退けつつ特定の他国を理想視するという、反転した形での民族性や人種性への依拠もここには見られない。

極めつけは「国家観念」からの脱却が宣言されていることである。これはかつて日清戦争前、内村の世俗的な愛国心が高まりをみせていた時期に次のように発言されていたことを考えると、いわばそこから一八〇度の位置にまで転回したものだと見てよいだろう。

宗教は国家観念の上に立つものなることは余輩の充分是認する所なり、然れども国家の名誉を犠牲に供し、国家を辱かしめて伝布する宗教は邪教なり、故に余輩は基督教を信ずると同時に成《なる》べく丈《だけ》外国人との関係を避くるものなり、そは一方に向ては同胞の疑察を避けんと欲し、他方には吾人の信仰は吾人自由の撰択にありて外人の教化に出ざりし事を表白せんが為めなり。[15]

彼のこうした自国中心的な、やや排外的な姿勢は日清戦争後には見られなくなる。そこから、徐々に、世界市民性の方へと精神の帰属性の比重を移していき、一三年後の一九〇七年には、先に挙げたようなこれと正反対の見地にまで思想的境位を推移させていったと見られる。

「新年の珍客」に取り上げられた四人は、いずれも内村がその分野で最大の評価を提供する人物であった。特にルターとカントは、それ以後、内村の思惟原理の核心に位置する divinity と humanity を活性化させる人物として何度も言及されている。主としてルターは聖書・福音主義の強化に、カントは人類・普遍的諸価値への志向性の高まりに貢献していると見てよい。

ルターは『聖書之研究』創刊以後、言及は多かったが、明治末には「ルーテル伝講話」（明治四三年一〇月―四四年六月）と題した一連の研究講義（録）が発表されるまでに至る。[16] カントは日露戦争前後から言及が増え、ウェスレーよりカントを高く買ったり、[17] 一九〇八―九年にはパウルゼンの『カント伝』（一八九八年）に感銘を受けるなど、[18] 傾倒の後がはっきり見られる。内村のカント評は多面にわたるが、いずれも国家的な枠組みから離れる方向で構築されているのに特色がある。その一つは「自由と真理と信仰」の人としてのカント理解である。

豪気《ノーブル》なるカント先生、近世のソクラテス、而かもソクラテスよりも大なる哲学者、今の世に先生の哲学を彼れ是れ非難する者がある、然しながら余は知る先生の哲学の大なるは先生の哲学のためではないことを、先生をして哲学者として起たしめし其精神、是れが先生の偉大なる故であつて、又先生の哲学の偉大なる故である、先生は自由と真理と信仰とのために起ち給ふた、爾うして思想界に神と永生と自由とのために堅固なる地位を設け給ふた、先生は哲学者としてよりは人類の友として貴くある、余が這般《しゃはん》独逸なる余の友人に乞ふて先生を余の小屋に迎へ奉つたのは是れがためである、願くは先生今より後余の家に留まり、余が真理を探るに方て虚思幻想に走らざるやう余を督《うなが》し給はんことを。[19]

ここでは「人類の友」という、国家や民族を選ばない呼称が、内村の目指す普遍的な「真理」探究の姿勢と響きあっているのが確認される。カントの精神には、内村の価値基準が divinity に拠りすぎて非合理、超自然の言説に惑溺する危険性を緩めてくれるような役割が期待されていたこともわかる。

もう一つは「単独の称讃　パウルゼン著『カント伝』を読みて感ずる所」（一九〇九年）という題にも表れているように、カントを独立した個人の「好き標本」であるとする理解である。

○人類のために尽さんと欲して世に交際を求むるの必要は一ツもない、吾等は単《た》だ独り在りて人類のために尽すことが出来る、人は何人も人類の一部分である、故に己に尽して人類のために尽すことが出来る、独り真理を発見することが出来る、独り神に接することが出来る、独り霊性を磨きて完全の域に向て進むことが出来る、吾等は人類の好き標本として己を世に呈供することが出来る、単独は決して無為の境遇ではない。[20]

興味深いのは、カントに関係するいずれの所感においても、「人類の友」「人類のために」「人類の一部分」などと「人類」という単位にカント個人を直接帰属させようとしていることである。内村にとってカントは国家や民族の枠を問わない、「人類の一員としての個人」の価値を強めた先覚者として筆頭に置かれるべき存在であったことがわかる。

以上、日露戦争後も世界市民という立場を内村が見失うことなく、むしろ国家枠にとらわれない個人の力への注目も手伝って、その傾向を強める方向で保持していたことが確認された。

内村においては大正期以後も、日本社会の現状の腐敗に憤り、それを批判する姿勢が見られる限り、また、学問的な公平さから真理の探究に目を開かれる限り、世界市民的自覚もそこに伴っていたことが確認される。例えば次のような感懐が注目されよう。

阿弗利加地理歴史の研究に半日を費した。頭脳の好き休息であつた。殊にマダガスカー島のマレー人種の移住は面白かつた。此小さい地球に関し面白い事が沢山に有る。欧羅巴人種、殊に英民族は、日本人が北海道を開拓するよりも早く阿弗利加大陸を開発するであらう。実に非常の勢ひである。日本市民としてゞなく、世界の市民として見る時に、全世界が我有《わがもの》のやうに思はれて、心が広々として甚だ愉快である。21

再び海浜に来た。風は涼しくあるが地は雑沓してゐる。然し社会が全く異るが故に殆んど無人の地に在るが如し。我れ汝を知らず汝我を識らずと云ふ状態である。大実業家、大政治家の別荘が軒を列ねて景勝の地を塞ぐ。之を見て自分の如き者は日本市民に非ず、日本の事に就き心配する資格も義務も無き事を感ず。海も彼等に属し山も彼等に属す。国は彼等の有なれば我れ之に関する要なしと思ふ。斯う思へば心が軽くなる。そしてまたカント先生に引かれる。「我が上には星の空あり、我が衷《うち》には道義の法あり」である。海も山も、国も地も、之を株屋や政治屋に譲る。我には空と星と神の道とがある。[22]

前者は一九二三年一一月一九日の日記であり、後者は一九二七年七月二六日の日記から引用した。この間の時期（一九二四―二六年）は、アメリカにおける排日移民法の通過をめぐって内村の世俗的愛国心が再び高まるということがあり、また、その他にも重要な転機となる出来事、例えば英文雑誌 *Japan Christian Intelligencer*（1926-1928）を発行するなどがあった。しかしその時期を挟んでも、内村の世界市民的傾向性はしかと保存されているのを確認できる。「自分の如き者は日本市民に非ず、日本の事に就き心配する資格も義務も無き事を感ず」といった感懐が、ここでもかつて「独立」や「人類」性の体現者とされたカントの名前と相即して述べられているのは見逃せない。先の引用にもあったカントの普遍道徳律、「我が上には星の空あり、我が衷には道義の法あり」は、世界市民性と深い関わりをもつ言葉であり、内村の愛好した言葉である。この言葉が内村の気に入ったのは、それが倫理や秩序への高い感度と、宇宙的に規模の大きい観察眼をともに満たしていたからであろう。これは彼の聖書研究にも登場する言葉であり[23]、内村の思惟原理の二つの基本的な方向性を形作った、人間性の普遍的諸価値と聖書・福音主義の契合点に位置する最重要の言葉であったと見られる。

2　世界教会

内村の場合、世界という単位は国家や政治だけでなく、信仰者の共同体一般を指し示す「教会」を考える際も重要な要素となっていたことにも言及しておく必要がある。特に日露戦争後は、地上から天上へと希望の置きどころの比重の変化がはっきりと文章にも表れており、「世界の市民」からさらに進んで「天国の市民」という身分へ強く光があてられるようになる。「天国の市民」という用語自体は一九〇〇年の『宗教座談』ですでに用いられていた日本語であるが、それは聖書研究の結果引き出されてきたものであり、当初は、まだ地上世界への嫌気とは積極的に結びついていなかったように見受けられる。

内村が「天国の市民」なる概念を、地上的なものの制限を打ち破る、精神的にも実感のこもったものとして使用し始めるのは、やはり日露戦争を契機とすると見てよい。「此虚偽の日本の社会と絶縁して、活ける闊《ひろ》き温かき天国の市民とならんことを求《ねが》ふ」[24]という言葉や、次のように強く現実の個人にまとわりつく生得的要素を断ち切るような言葉をイエスに言わせたのも一九〇四年であった。

汝等は我が他郷に於いて為せしが如く故郷に於いて為すべしと我に対《むか》つて云ふならん、然れども我は汝等に告げんと欲す、預言者は其家郷に於て敬《うや》重まるゝ者に非ずと、汝等は我が肉に接せしがゆゑに我を識らず、而して我は我を識らざる者のために何事をも為すあたはず、骨肉何物ぞ、郷族何物ぞ、今は信仰に依て合すべき時なり、血縁に由て共同なるべき時は過ぎ去れり、我を識らざる者は我が兄弟に非ず、我が同郷の士に非ず、我は天国の建設者にして、天国の市民のみ我が兄弟たり、同胞たるなり。[25]

ここには、先に検討した内村の世界市民性において退けられた個人の世俗における諸属性が、「天国の市民」という見地からさらに厳しく斥けられているのを見ることができる。

「天国の市民」観の成立は、この世が進歩してやがて善なる世界が現出する、という文明発展史への希望の薄らぎと関係している。内村は日露戦争に先立つ一九〇二年に「世の状態と吾人の希望」という長めの講演テキストを著わすが、そこで彼は人類の進化に次のような形で疑義を呈することになった。

今日、世は嘸《さぞ》かし精神的にも道徳的にも著大の進歩を為したやうに考へられますが、然しながら善く世界目下の状態を考へて見ますれば事実は全く私共の此予想に反して居ることを私共は発見するのであります、成程近世紀に於ける物質上の進歩は実に非常なる者であります、X光線、無線電信の発明を始めと致しまして、凡ての工芸上の進歩発達と云ふものは実に私共の予想以外であります、「人は神なり」との古い語《ことば》は人智の進歩せる今日に至て始めて事実となつて世に顕はれしやうに思はれることがあります、世界孰《いず》れの国も其国利民福の増進のために忙はしく、是れが為めに山は平げられ、海は埋められ、人は天然に勝ちて世は楽園と化しつゝあるやうに見えることがありま す。

然しながら此楽天主義の世の観察も少しく眼を其皮層以下に注ぎますれば全く痴人の夢であることが解ります、世は其外面に於て進歩せるやうに其内部に於ては進歩しません、而已《のみ》ならず、外面の進歩は却て内部の退歩を示す場合が沢山あります、[26]

ここで内村は歴史の経過における科学技術の進歩、物質文化の発展を認めるものの、その結果の環境破壊の現実を直視し、人類の「国利民福」の追及を懐疑している。そしてその懐疑の原因を外面と裏腹な進行方向をもつ「内部の退歩」性に認めようとする。つまり人類の精神の次元における後退を感知しようとする。日露戦争後の内村に起こる進化論のグランドセオリーの位置からの転落を補助するであろう見解とみられる。

さらに内村は、アメリカとイギリスを中心に欧米の国家事情に言及し、それらが「基督教国」の名にふさわしくないとして、総じて失望を表明する。そこに「斯く観じ来れば二十世紀今日の世界は矢張り暗黒の世界でありますす」という結論が導かれた。内村はこの結論を『聖書』の言葉（「ヘブライ書」第一一章）に照らし合わせ、やがて「家郷を此世以外に尋る事」を説き始める。そこで注目されはじめたのが「天国の市民」なる概念であった。

我儕に広き此世界に隠家《かくれが》のないのは我儕が此世に希望を繋がざらんためであります、来世存在の実証は現世に於ける義人の不安に存します、天国は米国でもなければ、英国でもありません、天国は此世以外に在るものでありまして、其王はキリストであり、其法律は愛であります、其市民たるの約束を受けし我儕は現世に於ける不遇辛惨を以て反て大なる恩恵と感じます、此世は美はしい所でありまするが天国は更に之に愈つて美はしい所であります、然らば我儕は喜んで此世界を世の人に与へませう、悪人にさへ斯くも美はしい世界を与へ給ふ神が彼を愛する者に譲り給ふ来らんとする世界は如何に美はしい所でありませう。[27]

ここで内村は、天国の内実を地上世界との対比がわかるような形で説明しながら、現実との関わりでその市民となるべき資格を措定しようとする。一方、まだ「此世は美はしい所でありまするが」と此世に幾分の良さを保証しようとする姿勢もある。地上世界は天国ではないといいつつも、アメリカやイギリスの良質な部分に期待をかける姿勢は依然続いていると見てよい。一九〇二年時点では、これら現世の国家（特にアメリカ）に対して具体的に失望していく過程なのであり、それゆえまだ地上世界の「美」が取り沙汰される余地もあったのである。

こういったテキストで表明された「天国の市民」観を土台としながら、現世の国家へのより一層の失望が加わった上で、日露戦後に花開いたのが、「世界教会」という概念であっただろう。内村は「新教会」（一九〇六年）で次のような形の世界的信仰団体を想定する。

監督なし、牧師なし、伝道師なし、憲法なし、洗礼なし、聖餐式なし、按手礼なし、楽器と教壇とを備へたる教会なし、神あり、キリストあり、聖霊あり、神と人とを愛する心あり、其教会堂は上に蒼穹を張り、下に青草を布きたる天然なり、其礼拝式は日々の労働なり、其音楽は聖霊に感じたる時の感謝の祈禱なり、其憲法は聖書なり、其監督はキリストなり、而して其会員は霊と真《まこと》とを以て神を拝する世界万国の兄弟姉妹なり、我等は永久に斯教会に忠実なる会員たらんと欲す。[28]

これは新しい教会への帰属宣言と読める。その教会とは従来内村が他国にも認め、自国にも認めようとしていた国民教会的な在り方とは全く違う発想によった。すなわちその構成員には民族・人種・国籍などの区域が設けられておらず、全世界を一教会とし「永久に」続くような教会であった。このような世界志向での教会の捉え方は、日露戦争において日本やロシアの教会が普遍的見地に立たず、自国の開戦を支持して、その正当化を促進するように『聖書』を読み出してきた現実に失望したことが大きいだろう。[29] 非戦論を掲げた内村が最も熱心に対処したのが、この普遍的視野の保存者であるべき教会が、愛国心や自国中心主義にかられて普遍的であるべきテキストの言葉を都合よく理解しようとすることであった。内村はそうした経験から、国民単位で教会を維持しようとすることに疑義や理不尽さを覚えたに違いない。

彼はこういった教会の姿勢を、「教会の堕落して現実の世界と其伍を等うするに至る[30]」状態と認め、それに「天国の市民」性を対置したのである。そしてその「天国の市民」性の代表的体現者こそ「神の子イエスキリスト」とされたのであった。

宇宙に聖い義しい者は唯一人ある、神の子イエスキリストである、彼れのみが天国を建て、又之に入るの資格を備へた者である、彼は完全無欠の者であつて、彼れのみが天国の王にして又其市民たるの資格を備へた者である。[31]

こういった「天国の市民」性の議論では、それの地上的な前段階としての「平民性」や「世界市民性」といった立場があらかじめ見据えられていたことを見逃してはならないだろう。世俗社会における「世界市民性」への希望の割れ目から、精神的団体である「世界教会」への帰属宣言という芽が現れ出たのである。

3　世界市民としての教養と啓蒙

知識人としての内村は、世界市民としての自覚をもって、世界市民でありながら良い国民でもあるような姿勢とは何かを読者に啓蒙する仕事を担ったといえる。それは次節で取り上げる当代の愛国心批判と表裏一体の行いであった。また、そこには、世界精神の涵養によって、自国の文化的産物をより観念の稀有壮大なものに、世界大の意義をもつものにしていきたいとの願いも伴っていた。日本は世界の一小国にすぎず、その境界を超え出る精神の獲得こそが、健全な形での国民観念の養成につながると痛感されたのである。内村は初期の代表作『地理学考』（一八九四年）で次のように述べている。

地理学に依て吾人は健全なる世界観念を涵養すべきなり、国家のみが一個独立人たる社界にあらず、地球其物が「一個有機的独立人」なり、地方が一国の一部分に過ぎざるが如く一国も地球てふ一「独立人」の一部分たるに過ぎず、（中略）我等は日本人たるのみならず亦世界人（Weltmann）たるべきなり、一手も之を眼前に置けば宇宙を掩ふに足る、視力を一小国に注射して世界の市民権を放棄すべからず、詩人シルレル曰く、

一国民の為めにのみ筆を弄するは拙劣矮小の業と謂はざるを得ず、学者たるもの、精神は如斯制限に堪ゆる能はず……、最強国民と雖ども一小片たるに過ぎず、故に其運命にして人類全体の進歩に関係を有せざる事項は吾人を感激するに足らず

と、俗語に謂ゆる「居は気を移す」の言実に然り、眼を自国の外に注がざるものにして能く宇宙を包括する観念の

起るべき理あらんや。[32]

内村は日清戦争以前より日本国民が「健全なる世界観念を涵養」することを願い、まずは、日本が世界の一部であることの実証的な知識を国民に知らせる必要を感じていた。彼自身の国境を越えようとする志向を強く反映する『地理学考』の執筆は、欧米の学術的成果を用いて世界の地理や歴史を日本国民必須の教養の一つとして定着させ、世界における日本という、分限ある国家観念を普及させる意図が大きく働いている。

また、この『地理学考』で内村は、同時代に流布する偏狭な国家主義的愛国心がもたらす国民的危機を予想した上で、次のような提言も行っていた。

宇宙の為めにする愛国心は世界大にして地球重なり、我の責任世界を包括して我は始めて我の重きを知るなり、宇宙学者ハムボルトの所謂「独逸に生れし世界の市民」こそ真正の独逸人にして真正の偉人なり、国民悉く此浩活自重の念を起すに及んで素めて其強大を望むべきのみ、自国の事物にのみ区々として深く外を学ばざる民の未来は知るべきのみ。[33]

むろんこの時点での、「愛国心」を「世界大に」、世界をわが国に、という精神は、強者が弱者を助ける、といった行動倫理を伴って日清戦争の合理化につながり、日本人の他国への植民——そこでは武力進出はまだ正義の達成のためという善用の可能性が見据えられていた——の積極的な支持の主張と結びつくことになった。そこから逆算して読めば、このテキストは同時代に流布した「大日本膨張論」（徳富蘇峰、一八九四年）の系列かと邪推されなくもない。しかし内村の場合、当初から、あくまでも日本人を世界化することが優先されているので、世界各地に進出していった人々がいつまでも祖国の観念や流儀にこだわることを良しとしなかった。その点、日本国家が膨張していくというイメージではなく、個々の日本人がその所与の国風を脱ぎ捨てて、どこの国家の所属でもない「世界市民」となって当地に赴き、そこの文化を身に着けた自立した人間になるべきである、といった現地適応の要請がなされていた。[34]

彼は一九一三年に行った講演で、アメリカ・カリフォルニア州の日本移民排斥運動を念頭に、日本人が当地に転居していくにあたっては、「拝国宗」から離れられず、精神が「世界化」されていないことが、現地の人々の反感を買う原因にあるのではないかと反省を促している。

> 今日の日本の宗教は愛国心の宗教にして拝国宗なり。世界は人類全体に与へられたるものなり云ふ事は未だ心の深《しん》処《しよ》に於て日本の信仰箇条と為り居らず。四百余州を云々とか、米国は吾が畑をか《ママ》云ふ如き歌を小学生徒に歌はせ、桑港の金門に旭日旗を翻へすと云ふが如き思想を棄つる能はず。是れ日本の世界的発展を妨げらるる所以なり。日本人が敬して遠ざけらるゝ所以は世界に同化する心の修養を欠くが為なり。[35]

内村は日本人に対して、移住するからには国籍や民族性、母国の文化的背景を強調せずに、当地ではあくまで普遍的な「世界市民」として行動するべきだと言う。彼が望んだのは日本という国家の拡大なのではなく、個々の日本人が狭い日本国を飛び出して、世界人として活躍する状況であった。生地に縛られず、たくましく世界中に展開していく中国人やユダヤ人のような、基本的に国策外における独立独歩の海外移住が奨励されていたのである。そのためにまずは、日本国民一般の「宗教」として機能しているような偏狭な愛国心や、そこからくる場違いな行動を反省させることから始める必要があった。内村にとって世界化や他国への移住は、「小なる日本」の、個人を拘束するような思想に対する逃げ道としての理解もあったことは先に確認した。自身、日本国の流竄者（exile）となった経験から、個々の人生、すなわち自由と独立を確保する偉大なる個人の人生のための助言、としての移民論が生じてきたのである。

　こうした世界精神の体得の第一歩に、個人が世界に出ていくために必要な世界知識、とりわけ世界各地の歴史や文明への理解が求められた。内村は『興国史談』（一九〇〇年）で、古代エジプトの歴史について読者に紹介するにあたり、現代の日本人が古代エジプトの事情と何の関わりがあって、それを知る必要があるのかを丁寧に説明している。

> 俗人の思想を脱して、商売人根性を棄てゝ、帝国領事の眼を以てせずして、大学出身の専門的狭隘を斥けて、二十世紀の世界の市民の一人として考へて見れば埃及歴史は決して蔑ろに可《ママ》き事ではないと思ふ、殊に其太古史は人類進歩に大関係を有するものなれば、之を知らずしては文明の起源を知ることが出来ない、日本人は特別の国民で有つて、外国人には少しも世話にならない、鉄道電信も日本人自身の発明に係るものにして、殊に其憲法の如きは決して外国の憲法に倣つたものではないと云ふ人もある、然しながら今日文明国の仲間入を為した以上は世界の文明の起源を学ぶの必要は無いとは云へない、日本と埃及との直接の関係と云へばルキゾール紙巻煙草と外に胡蘆科の植物なる胡瓜が邦人の嗜む処と成つて居る位である、日本語のキウリは確かに埃及語のキヤル（Khyar）の転訛せしもので有つて、我等は毎年夏到る毎に我等の最も珍重する此野菜に於て古代の埃及人に負ふて居るのである、是れ計りではない、日本人が近来頻りに世界に向て誇るところの新科学なるものは疑もなく希臘のアリストートル以来欧米人が継承し来りしもので有つて、アリストートルの科学は素と埃及に始まつたものである[36]

　内村のこの種の啓蒙活動の目的を一言でいうなら、「日本人は特別の国民で有つて、外国人には少しも世話にならない」といった類の、日本特殊主義へと居直りがちな精神を改心させることにあったといえる。それは「二十世紀の世界の市民の一人として考へ」ることを学んでほしいということであり、「人類」を目的単位とした進歩への貢献を意識してほしい、という国民一般への要請と見ることができよう。

当代の日本人の目からは関係性が薄いように見える遠い異国の過去の歴史も、このように「人類」を単位とする文明論の文脈で多角度からその関連性を指摘することで、読者個々の所与の属性を越えた、人類的視野に開けた精神の発達に資することができる、という見通しが内村にはあった。この学術的な啓蒙活動は、彼が知識人として、日本人に対する自己の職責意識をもって行われたことだと見てよい。内村は愛国心こそが国民の抱きうる最上の公的価値かのように讃えられていた時世に、世界人として、愛国心の方向性を限定するところの、人類に普遍的であるべき諸価値の宣伝を第一の職務として日本に貢献する道を選んだのだといえる。

それは何らか国家の現実的利得、例えば日本国の政治的独立や権益線の拡大、海外植民地の獲得のための奉仕ではなかった。抽象的かつ普遍的な真理そのものに日本を奉仕させる、という意味で日本へ貢献しようとする姿勢であった。内村がそうした志向をもったのは、彼自身が誰にも強制されることなく、独立した個人として、世界の知識に対する飽くなき探求心を保持しようと望む精神の持ち主だったからであろう。その消息は以下のように述べられている。

> 私は世界の歴史は細大漏らす事なく知りたく存じます、私は宇宙の事は、恒星の事も、礦物の事も、動物の事も、植物の事も、何もかも皆な知り尽したふ御座います、殊に神の愛の深さ広さは幾等究めても限りない事であると思ひます、私は未来に於て千年万年の生命を賜ふも私の学ばんと欲する万分の一をも知り尽す事が出来ないだらふと思ひます。[37]

内村はここで真理探究の際限なさを吐露しているが、それはそのまま、その可能性への期待の大きさをも表明するものと見てよい。自国に特殊な利益と正反対にあるところの、世界に普遍的な真理に参与する、という姿勢は、日露戦争前後の内村には基本的なものとなっていた。またその野心は、集団的にではなく、exileとなったアメリカ経験を通じて個人の出来事の次元で確立されたものであったため、独立した個人であることの意義はいよいよ強調された。内村が世界地理や歴史、あるいは同時代のあまり日本にはなじみのない地域の政治や文化の状況について読者に発信し、注意を促してきたのも、そのような世界精神を宿す独立した個人＝「世界の市民」として生きる人々が、より多く日本の地に生息することを願うことからであった。

このような内村の啓蒙精神が存分に反映された「教育方針」が遺されている。[38] これは生前未発表の、「一九一〇年七月」との日付が残されたものであり、彼自身、学校教育に再び関わる話が進行していたことを示すものである。[39] 彼はここで「活動の区域を全世界に於て求め」る人間の育成を掲げている。そのため学術面では「世界的言語の訓練に主力を注ぐ事」や「科学研鑽、常識修養の基礎」のための数学研究が重んじられている。外国語（「英語」や「独逸語」などの「世界的言語」）修得の必要性や、論理的思考力の獲得を第一とする方針は、普遍的個人であるべき「世界の市民」にふさわしいhumanityの育成を目指すことから選定されたのだろう。

ところで内村はこの「教育方針」にて、あくまで「日本憲法」の賦与する権利・義務の範囲内で教育を行うと述べている。ここには内村の遵法精神が発揮されているのを見ることができるが、それと並んで「政府顕官より何の保護をも乞はず」「自己独立の市民を養成すること」をも提唱しており、明確に非政府的と思われる立場を打ち出している。ここでも独立の個人性と世界市民性は、国家権力を各々、上下両方向から制限する方向で提出されているのが見てとれる。

それだけに尽きない。内村はこの自らの「教育方針」を「宇宙万物の造主」「人類の父なる神」への愛といった言葉から書き始めている。これは天皇とその国家にのみ忠誠を誓わせるような帝国憲法・教育勅語体制の根本精神に対する批判となりうるものであった。「神と自己とに頼り、独立の生涯に入るを得るの力量を養成するを努むる」というのがこの「教育方針」の中心思想であったが、これは、国家の干渉は最小限度に抑え、その強制力は排除された形で、人民個人の側に教育の主導権を取り戻そうという意志表明であったようだ。そうなれば、この文章が未公表で終わったこと、そうした教育機関が現実化しなかったことも無理はない。

もしこの「教育方針」が現実化したとしても、決して規模の大きな学校とはなりえなかったであろう。しかし、小なる教育の小さからぬ成果についての期待は、長野県の小さな学校「研成義塾」とその塾長である井口喜源治への内村の高い評価が表明するところでもある。[40]

内村は文筆や講演を通してだけでなく、全国に点在する同信の友の力を借りた教育実践を通じても、独立した世界人の養成に期待するところがあった。これまで論じてきた事柄から、「独立した個人」と「世界の市民」は不可分の概念であることも導かれる。彼はこのような世界の市民の立場から、単独の個人の価値を保つとはいいがたい、没我的かつ自己拡大の系にある愛国心を唱導する人々を、八方手を尽くして批判することになった。その言論の軌跡は、同じくヨーロッパ近代の普遍志向の知識人が闘ってきたところの帝国主義下の愛国言説の真相を剝き出しにするものであって、彼ら知識人と内村との強い類縁性を示すものである。次節では、バンダの言うような「裏切りの知識人」に対して、あるいは彼らと連動する大衆の俗流愛国心に対して、近代の普遍志向の知識人である内村がいかなる言論を提出していったのかを確認していきたい。

第二節　「愛国者」による「愛国心」批判

1　内村の愛国心理解の推移

内村は世界市民という身分に立脚することによって、一度脱ぎ捨てた「愛国心」を再び新たな意味づけにおいて回復する、という軌跡を描いたと見られる。前提なしにナショナリストといわれることの多い内村の「愛国心」は通り一遍なそれではなく、また終始、一定していたわけでもない。公的・私的にわたる苦い経験がいくつか重なった結果、内村における「愛国」は彼の抱く普遍的価値の諸概念に適うように、また聖書・福音主義の原理にも適うように、常に揺さぶられつつ何とか保持されていたものであったと見通される。

内村は米国から帰国した時、自らが米国で得てきたものを祖国日本で活かすことを決意した。新潟北越学館の教頭となり（一八八八年）、普遍的な見地から生徒の情操教育を行うため、聖書だけでなく論語や仏典の講義も行おうと考えた。内村には政教分離の理念があり、特定宗教の教理が教育の場で突出して展開されてはならないと考えた向きもある。しかしそこはミッション・スクールであるゆえ、宣教師たちと衝突せざるをえなくなった。しかもその対立構造には政党対立も反映されていたため、泥沼化の様相を呈し、純粋に学術的な見地に基づく普遍的真理の探究、というリベラル・アーツ教育を目指した内村の実践は潰えざるを得なかった[41]。

内村はこの経験を通じて、日本の教育に及ぼす外国勢力を不当に思い、民族自決の精神からその排除を意識したようである。もちろん単に民族自決という主体の問題だけでなく、政教分離原則や教育現場における特定思想への傾斜の禁止など、近代に普遍的な公教育の諸理念を内村は実施しようと考えたようだが、それはアメリカでのように日本ではうまくいかない、という予感もあった。[42] 目下、教育事業を通しての日本への愛が問題となっていたが、その愛が人類に普遍的な諸理念への愛にすでに規定されていたこともこうした事情から窺える。

愛国心の共有は日本の場合、皇室への特定の忠誠の共有とも関わってくるが、不敬事件前の内村は、近代日本の皇室の位置づけをまだ実感的に把握していなかった。彼も当時の民衆一般に共有されつつあった天子を戴く愛国心を、米国から帰国後、数年間は共有していたと思われる。[43] ところが不敬事件を経ることによって、内村は現下の皇室の位置づけが個人の思想信条の自由・独立を尊重する真理基準に適ったものではないことを実感していく。それゆえ彼の皇室観は夢から醒め、皇室を戴く日本の国体は冷徹な観察の対象となった。日本の天子が皇帝[44]崇拝の対象として慣習的に規定されようとしていることを認めたのである。[45] 国民に皇室を神的権威として戴くよう仕向ける日本政府が、常に警戒と批判の対象となるゆえんである。

内村が不敬事件の直後、日本国内における流竄生活の中で、こうした後に明らかになってくる傾向をどの程度自覚化していたかは定かでない。後年（一九〇九年）の回想によれば、不敬事件の顚末によって確かに内村の愛国心は一度著しく減退したかのように語られている。

余は高等学校の倫理講堂に於て其頃発布せられし教育勅語に向て礼拝的低頭を為せよと、時の校長代理理学博士某に命ぜられた、然るにカーライルとコロムウエルとに心魂を奪はれし其当時の余は如何にしても余の良心の許可を得て此命令に服従することが出来なかつた、余は彼等の勧奨に由て断然之を拒んだ、而して其れがために余の頭上に落来りし雷電《いかづち》、……国賊、不忠……脅嚇と怒喝……其結果として余の忠実なる妻は病んで死し、余は数年間余の愛する此日本国に於て枕するに所なきに至つた、余の肉体の健康は夫れがために永久に毀損せられ、余の愛国心は

甚大の打撃を被りて余は再たび旧時の熱心を以て余の故国を愛する能はざるに至つた、[46]

ここでは「再たび旧時の熱心を以て余の故国を愛する能はざる」という表現が重要である。かの不敬事件を区切りとして、日本を「愛する」の質や程度に大きな変化があったことを意図的に明確化させているからである。彼は不敬事件の時にカーライルのクロムウェルに関する著作[47]を途中まで読み進めており、その本から「自由と独立との愛すべく貴むべきを深く教へられた[48]」と言っている。「自由と独立」、それら普遍的な諸価値への加担によって「良心」が制約されていたため、国家・政府が用意した皇帝崇拝の確認装置にかけられることは直観的に拒否されたのだろう。こうした反省の言葉は一九〇九年に発表されたものであり、不敬事件から一八年後のものであるから記憶の改変や脚色が多少入っているかもしれないが、出来事の強度上、概ね採用せられてよいと考える。[49]

不敬事件を機にその「天子」への見方に変化が訪れたかもしれないことは、事件後に執筆された次の『地理学考』における記述からも推測されるところである。

応神の世に始めて支那的統一主義の我邦に輸入されしや、国民は喜んで之に接し、爾来各王朝が制度改革に従事せしや、必ず西隣の制度に則り、我蜻蜓洲《あきつしま》に家族主義に基ゐする支那政略を施すに取て一も不便を感ぜざりしなり、加之支那の大陸的思想は日本に渡て島国的の圧搾、蒸粋を来し、忠孝仁義の常道は殆んど宗教的の教理と化し、竟に世界に供するに万世一系の天子を以てするに至れり、[50]

内村はここで「万世一系の天子」が応神の世に輸入された「支那的統一主義」採用の結果によって誕生した一つの「政略」的「制度」かつ「教理」であった、とする見解を表明している。「忠孝仁義の常道は殆んど宗教的の教理と化し、竟に世界に供するに万世一系の天子を以てするに至れり」といった突き放した記述は日本に対する偏愛からは生まれてこなかっただろう。普遍的な真理に貢献する学問的に公平な姿勢から、当時、神代より不変と宣伝された「国体」の生成過程が淡々と実証史学的な検討の対象に上っていたことがわかる。

内村の愛国心は、不敬事件を第一の変化の契機とし、日清戦争を経て次第に特色を表す。彼は日清戦争を支持したが、それは政略からではなく、国家の現実的な利益拡大を願う愛国心からでもなかった。それは国際場裏に日本を東アジアの倫理的文明の先行者として位置づけたい、という類の愛国心であったということができる。つまり、強者である清国を押さえ、弱者である朝鮮を保護し、独立させるということ、それによって東アジアに国際的安定をもたらした倫理的功労者として日本を世界に認知させようという願望である。この倫理的野心が西洋由来の文明論に付随する普遍性への認識に根差したものであったことは強調されてよい。

しかし、野心は所詮野心にすぎず、その力みは裏目に出た。現実の国家間闘争や政府の政略の無慈悲さに対する無警戒な許容があったこと、理想主義が勝ちすぎた精神的な宣言であったことなどから、内村の「義戦論」は当時流行の「愛国者」――主に日本国の現実的な利権確保のために朝鮮や清に進出することを願う人々――の思うつぼの扇動の言葉としてしか機能しえなかった。また人類に普遍的とされる諸価値の現実世界における広範な伝播と成就のために、武力を有用な手段として認めたことも、後年の彼には強く反省されるべき一事となった。[51]

内村が日清戦争後、反政府・反権力の闘士として生まれ変わったことはすでに確認してきたとおりである。彼は日清戦争の講和もまだならない一八九五年の初頭、次のように日本の中華思想的言説を捉えて、教育という人間と国家の形成に関わる領域からそれを強く批判している。

我国固有の道徳を養成すると称して支那の聖人の書を講じ、和漢古代の忠臣孝子の事跡を誦し、愛国心を発揚すると称して頻りに我国の美を賛して外国を卑下し、以て精神的教育となすものは国家主義を以て世に誇る我国今日数多の学校なり。[52]

是れ今日我国に称する国家教育の真想なり、故に国自慢は愛国心として信ぜられ、儀式的服従者は忠臣孝子として誉め立らる、十九世紀の今日延喜の菅公 延元の正成を其儘模範とするにあれば古哲の心は解せられずして其言行は傚ふに難し、此種の教育亦た宗教的教育に類して偽善者養成に最も屈強なる機関なり、そは二者共に外より内を抑へんとし、無限の膨脹力を有する心霊を人為的模型の内に圧嵌《あつかん》せんと勉むるものなればなり、[53]

「無限の膨脹力を有する心霊を人為的模型の内に圧嵌せんと勉むる」という表現で指摘されているような、型にはまったショービニズムに到る愛国心教育への批判が、日清戦争以前から抱かれていた、独立・公平な個人の世界市民化への推奨の言葉とその基準に拠っただろうことは、先に第一節で検討してきたことからも推察されるところである。[54]

内村は戦後日本の風潮となった国自慢に呆れ果て、その反骨心の強さゆえか、日本を愛の対象とすることさえも忌避されたらしい。彼は減退した愛国心を次のようなユーモラスな仕方において披露している。

日清戦争以来頓と減却せし余の愛国心を恢復せばやと思ひ、余も観桜時節の流に習ひ、明治廿九年四月某日友人某と吉野観桜と出掛けぬ、そは余は「日本風景論」著者の紹介に依て読めり、

花より明くるみ芳野の、春の曙見しなれば、もろこし人も高麗人も、大和心になりぬべし、

と、余は思らく、吉野にして若し支那人や朝鮮人を斯くも瞬間に日本化するの秘密力を有するならば、況《ま》して日本生《は》へ貫《ぬ》きの余に於てをやと。[55]

このような試みが功を奏したのかはともかく、彼の愛国心は失われず、ある制限の中にしっかりと組み込まれ

て、内村の思索や文筆を推進する力ともなっていったと見られる。特に宗教実践の領野においては、北越学館での衝突劇の記憶もあってか、日本を救うという動機の部分に「愛国心」が強く働く結果となっていた。

余輩は余輩の国に叛いて余輩の宗教を信ずる能はず、余輩は余輩の宗教を捨て、余輩の国に忠なる能はず、余輩の信仰は愛国心に依て励され、余輩の愛国心は信仰に依て潔めらる、外国人に依頼する宗教と、博愛に基かざる愛国心とは余輩の均しく排斥する所なり。[56]

内村はここで、「国に叛」くこと、すなわち外国人に「依頼する」宗教実践を拒否しているが、それは現実の国体に叛くことではなく、あるべき日本、独立と自由な理想的日本に叛くことを指す、と言葉を補って読まれなくてはならない。それと同時に、宗教が世界に普遍的なものである限り、「余輩の国に忠なる」という部分的なものへの精神も「博愛」という基準から厳しく限定される。「博愛」こそが愛国心の基礎にある、というこの主張は、彼がかつて「世界の日本」で披露した、全体と部分の関係性の議論を踏まえるなら当然の判断であった。[57]このように日清戦後の内村の「愛国心」の表明は、つねにそれが精神の第一義的な拠り処ではない、という文脈において現れることになった。

愛国心に励まされたる時に余に大雄弁発す、然れども神に於ける大信仰の起る時に余に韻文あり、[58]

愛国心は普遍的な博愛によって限定されるものであり、それが直に生み出すものは、大雄弁が韻文に劣るように次善にすぎないとされる。内村において、宗教的実践における愛国心の位置は積極的に表明されることが多いが、それは彼が宗教に出会う以前に、すでに国家救済の意識を強固にもっていたことに大きく依るだろう。

余は日本国を救はんとした、然し之を救ひ得なんだ、然し国を救はんとする其心が余を神に逐ひやり、終に余の霊《たましひ》魂を救ふの動機となつた、愛国心は決して悪いものではない、是れは若し国を救ひ得ないならば自己《おのれ》を救ふ者である、故に我等何人も熱誠なる愛国心を懐《いだ》くべきである。[59]

これは日露開戦前の一九〇四年一月に発表されたものである。非戦論を掲げて『万朝報』を退社した後であり、日本の国際的な道行きが気になっていた頃の言葉であった。

彼は約七年間にわたり帝都の中央文壇でジャーナリストとして活躍してきたが、そこでの見聞から、偏狂に陥りやすい愛国心が国を救いえないことを実感した。しかしその愛国心が正しい形のものであれば、国を救いえずとも、それに挫折することによって、より高い、普遍の次元に目を向けることが可能となり、自己という個人の完成の道を助けるものとなる、と経験的に、逆説的な積極さにおいて理解されたのである。国を救う、という内容をもつ愛国心であるから、現状の国の状態に批判的であることが前提にあり、それゆえ改革精神の発露を伴う憂国心であった、と言い換えることも可能であろう。

内村の救国という線での愛国心理解が強固になってくるのは、それとだいぶ距離を置くような精神状態が訪れた日露戦争後であるといってよい。彼は現状の日本社会への嫌悪を感じつつも、戦争開始前と同じく、国を救うという目的意識から自らの職務を定め直そうと試みていた。

我は我が愛する斯国を今日直《たゞち》に済《すく》ひ得ざるべし、然れども我は百年又は千年の後に之を済ふの基《もとゐ》を置《す》えんと欲す、我が小なる事業が救済の功を奏するまでには我国は幾回となく亡ぶる事もあらん、然れども我は永久の磐の上に築て時の変遷を懼れざるべし、我は我国を世々の磐なる我神に委《まか》せん、世の政治家の如くにあらずして、預言者の如くに、使徒の如くに、大詩人の如くに、大哲学者の如くに、永遠の真理を講じて永遠に我国を救ふの道を講ぜん。[60]

こういった長期的視野のもとでの、しかも政治家と対置される「預言者」「使徒」「大詩人」「大哲学者」に連なる立場からの「永遠の真理」に拠った日本救国への意志は、半面、同時代の日本の主流思潮、あるいは政治や社会運動への期待の低下を表すものだといってよい。内村はそこで日本の救済のために必要とされる本当の愛国心をもった「日本人」に期待を表明する。

神は日本人を以て日本国を救ひ給ふべし、神は日本国の救済を日本人以外の者に委ね給はざるべし、神は日本人の中より日本国の救者《すくひて》を起し給ふべし、神は日本人の信仰と智識と財力とを以て日本国を救ひ給ふべし、神は日本人の愛国心を以て日本国を化して神の国と為し給ふべし、日本国は外国宣教師の憐憫に由て救はれざるべし、日本人自身の聖化されたる高貴なる愛国心に由て救はるべし。[61]

この日本を救うのは日本人でなければならない、といったこだわりは、超越の側からの限定をもって初めて復活してくる主張であって、実際のところ、理想的日本の側から、手の付けられない腐敗状態と見られた日本への絶望宣言と紙一重のものである。しかしこれは現実の事柄が全く蚊帳の外に置かれた上での希望の表明でもなく、日露戦争後、全国各地で出会った多くの同信の友たちがもたらす草の根からの精神変革運動の可能性を想定したものであった。

彼らに共有されていた日本救済の方法論の一つは「聖書研究」であった。『聖書』の研究は「真正の愛国心」の養成に資する営みだと意義づけられていたからである。

旧約聖書に於てモーセ、イザヤ、ヱレミヤ等の伝を究むべきである、茲に此世を全く離れたる愛国心が働いて居る、自己以上なるは勿論、国家以上、人間以上の愛国心が働いて居る、愛国心は如何に聖く、如何に尊い者であるかはイスラエルの歴史を読まなければ分らない、哲学者スペンサーの所謂

愛国心とは利欲の心を国家の上に表はせしものなり

とか、或ひは博士ジヨンソンの有名の言として伝へらるゝ

愛国心は獰人最後の隠場《かくれば》なり

と云ふ者の如きはイスラエルの愛国者に於てはその痕跡だも見ることは出来ない、故に余輩は真正の愛国心養成のために旧約聖書の研究を我国人に勧める者である。[62]

内村が日露戦争前後に「世界の市民」性を突き抜けて「天国の市民」であることを重視し始めたことはすでに述べたことであるが、それと連動した現象として「此世を全く離れたる愛国心」という概念が提出されたことは興味深い。内村にとって「真正の愛国心」は地上の特定の国の現実への愛ではありえなくなることを示すからである。世界規模の普遍的な教会があるならば、それに並行して普遍的な国家があり、それが神の国となる。内村のいう「真正の愛国心」はこの神の国に収斂される「自己以上なるは勿論、国家以上、人間以上の愛国心」であると定義された。その愛国心の担い手は当然、民族・国籍・人種を問わない、独立・自由の「世界の市民」であり、やがては「天国の市民」となるべき平民個人であった。

日露戦争後に「真正の愛国心」を定義しようとする試みは、やがて本当の「世界の市民」であり、「天国の市民」であると理解されたイエス・キリストのそれに帰着する。内村は日露戦争中の一九〇四年に、イエスには世に流通する類の愛国への偏熱がない、それゆえに日本の愛国者から嫌われる、ときっぱり述べているが、[63]日露戦争後の天上志向において、「真正の愛国心」という点では、その見方を反転させて有効化することにも思い至っ

たようである。

基督教に愛国心なしとは余輩が屢々《しばしば》耳にする声である、実《まこと》に基督教に世に謂ふ所の愛国心はない、即ち国を誇り、敵を憎み、国家のためとならば正義も人道も措て問はざる世人の謂ふ所の愛国心はない、基督教は斯かる愛国心を罪悪の中に算ふるに躊躇しない、是は私欲を国家に移した者に過ぎない、愛国心と云へば立派であるが、自己中心の一種と知つて決して尊むべき者でない。

然らば基督教に愛国心なし乎と云ふに決して爾うでない、基督教に愛国心がある、イエスには確かに是れがあつた、亦彼の心を善く知りし彼の弟子等にも是れがあつた、其事は聖書の明かに示す所である、聖書に愛国心の文字が掲げて無いと云ふて愛国心の不存を唱ふるは浅薄極まる観察である、聖書に愛国の文字はない、然し愛国の事実はある、沢山にある、充ち溢るゝほどある。

イエスは勿論彼の故国を愛した、アブラハムの国、モーセの国、預言者等の国なるイスラエルの国を愛した、（中略）イエスに愛国心がなかつたのではない、充ち溢るゝほどあつた、但彼は之を世の人とは全く異りたる方面に向て注いだのである、64

ここで問題となっているのは、神の国に対する愛国心に立脚した上での、その神の国を構成する一部となりうる地上の民族共同体への愛である。そしてこの類の愛国心こそが本当に国を滅ぼさずに済む愛国心であると内村は言う。この愛国心は「罪悪の中に算ふるに躕躇しない」と糾弾されるショービニズムを退けつつ、自分たち共同体の内部において憎むべき「私欲を国家に移」そうとする「内敵」を見分けさせるものとされている。つまり自己反省の系における平和志向の愛国心の提唱である。

外敵を攘《はら》はんとするよりも寧ろ内敵を滅さんとして、人は己が国を永久に保存することが出来るのである、国家の保存上より見てイエスの愛国心は最優等のものであつたと言はざるを得ない、イエスは外国人の罪を責めず、自国の民の罪を責めて、其民を永久に保つたのである、猶太人の今日あるはイエスと彼の前後に現はれし猶太国特産の平和的大愛国者の功に帰せざるを得ない。

イエスに高き深き強き愛国心があつた、故に我等彼の弟子にも亦是れがなくてはならない、我等も亦我等の国を愛さなくてはならない、而かもイエスの如くに之を愛さなくてはならない、即ち其外敵よりも内敵を憎まなければならない。[65]

外敵に代わって「内敵」という新たな憎むべき対象を定めようとするのは、戦闘者の姿勢を精神の動力とした内村らしい視点の取り方である。彼は強い愛は強い憎しみと一体になっている、という理解をもっていた。[66]愛すべきか、憎むべきか、その対象を割り振るのは普遍的諸価値の基準——ここでは「正義」や「人道」「平和」——に適っているか否か、であった。彼のいう内敵は、「学者とパリサイ人[67]」と呼ばれているもので、これは偏狭な愛国心を誇りとする同時代の知識人（宗教者含む）や政府高官を指すと総括できる。それはバンダのいう「裏切りの知識人」にあたる面々の、内村流の見出し方であったといってよい。

2　愛国心批判の射程——愛国心という「日本教」批判

自覚ある知識人（intellectuals）（clercs）において、国粋的民族主義や、私欲の延長に位置する排外主義と不可分の愛国心と戦うことが主たる職責となりえたのは、一九〇〇年前後の西欧も日本も同じであったようだ。この点は特にバンダが強調したことであり、サイードもその線に沿っている[68]。この愛国心をめぐる自称愛国者への批判の内実を明らかにすることによって、内村がどういった方向性の知識人であったのかという、本書が明らかにすべき重要な問いの一つに迫ることになると考える。

①「愛国心」を道具とした国民統合化の動きへの批判

内村が日本人の愛国心が日本の国体のもとでは危険であると気づき始めたのは、自らが図らずも渦中に置かれた不敬事件の後であったと見られる。彼は不敬事件後二年を経て、日本国内の愛国心にまつわる言説を二つの点から批判し始めた。

一つはその内容への批判であり、一つはその社会的な用いられ方への批判である。すなわち一つは自国の現実的利益を目的に他国・他民族を排斥しようとしたり、他国に比べて自国を特別に優れた国に仕立て上げたりするような言説の拒否である。もう一つは愛国心を国民個々人の価値を測る尺度にしようとすることへの批判であるとともに主として日本人が日本語で行う行為への否定であったことに注意したい。

内村が最も早く愛国心に関する批判的言説を呈したのは『基督信徒の慰』（一八九三年）においてであった。国内流竄者になった不敬事件を振り返り、当時の「愛国的」共同体から追放された結果、世界市民としての新たな所属感覚を得たことはすでに前節で触れたところである。彼のこの時点での愛国心批判は、実はその内容にほとんど立ち入らないものであって、批判点は次のようにその言葉の社会的な運用のされ方にこそあった。

「如何にして愛国心を養成すべきや」とは余輩が暫々《しばしば》耳にする問題なり、曰く国民的の文学を教ゆべしと、曰く国歌を唱へしむべしと、然れども人若し普通の発達を為せば彼に心情の発達するが如く、彼の躰軀《からだ》の成長するが如く、愛国心も自然に発達すべきものなり、義務として愛国を呼称するの国民は愛国心を失ひつゝある国民なり、孝を称する子は孝子にあらざるなり、愛国の空言喧しくして愛国の実跡を絶つに至る、余は国を愛する人となりて、愛国を論ずるものとならざらんことを望むものなり。

故に余は余の日本国を愛すと云ふは是決して余の徳を賞讃するにあらずして一人並の人間として余の真情を表《ひやう》するなり、[69]

ここで内村は、愛国心の内容以上に、それを掲げてそれに倣わない個人を締め上げようとする慣習をこそ疑問視する。それは、自分がかつてその慣習の暴力の犠牲になった経験からくるものだろう。「余は……愛国を論ずるものとならざらんことを望む」と気張っているのは、自ら被害者となった意識があるからであり、そのことを口に出すことは加害側の愛国者としての在り方にプロテストする意味が込められていたのだと読める。

このような愛国心の道具化による個人あるいは集団への締め上げの際は、決まって権威・権力がその唱道者の背後に控えていることを内村も見逃さなかった。その種の愛国心批判の最たるものは、有名な「文学博士井上哲次郎君に呈する公開状」（『教育時論』二八五号、明治二六年三月一五日）で行われたそれである。

このテキストは、先の『基督信徒の慰』執筆中に盛り上がりを見せていた「教育と宗教の衝突」論争に、ただ一度内村が参画したものと理解される。その一度にして自分の言うべきことを、口にできる範囲内で、精一杯工夫してまとめた論稿だといってよい。言うまでもなく内村はこの時、国家主義者側から攻撃されるキリスト教側の人間であった。批判の相手は、時めく帝大教授で、『勅語衍義』（一八九一年）の執筆者、井上哲次郎である。内村は反語表現などのレトリックを駆使して井上の隠された自己中心性が浮彫になるよう、丁寧に慎重に批判を展開していたといってよい。例えば次のごとくにである。

足下曰く「耶蘇教徒は多く外国宣教師の庇蔭を得て生長せしもの故甚だ愛国心に乏しきなり」と、是足下の観察にして余は是に悉く同意を表する得ず、然れども其事実問題は他日に譲る事となし、余は茲に余の観察を足下の前に開陳せざるを得ず、即ち「足下の如き尊王愛国論を維持する人士は多く政府の庇蔭を得て生長せしもの故甚だ平民的思想に乏しきなり」との事なり、広く目を宇宙の形勢に注ぎ、人権の重きを知り、独立思想の発達を希望するの士にして足下の如く重きを儀式上の敬礼に置き実行上の意志如何を問はざるの人は何処にあるや、足下は余輩の不敬を責むるに当て足下の材料を重に仏教の機関雑誌より得るの理由も蓋し茲に存せずんばあらず、（中略）勿論普通感念を有する日本臣民にして誰か日本国と其皇室に対し愛情と尊敬の念を抱かざるものあらんや、然るを愛国心は己の専有物の如くに見做し余輩の行跡を摘発して愛国者の風を装はんとするが如きは、阿世媚俗の徒も喜んで為す所なり、足下の如き博識の士は勿論不偏公平真理を愛する念より余輩を攻撃せらるゝなれども、足下の如き論法を使用し、足下の如き言語を吐かるゝの士は多くは、爵位官禄に与かる人に多きを見れば、余輩民間にあるものをして所謂尊王愛国論なる者も又自己の為めにする所ありてなすにあらざる乎の疑念を生ぜしむるは決して理由なきにあらざるなり、70

内村の井上への反論の目的は、ひとまずはここで引用した部分に挙げた、自称愛国者の「自己の為めにする所ありてなす」類の、尊王愛国風をふかす排外的姿勢への批判にあったと見られる。内村にとって当座危険と思われたのは、教育勅語の内容自体ではなく、教育勅語への忠誠を用いて国民個々人の愛国心を測る縄墨とすること、その慣習化により個々人の「人権」や「独立思想」を犠牲にして、国民統合を確立しようとする政策立案者の思惑の方なのであった。

内村はここでもまた、国民個々人の愛国心を放っておいてくれるように要請する。彼は「普通感念を有する日本臣民にして誰か日本国と其皇室に対し愛情と尊敬の念を抱かざるものあらんや」といっているが、これは愛国心をもって国民の質を価値づける尺度にしないための牽制であると見てよい。また、そのためにここで目的とされたのは、「愛国心は己の専有物の如くに見做し余輩の行跡を摘発して愛国者の風を装はんとするが如き」愛国者連中の化けの皮を論理的に切りはがして、その利己主義を剝き出しにすることなのである。

内村は愛国心による人の選り分けを「阿世媚俗の徒も喜んで為す所」であるとして批判しているが、これは間接的に井上らを「阿世媚俗の徒」と痛罵したことに等しい。内村にとって愛国心はまず他者評価において話題にする必要のないものであり、話題にするのならば、その話者がそれを用いて人を価値づけしようとする政治的行為となり、個人の独立と自由を脅かす危険行為になると警戒された。愛国心の内容以前に、それに向かう姿勢を一元化し、国民の条件として強制しようとする政策的思惑こそが、何よりも批判されるべきと思われたのである。

内村は日清戦争後もこのような「愛国心」を尺度にした国民の価値づけ行為をやめさせることを第一に、愛国心批判を展開していったと見てよい。彼はその批判をあくまで国境を越えた普遍的諸価値の側に立って行おうとした。そこでは愛国心を表立って規範化したり、それに忠誠を誓って見せたりしない方がかえって愛国者の狙う目的――愛国心の涵養――が達成されるのだ、といった逆説のような経験則も紹介されていた。

『愛国心は勇ましき弱質たるに過ぎざれば余は務めて其羈絆《きはん》より脱せんと欲す』とは、詩人レッシングの言なり。然るに此非愛国的詩人こそ仏蘭西并に伊多利の文学的羈絆を脱し、シルレル、コロプストックと共に独逸新文学の始祖とし仰がる丶者なりと知らば、人の愛国心は、彼の宣言如何に依りて定むべからざるを知るべし。71

内村の場合、結果的な統一はともかく、手段や過程の段階からしてすでに国民を一つに統合しようとする権力者の意図は、個人の無限な精神の伸長、すなわち「人権」や「独立思想」を阻害するものとして批判された。彼において愛国心は、愛であるからにはもっと自由な発露の可能性をもつものであり、時に愛ゆえに厳しい批判を展開する余地のあるものとして把握されていた。しかし、現状日本社会に通用している愛国心論議は、そういった自由を一切許さない暴力的な装置と化しているのだと批判されたのである。

我が裡に愛国心の燃ゆる時は我の国事を語らんと欲する時なり、而して我の国事を語る時は我の国賊視せらる、の危険を冒す時なり、故に我は努めて我の愛国心を抑圧し、以て順良忠実の民たらんと欲す。[72]

ここには内村が、その抱く愛国心を権力の掌中に収められまいとする緊張と警戒を確認することができよう。「国事を語る」とは、彼が実際に行ったように国事を批判することを意味する。よって、内村の愛国には、国事への批判行為を自由に遂行させるところの愛が想定されていたのである。そこでは表向き「順良忠実の民」であることは、本心としての「愛国心」から出る批判行為を封じることになる、という精神的緊張を伴う事態にならざるをえない。

以上見てきたように、内村の愛国心批判はまずもって、愛国心理解の一元化やその政治的ドグマへの取り込みへの批判であった。それは、個人の任意であるべき愛国心の形やその自由な発露が、すべて権力の統制下に置かれて逼塞させられること、あるいはそれを利用して社会の厄介者を排除しようとすることへの断固たるプロテストであったといえよう。

② 党派心や利己主義の系にある愛国心批判

すでに見たように内村は、愛国心とは常に人類に普遍的な諸価値の達成、例えば個人の自由・独立といった「人権」や「博愛」が確保された上で初めて正しく有効に、個人の内面において機能しうるものであると考えていた。それゆえ愛国心がその制限を超えて、政治的・社会的意図をもって発揮されることは危険であることを承知していた。そしてそういった危険な形で宣伝され、強制される明治の愛国心の内容、その方向づけに一定の型があることを感知している。

彼は日清戦争前の『伝道之精神』においてすでに、特定の個人あるいは集団の党派心や利己主義の系にある愛国心を批判していた[73]。それはそうした偏狭な愛国心を動機としてキリスト教を伝道しようとすることの拒否でもあった。また同年発表の『地理学考』では、愛国心は終極の目的を自国の内に設定していては正しく成り立たないとも指摘されていた[74]。愛国心は宇宙や世界といった一国以上の目的のために、特定の国家をその部分として認識させ、謙遜させる思想でなければならない、というのが内村の基本的理解であったとしてよい。

ではなぜ偏狭な愛国心はいけないのか。内村はその回答に実際的なものを提供する。すなわち自愛的愛国心は国家の世界化を阻害し、それが昂じると自国を破滅に導くからであるという。

日本世界を日本化せんとする乎、或は世界に世界化せられんとする乎。是れ日本国民の死活を決する大問題なり。皮想の見よりすれば、世界を日本化し、之を併呑せん事は、勇ましくも見え、又国威発揚の原則にも合ひ、其今日我同胞の賛同を博するに至るは謂ふまでもなし。

然れども、逆説の如く聞え、売国論の如く見えて、而も歴史上の大真理なる事は、世界化せらるゝの国民が、世界を支配するの国民にして、世界を自化せんとする国民は、敗滅に帰する国民たる事是なり[75]。

内村のここでの意図は「皮相の見より」する愛国心を退け、真正の愛国心をもってそれに対峙させることであった。「皮相の見より」の愛国心とは、「世界を日本化し、之を併呑せん」とするそれであって、国威発揚により国民の欲求を満足させる類のものを指す。端的にそれは自己拡大の系にある。内村はそういった利己的な考えに対し、「売国論」にも見えるが「逆説」的に歴史の真理であるような考えを提出するという。それが日本をして「世界に世界化せられんとする[76]」ことであった。反対に、日本をして「世界を日本化せんとする」態度に出るなら、歴史の法則の逆を行くことになり、必然、日本は「敗滅に帰する」と警告されたのである。

内村がこの問題を『東京独立雑誌』の初号（一八九八年六月）に掲げたことは重視されてよい。新発行の雑誌の性質を読者に知らせることになる第一号で、彼は明確に「世界市民」の立場から、偏狭な愛国心を批判する見解を表明したのである。

内村は『万朝報』英文記者として活発な評論活動を始める以前に、すでに日本の台湾統治の稚拙さを批判していたし、[77]国策としての領土拡大、すなわち他国の領土への軍隊や資本の進出については、民族自決の点で基本は反対であった。他者の立場から考える、というのが真に普遍的見地をとることの結果の一つであろうが、ひるがえって、自国を滅亡に導かないようにと慮る愛国心も、同じく普遍的諸価値に基づく見地から得られたものであったと見られる。

その内村にとって、現下に盛んな類の愛国心の変革がすぐに可能となるとはさすがに思われなかった。しかしこの偏狭な愛国心が国家を滅ぼすという歴史的法則性を担うのであるなら、やがてはその危険性が世界規模で周知のものとなり、その手の愛国心は跡を絶つに至るのではないか、と望まれたこともあった。彼は一九〇〇年の年頭にこんなことを述べている。

国民的差別の滅除の如きも新世紀に於て起るべき現象の一なるべし、人は其奉ずる主義に依て別るべきものにして地理的位置又は人種的差異に因りて団躰を異にすべきものに非ず、最終の勝敗は善人と悪人との間に決せらるべきものにして、一国民と他の国民との間に争はるべきものにあらず、前世紀の末期に於て熾《さか》んに唱へられし愛国心なるものは今世紀の終りに於て空しく世の嘲弄物として葬られん。[78]

内村が「世の嘲弄物」として葬りたかった愛国心は、人を独立自由の個人として扱うことを許さず、結果として個人の主義や、物事それ自体の善悪を基準にした判定を退けるものであると批判されている。また、国民間の戦争も畢竟、愛国心が大きな原因であると目された。この主張は、同時代ヨーロッパの思想的窮状を目撃してきたＪ・バンダの見解と主調を一にするものと見てよい[79]。しかし、内村のこの二〇世紀に託した希望は、欧米各国に日本を加えた帝国主義政策の世界的潮流によって、いとも容易に裏切られることになった。

その最たるものであった日露戦争の前後、内村が最も腹立たしさを覚え、対処に苦労した相手は、偏狭な愛国心を『聖書』の言葉に結びつけて主戦論を展開するキリスト教界一般であった。彼は非戦論者となって後、より一層 humanity の普遍的価値の基準から批判精神を厳しく働かせるようになったといえるが、キリスト教も含めた真理の系が日本に入るといかなる運命をたどることになるのか、そのことを鋭利な観察眼をもって次のように分析している。

日本人が基督教を信ずるのは容易ではない、何故なれば日本人は凡て愛国者であつて、多少は凡て政治家であるからである、日本人に取ては日本国を離れては宗教もなければ哲学もない、日本人は惟ひたすらに真理を以て日本国を利益しやうとのみ欲《おも》ふ、然るに基督教は日本国のものでないのみならず、亦斯世の属《もの》でない、基督教は此世に使はれんと欲する者でなくして、此世を其用に供せんとする者である、我儕《われら》若し基督教に行かざれば基督教は我儕の所へ来らない、基督教は日本が其属となるまでは、日本国を益せんとはしない、茲に至て所謂「宗教と教育との衝突」なるものが起つて来るのである、爾うして日本人にして此衝突に耐え得るものは滅多にない。

故に最も多くの場合に於ては日本人は基督教を日本化せんと努めて、日本を基督教化せんとはしない、爾うして日本化したる基督教を受けて、自から基督教徒なりと称する、（中略）

然しながら此事は基督教の不幸ではなくして、日本の不幸である、斯かる愛国的老婆心を以てしては到底基督教を以て日本を救ふことは出来ない、我儕は思切つて我儕固有の愛国心を脱却し、政治家の根性を断絶し、全く天の属《もの》となつて、神の聖徳を此国に持来さなければならない。[80]

このテキストは内村の明治期の愛国心批判のものとしては最も内容豊富な、批判として最も深くまで入ったものであったと理解される。日本に通用している「我儕固有の愛国心」や「愛国的老婆心」からなぜ「脱却」する必要があるのか、その理由を、普遍的な真理に敵対するまでに至ったとされる日本固有の精神文化の地平から解き明かそうとしているからである。

内村は日本の風土に広く見られるところの、普遍性を矯めるその精神を「政治家の根性」だと表現する。外来の普遍的真理に対して謙虚になるのではなく、それを自己の利益のために道具化しようとするその打算を捉えた言葉であろう。普遍的であるべきキリスト教も、近代の日本ではことごとくその内実を変態させていった例はいくつも発見される。[81] そうした、普遍なるべきものを厳しい対決なく特殊化・道具化してしまう文化は、内村には深刻な「不幸」と映り、やがて訪れるはずの日本の世界からの孤立化を想起させたのであった。

こうした内容を見据えた上での内村による日本愛国心批判は、国自慢の愛国心が日本人のほとんど唯一最大の宗教になっている、という特異な洞察に支えられていた。その宗教の核にある経典は教育勅語であり、それが日本にのみ通用する個別の倫理体系の成立を許している、と評されたのである。内村はそれを「日本教」と呼んで告発した。次の彼の言葉からは、「宇宙の大道」や「世界の標準」を裏切る言説を、国民上げて信奉させる「日本教」への危機意識の高さを読み取ることができよう。

日本は特別の国なり、金甌無欠《きんおうむけつ》の君子国なり、之に異様の国躰あり、之に特種の道徳あり、之に独特の美術あり、何事も例外ならざるはなし、故に日本は万国の標準を以て規《はか》るべからず、欧米の実例に依て照すべからず、日本は世界を同化するに至るも世界は日本を訓化するを得ずと。

此の如きは今日の日本人大多数が尚ほ唱道確言する処なり、新聞記者之を唱へ、政治家之に和し、小学生徒之を歌ひ、之に賛せざれば日本人視せられざるの感あるに至れり。

是に於てか日本教と称して異常の倫理学的系統は編み出され、万国歴史の攻究は疎んぜられ、紫式部の源氏物語は愛国的読本として採用せられ、バーク、ゴールドスミッスの作は或は博愛主義を教るの故を以て、或は恋愛を説くてふ理由を以て、教科書としては使用を禁ぜらる、科学にワット、ニユートンの迹を逐ふも、倫理に鎌足正成を仰ぎ、西洋を学ぶに常に実利的観念を以てし、彼の技芸を受けて其精神を却く。

然れども余の見る処を以てすれば自然は日本の為めに特例を設けず、日本人にして宇宙の大道に遵はざらんか、宇宙は日本の為めに仮借する事なし、是れ技芸学術の区域に於てのみ然るにあらず、政治に於て然り、道徳に於て亦然り、日本の国躰は国民の腐敗より来る国家の衰退を妨げず、日本の美術は民心の堕落を感受せざるを得ず、国家は国民の組成する集合躰なれば、国民にして若し宇宙の大道に戻《もと》らん乎、如何なる制度も如何なる俗習も其腐蝕を防ぐ能はず、其過去の歴史に頼り、其祖先の武勇に誇り、奢侈淫逸を顧みざる国民にして永く栄光を保持せし者あるを聞かず、爰に於てか余輩は世界の標準に照らして日本を攻究するの必要を感ずるなり。[82]

ここで述べられる「之に賛せざれば日本人視せられざる」という風潮こそ、愛国心に関して内村がまず戦ったところの国民一体化への傾斜であった。それとともに彼は、日本の愛国心が、日本語が通用する範囲でしか通用しないような「異常の倫理学的系統」をもたらして、個人を縛るような内容をもつことを批判する。一国家に特殊な道徳などというものは世に存在しえず、あるのは世界人類に普遍的な道徳だけである、というのが内村の基本的な主張であった。その「道徳」を個別文化によって曲げてしまうことは、「自然」や「宇宙の大道」に反することであり、それら「日本」以上の領域、すなわち「世界の標準」「宇宙の大道」からやがて報復されることになるだろう、と彼は見た。内村は「道徳」だけでなく、日本の「技芸学術」や「政治」「制度」にも、その独りよがりな文化の精神が通底していることを認めていたのである。[83]

そこでは内村が「日本の国躰」の成立構造について言及しているのが目を引く。大日本帝国憲法では、主権者は天子のみであり、その他の民は「臣民」であるという上意下達式の国家構成が定められていたが、内村はここでそれを拒否するかのように、「国家は国民の組成する集合躰」であると言い切っている。それゆえ国民一人一人の「世界の標準」からの逸脱が、やがては国家全体の命運を孤立と滅びに導くことが示唆されるのである。

しかしこれを逆方向より見るなら、国家の成立において国民一人一人の責任は重く、個々人が普遍の法則に結びつくことによって、国家の進路をやがて正しい方向に変えられるのではないか、と見込まれることにもなる。上流階級や政府高官、政府に近しい井上ら専門家知識人たちから流れ出る、偏狭で実利的な愛国心言説に抵抗しながら、内村は世界市民的精神の獲得を、自らが執筆する諸雑誌の読者を結節点として、社会一般へと普及しようとしたのであった。

その上で、内村は、世界市民性の核となる自由・独立の精神を、政治的な愛国心に毒されてその定着の可能性が低い上層階級や知的指導者たちにではなく、地方や農村で手足を使って作業する非政治的な民衆においてこそ定着させようと試みた。そこに彼のいう社会改革の理想が立ち上がってくるのである。以下では、この内村における社会改革への展望と、その核となる政治的手段への批判、それに代わるものとしての特定古典（『聖書』）研究がもつ社会事業性の提唱、といった一連の事柄について考察していきたい。

第三節　社会改革の論理と倫理

1　革新の単位としての個人

① 集団的・政治的改革論への批判

内村は社会改革に対して一家言ある論者であった。彼の批評活動は単に権力者や民衆の腐敗堕落を痛罵するだけでなく、こうあるのが至当である、という改革の方向性を固く保持するものであった。それゆえ、彼の批評の一種は、世間一般に知られた改革の試みの問題点を指摘するという性質をもった。内村は社会改革の呼び声盛んな明治三〇年頃の「今日」の状況を、次のように批判的に列挙している。

所謂名士を網羅せんが為めに其名と其勢とを見て敢て其主義意見を究むるなき政党の勢力ある今日、会員を増し会勢を張らんが為めに其資格と素性とを究むるなき青年会事業の営まるゝ今日、所謂基礎を鞏固にし業務を拡張せんが為めに資を仰ぎ寄付を受くるに於て敢て其性質と要求とを顧みざる慈善的事業の行はるゝ今日、殖産殖財の為めに猫を剝ぎ犬を剝ぐ的主義の唱道せらるゝ今日、年来の民権論を捨て自由説を擲ち、閥族に屈し動《やや》もすれば「国家的」「国家の為め」と称する政士の跋扈する今日[84]

内村は現状の「政党」や「青年会事業」、「慈善的事業」や「殖産殖財」などに問題を認め、それらが掲げた目標の達成されることを信じない。特に「国家的」「国家の為め」と壮語する旧自由党風「政士」への批判は厳しい。内村は社会改革の基本単位を着実な個人の歩みに見出すからである。社会改革の基本単位は、一人が一人に対して行うところの、人を作る営みであると把握された。これは個々人に「一改革者」であることを要求する姿勢であったといってよい。

「人間を作る」必要を認める内村は日本の法的基盤をも信用しない。次のように憲法すら批判の対象になっている。

軍艦製作は『亜細亜老大国の門戸を打破して欧洲列強の為めに覬覦《きゆ》侵略の道を闢き』、憲法製作は風俗壊乱、士道墜落の端を開けり、作て功なきものは実に軍艦なるが如し　憲法なるが如し。然り人を作れよ、そは人一人を作るは憲法を作るよりも偉大なる事業なればなり、[85]

内村は法治国家における遵法精神の必要を踏まえてはいるが、帝国憲法の内容や運用に喜んで賛成できなかったことはこうした言辞からも窺える。彼の立場は人民主権であり、次章で検討するように、共和政体と地方自治、連邦制を最良の政治制度とする理解を持っていたため、天皇主権の中央集権国家を規定し、国体に反するものは容赦なく弾圧することが可能な憲法など手放しで肯定されるはずがなかった。憲法発布の当初こそは、憲法がない時よりは前進したと思っていたが、憲法が出た後、その運用状況をみてみると、それが社会の腐敗を加速するほど酷いと把握されたのである。国家としても、憲法のある国となったことで対外意識の面で増長し、欧州列強に自己を訴えながら「亜細亜老大国の門戸を打破して欧洲列強の為めに覬覦侵略の道を闢」くという大罪悪（日清戦争を指す）を犯したと思われた。

法律や制度よりもまず人である、という社会改良の序列は、内村において日清戦争前から一貫している。彼は「憲法」発布後の社会情勢への批判から「憲法」そのものの質への批判を透かして見せているが、そこには、このような憲法によっては本当の改革はできないという心境があったようだ。「五箇条の御誓文」にまで遡って、それによればどんな自由制度も達成できると言い放ったのは、[86]現行憲法周辺へのあてつけの意味もあったのだと思われる。

内村が憲法以下、法律の作成によって政治的に行われる改革に根本的な疑義を呈したのにはまた別の理由も挙げられる。それは政治という営みが、基本的にはその担い手や、その担い手を支える人間＝市民個人が倫理的でなければあまり良い結果をもたらさない、という認識による。それゆえに順序としては政治以前に、それに参加する人間たちの道徳や宗教を、やがてはその蓄積から生じる国民的エートス（倫理的気風）を改善する必要がある、という筋道が描かれた。

彼は「政治を作るもの」（一八九八年）というテキストで次のように述べている。

宗教道徳が政治を生みし例はあれども、政治が宗教道徳を生みし例あるなし。恰も花は常に実を結べども、実は曾《かつ》て花を開きしことなきが如し。孔子の教訓ありて晋の穆公、唐の太宗の仁政あり。カービンの神学ありて和蘭《オランダ》起り、ノックスの説教ありて英国十七世紀の革命ありし。政治に依りて徳教を興さんとする者は葉に依りて幹と根を作らんと欲する者にして、其事業の逆流的にして失敗に終るべきは理の最も睹易《みやす》きものなり。[87]

内村は、科学者・農学者としての訓練によるのであろうか、現象を見据える際、まずその生成過程を批判的に推し量ろうとする思惟傾向が顕著である。人類の歴史的経験から導出すれば、国民道徳や国民の神観を政治が恣意的に構築しようというのは、自然を裏切る行為であり失敗は必至と見た。そして、そのような経験則を軽んじる政治の問題は彼に、その政治が成立するに至る生成の源の問題を、すなわち国民の「宗教道徳」次元での課題を意識させた。なぜ日本現今の政治はうまくいかないのか、それが政治を行う側の問題以上に、政治家を輩出する側の「高貴なる国民」の欠乏や「善良なる市民」の不在・不足に見据えられたのである。

政治家に頼るを已めよ、彼等は今日の日本に於ては何事をも為し得ざる者なり。築材なくして大工は家を造るを得ず、高貴なる国民なくして大政治家も強固なる国家を造る能はず。今は築材欠乏の時なり、吾人に大工たるの野心を去りて、樵夫又は石切りと成るの覚悟なかるべからず。[88]

日頃、政党や政治家を批判していた内村であるが、ここでは視点を変え、政治する側の視座から、政治が行われる土壌に属する不可能性を指摘している。それは政治家が生まれ出る土壌でもあったため、より根本的に日本近代の政治文化の問題を突いていたといえるだろう。

内村は、社会現象としての政治経済は結果であって、その原因は個々人の道徳にあることを「火を睹るよりも易き理」「常識」だとして何度も強調していた。

政治は結果にして道徳は原因なり、政治の挙らざるは国民と其政治家に道徳の欠乏すればなり、是れ最も睹易《みやす》きの理なれども、然れども此火を睹るよりも易き理に徇《したがっ》て事を処《しょす》る者甚だ尠し、国民の最大多数は改革とさへ言へば必ず政治上の改革を道《い》ふなるが如く、千百人の起て国政を調理せんとの希望を懐く志士あれども一人の国民の心裡に真理を扶植せんと企つる決士あるなし、疾病は身躰に於ても国家に於ても其病原を除くにあらざれば之を癒す能はず、余輩は之を此種の常識が一日も早く我国民の中に行き渉らんことを願ふものなり。[89]

内村は、社会変革の望みを真っ先に政治的手段に賭けようとする思考を退ける。その生成論的思惟傾向から、「一人の国民の心裡に真理を扶植せんと企つる」こと、その堅実さのみを改革への効果的な方途とみなすからである。これは先の憲法批判に見られるように、政府や議会に関わること一般に信を置かない姿勢とも通じ合う。それだけでなく、社会の上層から、あるいは他者一般から改革を求める姿勢それ自体を批判しようとしたのだといえる。

もちろん、内村は現行の政治や社会の動向に無関心になったのではなかった。問題の噴出口である既存の政府や議会の動向を注視し、そこに見られる旧弊の根本的な破壊を宣言することも併せて行っていたのである。特に一九世紀末、『万朝報』『東京独立雑誌』時代の内村は、この破壊の呼びかけを自らの主たる職務の一つとして認識していた感すらある。

一物を建設せんには一物を破壊せざるべからず、善良なるものを来さんとすれば先づ醜悪なるものを去らざるべからず　破壊はやがて建設を意味し建設はやがて改良を意味するなり　破壊と改良とは世の常態にして実に社会の生命なり

漫然破壊の時代過ぎて建設の時代来れりと云ふことを止めよ、破壊することなくんば社会は死せるなり改革の健児よ如何にして善きものを来さんと苦慮すること勿れ、要は鉄腕を振て醜悪を摧《くだ》くにあり、醜悪去て稍《やゝ》可なるものを得べく稍可なるものを去て始めて大に可なるものに達すべし、[90]

わけてもとくに、内村の「破壊」の対象が薩長藩閥政府であったことは、彼の批評家としての地位を定めただろう『時勢の観察』以来一貫している。

藩閥政府を毀はす者は維新当時の精神を発揮して之をして更に一層透明ならしむる者である、『五ケ条の御誓約』なるものをドゞの詰《つま》りまで論究すれば如何様なる自由制度でも此国に採用する事が出来る、親鸞蓮如の精神を発揚して今日の本願寺は一日も永く其存在を続ける事の出来るものでは無い。[91]

内村は「藩閥政府」という、情実の絡んだ権力の集中それ自体を一掃したかったが、情実政治は何も国政にだけ見出されるのではなく、社会におけるあらゆる組織に見出される現実であると通観していた。それゆえ、こういった「破壊」の呼びかけが、政治家の一挙手一投足への批判ではなく、「自由制度」を採用しない権力者集団一般に向けられていたことは、ここに「本願寺」なる宗教組織への批判が並列されてくることからも看取される。内村は日本の社会改革の可能性を、国政や政治の絡む組織一般に認めることを退け、個人的な人間育成から出発することを呼びかけた。今ある間に合わせの素材によって、盤石な建築物としての国家や社会を形成することは不可能事なのであって、世代交代の果てに指導者もそれを選ぶ人民の質もともに「自由・独立」の方向へと進歩していく時代の到来を待とうとしたのである。この点は、彼が日本社会の改革を語るとき、時に「百年」「二百年」「千年」という幾世代にもわたる猶予期間を設けていたことからも指摘されうる。[92]それはイギリスのクロムウェルからグラッドストーンまで、あるいはアメリカの独立達成、合衆国憲法成立からリンカーンの登場、奴隷開放へといった、内村が把握する西洋史上の自由の獲得への道のりから割り出された、最低でも必要と思われる期間であったからであろう。

このように政治的な改革を退け、草の根からの人間性や価値観の育成に日本の変革の可能性をつないだ内村であったが、一つ気がかりなことがあった。それは日本文化の「家族主義」的傾向である。それは直接には「東洋道徳」「支那道徳」とも呼ばれた「修身斉家治国平天下」（『大学』）の思想に求められるかもしれない。内村は家族という概念——それは市井の一家族という単位のみでなく、国家を家族の延長上の集合体と考える思想にまで至る――が、個人の自由な精神の発達を妨げる可能性を憂慮した。また実際、家族主義の中で生活してきた日本の民衆には、目上のものからの指示待ちの姿勢が定着してしまったとも見ている。

個人主義の国に在ては吾人は個人を改良して直に社会並に国家を改良するを得べし、然れども家族主義の国に在ては国家全躰を改良するに非ざれば社会并《ならび》に個人を改良する難し、是れ実に改良事業の前者に於て容易にして、後者に於て困難なる所以なり、正当に之を解すれば家族主義の国に於ては輿論なるものあるなし、改革は下民公衆の声に応じて来るものにあらずして、為政者の命令の下に行はるゝものなればなり、此場合に於ては吾人は社会を運命の手に委ね、吾人以外の勢力の来て其改良を促すの時機を待つあるのみ。[93]

内村が発見したのは、日本の場合、家族主義が強いために、個人主義の強い国なら個人を改良して社会や国家へと連鎖的に波及していけそうな自由思想が、家族主義の制限によって止められてしまうという見通しであった。そこで彼は、こういった個人の自由・独立を阻害する方向で機能する「家族」の代わりに、純然たる「ホーム」（家庭）を対置しようとする。家族主義は打破すべき旧弊に属するが、「ホーム」の建設は、自由で責任ある個人を育む、人間誕生の最初の場として重視されたのである。内村にとっては「ホーム」（home）における出来事までは私事（private affairs）といってよかったから、ホームは「個」の求心力の強さに貢献する場として理解されていたと見てよい。一方、打破すべき「家族」は、個人を巨大な権力の論理に吸収していき、個人特有の自由を窒息させるもの、国家権力の中枢へと個人を絡め取る、最先端機関のように捉えられていた。

内村にとって、このような家族主義を打破し、それにかわるホームの建設を呼びかけることも自らの職務の一つとなっていく。彼は『万朝報』時代の友人、堺利彦（枯川）が『家庭雑誌』を発行する際（一九〇三年）、初号に次のような言葉を寄せている。

国家を顧みて家庭を顧みない国家は必ず滅亡すると定つて居る、爾《さ》うして今日の日本国は今や此危険なる地位に居るのである。

「婦《つま》を愛する者は己を愛する也」とは基督教の聖書の中にある言辞である、是れは東洋人の耳には甚だ気障りのする言辞であつて、彼等が甚だしく基督教を嫌ふのも其中に斯かる教訓《おしへ》があるからである、然し西洋今日の富強なるものは実は斯かる教訓が永の間彼等の中に伝へられたからであると歴史哲学者は言ふ、若し日本国の経綸家が如何程《どれほど》深い意味が此言辞の中に含まつてあるかを解し、ホームを潰す者は人類を潰す者であるの考へを以て世に臨まば、社会の改良は全く希望《のぞみ》のない事ではあるまいと思ふ。枯川君たる者は宜しく此態度を以て我国今日の東洋的社会を其根底より改造すべきであると信ずる。[94]

ここで述べられる改造すべき「東洋的社会」の最後の砦が、日本的家族主義であると内村には見出された。彼は国家や社会、そして家族に至るまで、個人からの改革とは対蹠的位置にあるものや、その円滑な実現の妨げになるものへの危機意識を強くもっていた。そのような危機意識と隣り合わせに目指された、彼の個人からの改革の具体的な構想を探っていきたい。

② 個人からの改革――その出発点と終着点

内村は憲法や議会による法律の制定に全く期待するところはなかったとはいえ、既存のそれらを破って自らによる代替物を社会的に実現させようとはしていない。基本的には国法の許容範囲内で、というのが、内村が『聖書』その他から得た活動の方針であったようだ。よって、個人が良き影響を与えうる活動の範囲は無限ではないことが理解されていた。そこで、彼の個人による改革運動の方針は次のような範囲において把握されることになった。

吾人活動の区域は狭し、然れども全く無きにあらず、吾人は吾人の上に立つ者を感化するの権能を有せず、勿論社会全躰を改良するが如きは、我邦の如き国柄に於ては平民的勢力の及ぶ処にあらず、然れども吾人は吾人の下に立つ者を感化するを得べし、吾人は亦吾人の感化を吾人の友人に及ぼすを得べく、吾人接触の感化区域をして幾分なりとも清浄ならしむるを得べし、グラッドストンたり得ざるも中江藤樹たるを得べし、リンコルンたり得ざるも二宮金次郎たるを得べし、若し一国を救ひ得ずんば一郷一村を救はんのみ、若し一村をも救ひ得ずんば人一人を救はんのみ、吾人豈失望すべけんや[95]

開明的知識人一般が「我邦の如き国柄」に大きな違和感や危惧をもたずに、世界の大勢や進歩の法則を掲げ、それが日本にも適応されるのは必至であると思い、唱えることが可能であった時代は過ぎ、日清戦争後ともなれば、社会には貧困や労働問題が、文化面では国民文学の不在が嘆かれるなど、新しい課題によって、自分たちの現状とそこに至る歴史を反省することを迫られる時代が訪れていた。しかしたとえ大きな展望を持っていたとしても、「動かすべき大きな組織もない個人[96]」、すなわち「平民」にとっては、実際「吾人の下に立つ者を感化する」というのが、誰にでも着手され、それなりの効果が見込まれる唯一の方法となるだろう。政治的志向の強い人間には冷や水のように感じられる文章であろうが、空想的ではなく、内村の地味に現実的な面がよく表明されている。実際こういった内村の方針に賛同してか、内村を支持する地方の名士が農村改革などに着手した例がいくつも見られることになった[97]。

それでは、他者を感化するとは具体的にいかなることを想定していたのだろうか。内村は一八九八年発表の「根本的改革」なる文章で次のようなことを述べている。

政党内閣が藩閥内閣に代りしとて、根本的改革は来らず、伊侯隈伯をして幾度内閣を造らしむるも、根本的改革の来らざるは勿論の事なり。

根本的改革は、国民の宇宙観并に人生観の革《あらた》まるより来るなり。故に是れ詩人、哲学者、道徳家并に宗教家の事業にして、政治家の事業にあらず、伊侯隈伯、A党B党より根本的改革を望みつゝ、ある日本人は、終に全く失望せざるを得ず。[98]

前半は「政策の配合に依りて民衆を済度」[99]するのは夢想、とする内村の非政治の立場を表明している。後半こそが「根本的改革」の中身と見てよい。それは「国民の宇宙観并に人生観の革まるより来る」と提言されている。この「国民」は個々人の意味でもあろうし、集団としての国民の意味もありそうである。多方面で発揮される文化としての国民精神、その根にある「宇宙観」や「人生観」が国家の進路を方向づける、という理解がここには控えている。

それでは、このような「世界観」「人生観」の変革の方法はいかなるものであろうか。内村はその方法は声高な「譴責」や「叱咤」といった刺激的な手段ではなく、静かなる「教導」にあるとする。[100]彼は「革命の実行は之に先《さきだ》つに深遠なる思想の注入を要す」といい、「仏国革命、米国独立はミラボー、ワシントンの業と称せんよりはジョン　ロック、モンテスキアの業と称すべきなり」という。なぜなら「前者は表面的に後者の革命的理想を実行せしに過ぎず」とされるからである。これが日本の文脈におかれた場合、先ほどの引用にもあった「中江藤樹」「二宮尊徳」のような仕事ということになるだろう。内村にとって比較的理想的な政体であると認知されていた共和制の国、アメリカとフランスの事例が引き合いに出されていることからも、この思想が一朝一夕に出来上がったものでないことが推し量られる。

そこで、その「宇宙観」や「人生観」の変革についてさらに具体的に捉えていこうと考える。内村は「国民思想の改革」（一八九八年）において次のように述べている。

日本今日の要する改革は、政治又は文学又は社交等一部の改革にあらざるなり。日本今日の要する改革は、思想の改革なり、即ち父母に対する思想の改革、夫に対する、妻に対する、兄に対する、弟に対する、僕と婢とに対する、友と隣人とに対する、一言にして蔽《おお》へば『人』に対する思想の改革なり。権利義務の念、此に依りて生じ、新法律の精神此に依りて明らけく、新憲法の運行此に依りて稍々《やや》円滑なるを得べし。そは東洋的父子兄弟朋友の関係は、今日欧米諸国に於て行はる、人間相互間の関係と大に趣を異にするものあればなり。[101]

内村はここで「『人』に対する思想の改革」として「権利義務の念」を取り出している。例えば「児女を以て具父母たる者の所有品の如く思ひし観念」であったり、「僕婢を賤視し、蓄妾、売淫を公許する等」から察せられる「人身売買の精神」などが俎上に載せられる。そして、これらは欧米諸国における「人間相互間の関係」を通底している「人権の真意義」について目が開かれていないことからくるのだと内村は見る。[102]そのような「人権の真意義」に目が開かれるためには、欧州各国の歴史上に見られる「Conversion」――ギリシャ語の「メタノイア」が原語であり、「変想」と訳すべきとされている――という思想史上の「根本的大変化」を来す必要がある、と内村は結論する。[103]欧州各国の歴史上における Conversion が何を意味するのか具体的ではないが、当該文脈にて「羅馬時代のストア主義」を同時代日本の「武士気質」と比較していることからも、それが宗教（キリスト教）による思想史上の刷新を指していることは間違いなさそうである。

内村はこのような改革者個人の思想的刷新を、個人による社会変革の第一歩とする。その場合、必ずしもキリスト教史の枠内に話が収まるわけではない。明治期の内村にはそこから逸れて、彼のよしとする普遍的価値基準を高い精度で保持すると見られた英米の自由主義、あるいはロマン主義系統の思想家たちの言葉へと導かれることも多かった。今問題としている「個人からの改革」という点でも、西洋近代の普遍的諸価値に連なる彼らの言葉が権威として引き出され、問われることがあった。

革新は自己より素《はじ》まらざるべからず（中略）我をして万有の土台の上に屹立せしめよ、然らば周囲は自ら来て我より整列するに至るべし、是革新事業の大秘訣なり、古より今日に至る迄革新事業を計画して是を実行せし人あるを聞かず、改革家の特徴は彼等の沈黙なり、英雄は常に世に求められて自ら進んで世を求めず、エマルソン云へるあり

"If the single man plant himself indomitably on his instincts,
and there abide, the huge world will come round to him."
若し単独の人断固として彼の本能の上に樹立して
動くことなくば世界は自ら来て彼に帰すべし
彼の革新を世に向つて絶叫広告する人の如きは革新を委ぬべき人にあらざるなり。[104]

ここでは、内村による個人内部の改革は、エマソンの言葉を借りて不屈な（indomitable）自我の確立に求められている。これは知識人活動の初期（一八九三年）に位置するテキストであるが、この時点ですでに改革の声を放つ主体にどこか根無し草のようなものを認め、それに対して個人存在（single man）の動かざる静謐な改革を対置していた様が読み取れる。ここにも「人権の真意義」に目が開かれるConversion（根本的変化）に至る道が見据えられていたと見てよい。

しかしながら、これらConversionの経験は、果たしてどれだけの人民に可能であるのか、という疑問が残る。

社会改革に多数を動員したいのならば、Conversion にこだわることで、雲をもつかむような展開になりかねないだろう。内村自身は、Conversion による個人の改革が集団的な影響力をもたらす過程を、ある講演において次のように描き出している。

何にも日本国を救ふに日本人全躰が独立自治の人となるの必要はない、今日只今此堂に集まれる五六百人の諸君が悉く硬骨男子となりて、海中の岩石が地球の中心に附着するが故に満潮と共に進まず干潮と共に退かず、侃《かん》として其孤独の地位を守るやうに、諸君も動くべからざる実在物に頼て、打てども、敲《たた》けども動かざる大個人となるを得ば日本国の救済は易々の事である、今日の要は強き個人性（individuality）の養成にあるのである、[105]

内村はこの講演でワーズワースを代表に掲げ、彼のように「心中の新王国」を建設した者が国を建てなおす、という物語を展開する。個々人が「地球の中心に附着する」「岩石」のように、「動くべからざる実在物」に拠った「強き個人性」の持ち主になることによって、波のように時勢に揺られるところない個人性が際立ち、社会でも一目置かれる存在となること、自らをそうした個人の模範として呈示することによって、各地で「独立自治」に根付く集団生活が実を結ぶことを夢見ていたのだと思われる。

では続いてこの「独立自治」の様相に焦点を当てて、内村の社会改革の道筋をより具体的に、より拡大して見ていこうと考える。

③　独立と自治から始まる改革

これまでの内村研究において、彼の社会改革論を取り上げるにあたり、専門家の間で注目されてきたテキストに「余輩の欲する改革」（一八九八年）というのがある。これは改革の精神やその個人的出来事への着眼が目立つ内村に対して、諸方面から「具体的改革案を示せよ」といった批判を受けて提示されたものと推測される。当時としては、進んだ民主主義的内容と高い凝縮性をもった改革案であったとして、家永三郎や色川大吉など戦後の歴史研究者から高い評価を受けてきた[106]。

余輩の欲する改革は、少なくとも左の要件を含む。
一、軍備を縮少して教育を拡張する事。
一、華士族平民の制を廃して、総て日本市民《シツズン》と称する事。
一、軍人を除くの外は、位勲の制を全廃する事。
一、府県知事郡長を民選となし、完全なる自治制を地方に施す事。
一、政治的権利より金銭的制限を取り除く事。
一、上院を改造し、平識以下の者をして其議員たるを得ざらしむる事。
一、藩閥政府の余糵《よげつ》を掃蕩する事[107]。

内村はこうした政策的といってもよい具体的な改革案を箇条書きにして可視化した。これを読むと、同時代の政治が何を拒絶する方向で動いていたと内村に認識されていたか、ある程度明瞭に推察されてこよう。日清戦争後、政策による軍事的拡張と、その費用の税金による充塡を糾弾していた内村は、一方で、それを教育に使って国民の知的能力の向上に資する形で還元することを訴えた。人間存在の平等さ、身分に縛られない「平民」であることの尊さもこの訴えに含まれているといってよい。選挙権に関しては納税額による制限を撤廃し、政治参加については教養の高さを基準にして選ばれた「上院」（当時の「貴族院」に代わるもの）に期待するところがあった。というのも旧世代の政治家の教養の質について内村は、外国語能力や「普遍的道徳」への感度の低さなど、その素質をつねづね疑問視していたからである。

そうした具体的な展望の中でも特に重要なのは地方自治への提言であろう。地方のことは地方の人民が自由に決めるというアメリカ合衆国型の地方自治・共和制こそが、内村の西欧由来の人間理想に適う政体として日本にも提出されてくるのは自然なことであった考えられる。

ところで、彼はこういった改革案の提示自体にはそれほど乗り気ではなかったようだ。というのは一つに、冒頭に「少なくとも左の要件を含む」と譲歩的に述べられるごとく、内村が具体的に提示したい改革案は、もはや当時の言論統制下では言明できない範囲に及んでいたことが示唆されるからである。また、目下そうした目標を掲げても、その最後に述べられたごとく「藩閥政府の余蘖《よげつ》を掃蕩する事」ができなければどの改革にも着手されないだろうことは目に見えていたし、逆にこういう案を即座に力づくで実行しようという過激派が登場することも憂慮されたに違いないからである。内村は読者の求めに応じて、適切な程度で自己の立場を闡明しようとしつつ、次のような注釈をつけるに至っている。

　教育は今の支那的、偏遇的、回顧的、固執的、強圧的、虚礼的の制度を廃し、抱世界的、遠望的、膨張的、自由的、実行的の方針を取り、且つ世界的智識を注入し、支那語、英語、西班牙語等、世界通有の国語を授け、国内に充溢する人口を海外に移植するの便に供し、以て大に国民の平和的膨脹を画《はか》るべし。

　貴族を廃するは、一は以て貴族彼等自身の依頼心と、之に伴ふ嬾惰心とを去り、彼等をして優勝劣敗の厳密にして而かも恩恵ある天則の下に棲息せしめ、以て人生の真好味を知らしめ、二には下民全体の自重心を増進し、彼等に自家改修の希望を供し、三には皇室と国民との牆壁《しょうへき》を除き、両者の関係をして益々近密ならしむるにあり。

　余輩は、斯の如き大胆なる改革が、今の政治家の決行し得るものなりとは信ぜず。然れども、天若し未だ日本を見捨てずして、クロムウエル的の偉人を吾人に降すことあらば、其事実となりて現はれ来らんことを期す。[108]

ここには、日露戦争以前のジャーナリスト・内村の具体的な政策案が列挙されているといってよいように思われる。それは当時にあっては英国清教徒革命の再来を待つかのごとく革命的な内容を含んでいたとして差支えない。家永や色川らにおいて、これらはアジア・太平洋戦争後の日本の教育改革や皇室改革の基本線と一致した思想であったとも解釈されている。[109] その見方に従えば、これを提案して以後五〇年ほどたって、彼の政策案は、逸脱の境遇からようやく抜け出られたのだといえるかもしれない。

しかし、内村としてはこういう具体的な政策への動き以前に、政策を全うしようとする国民精神の成熟こそが問題となっていたことに立ち戻る必要がある。内村がここでもクロムウェルを引き合いに出すのは、社会改革には、ピューリタン革命時のような、世界観と人間観の根本的変革（Conversion）を前提とするという視野があったからであった。その結果生まれた「強き個人性」は何よりも「独立自治」の存在でなければならなかったのである。「府県知事郡長を民選となし、完全なる自治制を地方に施す事」といった政治制度における地方自治の達成は、内村の知識人活動の初期から望むところであったが、[110] それも独立自治の「強き個人」が一般化して初めて機能しうるという順序が踏まえられていた。

このような、内村における「独立自治」の理想は、次のような精神の姿勢に出発を見ている。

我儕に人なる監督の要あるなし、自治は神護の意なり、神護の厚きを信ずる者は独り立て恐れざるなり。[111]

内村にとって「自治」とは自らを収める以前に、自らを治める能力を送る超越者／絶対者／神との交通をつけることであった。この意識は、日露戦争後の脱世俗化傾向においていよいよ高まったとみえ、「イエスの臨み給はざる所に未だ曾て清浄なる政治の有つたことはない、殊に清潔なる自治政治の有つたことは無い」[112] といった、

Conversion と自治政治の関連性について根本的な見解を述べるに至っている。

次節ではこのような意味で「強き個人性」の代表者かつ提唱者となった内村という知識人が、自らの改革案を携えながら、実際に、いかに社会実践との関わりをもっていたのか、それを足尾鉱毒事件をめぐる彼の足跡を軸にして論じてみたい。

2　社会運動における正義と公平さへの目配り――足尾鉱毒事件をめぐって

①　鉱毒事件をめぐる内村の足跡

内村が足尾鉱毒事件に関わりをもったことや、田中正造と親しい交わりがあったことはすでに研究されている。[113] 田中正造は一八九二年の帝国議会から、鉱毒地の被害状況を帝国議会で訴え続けていたが、世論の関心は世紀の変わり目頃からようやく高まっていったようである。内村は『万朝報』英文記者時代の一八九七年の三月にこの事件に初めて言及し、政府の不手際を指摘しつつも、まだ今後の議会の様子見の段階であると述べている。[114]

内村のこの問題への関与が強まったのは、一九〇一年から〇三年にかけてであると見られる。それ以後は直接、運動の現場との関わりを示す記録はない。『万朝報』から退いた後は、日露非戦論の論陣を張るのが主たる仕事となり、日露戦争後は教友会の形成がそれであったから、鉱毒事件の問題は自然と、彼の主要な問題とはなりえなくなったようである。

内村の鉱毒事件との関わり方を整理してみると、まず彼は一九〇一年の四月に直接鉱毒地に赴いている。そこで、同じく鉱毒事件報道に力を入れていた毎日新聞の島田三郎や木下尚江らとともに演説会をもっている。その後、鉱毒被害地を見学すると、その光景は想像以上の悲惨さであった。内村のよく使う当時の表現を用いれば、彼は鉱毒地を「実験」したのである。彼は東京に帰ってからすぐ『万朝報』に次のような診断を含む「鉱毒地巡遊記」（一九〇一年）を掲載している。彼はこの記事で鉱毒事件が純然たる人災であることを世に知らしめようとした。

世に災害の種類多し、震災の如き、海嘯の如き、洪水の如き災《わざはひ》は、災たるに相違なきも爾かも之れ諦め難きの災にあらず、最も耐へ難き災は天の下せし災にあらずして人の為せし災なり、天為的災害は避け得べからず、人為的災害は避け得べし、而して鉱毒の災害は後者に属し、爾《しか》も其最も悲惨なる者なり。[115]

彼はこの実験記をもってより多くの人間にこの事件への関心をもたせ、さらには現地へ赴いてその眼で現実を直視することを訴えた。と同時に、この鉱毒事件に絡めて、軍事に傾斜する国家の経営失策を「人類」の人道的観点（humanism）から批判する筆鋒は鋭いものであった。

小説家よ、杖を渡良瀬川沿岸に曳き見よ、諸氏は新なる趣向を得て一大悲劇を編むを得ん、詩人よ農夫の貧と工家の富とを比対し見よ、諸氏の韻文に新たに生気の加へられるを得ん、足尾銅山鉱毒事件は大日本帝国の大汚点なり、之を拭はずして十三師団の陸兵と二十六万噸の軍艦を有するも帝国の栄光は那辺にある、之を是れ一地方問題と做す勿れ、是れ実に国家問題なり、然り人類問題なり、国家或は之が為めに亡びん、今や国民挙て眼を西方満洲の野に注ぐ、我の艨艟《まうしよう》は皆な悉く其舳を彼に対けて向く、然共《しかれども》何ぞ知らんや敵は彼にあらずして是にあるを、何ぞ初瀬艦を中禅寺湖に浮べざる、何ぞ朝日艦をして渡良瀬川を溯らしめざる、而して足尾銅山を前後両面より砲撃せざる、余をして若し総理大臣たらしめば余は斯くなさんものを。[116]

これは読者大衆の注意喚起を最大の意図として綴られた文章であるゆえ、幾分芝居がかっているが、主張の骨格そのものに誇張があったとは思われない。鉱毒事件に象徴されるような「人類問題」を内に抱える国家が「之が為めに亡び」る、という見通しは確信的な主張であった。

内村はこの年と次の歳の暮れに鉱毒被災者向けの援助を募った。一九〇三年最初の『聖書之研究』には次のような「社告」が載せられ、具体的な数字で被害地への援助の量が示された。

我社前きに例に依りて渡良瀬河沿岸に於て其窮民と共にクリスマスを祝せんことを檄するや、敬愛する読者諸嬢諸君は之に応じて涙と共に物品と金員とを寄贈せらる、こと夥だしく、実に昨年に勝る数倍に到達し（昨年は二百八十余品七百品と広告せしは誤り）大包十三個を荷作り運搬会社に托して被害地に発送せしは第一に諸君を有する我社の歓呼する所にして亦た涙を以て謹んで茲に諸君に感謝の意を表す、若し夫れ彼地鉱毒被害民の感謝に至りては其声高く天に聴こへて余りあらむ、寄贈者人名の如きは聖書の示によりて我儕は隠れたるに鑒《み》たまふ天父の報賞を得んが為に特に一々列記することを避けて唯だ僅に左に其総高と人員とを報告するに止めたり、

クリスマス寄贈品及金員

総金高　金弐拾八円二十一銭

右寄贈者人員　二拾六名

物品総数大凡　二千有余品

右寄贈者人員　六十六名

（但し其名を知らせられたるもの耳《のみ》）117

また同じ号の『聖書之研究』「雑録」欄には、鉱毒被害地から送られた田中正造の感謝状が掲載され、寄贈内

容の処分に関する報告に代えられた。[118] 内村は被害地で田中正造の助手のような形で働く永島與八青年と知り合い、永島は内村の感化もありキリスト信徒となった。[119] 内村はその永島の活動を雑誌上で激励するなど、[120] 鉱毒事件への関心を読者に喚起し続けた。それだけでなく、永島伝いに現地で会合をもち、自分なりの手段、すなわち日常生活を整えるための倫理的な講和などをもって、鉱毒地の状況改善に貢献しようとした報告もある。

二日をトして友人永島氏を彼の居住の地なる群馬県邑楽郡西谷田村に訪ひ、其処に村民五十余名と相会し、鉱毒問題解決の第一歩として心界改善の必要を説き、先づ其第一着として禁酒禁煙の急務を唱へり、時に席上余の所説に賛同を表せられし者は村長氏を始めとして二十有余名に達せり、然るに今又茲に永島氏よりの寄贈文に接し、以て彼地に希望の春陽と共に歩一歩を加へしを知るを得たり、余は信じて疑はず、此方法を以てして解決し能はざる難問題の世にあるなきを、[121]

この鉱毒事件への内村の関心の高まりは、他の多くの同時代人たちの社会改良への意識の高まりと軌を一にするものであった。一九〇一年には『万朝報』理想団が誕生し、内村は黒岩涙香と二人三脚でこの草の根からの社会改良運動を率いることになった。明治三〇年頃からの初期社会主義運動ではキリスト者が中心的な働きを果たしたこともあり、鉱毒事件に関しても田中正造が東京の基督教青年会館で講演するなどして、世間の関心が高まっていった経緯がある。内村は、理想団立ち上げに先行して結成された鉱毒調査有志会にも参加し、その委員の一人となって、鉱毒被害地に現地調査（地質調査、対面調査など）に赴くなど精力的に働いた。[122] 内村は先の鉱毒被害地の巡視においても、単独ではなく、朝報社の幸徳秋水や堺利彦、毎日新聞の島田三郎や木下尚江らと協働した。憲法制定、帝国議会開設以後では最も知識人たちの連携や共闘が盛んであった時期がこの日露開戦前の数年間であったことは銘記すべきであろう。その中心に『万朝報』の企画であった「理想団」があり、内村鑑三がいた。こういった知識人たちの連携がいかに熱気を帯びて当時の青年たちに迎えられていたのか、それは鉱毒被害地のために救援を募る内村や木下らの演説に、河上肇の寄附のように大胆な形で応える青年が続出したことからも、推察されてくる[123]。

ところで、内村はこうした援助活動も、始めから対処療法であることを心得ていた。彼は足尾銅山の古河市兵衛とその姻戚関係にある者（故陸奥宗光）のいた政府を批判したが、被災地の人民のケアはまた別の方面からもなされなければならないと痛感していた。内村の場合、それは『聖書』を通じてなされることが企図された。一九〇二年の春、ある女性に出した手紙で、彼は次のように鉱毒事件をめぐる知識人中心の運動形態に批判的な見解を示し始めていた。

又鉱毒運動の今日まで取り来りし方針の如何にも皮層的にして、斯かゝる方法を以て此大問題の到底解決せられざるべきは最も明白なる事と存候、小生は輿論を起すと称して只僅かに残薄なる社会の感情にのみ訴へ来りし今日までの方法の寧ろ害有て益なきを信ずる者に御座候、小生は斯かゝる場合に於ける我等の取るべき途は明白に聖書に示しあること、存候、[124]

「反社会」の一面を色濃くもつ内村には、声や振る舞いの大きさを伴う組織的な社会運動は、「輿論を起すと称して只僅かに残薄なる社会の感情にのみ訴へ来りし」という実質の薄い方法に映ったようだ。そんな内村は同年、田中正造から「聖書の研究なんて、そん［な］事を早く止めて、鉱毒事件に従事しなさい[125]」とたびたび忠告されたという。それに対して、なぜ自分は『聖書』を手放すことができないのかを、次のような論理で釈明している。

聖書に依らざる社会問題の解決なるものは皆な悉く不公平なる者である、今日吾人の目前に横はる大問題が一つも解決せられないのは全く今日の社会的運動者に聖書の智識と素養とが欠乏して居るからである、故に彼等は只噪《さわ》ぐ計りで一つも問題の解決に達しない、彼等は常に無理相談をのみする者であつて、道理に適ひ常識に合ふたる答案に達することが出来ない、若し彼等が吾等に向て聖書を棄て起てと喊《さけ》ぶ代りに彼等自身が少しく社会運動を棄てゝ静粛なる聖書の研究に従事したならば、彼等の解決せんと努めつゝある社会問題のために如何計りの利益であるか知れない、吾等は実に彼等に此事を勧めたく思ふ者である。
〇聖書を棄て社会が改良され国家が救へるならば之を棄てもしやうが、然し是を人類の過去二千年間の歴史に照らし見て聖書の研究は社会改良の最良法であることを吾等は疑ふことは出来ない、是れ吾等が聖書を棄てることの出来ない第三の要点である、吾等は確に信じて疑はない、渡良瀬川沿岸に聖書の行渡る時は鉱毒問題の解決せらるゝ時である事を、労働者の中に聖書智識の普及する時が労働問題の解決せらるゝ時である事を、[126]

内村が聖書を棄てないと強硬に反論するのは、『聖書』が本当の社会改革の第一歩である個人の人心の革新を提供するからである、と考えられていたことは、前項での議論とつなげて理解されよう。これは鉱毒事件に特化した対処法のみならず、社会的な事件全般に通じる理論として適用されていることであった。『聖書』がいきわたれば鉱毒問題が解決する、という一見強引な説明は、「風が吹けば桶屋が儲かる」式の謎めいた飛躍の論理にも思われる。が、そこには鉱毒事件といったものがいかなる要因によって発生しているのか、明治日本全体の歩みにとっていかなる意味をもつことになるのか、こうした問いへの「人類の過去二千年間の歴史に照らし見」た上での診断結果が反映されている、との内村の主張を見なければならない。

内村は鉱毒事件発生の要因をいかに捉え、言語化していたのだろうか。彼はこういった災害に対する場合に常にそうであるように、その原因を自然の因果法則の方面からと、技術を扱い、社会生活を営む人間集団の精神の連鎖の方面からの二つを相関させて捉えようとした。

かの目下の社会的罪業の首《かしら》とも称《とな》ふべき足尾鉱毒事件に就て考へて御覧なさい、渡良瀬川沿岸十数万人の家を壊ち食を奪ひ、其辜《つみ》なき嬰児《あかご》の乳汁《ち》までを涸らせる者は何でありますか、是れは勿論足尾の鉱山より流れ来る銅毒砒毒であるに相違ありませんが、然し、此鉱山を掘り又掘らしむる動力は何処にありますか、鉱毒の奥に更に鉱毒よりも更に激甚なる害毒があるのではありませんか、是れは山から出る毒ではなくして、人の心に湧き出づる毒であります、是は日光山脈に潜む毒ではなくして、東京の中央《まなか》に於て醸されつゝある毒であります、若し何にかの方法を以て東京に於ける此害毒の源を絶つことが出来ますれば足尾の鉱業は其日の中に停止されまして、幾万の民は倐《たちまち》にして餓死の恐怖を撤回するに至りませう。[127]

内村はここで、鉱毒事件の発生源を科学的に探求していくうちに、銅山のある足尾ではなく日本の中央東京に、しかも足尾の銅山が操業される以前から存在した人間精神の問題に遡及していく思索を示している。さらに内村は技術と、それを使う人間の精神との関係性を問題化しようとしているが、この技術を知識の一部として組み込んだ上で、その知識の使い道が国家の針路を危うい方向に定めることがあることを次のように述べていた。

国は精神であるから必しも今日世に所謂教育を盛にした所が活《いき》る者ではない、今日の所謂教育なるものは知識の注入である、さうして知識其物は国を興すものでなくして返て之を亡す者であることは近世の社会学者の一般に唱ふる所である、知識は正義にも罪悪にも均《ひとし》く応用されるものである、悪人は漢法医の中に少くして返て日新の医学を修めたる今日の医者社会の中に多いのは全く是れがためである、工学上の新知識に依て足尾銅山は開かれ、それがために三十万の民は饑餓に迫らんとしつゝある、又今の政治家なる者の中に多くの博士や学士のあるを見て仁政は決して知識の産出物でない事が分る。[128]

内村はここで「工学上の新知識」が足尾銅山を動かし、その知識の結果も与って鉱毒事件が発生しているという経過を描く。教育や学問による知識の進歩は諸刃の剣である、という理解を、学問的であることで評価を得てもいた内村という知識人が、『万朝報』という当代を代表する新聞で言明することには意味があったと思われる。内村が語りかけようとする中下層階級の人々にとってこの「教育」「知識」という言葉は、知識階級や政府高官らに対して自らの気概を委縮させる要因になりえたからである。内村はその要因を取り払い、国造りの基幹を学問や知識の推進にではなく、正義と真理への忠実な姿勢にこそ置くべきとしたのだと読める。

足尾鉱毒事件は、内村にとって、日露戦争を代表とする列強の帝国主義戦争の現実と並んで、明治日本の、ひいては近代文明の負の側面をまざまざと見せつけられる出来事であった。それゆえ、この事件への政府あるいは国民全体の対処の仕方によっては、近い将来の国の滅亡の徴候として機能するのではないか、という憂慮も抱かれていたことが注目される。

> イスラエル国もユダ国も其公吏の暴虐が其一つの原因となりて立派に滅びました、日本国も同じ罪悪を犯して亡びない理由は何処にありますか、足尾銅山鉱毒事件などゝ云へば今では我国の基督教の教師までが一笑に附して了《しま》いますが、然し此事件は是れ日本国全躰の疾病が此所に悪い腫物のやうなものに成つて発したものでありまして、日本国が如何に危険の地位にあるかは鉱毒事件を見て最も良く察することが出来るのであります。滅亡です、滅亡です、日本国の滅亡は決して空想ではありません、大隈伯のやうな虚言吐《うそつき》が大政党の首領であり、其下には奸物が群を為して国政を弄んで居るのであります、政治的の日本に一縷の希望のないのは決して怪しむに足りません、[129]

内村が社会改革にあたり、時の政治に一切期待を持っていなかったことはすでに述べた。しかし彼が政治に無関心でいられなかったのは、政治の側の挙動が『聖書』の告げる指針の側から見て、どうしても国を滅ぼす方向に日本を持っていっているように見えたからであった。内村はここで鉱毒事件を日本全体の疾病を象徴する悪性腫瘍と認めて、そこから国家の滅亡を算出している。国としての外形を失う以前に、日本はすでに道義的な壊滅が進行しており、やがては政体としての体裁を保てなくなるのも時間の問題と見込んでいたことがわかる。

内村がこの足尾鉱毒事件に見出した「罪悪」は、『聖書』でユダヤ民族を覆った罪悪と同じ類のものと認められた。その罪悪を一言で表現すれば、十戒に象徴されるところの〈人道に対する罪〉ということになるであろう。内村はここでも、現実を直視せず、事柄を普遍的諸価値の側から公平に判定しない不誠実の精神を何よりも問題化していると思われる。以下ではその議論を簡単に整理していきたい。

② 鉱毒事件をめぐる諸々の不公平さの告発

内村が、最初に鉱毒事件を報道した「FOUR NOTORIOUS FACTS ABOUT MOUNTAINS.」（『万朝報』明治三〇年三月一六日）で、すでにこの事件に見出される不公平さを摘出していたことは注目される。

Should one man grow rich, and many perish, here in Japan as well as in other 'civilized' countries? Mammon says Yes, and Justice says No. Mammon has enlisted M. P.'s and other dignitaries on his side, —the irrefragable facts, these, our reporters say,— and *can* have 'laws' passed for its continued prosperity. But vox populi is loud and harsh, and the authority is undecided as yet on which side to array itself.[130]

（ここ日本でも、他の「文明化」された国々と同様、一人の人が富み栄え、多くの人間が滅びる、などということがあってよいだろうか。財神は「然り」と言うが、正義の神は「否」という。財神は代議士や他の顕官を味方に引き込み——これは本紙の記者によると争う余地なしの事実であるが——その持続的繁栄のために「いくつもの法律」を通すことができる。しかし「民の声」は高く厳しく、当局はどちらの側につくべきかまだ決心がついていない。）

内村はここで一人（銅山主の古河市兵衛）が富み、多数（鉱毒被害民）が滅びる、という構図に「正義の神」の側から否《ノー》を言わせている。そして、財閥や代議士、顕官といった連中と「vox populi」（民の声）とを対比し、この間に生じる不公正さを正義問題として告発している。

また、これに遅れること一月、日本語で初めて鉱毒事件に触れた「胆汁数滴」（一八九七年四月）で、彼は「無能政府」と題して、次のように政府のやり口を批判していた。

事実の最も明瞭なるは、或は最も明瞭に為し得べきは足尾銅山事件なり、是れ科学者の判断を待て決定し得べきものなり、然るに此明瞭なる事件に対して数年の長き未だ一截断を下す能はず、是を無能政府と称せずして何ぞ、人の判断力を消耗する者は慾なり、判断の鈍きは慾心の鋭きを示す、見よ現政府が無資無力の学校教員又は新聞記者の行為に対して判決を下すに甚だ敏速なるを、彼は不敬漢なり速《すみやか》に放逐すべし、是は大臣の名誉を傷けたり速に獄に投ずべしと、然れども事《こと》、金満家に関するあれば言を法律家の疑議に借り、逡巡決せざるを以て常とす、古河若し保護すべくんば何の躊躇か之を要せむ、民の愁声聴くべくんば何ぞ直に受納せざる、聴くを恐れ、聴かざるを恐る、是れ光明を恐るゝ者の措置なり、暗黒を愛する者の行為なり。[131]

ここで注目すべき内村の姿勢を主に二点に絞って取り上げてみたい。一つは「是れ科学者の判断を待て決定し得べきものなり」として、鉱毒事件の行く末を是非するものとして、専門科学者の公平公正な意見に期待していることである。もう一点は、現政府が「無資無力の学校教員又は新聞記者」に対しては速やかに刑罰を与えるのに、「金満家」（＝財閥、そして政府高官と姻戚関係にある）に関しては判断を留保するような、その姿勢の不公平・不公正さを告発していることである。いずれも、この足尾鉱毒事件に関する見方に対し「公平さ」が求められていることが共通している。内村はこの鉱毒事件に、日清戦争後の日本の人道的罪の最たるものである不公平さ――それは大衆次元での「国自慢」的愛国心ともつながっている――の表出を認め、政府に対してその是正を求めているわけである。

この不公平さへの感度の高さは、さらに注目すべき発言を生んだ。内村はこの鉱毒事件の解決に向けた公的運動の只中にあって、次第に反銅山側の姿勢にも何か釈然としないものを感じ始めたようである。それは、被害民の側に見出される改善点の指摘を誰もが避けて通っていることへの不満であった。彼は被害民やその支持者の側にも、自らの落ち度を認め、銅山側に対しても公平な態度を見失ってはならないとして次のような勧告を行なっている。

余は古河氏に責むべきもの多々あるを認《した》むると共に、被害民にも悲むべき欠点あるを知る、乃ち幾たびか示談金を取りたる如き何たる残り惜しき欠点ぞ、其他謝すべきことあらば凡て先づ謝するにあり、凡そ是非曲直を判ずるには最も公平を持せざるべからず、鉱毒々々と叫ぶものゝみ斯事に忠なるにはあらず、能《よ》く〳〵穿鑿せば身命を賭して斯問題に殉ぜむとするが如く見ゆる人の中にも或は案外なる虚偽漢のあるやも測り知るべからざる也。（中略）要は愛心にあり、貴き愛心なくんば正しき解決は望んで得べからず、鉱毒被害民其ものを愛するは固《もと》より左《さ》ることながら、徒らに涙を以て若干《そくばく》の金を投げ与ふるが如き小慈善は到底斯問題を解決するに足らず、更に其敵手と認《した》むる古河氏に対しても寧ろこれを苦《にく》まずして深く愛し、彼れの為めに満幅の誠意を以て其過《あやまち》を悔ゐ、善を為さしめむことを祈らざるべからず、彼れも人也、能く理を尽し道を以てせば何ぞ過を知らざらん、何ぞ善に還ざらん、若し徒らに古河氏を悪《にく》むのみを知つてこれを愛するの宏量雅懐なくんば、斯問題は到底正しく決すべからざる也。[132]

この文章は当代の民間知識人が一同に会した「鉱毒問題解決期成同志会」の設立（一九〇二年）にあたり、その「発表演説会」が東京基督教青年会において開かれた際の内村の講演筆記である。これは内村の筆により雑誌に発表されたものではなく、「傍聴者の一人」が投稿したものを『福音新報』の記者が興味を覚えて掲載したものであった。その投稿者＝講演の傍聴者の感じたところが興味深いので以下にそのまま掲げてみる。

所謂鉱毒問題の論議囂々《がう〳〵》たるものこゝに十余年、而も徒らに囂々たるに止まりて未だ解決を見るを得ざるは洵《まこと》に痛恨の事と為す、思ふに其然るもの種々雑多の所因あるべしと雖も、然れどもこれが論議を試むる人々に注意の足らざる所あり、思慮の及ばざる所ありて、或ひは完き同情を惹くに欠くるあるもの、またその一因にあらざるなき乎、今や解決を呼はるの声を聞くもの漸く多からむとす、この時、この際、ます〳〵沈思静慮、能く事の実相を究め、漫りに感情に馳するの陋を学ばず、公正なる鉄案を下してこれを決するの緊要なるを感ず。

頃者《このごろ》鉱毒問題解決期成同志会の設立あり、其発表演説会ともいふべきものは東京基督教青年会に於て開かれき、論ずる人、説く所、従来の鉱毒演説と多く異なるものあらず、唯だ中に一人、内村鑑三氏の演説は一種異色を帯びて而して事理最も切実、独り解決期成同志会の規箴《きしん》として忘るべからざるのみならず、苟も斯問題に心を寄するものゝ深く体すべき所説なるを信ず、即ち氏は鉱毒問題解決期成同志会の一員として、同会に望み併せて江湖に警告せり、[133]

この投稿者も言っているように、内村が鉱毒問題に携わる識者、運動家たちに求めたのは何よりも「公正」（公平）さであった。内村自身は「鉱毒問題を議するもの」には「誠実」「公平」「愛心」と三つの必要があると挙げているが、論調全体を見れば、その中核は「公平」さの実現要求であったとまとめられよう。この講演は、投稿者によれば、「非常の拍手、非常の喝采を以て応ぜられ、深く聴衆の同情同感を惹」いたという。[134] 鉱毒問題の解決に向かって、在野の知識人や青年運動家たちが協力体制を作ろうとしている時に、これまでの議論に何が欠けていたのか、また鉱毒事件に特化せず、社会改良の実現過程にはどういう条件を充たしている必要があるのか、そういったことを内村は当の具体的現実に密着しつつ述べたわけである。機を伺い、ここぞという時を捉えて、対象と距離を測りつつ、肝心な、人が見失いがちな姿勢を公平さの観点から整理して述べようとするこうした作業は、サイードが知識人の備えるべきとした規範性の諸点と内村を無理なく連結させよう。[135]

こうした内村の批評の主眼が鉱毒事件から日露戦争に移りつつあった時期に発表された文章「露国と日本」（一九〇三年）を最後に取り上げてみる。そこでも内村は別の観点から、日本社会において流布している不公平・不公正の言論を問題化していたことに光を当ててみたい。彼はこのテキストでまず、戦争前に流布されがちな交戦予定国に対する偏った言説の正当性を一つ一つ論破することを試みる。

〇露国の財政は紊乱《ぶんらん》して居ると云ふ、然し日本の財政とて整頓しては居らない、日本政府は過る十年間、借金に借金を重ねて漸くヤット其経済を維持し来つたのである、貧困の点に於ては日本は露国に少しも譲らない。
〇露国の陸海軍は盗賊の巣であると云ふが然し、日本の陸海軍とて潔白君子の巣窟でないことは何人も能く知る処である、某伯爵が海軍大臣たりし時に軍艦製造を機会に莫大のコムミツシヨンを取つて暴富を致した事は今や公然の秘密である、陸軍部内の腐敗も近頃教科書事件と同時に曝露されて人をして其腐敗の程度を知るに困《くる》しめたではない乎、陸海軍整理の点に於ても日本国は露国の模範として立つことは出来ない。[136]

これは自称「愛国者」の国家主義者たちには反発を抱かせる言説であったに違いない。しかし内村はあくまで冷静にこのような現実分析を民衆に伝達する。自愛的言説を専らとする愛国者が目をそらすか粉飾するかといった出来事を、内村は、普遍的正義とされる側から公平なる判定を下すようにと大衆を導こうとする。内村においては、偏狭な国益意識が事実の輪郭や人類的価値を埋没させようとすることは厳に戒められた。それゆえ彼は、日露開戦の国内的気運を高めるために吹聴された「露国をもって人道の敵」に擬する論調に対して、日本にも足尾鉱毒事件があるではないか、と意図して冷や水を浴びせかけたのである。

○露国にキシネフに於ける猶太人虐殺ありたればとて露国を以て人道の敵に擬する者がある、然し我儕日本人は日本にも足尾鉱毒事件と云ふ大惨事が存在して居ることを忘れてはならない、爾うして露国に在ては加害者五百余名を獄に下して今や其犯罪の審判中なるに対して、我日本に在ては加害者の張本人たる故古川市兵衛氏は朝廷の御覚え殊に篤く、身は五位の栄位に在て淫逸に耽りながら栄誉を以て彼の墓に下つた、余はキシネフ事件と足尾鉱毒事件とを対比し見て後者の前者に勝る数十百倍の残酷なることを信ぜざるを得ない。

○露国の慕ふべき、敬ふべき国でないのは言ふまでもない、然しながら其野蛮的行為を数へ上げて之に向つて人道のために戦を宣すべしと言ふ者あらば、余輩は先づ我日本国の行為に省みて然る後征蛮の途に上りたく欲ふ者である、然らずして我自身が彼に劣らざる大罪悪を犯しつゝある間に、彼の罪を責むるが如きは、是れ「他人の目にある物屑を視て己が目にある梁木を知らざる」誤謬に陥るのではあるまいかと思ふ。[137]

内村はこのテキストで、ロシアとの開戦を推進する者たちによる大衆扇動的言説を取り上げ、その言説であげつらわれるロシアの事情が、日本の国内事情と比較して日本以上の酷い経過をたどっているわけではないと告発する。こういった批判の目的は二点指摘されるだろう。一つは、日露開戦の予感によって注目度が薄れ始めている足尾銅山のような国内未解決事件へと民衆の関心を注がせ続けることである。内村としては、ロシアの外交的脅威よりも鉱毒事件対応に見られるような内政の腐敗の方が、よほど日本を滅ぼす決定的な要因となるであろう、という見通しがあったことはすでに論じたところである。

二つ目は、「他人の目にある物屑を視て己が目にある梁木を知らざる」といった、日本人のパリサイ人的な、人の罪ならささいなものでも指摘するのに早いが、自分の犯した罪はたとえ大きな罪でも一向無頓着であるような感性の不公正さを戒めることである。そこには他者の不義には敏感に反応するが、自らの不義には目をつぶろうとする偏狭な自愛心が機能していることが見てとれたのである。内村が、日本から見たロシアだけでなく、またロシアから見た日本だけでなく、あくまで第三者的な冷静さにおいて、「世界市民」の普遍的価値基準の側から両国を公平に眺める姿勢を保持しようと努めていたことがここに確認されよう。

内村は、このテキスト以後は、日露非開戦の主張の方に力を注いだためか、足尾鉱毒事件に読者の関心を集中させるような議論は見られなくなる。内村にとって鉱毒事件は日本の内部に巣食う悪性腫瘍の一つの典型事例としてみなされ、それがいかに解決されゆくか、という経過への関心から、それが引き起こされた根本的な文化的・精神的要因の方に分析の眼が向けられた。物事を公平に判断できるような、普遍の側から引き出されてくる倫理的気風（エートス）の欠如に、一特殊地域である日本の命運をひしひしと感じ取っていったこと、それが日清戦争から日露戦争にかけての内村の思索の歩みに重い影を投げかけていったことが想起される。

内村は、人間の関わるあらゆる問題解決には当事者間に共通した姿勢、すなわち誠実、公平、愛心といった普遍的諸価値に適う姿勢が不可欠であると見ていた。が、日本社会には、そういった一国的な見地を越えた世界観や人間観がなかなか育っていないという危機感は強くなるばかりであった。そうしたところから、活発な運動の現場にいつまでもおらずに、基礎的な、民衆次元からの、普遍に通じた人間精神の育成という堅実な作業に立ち返ろうとする書斎への揺り戻しが生じてくる。そうした運動の現場と書斎の往復の過程において、常に積極的な意味で見出されていたのが、世界的に流布する『聖書』の教えや物語の効果であり、そのことがもたらす人間精神のConversionであったと見通される。

足尾鉱毒事件をめぐる内村の言動からは、彼が普遍的と見る正義と真理の側に加担し、時の政治や大衆の歪み、偏りを是正しようとして、諸方に異議申し立てを行った姿勢が確認された。それは序章で整理したところに照らして、サイードからみてもバンダからみても首肯されるところの、知識人の充たすべき規範的諸性質に通じる活動であったと理解されよう。

第四節　知識人の仕事としての聖書研究

1　内村における『聖書』の多様な意義づけ

これまで、内村の思惟構造には、西洋近代に普遍的な諸価値による基準と、聖書・福音主義によるそれと、二種の価値基準への並立的な依拠が認められる、という観点から、個々の場面での彼の言動をその価値判断の次元より理解しようと試みてきた。序章で整理したように、これらを大別して humanity と divinity の方向性として抽象化して用いたところもある。これら二種の基準が相互に交錯し、依存し、補助し合う関係にあるだろうことも述べておいた。

本書では内村の、主として明治時代における「知識人」としての意義を解明することを目的に掲げてきたため、必然的に世俗社会との関わりに話題が設定されることが多く、聖書・福音主義よりは普遍的価値の系列への加担という側面に的を定めて論じてきた。以後もその姿勢に基本的な変化はない。とはいえ、内村を一種特殊な知識人たらしめている二種の大きな価値基準——あくまで仮説的かつ模式的なものだが——の一つに対する洞察を欠いてはならないし、何より二つの接触面での出来事を明確にしておく必要がある。

その出来事とは、『聖書』を用いて世俗社会における普遍的諸価値の保持に貢献したり、社会の変革に奉仕したりする、という自覚的な営みを指す。本節では、内村においてその社会変革への意識が、彼の本務となった聖書研究という仕事といかなる結合の仕方を見せていたのか、そうした実態と特色を、普遍性を追い求めた一知識人の職責意識からくるところの、その専門性の公的展開という観点から解読してみたいと考える。

① 普遍的テキストとしての『聖書』理解

所記の主題を検討するにあたり、はじめに内村における『聖書』の位置づけを確認していきたい[138]。考えてみたいのは、知識人・内村にとって生涯の伴侶ともなった『聖書』が、彼の普遍性や規範性への意識にいかなる貢献を果たしたのか、という事柄である。

内村はかの第一高等中学校不敬事件（一八九一年）後、文筆家として立つか立たないかという段階で、すでにこの『聖書』について自らの所信を表明している。彼の本格的に継続する聖書研究と伝道の始まりは、彼の後半生の始まりを告げる一九〇〇年の『聖書之研究』の発行にあったといってよいが、彼の聖書研究の始まりは、それを遡ること、札幌農学校時代にまで行きつくものであった。一八九一年に内村は次のように述べている。

余は聖書の研究を好む者なり、嘗て札幌に在つて友人諸氏と始めて之を繙きし以来今日に到るも尚ほ余の坐右を離れざるものは聖書なり　余の性　物に厭き易く常に一物を長く手に取り之を研むるの力薄きと雖も　聖書のみは未だ嘗て余を倦怠せしめしことなし　余は其歴史に於て最も面白き談話並に歴史上の事実を得　其詩歌は余の種々の感情に訴へて高尚の快楽を与へ　其預言書は常に余をして余の日本国を真実に愛さしめ　其福音書は余が己の罪を感ずる時の唯一の隠れ場となり　其保羅《パウロ》の書簡は余の信仰上の教科書となり　其黙示録は余が世界の歴史を研究する時の指南車となれり　故に　若し爰に人あつて余をして世界数億万巻中の書類中　余に唯一冊の書を択べといはゞ余はダルウィンの原種論を棄て　ライプニッツの「セヲデシー」を棄て　余の常に大和魂の福音《ゴスベル》と称して愛読する大平記を棄て丶余は古き古き「バイブル」を撰ぶものなり[139]

内村はここで、『聖書』が読者自身の多様な要求に応じて実りある反応を返してくる総合的な古典であることを見せようとしている。彼における「真理」探究の一方法とみなされた「歴史」「詩歌」なども、『聖書』からの触発は少なくないことが自覚化されている。また「日本国を真実に愛さしめ」という言葉にあるように、彼が普遍的な道義に適うように国家の針路を定めようとする熱意（愛国心）も、『聖書』の「預言書」から動機づけられたと認識されていた。

さらに『聖書』の存在意義は「ダルウィンの原種論」（ダーウィン『進化論』）や「余の常に大和魂の福音と称して愛読する大平記[140]」と比べられることによってより引き立っている。内村にとってこの二冊の本は各々該分野における最愛の本であったと見てよいと思われるが、それと比べても『聖書』が優位となったのは、この本が単一の意味合い、すなわち「信仰上の教科書」であっただけでなく、この一冊をもって歴史、自然、倫理など世俗の「事実」のすべてに何らかの解釈を用意できるような、万能のテキストとして見出されていたからであろう。

内村は『聖書』を主題とした雑誌『聖書之研究』を刊行するにあたり、この書がただ一つの興味の対象としてではなく、多様な観点から疑問をもって接近でき、それに対してその都度回答が返されるものとして世に提出しようと試みた[141]。そこでは『聖書』を読むにあたり核心となる姿勢は何であるのか、という問いとともに、キリスト教の信仰実践の場に限らない、世界や歴史における『聖書』の影響力といったものにも読者の目をむけさせるよう仕向けていたことがわかる。彼にとってこうした『聖書』の世界史――主として近代西洋文明に合流する歴史――的な存在意義が、『聖書』を人類に普遍的に通用すべきテキストとして認識させる外在的要因となっていたことは重要である。

そういった外在的要因と並んで、その内容自体にも内村は普遍性を認めた。例えば、彼は価値において民族の垣根を超える「世界の市民」らしく、『聖書』の中の一書「ヨブ記」を例に、次のような視点から『聖書』に人類的で普遍的な意義を発見している。

イスラエルは神の選民たりと雖も神を求むるの心はイスラエルの独占物ではない、人は各個人直接に神を求むるを得、神は各個人の心霊にその姿を顕し給ふ、此意味に於て国籍民族の区別は全く無意味である、そは実に個人的なるが故にまた普遍的である、故に神を求むる者を猶太人に限る要はない、異邦人にて宜いのである、否異邦人の方が却て宜しいのである、約百記が異邦人ヨブの心霊史を掲ぐるは神を求むる心の普遍的なるを示すと共に、神の真理の包世界的なるを示すのである、実に各個人の——従つて全人類の——実験を描かんとせば其主人公を猶太人以外に求むるを得策とするのである、而して旧約聖書はその教訓部の劈頭に異邦人の心的経験を記載して以て其人類的経典たることを自証してゐるのである、げに聖書ほど人類的の書はないのである、[142]

ここで述べられている「個人的なるが故にまた普遍的である」というのが、内村の「普遍」理解全般に関わる総則であったと見てよい。「神は各個人の心霊にその姿を顕し給ふ、此意味に於て国籍民族の区別は全く無意味である」という、この「普遍」への見通しを彼に提供するのもまた『聖書』の物語なのであった。内村はパレスチナ周辺の地中海地域で編まれていったこの書を、生得的な所属や資格を問わず個人に等しく働く救いの原理を述べている、というそのことから「人類的経典」として認定する。それは何も「ヨブ記」だけでなく、先の引用で挙げられていた『聖書』における「歴史」「詩歌」「預言者」などに共通する理解の仕方である。ある特殊な家系、民族、個人において、普遍的な人間の性質が語られ、顕わになるという見通しがここにある。これは内村において抱かれる、聖書は「普遍的」である、という把握の深奥に据えられるべき基本了解であったといってよい。

次に、別の視座から普遍性への接続を図る試みとして、内村が『聖書』を「平民」的な書物として認知し、提示していたことに注目してみたい。文体的な理由からだけでなく、誕生の動機もその内容も平民的である、というのが内村の『聖書』への認識の基礎にあった。彼は「平民の書としての聖書」という同名の文章を二つ書き残しているが、そこでの「平民の」（平民的）という意味は、

i）教会や僧侶という特定の場所・階層の独占物ではない[143]

ii）そこに描かれている中心人物の出自が「平民」である

というものであった。iは『聖書』テキストに外在的、iiは内在的な理由づけだといえる。いずれも、所与の属性の高さによって個人の価値を計らないことが条件となる、内村の普遍性理解の立場からの見解であったと見てよい。特にiiの点は、なぜ『聖書』を平民的というべきかの説明になっているから、iの一因ともなっており重要である。そうした事情について内村は次のように述べている。

> 聖書はキリストの書なり、而してキリストは平民なりし、故に聖書は平民の書なり、聖書は平民が大平民に就て平民のために記きし書なり、然るに僧侶階級なる者起りて聖書を平民の手より奪ひ、之に自己に便利なる註解を加へ、之を以て平民の上に強ひんと為せしが故に、ルーテル、カルビンの如き大改革者起りて、聖書を僧侶（教会）の手より取戻し、之を其正当の持主なる平民に渡したり、而して今に至るも僧侶階級は其跡を絶たず、（中略）第十九世紀の最大発見の一は実に平民の書としての聖書なりき、今や大平民ナザレのイエスは其聖書を以て直に平民に語り給ひつゝあり、[144]

この文章は文脈的には、聖書研究における、近代実証主義の方法を用いた本文批評の意義を述べた箇所にある。ここで内村は、近世宗教改革の結果、聖書解釈が特権階級に独占されていた時代は終わり、今や『聖書』が誰でも直に対峙できるテキストとなったことを強調している。平民と僧侶・教会との対比は、日本のそれらが「貴顕招待会[145]」などを開いて世俗権力の援助を取りつけたり、『聖書』を引用して帝国主義政策に奉仕するかのように

戦争肯定論を提供したりすることへの批判が盛り込まれていたことだろう。しかし内村にすれば、『聖書』はそもそもが、平民が直に平民に語るといった類の物語なのであった。『聖書』を平民のものとして、日本全国、地方農村にこそ広く読まれるべき書にしようと考えた内村は、そのテキストの今日性や実際性について念を押すことを忘れていない。

余輩の目的は聖書を広義的に解し、其伝ふる教義を吾人今日の実際的生涯に適用し、以て基督教の人生観を我邦人の中に吹入せんとするにあり、（中略）

聖書は過去の記録なれども実は今日の書なり、死せる書の如くに見ゆれども実は最も活ける書なり、是れに歴史あり、然れども是れ過去の出来事を伝へんが為めにあらずして、人類の進歩歴史に於ける神の直接の行為を示さんが為めなり、是れに科学あり、然れども是れネチユアの配列進化を教へんが為めに非ずして、天と地と其中に存する総てのものに現はれたる神の聖旨を伝へんが為めなり、[146]

内村は『聖書』を特定の階層や信条の人々のものと限定することだけでなく、その記述をただ実証的に、または訓古注釈的にのみ研究する姿勢もとらなかった。その一例としてここで、聖書と並ぶ神意の伝達媒体と見られた「歴史」や「自然」との関係性がその線において示されたことは、『聖書』という書物の世界を読者にとってより身近なものにすることに貢献したに違いない。こうした他領域、他分野の事象と思われているものと『聖書』との知的関連づけは、内村において『聖書』が本来的に世俗の多様な諸相に関わるもの、同時代に生きる個々人の「人生観」を新しくするものと理解されていた以上、とりわけ困難な作業ではなかっただろう。

またその上でもなお、『聖書』が何か縁遠いと思われる人々に対しては、次のように、日本社会においてすでに多く流通する書物となっている、世界的知識の源泉としての聖書像の提示が有効であったかもしれない。

聖書を識るといふ事は単に信仰を養ふといふ事の外に世界の知識に接するといふ上よりして我等は是非共之を研究しなければならぬのであります、（中略）横浜の聖書出版会社に参りますと大きな印刷機を並べて大小各種の聖書を印刷して居りますが、刷つても刷つても尚足りませぬ、年中此同じ本を印刷して居ります、私は他に年々只一種の本のみを印刷して居る印刷所のある事を知りませぬ、何処に年中論語のみ若くは経文のみを印刷し居る大印刷所がありますか、此一事を以てしても聖書が我国に於て多く弘まりつゝ、あり読まれつゝ、ある事を知る事が出来ます、[147]

ここでは、『聖書』をめぐる世俗的、社会的文脈への見通し、その世界を深く識ることの実際的な効果について注意が促されている。内村はここに、聖書が「世界の知識」を提供する世界的書物であり、現に日本においてその発行が類書を寄せつけない勢いでなされている、という数量的なものを提示しているが、それは『聖書』の普遍的重要性をテキスト外在的要因により読者に印象づける意図からなされたことと理解される。それは同時に、聖書研究者という彼の専門的な立場が、そうした社会的基盤に乗っかることでその発言の説得性を高めることができた、という明治日本の文化的一幕を示すものでもあった。ここで了解を得ようとしているような事態、すなわち『聖書』の日本文化への浸透自体が、彼の望む社会変革への一徴候として歓迎されるべき現実と認知されたのは言うまでもない。

②　聖書研究がもたらす普遍的諸価値への意識

では、あの手この手を尽くして『聖書』を人々に勧める内村の真意は何であったか。その一つが個々人の霊魂の救いという宗教的目的であったことは自明であろう。それこそ『聖書』が「普遍性」を担保する内在的理由であるとして呈示されていたこともすでに見た。

もう一つの理由は、聖書・福音主義とは一応独立した形で機能しているかのような、内村における普遍的諸価値の基準と関わるところに発見することができる。すなわち自由、独立、正義、平和といった諸価値の世俗世界における普及という点で、『聖書』は大きな貢献を果たすことが約束されている、と述べられることである。例えば、内村が世界各地に共通のものとして、その社会的変革の基礎に見据えた倫理思想の普及と達成の道程において、『聖書』は次のような歴史的役割を担うものとして認識されていた。

元来倫理思想の動機は誤りなき正義の裁判を受くるといふ自覚より発するものでありまして、未来の観念を取り除いて強き道徳の根本は失せるのであります、（中略）未来なき道徳が果して国民を救ひ得るか否や、此問題に対して歴史の答ふるところは明白であります、英米の歴史より清教徒《ピユリタン》を取去つたならば私共は其最良の部分を取去るのであります、今日の商業道徳の最も高いとして知られてある英国を生むだものは実にかの清教徒でありました、而してかの清教徒なるものは其来世ある事を信ずる事、我等が明日ある事を信ずるが如くでありました、これあるが故にかのクロンウエルやミルトンが為したるが如き深刻なる社会運動、根本的の革命が起り得るのでありまして、どうしても此の来世観なしに世界を其根本より動かす処の力は来らないのであります、爰《ここ》に於てか聖書が深く未来に付て語るの理由を解する事が出来、又此事を教ふる其事が聖書の聖書たる所以である事を知るのであります、[148]

ここで内村がなした説明は次のように要約されよう。「歴史の答ふるところ」、すなわち普遍法則的道徳の特定の社会・国家における成立のためには、その構成員が「正義の裁判を受ける」という未来観念による緊張下に置かれることが必要である。そうした観念に促されたものに「清教徒」がいるが、その代表者クロムウェルやミルトンこそが、今日の英国の民主主義の基礎を提供した「深刻なる社会運動、根本的の革命」の契機を準備したのである。よってここ日本においても、政治・社会改革に必要な「国民」「観念」を養うためには、未来の厳しい正義の裁きの存在を教える『聖書』が有効である、ということになる。

内村はこのように『聖書』のもつ倫理的要請、それを送り出す将来の裁きがもたらす緊張感という、M・ウェーバーが理論化したプロテスタンティズムの社会思想史的意義に通じる思索を、独自の視座から行っていたと見ることもできる[149]。内村はこの『聖書』の言葉の「裁き」という点に注目し、自らも『旧約』の預言者たちの口吻や姿勢に倣って、目下の諸問題を積極的に普遍的倫理の側から裁くように批判したのである。その視線の行先は主に当時の国民観念、日本の国民的エートスであり、彼の諸々の批判は政治や経済などの具体的問題を貫いて、やがて日本文化の基底からの変革を要求するものとなっていった。

こうした『聖書』古典の言説や世界観を用いた、聖書研究の只中における政治・社会・道徳批判こそが、他の多くの同時代知識人から内村を選り分ける、最たる専門的技法の一つであったと考えられる。この『聖書』の言葉という欧米経由の歴史的権威に拠り立つことで、内村の批評は、国内の時事問題に対し、日本の現実社会に支配的な価値体系に依拠しつつ批判する、といった自家撞着的な道筋を避けることが可能となったのである。

例えば彼のこの批判の方法が最も鮮明に現れた非戦論の文脈から一例を取り上げてみたい。ここで内村は、あくまで聖書研究の範囲という体裁において、『聖書』という特定の古典の解釈と、目下の具体的な時事問題への批判を自由に往復してみせている。

此世の牧伯と偽りの預言者とは言へり、戦争は可なりと、然れども神は言ひ給へり　戦争は非なりと、而して神の言は聞かれずして戦争は開かれたり、而して今や戦争の結果は顕はれたり、貧困、飢餓、絶望、自殺！　敵を門前より攘《はら》ひ得て敵は門内に現はれたり、戦争は敵を絶たず、新たに敵を作る、神の預言者は言へり

凡そ人を虜にする者は己れ又虜にせられ、刀にて人を殺す者は己れ又刀にて殺さるべし、聖徒の忍耐と信仰茲に在り。（黙示録十三章十節）

然り、聖徒の信仰は非戦にあり、国民は挙て戦争を唱へ、教会は挙て戦争に和するも聖徒の忍耐と信仰は非戦にあり。[150]

ここでは、普遍的といわれる『聖書』古典の言葉と、特殊な状況をめぐる時事批判が相互に意味内容を提供していくように解釈・展開されていくのを見ることができる。これこそ内村特有の知的批判の形であるといってもよい。このような『聖書』との付き合い方を保持する内村が、実際に他の社会活動に携わりつつも、それと並行して積極的に聖書研究を「社会事業」の一つとして、さまざまな実践の根本に据えられるべき営みであると提唱していったことは自然な成り行きであったと考えられる。

2　知識人の社会事業としての聖書研究

①　聖書研究という職分の発見

内村は『東京独立雑誌』を廃刊し、続いて『聖書之研究』の発行を決めた時、これでいよいよ「社会改良事業」からは手を引くことになるのだ、という感懐を抱いたようである。

明治三十三年七月十二日、此日は是れ余に取ては終生忘るべからざる日である、此日旧東京独立雑誌は潰れた、(中略)

是れ余に取りての大なる恩恵の日であつた、此日に余は労多くして益少き社会改良事業なるものに暇を告げた、爾うしてそれと同時に余の伝道事業は始まつた、此日に「聖書之研究」は生れた、[151]

ここでいう「社会改良事業」は主に文筆を用いた時事批評活動を指していたのだと思われる。内村は『聖書之研究』発行の際、当初、内務省の管轄にある出版法のもとでそれを発行していた。ところが、彼は一九〇一年五月（第九号）から、警視庁の管轄である新聞紙条例のもとで発行することを決心した。そのことは「今や時勢は余輩をして政治、社会、文学、宗教の現状に対し時々予言者的警告を発するの要あるを感ぜしめ候」という、やむにやまれぬ認識からであった。[152] よって、「社会改良事業なるものに暇を告げた」という先の感懐は、当時、『聖書之研究』においては時事問題にはかかわらず、純然たる学問的、宗教的なテキストの註解を通して読者個々の人格の変容に役立てよう、くらいの意図であったことが逆に読み取られる。この決意は、『万朝報』を中心とした理想団の結成や、足尾鉱毒事件への関わりなどによって、ほどなく変更を余儀なくされたのである。

さらに、この『聖書之研究』は、刊行に踏み切ってみれば予想以上によく売れることが判明した。一号あたりでは『東京独立雑誌』以上の部数が出ることもあった。[153] これには内村自身、『万朝報』という当時、都下で最大発行部数を誇った日刊新聞で文名を挙げていたことも大きく作用したに違いない。『万朝報』や『東京独立雑誌』ではじっくりと正面切っては語られてこなかった、彼の思想的立場を根拠づける『聖書』について、多様な角度から隅々にわたって存分に語るというのだから、精神主義と宗教趣味が高じた明治三〇年代の世相からくる需要にも合致するところがあったようだ。内村の文章の平易さや、趣向を凝らした個性ある表現なども、この雑誌を手に取りやすいものにしたことだろう。

内村は、理想団運動や足尾鉱毒事件など二〇世紀初頭の社会問題に関与して、聖書研究も一種の「社会事業」である、という自説を展開するようになる。彼は、こうした聖書研究＝社会事業論を、二〇世紀に入ってすぐよりその晩年に至るまで折に触れて何度か唱えている。その最初のものである「予が聖書研究に従事するに至りし由来」（一九〇一年）において内村は、聖書研究に至った社会的な動機や、聖書研究が社会事業の延長上に位置づけられるゆえんなどを個人的な体験を踏まえて説明した。そこでは彼自身の経験とされる「実業」への挫折、あるいは見切りというものが大きな要因に挙げられていた。

第一に予を聖書の研究に引き入れたるは矢張り自分が専門として居た実業問題であつた、（中略）忘れもせぬ予が本職として従事せし実業を抛擲《なげう》つたのは明治二十三年の夏——恰度《てうど》今頃で会々《たまたま》漁業調査の為房州に出張した時のことであつた、当所《こゝ》に神田吉右衛門と呼ぶ老人があつて毎夕二人で種々の雑談を試みた、然るに或夜の事神田老人切に歎息して幾許《いくら》鮑《あわび》魚の繁殖を図つても、幾許漁船を改良し新奇の網道具を工夫しても彼等漁夫共を救助《たすけ》てやることは出来ぬと熱心に話し出した、（中略）如何にも漁夫の生涯程不憫極まるものはない、今年は大漁猟だから定めし有福にならうと思て居ると鮭魚《さけ》が網に入れば直ぐ其儘料理屋へ駈込で一夜に百も二百も費やすといふ始末、儲けた金銭《かね》で借金を払はうといふ心懸もなければ貯蓄しやうと云ふ考も無い、名案、新法、大骨折、大利益、是等は凡て皆彼等の放蕩を増長せしむる許り、東西到る処の海辺、鯡《にしん》捕り、鮑《あわび》捕り孰《いず》れも絶望の状態であつた、於是《ここにおいて》予は斯る者共に金銭を与ふるのは却て国家を貧弱に陥る、源ではないかとの疑問を起した。[154]

内村が青年期、水産技術官僚として諸方に活動していた際、その「実業」先で訪問した漁業従事者の破綻的生活が大きく問題視されてきたという。内村は漁業者を単に漁の実践者とみるだけでなく、経済や道徳問題を含めて、彼らの人間生活全体を国家社会との関係において捉えようとしたことがわかる。漁師たちの奔放な生活ぶりを見た内村は、漁業従事者の精神の変革の方が生業における技術的な進歩に先行されるべきと考えた。一官僚として、彼らの今の道徳性のままでは国を支える産業基盤が危ういとも思われたのである。

技術や生産に関わる実業の道を断念した内村は、アメリカに行き慈善事業を学ぶことを決心する。しかしこれにも何か対処療法の反復のような虚しさが付きまとったようである。

それから予は慈善事業を研究したいと考へて亜米利加に渡航し白痴病院内に白痴の尻迄拭つて見たがこゝにも亦一つの疑感《うたがい》が生じてきた、調べて見れば見る程慈善其者は利益《つま》らないものである、慈善事業とは放蕩息子の梅毒《かさ》を治療してやる様なものでこれには梅毒以上の治療物がある、慈善は一の方法であつて最後の目的では無いと考へた、155

内村は科学者としての訓練の賜物というべきか、できるだけ根源に向かって、事象の生成の過程を遡ろうとする傾きがあったから、すべての技術的な革新を台無しにしてしまうような生活習慣の腐敗を目撃した時、それをその人の意志や衝動といった目に見えない精神の事象に還元していく思惟傾向を強く発揮した。慈善事業の場においても、その従事者や対象者の主体性そのものの質が問題化されてきて、目下の行為への目的意識が揺らいできたという。

一方、内村は自分が実業の人間である、という強い矜持も依然持ち合わせていた。札幌農学校を首席で卒業し、アメリカでも理学士の学位を得た内村は、自らが科学者であることの自覚を持ち続け、ある時期まで哲学や神学などは概ね観念の弄びとしか思えなかった向きがある。

しかし内村の場合とは逆に、欧米で哲学や神学を勉強して日本へ帰ってきた人間が、なぜか帰国後は官吏や実業の仕事に就いていくという転倒した光景に直面すると、彼は当該分野を真面目に担当する席が空いてしまうことを気がかりに思うようになったという。

聖書の註釈は之を他人に任せて余は矢張実業に尽力しやう、記者にならう教育をやらうといふ考のみであつたが段々日本現時の宗教界を観察して見ると真面目に熱心に聖書を研究しやうといふ人は寥々暁天の星の如くであつて殊に外国神学校の卒業先生が日本に帰つて銀行の支配人や商店の番頭や政府の官吏となる傾向を看ては不肖予の如

きものと雖伝道の一念俄然として動かざるを得なかつたのである、[156]

このような言説に接すると、内村が他者の動向をよく観察し、社会の中で必要な、空席となっている役職の需要と供給を見極める感度と目配りを持っていたことを確認することができる。そうした感性を携えて、漁業のような一次産業に関することから慈善事業、教育、ジャーナリズム、そして人々の精神を導く社会の教師にまで幅広く自らの貢献できる職業を模索してきた様子がここに振り返られている。聖書研究はこのような経緯をたどって彼の職分意識の中核に定位していったのだと見られる。

② 聖書研究がもつ社会改革的底力への見通し

結局、社会全体の動向を見つつ選び取った聖書研究という職分ではあったが、当初は経済的必要や、自身の思想のより広い発表の場の確保という意味もあって、中央文壇でのジャーナリズム活動と兼務することになった。そこで内村は活動的な一面を発揮し、弁論にも文筆にも大いに当代の青年を感化する力を示すことになる。[157]そのような実業の基盤をもつ人物が、なぜ地味に過ぎる聖書研究などに時間を費やすのか、もっと社会改良運動に専念しないか、というのが、懇意にしていた田中正造の忠告であった。[158]内村はこういう活動主義的批判に対して、自身が聖書研究者として立ち上がる必要を、社会改良とは何か、といった基本的な問いかけから丁寧に掘り起こしてみせている。

社会改良とは何でありまするか、（中略）社会の罪悪は之を摘発し之を詰責すればとてそれで社会が改良されるものであるか、是れ大なる疑問でありまして、実際此事に当て居る人も斯かる改良法に多くの信用を置いて居らぬやうに見えます、（中略）

或る弁士が此高壇から演べられましたが、種々雑多の社会の罪悪も之を詮じ詰めれば二個の罪悪に帰するのでありましやう、即ち利慾と好色の二つに帰着するのでありましやう、故に若し何にかの方法を以て此等二個の罪悪を其源に於て涸すことが出来ますれば、是れ社会の罪悪を其本に於て絶つことであるに相違ありません、而《さう》して若し此病根を絶たずして、いくら其結果を責めた所が、是れ単に一時を繕ふに止て永久の治療でない事は誰も能く知つて居ます、如何して人の利慾と好色の念を潔めることが出来る乎、或は是れ実際出来得る事であるか、是れ大に私共の攻究すべき問題であります。[159]

ここで述べられるように、内村は社会改良の問題を、何が標的であるのか煎じ詰めれば明瞭であるにもかかわらず、それを制御することがきわめて困難であるものとして提出する。すなわち「何を」から「いかに」の地平にその問題の位相を移そうとする。そして、現状この「いかに」が根源的な対策に至っておらず、法や制度を通じた、物質的な「利益の調和」をもってかろうじて平和が維持されているにすぎないことを次のように述べている。

一の利慾を抑へるに他の利慾を以てし、即ち利益の調和を謀て世に平和を来らせんとして居る人が世間普通一般の政治家や憂国家と称へられる人達であるやうに思はれます、然しながら斯の如くにして成つた平和は極く皮相の平和であることは誰にも能く解ります、軍隊と巡査と法律とを以て維持されて居る平和は実は平和ではありません、是れは何時破裂するか知れない平和であります、斯の如き状態《ありさま》に在る社会は危険極まる社会でありまして、私共は之を以て到底満足することは出来ません、若し平和が平和ならば是れ人の心の中から起つた平和でなくてはなりません、利慾其物を断つにあらざれば社会の真正の平和は望めません。[160]

ここには、都市の産業が一見順調に拡大し、平和なようでいて、その実、鉱毒事件のように地方には積年の開発のしわ寄せがきている明治日本の窮状が踏まえられている。国際場裏でも、他者の出方次第ではすぐに紛争が勃発するような状況にあった帝国日本の危うさを見据える眼があったことも窺わせる。古代から近代に至る世界史に対する関心が高かった内村の感性からすれば[161]、文明の基礎である精神文化は、個々人の盤石な精神的平和に立脚するものであることが普遍的な真理として把握されていた。内村は、江戸期のような特定の経典群の体系的な摂取といった文化が廃れた明治期日本で、「世間普通一般」の教養のみでいく精神の脆弱さについて、政治や社会の諸場面を見て痛感することしばしばであった。

そうした問題意識のもと、彼が『聖書』という一冊の古典を携えて、それを現代にも通じる社会革新の根拠として呈示するのは、それが世界史にいくつも前例をもたらしている、という歴史的実証性への見通しが大きな促しとなっていた。

> 根本的改革は真面目なる聖書の研究を以て始まる、ルーテルがエルフルトの寺院に於て拉典《らてん》語の聖書に接せし時に、人類の歴史に於て最大改革の一と称せらるゝ所の謂ゆる欧洲の「宗教改革」なる者が始まつたのである、洵に「近代」なる者はルーテルの聖書研究を以て始まつたのである、ルーテルに由て元始の聖書が欧洲人に供せられてより茲に新光明は人事のすべての方面に臨んだ、政治と云はず工業と云はず、商業と云はず、美術と云はず、文学と云はず、教育と云はず、すべての事が之に由て一新した、欧洲は洵《まこと》に之に由て復活した、(中略)是は洵《まこと》に真《まこと》の意味に於ての根本的改革であった[162]

ここで言われる「政治と云はず工業と云はず(……)すべての事が之に由て一新した」という見通しが、内村のもつこの『聖書』からの改革の方途への確信を物語っていよう。彼は「此世に於て何が最も貴いかと申しまするに、それは書物である」[163]と断言したこともあるが、その書物の内最も世界史を動かしてきたのが『聖書』である、という了解も、彼のいう社会改良法への権威ある保証なのであった。

内村は最晩年に発表した「社会事業として見たる聖書研究」（一九二九年）という論稿で、聖書研究の結果を社会に発表していくことが立派な社会事業となる、という着想を「奴隷廃止も、監獄改良も、近くは禁酒政治も」[164]すべて、この『聖書』の教えの権威によって可能となったという例証によって示していく。もちろんこれはキリスト教の歴史が長い欧米の話という前提の上にである。非キリスト教圏の日本がそのような達成の後を追うにはまだ長い時間が必要であることは、むろん想定されていた。

しかし『聖書』があくまで普遍的なものであるという確信によって、無限の時間ほど遠くない未来に、ある可視的な成果が実ることもまた見込まれていたようである。内村には、どんな人でも腹をすかせるのと同様に、どんな場所にも神の言を求める人間がいる、という考えは説得的なものに思われた。人が人である限り、という彼の普遍主義の基礎的確信からすれば、この点でも『聖書』は確かに日本を例外にはしないと受け取られたのである。

> ○社会事業を生活改善、幸福増進とのみ見るは大なる間違である。イエスが曰ひ給ひしが如くに「人はパンのみにて生くるに非ず、唯神の口より出づる凡ての言に因る」である。人の生活幸福は獣のそれとは異《ちが》ふ。豚は食足れば満足するが、人は衣食住の外に霊魂の糧なる真理を要する。此意味に於て社会の為に詩も哲学も倫理も必要である。神の言なくして人は活きず、社会は成立しない。（中略）
>
> ○如斯《かくのごとく》にして聖書研究に従事して私は大なる社会事業を為しつゝあると思ふ。（中略）預言者アモスの言に「神の言を聴くの饑饉《ききん》」と云ふがある通り、食物の饑饉の外に天より臨む真理の光の饑饉ある事を忘れてはならない。日本に於ても何時か其国民が神の言の饑饉を自覚する時が到るであらう。[165]

ここでまず注目したいのは、「霊魂の糧なる真理」といわれる「神の言」の系に、詩や哲学や倫理も含められていることである。詩は従来、内村が大変重んじてきた芸術分野であり、普遍的真理を純粋な形で保存する言語形式として、散文だけでなく政治などにも対比されて顕彰されてきた。哲学については特に晩年にその評価を高めており、プラトンやカントを中心に、古代のアリストテレスや中世のアンセルムス、アベラール、近世のライプニッツやロック、近代のベンサム、ミルなどにも読書範囲は広がっている[166]。倫理については内村が繰り返し日本社会にその普遍的な形での結実を求めた記録はおびただしい。こうした一連の分野への関わりが、『聖書』においても独自な形で認められるものとみるなら、内村の聖書研究は世俗文化としての学問や芸術との接点を多分にもっていたといってよい。聖書研究を公的に無益なものだとして、等閑に附するような職分観が彼に生まれえなかったゆえんがここにも見出せる。

また内村はここで、「日本に於ても何時か其国民が神の言の饑饉を自覚する時が到るであらう」という見通しを立てているが、これは真理の到来を長期的な視野で捉えようとする、真理の実体への信頼表明とみることが可能であろう。「天より臨む真理の光」と呼ばれた「神の言」の存在が、内村のもつ普遍的諸価値による秩序体系の要石として存在していること、その要石がすでに普遍的な社会事業=人類救済の体現者である、と認識されたことにより、彼の普遍的なるものへの信頼は、一種余裕のある待望の姿勢を伴うことになった。そしてこの待望の姿勢は実際、この世の際限の先——来世——までをも視野に入れるものであった。そこから彼の現実事象への批判の立脚地が生じ、いまだ十分具体的には現れてこない、という意味での抽象的な真理を擁護する知性が絶えず活動し続けたのだと推測される。

第五章　反政治的志向の知識人

第一節　抽象的真理の側からの現実主義批判

サイードの知識人論には主題的ではないが、バンダの知識人論では大きな問題とされたものの一つに、知識人の現実主義への加担がある。それは知識人が自分やその所属する集団、国家の現実的な利権――例えば、経済的あるいは領土的な――を獲得するような野心を抱き、実際にその実現を助けるように行動し始めるという事態を指す。バンダはこうした知識人の姿勢を、知識人がその所属国家の特殊性、その歴史や文化の偉大さなどを国内や諸外国、とりわけ周辺諸国へ吹聴する名誉心と並んで批判するのである[1]。

さらにバンダは、同時代の知識人の堕落を、彼らがそうした目前の利益の獲得に奉仕するために時の権力の方針に加担していく姿勢において認め、それを知識人の政治化として批判した。バンダによれば、知識人の本来の責務は、真理、正義、理性といった普遍的諸価値の擁護にこそあるのであり、政治といった現実問題に利害関係者として参加することではなかった[2]。

バンダが提出するこうした事柄は、同時代（一九世紀末から二〇世紀前期）における日本の知識人に関わる諸現象や、その中にいる内村鑑三の世界史的境位を理解するために、重要な比較・参照枠になるだろう。というのも、内村もバンダに等しく、世俗の政治的状況をめぐる人々の移り気な姿勢を批判し、風雲急を告げる時においても普遍的な真理や不変不動の実体へと自らを依拠させていくことを自他に呼びかけた人物だったからである。例えば彼は、第一次世界大戦が開始された年（一九一四年）の秋に次のように世俗的・現在的な事柄を相対化するような形で、真理の探究としての読書を人々に勧めている。

秋は来ました、秋は読書の好時節であります、我等は此時節に於て一年を支ゆるに足るの思想の糧を得べきであります、殊に今年の秋の如く、全世界が戦乱の巷と化し去つた時に於きましては、我等は高き深き思想に接して空間時間を超越して永遠の静寂に達すべきであります、戦時は特に沈思黙考の時であります、我等が世と共に動揺せざらんがために、我等は真理の巌を探り、之に縋《すが》りて不動の域に在るべきであります。[3]

これは社会の動揺著しい時にこそ、「永遠の静寂」や「真理の巌」といった「不動の」方面に身を移し、そこで自由な批判的視座を確保することを呼びかけたものと読める。政治的事象の只中に自身の精神を埋没させ、偏狭なナショナリズムを発露させつつ、名誉心あるいは国益という物質的な線での現実主義を亢進させていく世の実利主義者への間接的な告発ともいえる。彼の場合、真理や理想の側に一時退避することは、当面の問題に対して無関心になることではなく、むしろ対象に一旦距離を置いた上で普遍的な論法を整え、問題当事者双方に公平な姿勢で事態を批判しやすくなる場を確保してから、機を見計らって凝縮された言葉を放つ、といった実践的な意味合いが強かった。

本節では、まず内村による現実主義批判の内容を整理し、その独自な問題意識を明らかにする。さらにその路線から展開される時の政府への批判的言説を検証し、政治に関わることや、政治的であること自体に対して厳しい見解を提出していった過程を考察していきたい。

1　現実主義批判の諸相

明治知識人としての内村の現実主義批判は二点に要約されよう。一点目は、西洋の普遍主義の側からの東洋の世俗的現実主義批判とでもいうべきものである。これは西洋近代文明の、主に知的精神的な要素の普及者としての内村の仕事の一環として見られてよいものと考える。

例えば彼は一八九九年に次のように「東洋の現実主義」を問題視している。

現実主義が東洋壊乱の原因だとは本誌の寄書家中村諦梁氏の説にして亦欧米諸学者の中に行る、定説の如くに見ゆる、日本を救ふとは此現実主義より国民を救ふのだと余は思ふ。[4]

ここにある「東洋」とは、主に「支那」を地理的中心とした東アジア地域が想定されていたと見てよい。内村は同年発表の「興国史談」にて次のように「支那文明」について述べている。

バビロニヤの原始的文明と今日の支那文明との間に近い関係のある事は我等の殊に注意すべき事である、二者共に現実主義を基とする文明であり、其白色人種の感化を受けし者が西洋文明の基礎となりしバビロニヤ文明であつて、其原始的形状を持続して今日に至りしものが支那文明である、[5]

内村はここでバビロニアと中国を二つ並べて「現実主義」の文明だと指摘しているが、現状において、西洋と東洋の両方が「現物」に非常な価値を置く、という点では変わりはないという。しかし彼によれば「其起因と土台的原理に於ては二者の差異は霄壌《しょうじょう》も啻《ただ》ならず[6]」とされる。その理由の説明ともなる、内村の把握した「東洋の現実主義」の内容は次の通りである。

東洋の現実主義は全く之と異る、東洋人は物を離れて霊の存在を信ずる能はず、彼等の理想的社会は現世に在て未来に存せず、彼等の神は霊に非《あ》らずして肉体を着けたる人間なり、彼等の英雄は詩人又は宗教家に非らずして軍人又は政治家なり、彼等の美術と文学とは技芸にして思想に非らず、自然の上に立て之を統治せんと欲するに非らずして是と和睦して之を利用せんと欲す、故に東洋人は結果を重んじて方法を軽んず、真理其物を省みずして其効用に着目す、故に其哲学者は哲理を曲げても時の制度を弁護せんと欲し、其宗教家は宗義に戻《もと》るも社会の現状を維持せんと欲す、治国平天下は東洋人の最大目的にして、真理の開発の如き、自由の伸張の如きは国家の安寧を犠牲に供しても追求すべきものとは彼等は決して信ぜざるなり。[7]

このように、「東洋の現実主義」は人間観から自然観・技術の問題へと至り、真理や自由といった普遍的価値の擁護や伸長のための活動以上に、「治国平天下」や国家の「安寧」にそれらが奉仕させられる事態までをも含んでいたことがわかる。内村は、自国の政治的独立や治安維持を諸事に優先する急務としていた福澤諭吉ほか明治前期の知識人らとは異なり、どこまでいっても国家の独立以上に普遍的な真理や自由の実現が優先されるべきと考える。自由・独立の個人であることが普遍的な真理や正義に直結する唯一の資格とされたため、個人が普遍と直結して真理を確保するに至る過程が第一に保障されるべきであり、国家の自己主張や国益追及はその普遍の側から制限を受けるべきである、という理解がなされていた。

このような内村から見れば、「西洋の物質主義」と「東洋の現実主義」の差は歴然に見えた。

二者其原理に於て相異ること斯の如し、故に西洋に於ける物質主義の進歩は民の克己勤勉を促し、生存競争となりて体力智能両つながらを研磨し、高貴なる勇者を生み、偉大なる慈善事業を起す、近くはスタンフォード大学の如き、遠きはジラード孤児院の如き、共に米国流の物質主義の美として賞賛すべきものなり。
之に反して東洋に於ける現実主義の発達は好逸貪安の風を作り、躰力の消耗、精神の痲痺を来たし、矜恤《きょうじゅつ》の情之が為めに鈍り、仁慈の心是が為めに去り、富は社会の災禍と変じ、貴は個人の不幸と化す。[8]

こうした記述を読むと、どうやら、西洋と東洋の「現実主義」の差として呈されたものは、教育事業や慈善事業の発達したアメリカと日本の現状、あるいは人間理想をめぐる比較がなしえたことだと思われてくる。その差を説明する原理を探るうちに、逆算して西洋（アメリカ）と、東洋（日本）の人格理解の差に行き着いたのではないだろうか。ここでは内村における humanity に関わる価値基準が強く働いているのが見てとれる。

一方、日露戦争前後より、彼は来世的傾向をより深化させていき、世俗の事柄に対しても divinity の側の価値基準に傾斜して判断していくことが多くなる。同時代における、所属集団や国家の現実的な利益を擁護するような振る舞いに出たと見られた日本のキリスト教界を批判するだけでなく、その教界情勢に多大な影響を与え続けるアメリカ流の現世的な教会活動への批判も頻繁に行われるようになる。内村にとって、政治、社会、教会は〈政治的なるもの〉の組織的系譜を形作るに至ったのであり、反政治、反社会、反教会は、簡素でない組織全般において不可避と思われる運営側の政略的な姿勢を、まとめてえぐり出すようにして告発されたものと見ることができる。

このような消息は、一見、先の東洋・西洋評価がひっくりかえったような形での西洋・東洋評価をもたらしたように見える。このような事態を捉えて、「内村の矛盾」という発言が聞かれそうであるが、実際のところ、両者においては、主に機能している価値の基準が変化している——先のは humanity、今度のは divinity ——と読めば、その「矛盾」なるものを説明するのは難しくない。そのあたりの消息は大正時代に入ってからの次のような言葉も含め、内村の西洋／アメリカ評価のいくつかを注意深く読みこんで、総合的に判断すべきだと思われる。

人は何人も己の有たざる者を他に与ふることは出来ない、米国人は深き来世観を有たない、故に明確なる天国の福音を伝ふることは出来ない、米国人は実際的であつて詩歌的でない、故に霊魂の高き言語を解しない、霊界は決して米国人適応の世界ではない。

何れの国民もすべての事に於て偉大なることは出来ない、地の事に於て偉大なる米国人は天の事に於て偉大なる事は出来ない、政治の事に於て偉大なる米国人は宗教の事に於て偉大なる事は出来ない、哲学、詩歌、美術の事に於て万国の後《しりへ》に従はざるを得ない米国人は信仰の事に於ても亦自己の適当の地位を自覚すべきである、9

ここには日本のキリスト教を現世的な方向に導いたとされるアメリカのそれへの強い批判が見られる。内村はここでアメリカが「哲学、詩歌、美術」において偉大でない、という判定を下しているが、それらが前章第四節でも指摘したように、聖書信仰にも通じる divinity と humanity の接点にある表現形式でもあることから、アメリカが信仰の方面においても偉大とはいえないと導くのである。これは大正期のテキストであるので、明治期の内村とは単純に同列には扱えないが、端的に言ってホイットマンを頂点に見据え、アメリカ詩を最高の地位においていた明治末までの内村の判断とは違うことが述べられているように受け取られる。

にもかかわらず、注目すべきは「地の事に於て偉大なる米国人」「政治の事に於て偉大なる米国人」といった言葉である。humanity の基準からする「実際的」なアメリカはいまだに万邦に比類のない位置にいる、という実感が表明されているのである。ここで内村は現世的なキリスト教を日本に送り出す同時代アメリカの精神文化のある部分を限定的に、まるで適性がないかのように批判するにとどめたともいえよう。

このような divinity の基準からの判定の強化によって、かつては「東洋の現実主義」に対して高い価値を得ていた西洋の「物質主義」の評価は覆ったかのように映る。物質主義については、先の「西洋の物質主義と東洋の現実主義」（一八九九年）の時点から、それが現実への執着の一形態であることは論及されていた。しかし日露戦争後の時期は、先に西洋の優越の例証として評価されていた慈善事業そのものへの評価も下がっている時期であったためか、西洋の物質主義がもたらすところの、将来に投資する技術や制度を開発していく、といった長所への視点は埋没してしまったかのようである。

米国であります、彼は其物質主義を以て衷《うち》から我等を腐らせんとします、故に我等は信仰を以て此第二の敵を逐攘《おいはら》はなければなりません、斯く云ひて私は勿論米国人は個人として悉く我等の敵であると云ふのではありません、同じやうに露国人の中にも個人としては尊敬親愛すべき者が多くあります、然しながら併呑主義が露国の主義傾向であるやうに物質主義は米国の主義傾向であります、我等は此有害なる二つの主義を代表する露国と米国とを排斥すべきであります、是れ誰君、誰さんの問題ではありません、米露両国に充溢する主義精神の問題であります。

故に我等の教会問題を決するに方ても、又我等の身の独立を計るに就ても我等は米国人に傚つてはなりません、我等は基督教を其真髄に於て解し、茲に超現世的の信仰を我等の中に作らなければなりません。[10]

内村はこのように日露戦争以後、人間ではなく主義・精神としてのアメリカを排斥するとまで言っている。それは信仰問題に関して「身の独立」と「超現世的」であることを保護するための措置であったのであり、通念として見た政治思想や政治技術、あるいは人間個人の自由や独立の擁護者としてのアメリカ評価を下げるものではなかったと見られる。[11] 彼が批判したのはあくまで「現実主義」という「主義精神」の「有害」さであり、それも主として divinity の判断基準から導き出されたものであった。続いて取り上げる政治批判も、二つの価値基準の間に発生する主導権の取り方によって、批判点と批判結果が異なることに注意されよう。

2 政治化時代における反政治的姿勢

内村鑑三は政治思想の分野では、主に国家主義や封建思想に対する抵抗者、あるいは非戦論者や平和の思想家として高く評価されてきた。一方で、その世俗次元における政治思想の内容が独立して問題とされることはあまりなかった。[12] そのことは、彼自身、時の政治に対する批判のみならず、政治という営み自体に対して早くから見切りをつけ、政治（家）を信用しないように、などと説く論者であったことと関係があるかもしれない。例えば明治三三年の年初には、その主筆と懇意であった『佐渡新聞』に次のような文章を寄稿している。

諸士亦た目下我国に於て称する政治家なるものに多く信を置く勿れ、彼等の多くは自利を画する者にして宇内の大勢に顧みて国是を定むるの明と心とを有せず、国家を彼等の手中に任しては其衰亡は免るべからず、余は諸士が新年と共に無智無謀の政治家の排斥に従事せられん事を望む。[13]

これなどは、まだ「目下我国に於て称する政治家なるもの」という限定がついているので、政治批判としては程度が軽いもののようにも思われるかもしれない。しかし実際のところ、「国家を彼等の手中に任しては其衰亡は免るべからず」という不吉な言葉を提供し、「無智無謀の政治家」を排斥せよと言い置くというのは、祝すべき年初に送る言葉としては穏やかとはいえない。

内村は二〇世紀に入って後、いよいよ社会を改良する方途を自分なりに試みていったことは、前章ですでに論じたところであるが、そこではあくまで政治的ではなく、という点が強調されていた。中心的な役割を果たした

『万朝報』理想団の活動も、政治的でないことが念を押され、超党派の個人が集まって個人の内的変革を周囲に波及させるといった道筋をもつ倫理的性格が強かった。一方で、前章で検討したように、『聖書』一巻を中心にした社会変革の方法が内村において唱えられ始めたのもこの二〇世紀初頭であった。

一九〇二年の三月から、内村は社会主義者の河上清と数回『万朝報』紙上で、批評家が時の政治を論じることをめぐって論争のようなものを行った。この論争は、内村が前年の暮れ、『万朝報』に連載の形で発表した「余の従事しつゝある社会改良事業」（明治三四年一二月一九―三〇日）という論稿で「政治は糞尿の類なり触るべからず」というようなことを述べたことへの河上からの疑義の提出、というのが発端であった（河上清「内村先生に寄せて政治を論ずる書」『万朝報』明治三五年三月二日）。『独立雑誌』時代とは違って、もはや政治に対して積極的な批判を展開することを厭うようになったかに見えた内村に対し、時の政治において問題を感じるなら、それをしっかり批判するなりして、もっと政治に対して積極的な姿勢をとるのが批評家の仕事ではないか、と河上が迫ったのである。

河上が「政治は糞尿の類なり触るべからず」という言葉でまとめたのは、該当の内村論文における以下のような箇所のことだろう。少し長いが引用してみたい。

〇余は今に至るも此断念を悔ゐたことはない、余にして若し其時政治学に志したならば余は今日今頃は実に此世に生きて居る甲斐のない者であつたらうと思ふ、政治学は余を冷たき、残忍なる、石の如き、氷の如き者となしたであらうと思ふ、余の脳髄は機械となつて、余の心臓は化石となつたらうと思ふ、余は伊藤侯の編んだ憲法を弁護せんがために造物主の定めた宇宙の大道に目を注がなくなつたらうと思ふ、余が其時政治学を棄てたのは余に取ては最上の幸福であつたのである、余は天助に依て此決心に出でたのであらうと思ふ、爾後余は未だ曾て一回も日本国の政治に喙《くちばし》を容れたことなく、また終生容れざらんと欲す、誰か糞塊に鼻先を突き入れんと欲する者ぞある、誰か明治政府の政治に喙を容れんと欲する者ぞある、二者共に臭の臭、蛆虫にあらざらんよりは此事を為さんと欲する者は他に無い筈である。
○故に余は政治を以て此社会を改良せんと勗《つと》むる者ではない、日本国の政治は之を伊藤大隈等の清士に任かし置ば沢山である、死者をして死者を葬らしめよ、政治家をして政治を司らしめよ、余は糞尿は之を余自身取扱はんことを好まないから肥取をして之を汲み取らせる、政治に於ても亦同じである、伊藤侯の如き、大隈伯の如き、桂子《かつらし》の如き、其他貴衆両院六百の野心家の如きは皆な進んで余輩のために社会の糞尿なる政治を扱はんと欲する人達である、余輩は喜んで此臭事を彼等に委托すべきである[14]

これはさまざまに批判を加えながら用いなければならないテキストだと考える。例えば内村が述べている「爾後余は未だ曾て一回も日本国の政治に喙を容れたことなく」という言葉は客観的に見れば事実とはいえない。内村としては、具体的な政策提言や仕官により政治に介入する徳富蘇峰のような立場を想定して「喙を容れ」るとの表現を用いていたのであろうが、議会政治が選挙権のある民——当時は一部の男子高額納税者のみだが——の動向を気にしなければならない以上、新聞雑誌に意見を表明して人心を左右することが可能な文筆業は政治に無関係とはいいきれない。[15]それを抜きにしても、事実、この引用箇所の後半段落部分が、内村得意の反語的な皮肉交じりの政治批判になっているのである。

内村としてはこのような形で政治を重視せず、今後もそれに関わらず、ということを宣言することになったのは、それまで在野知識人の提言に対する議会や内閣の姿勢を確認した上での、時の政治への一種の見限りのような気分からであったと考えられる。しかし、彼の勢いある、独自の特色をもった政治評論を楽しみにしている向きからすれば、これほど残念な宣言はなかったことだろう。河上はこうした内村の「政治観に服する能はず」として、先に挙げた寄稿でいくつかの「疑問」を整理して提出している。これはこの時期の内村の政治観を逆照射するものとしてどれも重要なものといえる。例えば河上は、内村が現行憲法を徹底的に批判していること、彼が国家と社会を一応区別して対処し、社会の側の改良に着手しようとすること、内村が「民をして政治を嫌忌せしめ、之に遠ざからしむる」かのようであること、などを指摘している。政治を「糞尿」とまで言った内村のやや諧謔的な調子にはそぐわないほど、河上の問題提起は丁寧で真面目なものになっている。

この河上の問いに対して、内村は「再び政治を排斥す（在米の河上君に答ふ）」（『万朝報』明治三十五年三月一一日）で応酬した。彼はここで自らの立場を「詩人」の側に置き、それに「政治家」を対置する。かつて高山樗牛が「論客」に対比して内村にダンテのような「詩人」となることを要求したことがあったが、[16]その樗牛の提案に沿うかのような姿勢を彼自ら意図して採っているのは興味深い。内村は河上に応答して次のように述べ、再び自説を強調した。

○今の社会は職業分担の世なりと伝ふ、肥取りは下肥を扱ふべし、詩人は詩を作るべし、詩人にして若し肥取りに従事するあらば是れ国家の大損害ならずや、政治家は社会の肥取りなりとは余の曾て言ひし処、彼等は自から進んで此臭事に当らんと欲す、吾人何ぞ喜んで此等の醜児に此臭事を任せざる。[17]

「肥取り」とは政治に関わることである。こう言って内村は、社会における職責を人物の適材適所の観点から説明し、自らのなすべき「天職」を平民の教育者として提出しようとする。

○余には余の好んで為し得る業《げふ》あり、伊藤博文侯《いとうはくぶんこう》は国家を調理するの大手腕を有せられ、君寵身に余るの大政治家なりと雖も而かも世の父兄にして侯に妙齢の女子の教育を託する者とては一人《にん》もあらじ、余は小にして国政を談ずる能はず、然れども幸にして余は伊藤侯の為し得ざる事を為し得ると信ず。余は天子に寵せられざるも寡婦孤児に

愛せられんことを求ふ、余は憲法を作り得ざるも痛める心に多少の慰癒を供し得るを信ず、余は余の天職を以て満足す[18]

内村はこのテキストにおいて、河上が疑問として提出した事柄に一つ一つ答えるということはしなかった。河上の問いは煎じ詰めれば、平民、特にその精神的指導の位置にある内村のような人物が政治に対して批判的な言説を呈することの必要を迫ったものであったが、実のところ、内村は河上が憂慮し、内村自身が宣言したほど、以前も以後も政治を無視することはなかったといってよい。ただ、内村は数年間の試みの結果、時事論的に政治を取り扱うことにだいぶ倦んでいたというのが実情であろう。内村からすれば、在野で積極的に政治を論じても成果は上がらずに落胆するだけであり、それならば政治を過大にとり扱わないことによって、それらに没頭し、現実的な利害関心に巻き込まれて身動きが取れなくなっている人々、読者たちへ、他の社会変革の道筋を示す方が賢明と考えたのである。政治は糞尿、という行き過ぎた感のある表現は、現実政治への失望が自他にもたらす緊張を緩めようとする表現であったとも読み取られる。内村はここで、国家的利益と国際的名誉の追及に走る国政の論理に巻き込まれることで、自らもその現実主義の虜となってしまう批判者をも批判する、というバンダが是とする知識人の役割を強く発揮していたのだと分析される。

そして、実際河上が憂慮した政治への民間からの監視機能は、内村自身、その反政治的立場から、根本的な政治批判という形をとって発揮されることになったのである。この河上とのやりとりの後に日露非開戦論があったことを考えても、彼は国政に対して、また日本が置かれた国際情勢に対して、批判的な見地から政府に何かを要求するという姿勢を崩すことは、その後しばらくはできなかったと見てよい。

例えば、内村は河上に返書したすぐ後、「政治家微《なか》りせば（政治家不要論）」という過激な題が人目を引く文章を『万朝報』（明治三五年三月二四日）に発表した。冒頭からの次のくだりを読んだ河上は、内村に依然と変わらぬ政治批判の姿勢を認めて、一安心したに違いない。

○余輩頻りに政治家を罵るや、人あり余輩に告げて曰く、「若し政治家微《なか》りせば如何《いかん》」と、余輩は彼に答へて曰く『然り若し政治家微りせば天下は太平無事なるならむ、政治家なくして民に重税を課する者あるなく、重税を課する者なくして民に衣食足り、民に衣食足りて盗む者あるなく、殺す者あるなく、随て人は悉く其天然性に帰るを得て真個の楽園は吾人の中に臨まん』、と。

○人、大政治家の出顕《しゆつげん》を望んで止まず、然り、余輩も亦切に之を望む者なり、然れども大政治家の此世に必要なるは民を治むる為めに必要なるにあらず、民は政治家を要せずして能く自己《おのれ》を治むるを得《う》るなり、大政治家の此世に必要なるは民を治むる為にあらずして政治家を治むる為めなり、即ち其野心を抑へ、其利慾を圧し、彼等をして良民として此世に存在して政治家として嬾惰《らんだ》に耽けざらしめんために必要なるなり、コロムウエルの如きは即ち斯かる政治家なりしなり、（若し彼をも政治家と称せざるを得ずんば）、彼は国民を政治家の手より援《すく》ひ出《いだ》せし者なり、彼の剣《つるぎ》は政治家を屠るために揮《ふる》はれたり、彼は政治家を縛つて民に自由を供せり、彼は政治家の撲滅者なりしが故に国民の放免者なりしなり。[19]

クロムウェルという内村にとっての理想的指導者を持ち出して現状の政治を根本的に批判することは、それ以前からの受け継ぎといえる。クロムウェルをただの政治家の位置におかずに、むしろ既得権益を狙う政治家を縛って民に自由を与える指導者として、すなわち、彼の革命家としての側面に強く光を当てようとしていることは興味深い。実際、次の内村の言葉などは、ほとんど無政府主義の宣言と等しいものであったと読まれなくもない。

○「政治家微りせば」?、然り是れ人類の理想なり、吾等は皆な政治家のなき社会を作らんために日夜努力しつゝある者なり、彼等有るが故に人生の此涙あり、此悲歎あるなり、彼等微りせば国民の幸福之に優る者なからむ。
○逝けよ、政治家、逝て再び吾人の間に帰り来る勿れ、吾人は汝等を要せず、汝等は苦痛の源なり、汝等有るが故に此偽善あり、此堕落あるなり、罪悪は素と汝等の造りしものなり、陸軍と海軍とは汝等が発明せし者なり、国を護る為に其必要あるに非ず、汝等自身を衛らんために其必要あるなり、汝等の奪ひ去りし吾等の山林と田圃と公債証書とを悉く吾等に還附せよ、然らば吾等は心に充ち身に足りて永久の平和を謳歌するを得む。[20]

このテキストは、具体的な政治的失策や、それがまかり通るような政治状況――具体的には軍部の権力肥大とそれを支える増税実施など――を批判の射程に収めているもので、内村の政治批判的文章の中でも出色のものと見てよいと思われる。河上に対して、適材適所の観点から、政治に対して口出しをするのは自分の天職ではない、といったその舌の根も乾かない内に、このような過激な政治論を掲げるのは少々閉口しないでもないが、いかにも内村らしい逆説的な展開であったと見たい。彼が政治を糞尿視し、それに対して口を挟むことを拒絶したくなったのは――そういうことを大衆に呼びかけている時点ですでに対政治的な営みであったことも含めて――政治の現状に対して激しい批判性を秘め、そのあるべき望ましい状態に対しても、現実の政治路線にそぐわないような展望をもっていたからであったと理解される。

河上も、こうした内村の政治批判文章や、他の文章で行われた日英同盟批判[21]などを読んで、内村が十分に政治問題に渡り合っていることが確認されたようである。実がある以上は名を云云する必要がなくなった、と自らの疑問を引き続き内村に追求することを中断している。[22]

このように、内村は結局、政治批判を即座に取りやめることはしなかったのだが、それは実に、内村の側に世俗政治に対する理想があったからだと見てよい。内村の場合、現実的な利害や名誉心を充足させるものとして、政治を自己実現の糸としていた人間が、それに期待を裏切られた際に陥っていくような、政治的な非関心者にはなりきれないものがあったのである。

3　内村の政治理想

内村に関しては、かつて「非政治」や「反政治」を体現する人物として語られることもあった。その際の対照者は、同時代の徳富蘇峰であったり[23]、先行する福澤諭吉であったりした[24]。次節にて取り上げる「共和主義」を観点とすれば、内村のような知識人の言動もまた「非政治」あるいは「反政治」的政治姿勢といった意義に加え、近代日本の政治思想史上に特質あるものとして、新たに検討の対象に上るのではないかと考えられる。

そのような展望のもと、彼の明治期の政治理想について予め整理・分析しておきたいと考える。なお、この点を探求するにあたり注意したいのは、内村は聖書・福音主義を採用していたから、結局、政治はサヴォナローラに代表されるような神権政治（theocracy）が望ましいと考えられていたのではないか、という推測である。これはまるっきり的外れな推測ともいえないが、だいぶ粗雑な先見かもしれない。というのも、内村は世俗の政治現象に関わるさまざまな言説を遺しており、それらは一概に神権政治理想の枠に収めてしまうには無理があるからである。

内村が公的知識人活動の早い段階（明治三〇年）において、既存政府以外の社会的機構の可能性を模索していたのも注目される。

内閣員の無能、人材連の倒用は政府なる者の依て以て頼むに足らざる事を吾人に示せり、渾《すべ》ての改善、渾ての進歩を政府に委任する国民は竟に著しき改善と進歩なくして終らむ、故に国民は政府以外に革新進歩の法方を講ぜざるべからず、共同組合組織の如き其一なり、ギルド苦楽部の制等其二なり、政府をして何処までも政府の失敗を重ねしめよ、而して国民は党人の嫉妬奸策以外に屹立し、徐々として社界組織の完全を計るべきなり、是れ目下に於ける惟一の革新法なり。[25]

これは簡単ではあるが、当時としては進歩的な、国政からの自立論、政府外社会組織・中間団体設立への呼びかけであった。共同組合や職工組合については、これ以後、特に思索を発展させた様子はないが、片山潜による労働組合運動への協賛や、オウエン的社会主義への独自の評価に、こうした革新への姿勢が生かされていったと見られる。一九世紀末のジャーナリズム活動時には、「革新進歩」の旗手としての政治が内村の理想とされていたのである。

先の河上清とのやりとり（一九〇二年）が内村に自覚を促した意味は小さくないと思われる。朝報社の記者同士で親しい関係にあった河上が、あえて内村に挑戦してみたことで、「非政治」への誘惑にさらされがちであった内村の思索を、反政府的な、その実、理想の政治を意識的に問い直すような意義ある思索へと導くのに効果的であったと思われるからである。例えば河上とのやりとりの後、一九〇三年の年初に内村は次のような文章を発表している。

基督教的政治は平民的政治なり、基督は平民なりし、故に平民に忠実なるは基督に忠実なるなり、基督を信ずると称して王にのみ忠実にして平民に不忠なるは褻瀆《せつとく》なり、偽善なり、余輩は貴族的基督信徒なる者の存在を信ずる能はず。

公義を水の如くに、正義を尽きざる河の如くに流れしめよ（亜摩士《アモス》書五章二四節）正義をもて貧しき者を鞫き公平をもて国の中の卑しき者のために断定をなすべし（以賽亜《イザヤ》書十一章四節）王の栄えは民の多きにあり、牧伯の衰敗は民を失ふにあり（箴言第十四章二八節）基督教の政治は総て民のためなり、貧者のためなり、卑人のためなり、聖書は政治を以て一大慈善事業と見倣すなり。

シヤーレマンの政治も、仏国のカール第十一世の政治も、コロムウエルの政治も、リンコルンの政治も、世に基督教的政治と称せられしものは皆な、貧しき者、圧せられし者、社会最下層の者のための政治なりし、貴族のためにする政治は神の聖意に適はざる政治にして、亦貴族其物のための政治にもあらざるなり。[26]

ここでは内村の世俗における政治理想が簡潔な形で述べられているのを見る。要点を整理すると次のようになるだろう。

i）公義・正義に忠実であること
ii）「平民的」であること。貴族の支配を退け、平民のための政治であること
iii）平民の中でも特に貧者、被圧迫者、社会の最下層民への配慮をもつこと

これは、社会の弱者に配慮した「仁政」が望まれていたことを示すものである。内村において政治とは、権力主体間の調停を図るための政略論に彩られたものではなく、西洋近代が達成したところの普遍的諸価値を「基督教的」なエートスを土台にして人民に普及させる営みにほかならない。彼はこのような理解をもって、政治は「応用倫理学の一種」[27]であると言う。公議や正義を踏まえることへの強い要請は、市民の善き生活世界の内実が適度に措定されてあることが前提となるので、「共通善」（public good）により正義の方向づけを行う共和主義との

親和性も高いと予想されよう。[28]

内村は社会の弱者に配慮した仁政を政治の目標にしたとはいえ、社会福祉政策の充実を想定していたわけではない。その点、彼が理想の政治家連の筆頭に挙げていたグラッドストンの方針に等しいものがあるようだ。[29] 内村は次のように、社会における富の分配を等しくする以上に、人々の諸々の価値観の変革に働きかけるような指導者を政治家の理想に定めていた。

○富を平均するも何かせん、吾人は宜しく富なるものに対する欲念を絶つべきなり、貴族を廃するも何かせん、吾人は宜しく吾人の心底に於て皆な悉く貴人たるべきなり　富を求むるの必要なく、名誉を追ふの心なきに至て真正の社会主義は世に行はるゝに至るなり。

○言ふを休《や》めよ、是れ難事なり、到底此世に於て行はるべきにあらずと、是を今日の政治家に望み、亦たその教育家に待て其難事たるは疑ふべからず、然れども是を釈迦　保羅《ぽうろ》、ソクラテスの如き人に望んで実《じつ》成し難き事にあらず、世は既に幾回か無私無慾の社会を見たり、英国の清党時代の如きは其一例なり、此時に際して社会に貴族あるなく、富者《ふうしや》あるなし、人は人として尊敬され、正義は法律として服従さる、余輩の日本国に於て見んと欲する事は、清党時代の一度び我が国民の中に臨まん事なり。[30]

これは一九〇二年に『万朝報』に発表された「大望」からの引用である。ここでは、はっきりとピューリタン革命時代の日本への到来こそが、内村の理想的な政治状況の現われの一例として呈示されているのが認められる。その到来には、「釈迦、保羅、ソクラテス」といった、並の平民とは到底呼べないような高徳の指導者の出現が先にある。彼らによって、階級は撤廃され、互いの人格は条件なく尊重され、正義が法律へと狂いなく反映されるような「真正の社会主義」的施政が実現することが理想だというのである。重要なのは、これが神／絶対者によるそれとしてではなく、あくまでも人間（「貴人」）の営みとしての普遍的な政治理想とされたことである。彼が天国的政治の地上における接近として上杉鷹山の執政を評価したのも、[31] このピューリタン的政治理想への理解とほど遠いものではなかっただろう。

以上、内村自身に抱懐されていた政治理想を考察してみると、実際、彼の政治嫌いや政治家排斥の言説は、真理の擁護者、現代の預言者としての「詩人」的立場から、富国強兵的で政略的な現実（実利）主義的政治への反発としてなされていた、という事情が読み取られる。

次節では、そうした政治理想の側に寄った批評家知識人、内村が、当時においてその理想に最も接近していると見込まれた政治体制である共和政治を、慎重に、しかし大胆に推薦していた軌跡をたどりたいと考える。近代日本におけるこの共和政治実現への願いとその発信にこそ、福澤＝蘇峰型の現国体（立憲君主制）護持でもなく、幸徳流の無政府主義でもない、明治知識人・内村鑑三の一つの政治思想史上の意義が刻印されていると考えられるからである。

第二節　共和主義の展開

本節では原則として内村自身の用いた「republicanism」「共和主義」「共和国」といった概念の歴史的な意味範囲と相互連関を明らかにすることに努める。それら概念の歴史的な意味範囲と相互連関を解釈する際には、従来、社会・政治思想史にて議論されてきたところの〈制度・政体の次元における共和主義〉と〈精神・エートスの次元における共和主義〉という区分を緩やかに踏襲する。[32] 本書の狙いの一つは、主として〈精神・エートスの次元に留まらず、〈制度・政体の次元における共和主義〉を明瞭に提唱した内村が、検閲と投獄による思想発表の不自由が横行する時代において、精神・エートスの次元に留まらず、〈制度・政体の次元における共和主義〉への志向性をも高くもっていたということを、彼の一次テキストから読み解くことにある。共和主義をめぐる内村の眼は、精神の問題から制度の問題へと漸次的に拡大していく、という推移で理解するよりも、精神について語りつつも同時に確かに制度をも志向し、政体を対象にしながらも、そこに育まれる人民のエートスをも指し示すといった、多様な文脈にまたがる相互往還的なものであったと認められる。そうした内村の共和主義をめぐる思想史的実情を示す適例として、以下ではまず、ドレフュス事件をめぐる彼の一連の思索を丹念に読み解くことから始めたい。

1　国家対正義——ドレフュス事件をめぐって

内村が一九世紀末のヨーロッパを揺るがす大事件となったドレフュス事件について、同時代の日本ではおそらく最も高い感度で反応した一人であったことは次の文章から推察される。

　世界は畢竟するに国と国との競争場裡にあらずして、善と悪との競争場裡なり。善の圧せらるゝ所、悪の跋扈する所は、即ち吾人の抵抗奮闘すべき所にして、公義の為めに迫害せられ、真理の為めに追窮せらるゝの士は、海の東西を問はず、陸の南北を謂はず、皆吾人の兄弟なり。ドライフユス事件に於けるゾーラの運命の如きは、実に絶東に於ける吾人の同情を価すべきものなり。軍人の跋扈は此正義の人の声を圧し、彼をして終に難を瑞西《スヰツツル》に避けざるを得ざるに至らしめたり。仏国人民の希望は今猶ほ軍事的功名を誇るにあり、故に彼等は国家の全力を挙げて此一事に従事しつゝあるなり。故に彼等の裁判官までも、軍人の鼻息を窺ひ衆愚の囂々《ごうごう》たるに支配されて、静粛なる判決を此一大事件に与ふる能はず、軍人跋扈の害は、竟に此に至ることあり、慎まざるべけんや。[33]

これは、内村が日本語で発表したものでは最も早いドレフュス事件への言及と見られる（一八九八年）。彼に当該事件を注視させた要素はいくつも指摘しうる。ドレフュス事件は内村にとって、さまざまな点から彼の実存に迫りくる要因をはらんでいた。

一つは「公義」や「真理」といった人類に普遍的とされる諸価値が、その自覚的な確立・提唱の地であるヨーロッパの中心で蹂躙されている、との衝撃を内村に覚えさせたことである。

また、ゾラのような作家が、権力を向こうに、その事件に生じた不義に声をあげて公共の注視を促すように告発する姿勢に、内村が共感と賛意を寄せていることも看過できない。足尾鉱毒事件や日露非戦論に至る、内村自身の権力者に対する言論活動は、こうした欧米の「正義の士」[34]に——例えば、かの「不敬事件」（一八九一年）の際、カーライルの描いたクロムウェル像に背中を押されたように[35]——促されていた面は少なくなかったはずである。

さらに、事件の性質に踏み込んでみて、軍人跋扈の社会がどういう事態を招くことになるのか、日本の将来にとってこの事件が一つの先例となるのではないか、という危惧が大きく働いたことが読み取られる。「彼等の裁判官までも、軍人の鼻息を窺ひ衆愚の囂々たるに支配されて、静粛なる判決を此一大事件に与ふる能はず、軍人跋扈の害は、竟に此に至ることあり、慎まざるべけんや」という言葉は、同時代の日本を強く意識して呈したものであろう。軍拡と国内における軍人権力の増大、それに伴う大衆の愚劣化がやがて日本を自壊させるという主張は、一九世紀末からの内村の絶えざる政府批判の要点となっていた。

また、忘れてはならないのが、当のドレフュス大尉がユダヤ人であったことである。内村は文明の進展におけるユダヤ人の人類への貢献を多方面で高く評価していただけでなく、古代ユダヤ国家の興亡と、亡国後のその民族的繁栄を『興国史談』で手厚く扱うなど、ユダヤ人の動向には「啓典の民」にふさわしく、格別の注意を払っていた[36]。ドレフュス事件は、そのユダヤ人に対する排斥運動の面が見えたからこそ、彼はこの事件をフランス一国の出来事としてではなく、世界的な問題として認め、一層強い危機感を覚えたのであった。

そして以上すべての事柄とともに強く迫ってきたのは、この事件が「国家対正義」の様相を呈しており、それゆえに「国家死活の大問題」を告げている、という認識であった。

嗚呼、是れ一尉官の任免黜陟《ちつちょく》、仏国陸軍部内の問題たるに過ぎざるものなるが如し。而も事実に於ては是れ単に仏国の大問題たるのみならず、亦世界の大問題なり。蓋し故なくんばあらず。
世は是を以て排セミチック熱の結果なりとなす、蓋し愆《あやま》らず。或は之を以て仏国陸軍部内腐敗の暴露なりとす、蓋し亦愆らず。然れども是れ未だ其真相を穿ちしものと云ふべからず。余輩を以て之を見るに、是れ実に国家対正義の大問題にして即ち国家死活の大問題なり。[37]

内村が大義を掲げた日清戦争の経過を知り、自らが渦中に巻き込まれた不敬事件のことなども振り返りつつ導いた結論の一つは、日本国民とその政府は正義に背いた、というものであった。[38] 一国家が自国の利益や名誉のために、普遍的であるべき正義に対して背を向けるということは、内村には許されないことであっただけでなく、やがてその国家が滅びに至る一つの徴候として認められた。それは青年時代から読み込んできた『旧約聖書』の通知であり、また古代エジプトやバビロニア、ペルシャやローマへと貫通する普遍の真理として、世界史的にも証明されてきたこととして把握されていた。内村は、かの国家的な正義への裏切りがフランス社会にもたらすところの展望について、当国家の破壊をも視野に入れてこう述べている。

正義と国家、仏国人民の孰れか之を重んずるやは、此事件に因て決せらるゝなり。国家を抑へても正義を伸ばさんとするか、将た正義を圧しても国家を揚げんとする乎、是れ目下仏国人民の内心に沸騰しつゝある大煩悶なり。仏国陸軍部はドレヒユースのセミチック人たると、大尉たるとに関せず、彼に対して不義を行へるは疑ふべからざる事実なり。之が審判を公平に正当に行はん乎、啻《ただ》に陸軍部内の腐敗を暴露するに止まらず、延いては民心の激昂を醸し、或は独逸との交渉を惹き起して、仏蘭西の国家、遂に破壊を招くやも未だ測るべからざるなり。[39]

この国家対正義、という危機的事態が共和制の国で起こったということも内村には緊張をもたらす事実であった。フランス革命によって従来の貴族支配が崩壊し、人間理性への信頼による自由・平等・博愛を国是に掲げる共和制フランスで、その国民に、より組織的に当の国是を裏切るような挙がなされたということは、この時点でいまだ人間精神の進歩に対する摂理的な信頼をもっていた内村には大きな挑戦となった。しかし一方で、この時期はまだ進歩の先端とみなされたアメリカ共和国の腐敗に後年ほど敏感でない頃でもあったから、冷静に事態の推移を観察しては、フランス社会に正義の声をあげる一群が生じたことを確認し、フランス共和制社会の成熟度につくづく感服するという一面が見られた。それは権力の不義に対して在野の抵抗の声が結集して有効化しえない他の「帝国」の事例と比べられて高く評価されたのである。

若し夫《か》の伊太利のマキヤベル、墺のメテルニツヒ、若くは独のビスマークの輩をして、此事件に対せしめん乎、彼等は固より斯かる全天下の耳目を聳動する大問題とはなさざりしなり。彼等の国家を以て至上至重となす、是れが安寧を妨害するに於ては豈に千百の人命を顧みんや、何ぞ況んや為めに一尉官の冤枉《えんおう》を正すに遑あらんや。彼等の国家に取りては、此種の事件をして天下の大問題たらしむる能はざるなり。然るに今や余輩此事に関して人心の沸騰を仏国に見るに当りて、仏国の天地に正義真理が猶ほ其羽翼を拡げ、至大の運命は未だ之を捨てざるを見て、心窃《ひそか》に彼の国の為に賀するを禁ずる能はざるなり。仏国ドレヒユースを抑へ以て国家を揚げん乎、国家或は事なきを得ん、然れども其無事なるは断じて永久のものなる能はざるなり。仏国ドレヒユースを審判する公平に、以て正義を伸ばさん乎、国家現刻の安寧秩序に動揺騒乱を来たすことあるも、而も之と同時に彼の国は真の安寧秩序に基礎を置くものなり。然り、正義は国家より大にして、其基礎を正義の上に定むる国家のみ永久に栄えん。余輩は仏国が此痛激なる試煉を経過して後、更に偉大なる国家となりて、一大教訓を全世界に供せんことを祈る。[40]

この時期、内村は評論活動を活発にしていたものの、日本に対しては、日清戦争後の民心腐敗の結果から、すでにその死亡待ちが宣告されるほど、政治・社会に対して失望を抱いていたことも事実であった。しかし、やがては文明の先端である欧米の感化が日本に十分に及んで、文明国にふさわしい精神文化の浸透がなされれば、事態はまた違うものになる、という淡い希望も抱いていたように思われる。ドレフュス事件に対するこの内村のまなざしには、日本の将来の行く末をも左右するような、「正義」を筆頭とする普遍的諸価値の擁護者であるべき共和国の民（「人心」）への信頼が、図らずも吐露されることになったといえよう。

同時期、内村は講演において、日本現下の腐敗堕落の様子を次のように把握している。

『日本の今日』、云ふまでもなく徳義地を払ひ、信頼すべきの誠実とてはあるなく、罪悪は社会に充ち満つるも之を憤て起て之を矯めんとする者なく、実業界に信用失せ、政治界は賄賂の贈与を以て耻となさず、国家道徳の淵源たるべき教育界すら俗人跋扈の衢《ちまた》となり、社会到る処に確信と誠意とは全く跡を絶つに至りし状態を述べ、我国を仏国に比し、米国に較べて、確かに我の彼等に劣るの事実を挙げ、終に甚だ悲歎の極ながら日本は社会的に既に死したる者なりとの断案を下した。[41]

ここでは「我国を仏国に比し、米国に較べて」というくだりが重要と見る。フランスとアメリカ、それが当時の一等国の中にある共和制国家を指示するからである。内村は一九世紀後半のグラッドストンの施政を高く評価してはいたが、当時すでにイギリスはクロムウェル時代のような共和制ではなかった。おそらく内村はこの講演において、理想的な共和主義の人民理解の視点から、帝国主義的国家主義のそれを批判したのではなかったろうか。内村はドレフュス事件に際して、共和国の危機とともに、共和制下の民の底力を見たのであった。権力の腐敗が起こることそれのみでは国家は評価されえず、その腐敗に対する内部からの抵抗勢力の有力な結集をもって、国家の健全さは図られるとしたのである。

余は日本今日の社会を泥土際限なきの不忍の池に較べた、其水面には紅蓮の咲くを見るも其水底は汚泥極りなくして地球の中心点にまで達するならんとの余の想像を述べた、仏国の社会の腐て居る事は夫のドライフュース事件に照して見ても分る、然れども其腐敗に限りある事は小説家ゾラの如き正義の士あるを以て証明された、米国の社会も同じやうだ、其非律賓《フィリピン》征伐は確かに不義の戦争である、然れども米国の未だ全く社会的に死せざるは米国人中に幾多の清士ありて此不義の戦争に対して激烈なる反対を唱へつゝあるので分る、然るに日本に在ては不義は不義として認めらるゝも之に対する反抗はない、是れ其社会的生命の死滅せし兆候である。42

ここで表明されたところの、「不義」に対する「社会的」な「反抗」勢力が必要であるという切迫感も、かの理想団結成へと至る一契機であったかもしれない。内村がその抵抗勢力の結集という点で例に出した国が共和国フランスとアメリカであったことは見逃すべきでない。

このように見ていくと、ドレフュス事件に対する内村の反応は、普遍的「知識人」の規範的責務への忠実さだけでなく、彼の現実観察と理想主義の双方が合わさって、共和制という政体を、当時最も優れた国家体制として認めていたという事実の一端をも浮き彫りにするものであったことがわかる。彼はドレフュス事件を招いたフランス内外の情勢の厳しさを過少視せずに伝えようとしながらも、もしそれが帝国日本であったなら、と並行して想定することによって、共和国の腐敗の可能性と、その腐敗に異をとなえる共和制下の国民、市民の可能性の高さ、とりわけ普遍的諸価値の擁護者としてのそれをともに認めることになったのだといえよう。

2　共和制支持の諸相

筆者は、明治知識人としての内村を、エートスとしての republicanism（共和主義）の採用者・要請者であり、政体としての republicanism（共和政治）の賛同者・推薦者であった、という意味で、republican（共和制支持者）であった、と言ってよいと考える。実際のところ、内村が知識人として最も共和政治を強く推薦していた時期は、大日本帝国憲法発布後、明治中後期であり、天皇制国体の形成期や確立期にあたっていたため、republicanism の価値を公衆の面前で口にすることは相当に憚られることだった[43]。しかし文章に書くこと自体は上手にやれば問題と受け取られなかったようである。そこで内村は当国体への挑戦と受け取られないよう、いろいろな配慮をしながら、政体としての republicanism をも高く評価し、それを日本がやがては選ぶべき道筋として読者に穏便に提示していたのではないかと考えられる。

republican としての内村像を造る素材はいくつもあるが、試しにいくつか資料を挙げてみる。

彼は初期の代表作『基督信徒の慰』において、イエスの「胸中に浮びし救世の大方策」は政治家として活躍することであった、と仮定する。そこでイエスの目標は「猶太人民を率ひ世界を化して一大共和国とな」すことであったと描く[44]。イエスと共和国の結びつきが興味深い。一方、同書では、フランス王ヘンリー（アンリ四世）に対してクロムウェルを対置して次のようにも述べられている。

> 仏の大王ヘンリーに対して英の無冠王コロンウエルあり、彼も権力精神と相争ふの時に生れ、身を民党自由に委ね、英国民の全世界に対する天職を認め、十七世紀の始めに当て基督の王国を地上に来らさんとの大理想を実行せんとせり、百難起て彼の進路を妨ぐると雖も彼の確信は毫も動く事なく、終に麁粗《そそ》ながらも英国をして公義と平等とに基する共和国となすに至れり、然れ共英国民は未だ悉く無冠王の大理想を有せず、彼の心霊的の政治は肉慾的の普通社会を歓ばさず、反対終に四方に起り彼は単独白殿に無限の神をのみ友とするに至れり[45]、

ここでは当時王制のフランスに対して「公義と平等とに基する共和国」を志向したクロムウェルが対置され、その「無冠王の大理想」が「心霊的の政治」となったことが、内村の高い評価を得ている様子が窺える。ここで

の「共和国」は「公義と平等とに基する」「民党自由」の理想の政体として呈示されていることに注意したい。また国々の興亡を目安に、世界史上における各国の特徴と史的意義を論評した『興国史談』においては、次のような言葉が内村の共和国評価を印象づける。

偉人なくしては天与の美国も天性の良民も無用の長物のやうなものである、人に欲しきものは精神で有つて、国に欲しきものは偉人である、縦令《たとえ》共和的平民国に於てすら大人物の必要がある、[46]

ここで注目すべきは「縦令共和的平民国に於てすら」の一文である。ここには平民的で共和的な国家体制が、人類史において最も進歩した政体として認識されていたことが透けて見える。

次のような興味深い一例もある。キリスト教界の重鎮、本多庸一が亡くなった時（一九一二年）、内村はその追悼講演で次のようなエピソードを披露した。

私は曾て松村介石君と話したことがあります、若し私供日本国初代の基督信者が何かの事情に強いられましてメキシコかブラジルに移住したと仮定め、爾うして周囲の境遇に余儀なくせられて相互の間に共和国を建設せねばならぬやうになつたならば我等は其時我等の中より誰を撰らんで大統領と為すであらふ乎との私の問に答へて、松村君は例の調子で答へて曰ひました、

其れは本多さ、本多さ

と、[47]

このように、内村が自身の参加する社会共同体の形成において、republicanism（共和制・共和主義）を意識してい

た、という記録は少なくない。

たいへん早い時期ですらそれは発見できる。彼はアメリカから帰国後すぐに赴いた新潟北越学館の教頭就任演説（一八八八年）において、次のように語ったと伝えられている。

自由共和の主義を拡充するなど丶公言さる丶とも果して北越の志士仁人達は真正なる自由の本義を解得し純正なる共和主義を希望すること米国人士の如くなるや否やと幾度となく反覆考一考したりしが当時予が断定力は不幸にして逸々否答せり[48]

これは、アメリカの政治文化と結びつく「自由共和の主義」が、憲法発布前の日本で保障されることは時期尚早と見据えていた証言と見られる。またその一方で、「米国人士」のように「純正なる共和主義を希望すること」の価値の高さも同時に表明されたものと受け取られる。

この「共和主義」への希望は、自らが立ち上げた東京独立雑誌社の社内運営にも反映されていたことが確認される。内村は独立雑誌社を「角筈の小独立国」と宣伝していたが、その「政体」には共和制下の人間関係が意識されていたようであり、彼自ら「本社の共和的性質」に誇るところがあった[49]。

その独立雑誌時代に発表された「新世紀を迎ふ」（一九〇〇年）という文章では、次のように、二〇世紀を迎えるにあたり、世界の共和国化への展望が述べられていたのも印象深い。

南阿に新共和国興りて黒人大陸の悉く英人の手に落つるを許さゞるべし、濠洲に新合衆国起りて人類の自由は更に一層の鞏固を致さん、両米の地既に自由の郷土となりてより茲《ここ》に一百年、其再び強圧の手に渡されざるべきは勿論なり、第二十世紀は四大陸に跨る自由の蕃殖を以て開かる丶なり（中略）

蓋は進歩は権力の普及等分に外ならざればなり、権力が貴族を去て平民に移る時に進歩あり、[50]

内村にとって「共和国」は、「自由」や「権力」の「平民」レベルでの「普及等分」と深く関わりある政体として理解されていたことがここから読み取られよう。

さらに、内村が日露戦争の最中、一九〇五年に設立を提唱した在野信徒の集いである教友会も、「地上の天国」となるような「高潔人士の新共和国」を作る、という宣言を伴って行われたのであった。

私は今より年来の友人の団合を計りたく欲《おも》ひます、即ち本誌の前号に掲げました米国の名士トマス・デビッドソン氏の訓誡の一条に従ひまして彼の所謂る、「高潔人士の新共和国」なるものを造りたく欲ひます、彼の訓誡の第九［八］条に

理想的友誼を脩《おさ》めよ、餓え渇く如く真理を慕ふ汝の知人は之を一団となして汝の周囲に集めよ、記憶せよ、天国とて高潔人士の親交以外のものにあらざることを。

とありました、私は此訓誡に従ひまして、今年の秋より私の友人と共に此「地上の天国」を作らふと欲ひます、[51]

内村においてある種の共和国が「真理を慕」う行為者の集まりであり、「地上の天国」にも比されるものとして期待されていたことがここから読み取られる。内村の、このような republicanism に基づく共同体形成への志向は、遡ってみると札幌農学校時代にまで行き着くようである。札幌で仲間と過ごした独立、平等、自由な日々を振り返りつつ、その共同体構成員を republican だとおどけてみせる様子が、級友との手紙から確認される。[52]

以上のような例は枚挙にいとまがない。内村を十分 republican だとみなして構わないと筆者が考える、その主要な理由をここで整理すると、次の二つの範疇に分けられる。

ⅰ）世界史上の共和政体やその指導者に頻繁に光を当て、その都度それらを高く評価していること
ⅱ）キリスト教、特にその新教のエートスと共和主義の親和性について強調していること
ⅲ）自らが企画・参加する共同体を、自覚的に共和主義で運営しようとしていたこと

ⅲ）についてはすでに述べたところである。内村が自発的な結社や団体の形成を図り、それを運営しようと試みる際には、そこに共和主義や共和国といった概念が有効に機能していたことが発見される。そのことは、文筆家の思想信条における共和主義のみならず、知識人の共同事業においても、彼なりの共和主義を自覚的に実践し普及しようと試みた事実を示すものとして、重視されるべきことと考える。

ⅱ）についてはは一見わかりづらいかもしれない。内村は『聖書』の思想世界を明らかにしようとし、日本人がキリスト教（主に新教）を学ぶことを勧める事業に長期間従事したといえるが、その心は当然、日本に自らの信じるキリスト教が定着、普及することだったと見てよい。彼は信者数が増えることを第一としなかったが、そのエートス（倫理的気風）の浸透は大いに望んでいたと見ることができる。

後に見るように、内村は古代地中海地域で始まった共和制が西に南に移動していくことと、キリスト教新教の伝播を強く関連づけて理解している。また一方で、彼の抱く文明発展史もそれに重なっていたといってよい。彼はキリスト教、あるいは『聖書』そのものの魅力を伝えると同時に、それを文化の基礎に据えている国々こそが「文明国」の系列を作っていることを、キリスト教を受容する意義の一つとして呈示することがあった。以上のようなことから、内村が初期にすでに「完全なる共和政治は健全高尚なる基督教の土台の上にのみ建立し得べき」[53]と提示した時、そこにはキリスト教の受容だけでなく共和政治の成立も、即座の採用ではないが、ともに積極的に推奨されていたと認めることが可能となる。

内村がどのように共和政治を積極的に提示していったのかに注目する前に、彼が「共和主義」をその訳語として用いていた republicanism について、この概念をいかなる視野で捉えていたのかをもう少し厳密に明らかにする必要があるだろう。

内村は『万朝報』英文欄主筆として、雑誌連載を持つようになって三日目に「THE SPIRIT OF REPUBLICAN-ISM.」と題された短文を発表している（『万朝報』明治三〇年二月一九日）。以下、短いので全文を引用してみたい。

The spirit of Republicanism is the spirit of regard for one's own personal worth. In its essence, it is none other than Self-respect in its highest and purest form. To construe it as anything like antagonism to monarchical or imperial form of government is a gross misunderstanding of its real nature. Anarchy and nihilism are no more related to Republicanism than tyranny and despotism to the spirit of Imperialism. No nation has ever prospered without due proportion of republican sentiment among its people, just as no stable society is possible without due regard for the imperial authority of some form. It is short-sighted imperialism that tries to maintain its authority by ruthless persecution of lovers of liberty among its subjects. Let anarchy be proscribed with merciless vigor, but not the Republicanism of Cromwell and Washington.[54]

（共和主義の精神とは、個人が自己の価値を貴ぶ精神のことだ。その本質において、それは最も気高く純粋な形の自己尊重以外の何ものでもない。それを王制や君主制の政府に敵対するように解釈するのは、その真実の本質に対するとんでもない誤解である。無政府状態や虚無主義が共和主義と無関係なのは、専制政治や独裁主義が君主主義の精神と無関係なのと同じことだ。どんな国家も、人民の間に適当な共和主義的感情なくて栄えた例《ためし》がないのは、どんな社会も、何らかの形で君主的権威に対する相応の敬意なしには安定しないのと等しい。人民の間に自由の愛好者がいると、これを無慈悲に迫害してその権威を保とうとするのは、近視眼的な君主主義である。無政府状態は遠慮なく追放して構わないが、しかしクロムウェルやワシントンの共和主義はそうしてはならない。）

この文章でまず注目したいのは、内村が republicanism（以下「共和主義」をその訳語として用いる）なる語を提出する際、それを精神（spirit）の問題として扱っていることである。この時点ですでに、政体としての共和制の話ではない、という断りが意味をもつ時代であったことが示唆される。[55] 彼が monarchical や imperial な政体ともそれは齟齬しない、と特記したことは、共和主義の精神が日本の現国体に適応されても、それが国体を転覆するような無政府主義や虚無主義のようには機能しない、安全であると示唆することでもあったはずである。別の視点からいえば、彼は通説ではそうではない共和主義（の精神）が無害であることを導いてまで、そのエートスを日本に浸透させる必要を感じていた、ということになるだろう。

次に注目されるのがその精神の理解である。彼は共和主義の精神を「個人が自己の価値を尊ぶ精神」と捉えており、「自己尊重」（Self-respect）とも言っている。これは彼がそのエートスを吸い込んで生きた一九世紀アメリカの思想家、エマソンやホイットマンといった人々の思想を連想させる定義といえよう。「自己尊重」ということは当然、おのおの自らを尊重する他者の独立を尊重する、というところまで考えられていたと見てよい。内村はそういう個人の関係、ひいては社会のエートスを指して、「republican sentiment among its people」と言ったのだと読める。

この共和主義概念の中心には個人の自由と独立があり、それを国家、政治が十分に保障すべきであるとする要求までが踏まえられていたことがわかる。というのも、現状では権威（authority）によって自由の愛護者が迫害されている、ということが問題意識として挙げられていたからである。ここでは内村自身、以後活発に言論活動を行うにあたって権力側にぜひとも念を押しておきたい〈表現の自由〉の問題群が強く意識されていたと見てよいだろう。

最後に注目したいのは、共和主義を採用せよ、と直接的にはいわれないが、クロムウェルやワシントンという、内村において信頼されている歴史上の人物の名が出され、国が栄えることと共和主義との密接な関係が強調されていることである。「どんな国家も、人民の間に適当な共和主義的感情なくて栄えた例がない No nation has ever prospered without due proportion of republican sentiment among its people.」とまで言うことは、それを採用しない国はやがて衰亡する、といったも同然なのであるから、これは間接的な表現とはいえ、共和主義採用への強い要請であったと読むことが可能となる。

このように内村は、表向き政体としての republicanism の採否はひとまず棚上げにしながら、共和主義の精神・情操に主題を限定して、それの国民的な達成を要請することから様子見していたようにも思われる。この論じ方だと、共和政体に移行するフランス革命のような体制転覆を望んでいると受け取られることはなさそうなのでまず安全だったのだろう。

また、事実、内村にとっては、政治制度如何よりも、その国体下における人民の自由の程度こそが重要な問題であった。現行の国体について不満はあっても、その即刻の改変が不可能なこと、イギリスの事例もあるゆえ、権力のやり方次第では君主制のままでも内村のいう共和主義の精神の普及は可能かもしれない、と思われたことなどが明治三〇年初頭のこのテキストから透けて見えてくる。内村はまず政体の改変ではなく、国民の自由と人格を保護する方向で、人民個人の意識を改めることを国民全体に求めた。それが共和主義の採用ということを意味したのである。[56] この必ずしも政体のみに適用が限定されないエートスとしての共和主義に、内村の理想の政治家像あるいは国家像が結びついたところ、共和制・共和政体としての共和主義の推薦も生じてくるのだと考えられる。

例えば、次のような文章を併せて読むとその一端が現れてくる。

哲理的歴史家モンテスキヤ曰く、君主々義の国に於ては人、名誉を愛し、民主々義の国に於ては人、国を愛すと、民主々義の国必しも共和国の謂にあらず、然れども政権の広く国民の中に行き渉らざる国に於て愛国心の欠亡するは勿論のことなり、愛国心養成の途は唯一なり、自由の拡張是なり。[57]

忠孝は素是れ家族的道徳なり、是を国家てふ公的大団躰に応用して其効力は甚だ微弱なるものなり、国家を経営するに国家的道徳を要す、而して国家的道徳なるものは公平を愛するの念なり、自由を貴ぶの心なり、忠孝の上に建設せられし国家は其基礎の小なるが為に斃れむ、自由と公道とを土台とする国家は永久に栄えむ。[58]

内村においては、ここで述べられているような「自由」「公平」「公道」といった価値の諸概念が一つの系をなすように、人民の間に普及していくのが国政の目的であると把握されていた。内村にとって仁政以外の政治は本来あってはならないのであり、それを専らとしない政府は国家を衰亡させるものとして抗議の対象となった。そのような理想の政治がより行われやすい政体は何であるのか、という問いに対して「民主々義の国」や「自由と公道とを土台とする」「政権の広く国民の中に行き渉」る「共和国」が浮上してきたのである。

ところで、内村のいう「共和政治」は republicanism の訳語とみて差し支えないと考えるが、これは初期だと、「民主々義」（democracy）の意味も兼ねているような用法がある。[59] ここから、共和政治は民主主義（平民主義）と一部重なる概念として理解されていたであろうことが推測されてくる。また、初期の諸著作においては、古代ギリシャやフランス革命を素材に、共和主義は「個人主義」――先に見た self-respect を中核とする個人の価値を宣揚する思想――と親和的関係に見出されていた。[60]

こういった隣接諸概念を併せて検討すると、明治期の内村の場合、共和主義（republicanism）、個人主義（individualism）、民主主義（democracy）は一つの系を描くものであって、それは古代地中海地域からアメリカ合衆国にまで至る、人類史における自由の発展史としての共和国の系譜を同時に想定させるものであったということが推察されてくるのである。そこで、以下では、内村が republican であったと論定する際の重要典拠となる、世界史上における共和国、とりわけ共和制下の国民性への高い関心とその評価について、例を挙げてたどっていきたい。

3 歴史における共和制への評価

① クロムウェルの共和政治

内村が共和主義という文脈で最も熱心に論じたのは一七世紀のクロムウェルの共和政治だろう。言及の頻度や熱意を考えると、これが内村における理想の政体であり、代表的共和制であったということが知られてくる。例えば、彼は初期の代表作『後世への最大遺物』(一八九四年の講演による)において、クロムウェルの理想の一つの達成がアメリカ共和国であると述べるなど、彼の共和政治が自由と進歩の後続の道筋を固めたことを強調している。

> 亜米利加に今日の様な共和国の起つたと云ふものは何であるか、英吉利にピウリタンと云ふ党派が起つた故である。併しながら此世にピウリタンが大事業を遺したと云ひ、遺しつゝあると云ふものは、何であるかと云ふと、何でもない。此中にピウリタンの大将が居たのである。夫《か》のオリバー、クロムウエルと云ふ人の事業は、アノとき彼が政権を握つたのは僅か五年でありましたけれ共、彼の事業はコロムウエルが死んで仕舞つて全く終て仕舞つた様でござりますけれども、サウでない。コロムウエルの事業は今日の英吉利を作りつゝあるです。而かのみならず英国がコロムウエルの理想に達するにはズツト未来にあることだらうと思ひます。彼は後世に英国と云ふものを遺した。

合衆国と云ふものを遺した。[61]

興味深いことに、内村は、当のイギリスがクロムウェルの理想に到達するのはまだずっと未来の話であろうという。彼が、王制のイギリスよりも共和制のアメリカの方を自由の進歩の上位に置き、理想視していることはこういった何気ない差異の作り方からも知られてくる。

クロムウェルが内村においていかに重大な人物と見られていたかは、基本的に政治学に関心が低かったと自認する内村が、クロムウェルの政治には多大な関心を払っていたことからも知られる。彼は「余の学びし政治書」（一九〇〇年）において、『聖書』とカーライルの『オリバー・クロムウェル』（*Oliver Cromwell's Letters and Speeches*）を取り上げている。そこではクロムウェルの行った共和政治の特色を、「平民の友」でありながら衆愚的でなく、多数政治を避けた、という点や「進歩主義」ではあるが「自由主義」に走らなかった、という点に認めている。

コロムウエルは貴族の敵にして平民の友なりし、然れども彼は衆愚の友にはあらざりし、彼は貴族を憎《にく》むが如くにモッブ（徒党）を憎みたり、然り、無政府党に等しき共和政治は彼の最も憎みし所のものなり、彼の共和政治は多数政治にはあらざりしなり、彼は平民政治を主張せしものにして多数政治を主張せし者にあらず、彼は進歩主義の人なりしも世の所謂自由主義《リベラル》の人にはあらざりし、是れ彼が終に彼の友人にまで誤解せられし理由にして、コロムウエルの此心を知らずして、彼を解し得ざる者今日尚ほ甚だ多し。[62]

ここではクロムウェルの「共和政治」が「平民政治」でありつつも、衆愚や「徒党」による合議を避ける保守的な一面をもっていたことが告げられる。その指導者は「進歩的保守家」と呼ばれ、その系列の中でもクロムウェルは代表的人物と認められている。

進歩的保守家、洪牙利国《はんがりーこく》の愛国者ルイ、コスートの如き人、米国のワシントンの如き人、然り、リンコルンの如き、グラツドストンの如き人、彼等は皆甚だしく国人に誤解されし人なり、而してコロムウエルは其最も甚だしき者なり、彼の情性に貴族的分子ありたると同時に亦平民的分子ありたり　彼は天稟の貴族が平民として生れ来りし者なり、彼の同情は平民にありし、然れども彼の平民なるものは凡俗の民の謂《いひ》にはあらざりし、[63]

「進歩的保守家」という、いかにも弁証法的統一といった称号の授与は、内村がいかにクロムウェルを高く評価していたのかを示して余りある。

一方、クロムウェルの共和政治が内村にとって理想的政体の代表的なものとして認知されたのは、それが宗教的な意味でも改革であったからだろう。次の文章では、「十七世紀の英国の革命」の意義が、一つはフランス革命に至る世俗の次元において、一つは新教宗教革命へと至る神聖な次元においてと、二つの次元で捉えられていたことが確認される。

十八世紀の終りの仏国革命は十七世紀の英国の革命の真似事でありました、ナポレオンはコロンウエルより其宗教を取り除いた者であります、故に今日の所謂代議政躰又は共和政躰（二者は其原理に於て同じ者であります、共和政治といへば何んでも君主の首を斬ることであると思ふのは歴史学の無学より起る誤謬であります）は皆な其源を十七世紀の英国に発して居る者であります、爾うして十七世紀の英国の革命なるものが宗教的革命でありしことは少しでも世界歴史を読んだもの、疑ふことの出来ない事実であります。

基督教なしの代議政躰、自由制度、是れはアノマリーであります、異常であります、違式であります、霊魂のない軀《むくろ》であります、機関を具へない汽船であります、世に持扱《もてあつか》ひにくいものとてこんな者はありません、然るに日本の代議政躰は是れでありります、実に困つたものでありますす。[64]

ここでは共和政治と代議政体の関係についても興味深い見解が述べられている。内村が君主の首が飛ばない共和政治があることを強調しているのは、政府当局筋や日本国体の熱狂的信奉者からのいらぬ圧力を牽制するためであっただろう。一方で内村は「代議政躰」と「共和政躰」は二者同じ原理であることを告げ、その一方（代議政躰）を採用している日本が「共和政躰」を――たとえ君主の首が飛びそうだからといって――忌避するのは筋が通らない、と批判している。この二者に共通する原理というのが、Self-respect を中核とする個人尊重であり、宗教的ともいえる個人の自由の理念の確立なのであった。

もちろん、内村は「日本の代議政躰」を「アノマリー」（anomaly 異常）として無効化するのであるから、日本における共和政治の採用を楽観したのではない。この文章が発表された一九〇三年頃になると、日露間の衝突が現実味を帯びるだけでなく、国内の諸問題――鉱毒事件や労働問題など――が混迷を極め、議会や政治への期待は低下する一方であった。そうした時こそ、理想の政体と思われた一七世紀イギリスの共和政治の輝きが増してきたのだと考えられる。

② オラニエ公ウィレムとオランダ共和国

内村は共和政治の歴史的展開がキリスト教新教のそれと並行している、という大まかな展望をもっていたので、近世オランダ共和国の成立は共和主義を想起するにあたり、非常に重要な位置を占めた。そしてその共和国の名前はオランダを王国スペインの支配下から独立させたオラニエ公ウィレム（一五三三―一五八四年）の名前とともに提出されている。

オレンジ公ウヰルヘルムの宝血は実に和蘭共和国を狂王フヰリップ第二世の手より救ひしものにして和蘭国三百年の隆盛は実に彼の殉死の功の然らしむる処と謂はざるを得ず。[65]

このオラニエ公ウィレムはスペイン王の「謀叛人」である、という理解が重要であろう。彼は「真正の政治」を時の政府であるスペイン王制の外に敷いた人物といわれ、その彼が「英米両国に新制度普及の端緒を開きたり」[66]とまでいわれるからである。これはカトリック＝王制に対するプロテスタント＝共和制の動きを対比する言葉としても機能するだろう。内村はこのスペインからの独立と新共和国の設立の底に、オランダ人民の神学思想の充実があったことを認めて次のように述べている。

先頃和蘭のウイルヘルミナ皇女が十八才の若年を以て王位に上られたりと伝ふ。欧洲に二等若くは三等に位する国に於て斯かる少女が位に即きたりとて、さまで大切なる事件とも思はれず。然れども三百年の以前に当り、此微弱なる和蘭国が強大なる西班牙国に反旗を翻へし、其の羈《き》絆《はん》を脱して独立し、殆んど四十年間の久しき有ゆる辛酸を嘗め尽して遂に共和国の基を礎へたる当時の事情を思ひ、此難局に当りて勢力の中心たりし英傑、オレンジ侯ウイリヤムの人物を考へ来らば、如何に趣味深き教訓を与ふるに非ずや。夫れ和蘭国民を攪破《かくは》して自由を唱へ、独立を遂ぐるに至らしめたる所以は、取りも直さず神学思想が国民の智識に注入せられ、其の麪酵《ぱんだね》何時とはなく国民の心に膨脹して此に発したるものに非ずや。[67]

内村はここで、目前の王制オランダの新統治者の即位に比べて、一六世紀オランダの独立と共和国の成立という出来事をあからさまに重大に扱っている。オラニエ公の名前は単に「共和政治」に伴う国民の「自由」や「独立」と結びつくだけではない。その「自由」や「独立」を当然視するエートスを養った初期プロテスタント主義が、実際に政治的にもカトリック主義からの独立を果たし、人間精神の自由の進歩に一大画期を提供した、その出来事の象徴として登場しているのである。内村において、共和主義とプロテスタント的エートスの拡大が並行かつ一体的に把握されたのは、こうした歴史的経緯の理解に少なからず拠っていたことが判明する。

③ トランスバール共和国とオレンジ自由国

内村のオランダ共和国への高い評価は、ボーア人が建設した植民地であり、南ア戦争でにわかに脚光を浴びた小国、トランスバール共和国とオレンジ自由国に引き継がれた。彼は南ア戦争において、この小国に対するイギリスの帝国主義的進出を否として、自らの雑誌や『万朝報』に一大論陣を張る気概を見せた。これは当の二小国が、オランダ共和国のプロテスタント的エートスをアフリカの地に受け継いだ、自由の進歩の担い手とみなされたからであった。内村は一八九九年の夏には次のように述べている。

> 若し夫れ南阿戦争に関する雑誌上の記事に至ては余は一つも之を見遁すことなし、「南半球に於ける人類自由の復興」是れ今日余が全注意を傾くるの大題目たりとす。[68]

内村が同じプロテスタント共和国である北米合衆国、すなわちアメリカ大陸において南アフリカの二国と同じような文明史的意義をもつとされたその合衆国に対して、主義の同じはずの当の二国を援助せず、利益優先でイギリスに加担したと怒ったのは、彼の共和制びいきを示して余りある逸話であろう。[69] 彼が戦争当事国のイギリスだけでなく、それを支援したアメリカに対しても、その後、不信の度合いを強めるのにこの戦争は大きな契機となったといってよい。

内村のボーア人の共和国に対する理想視は問題をはらむ。彼がプロテスタントの共和国に見出した理想の大きさが、遠い地でのボーア人による現地人支配の瑕疵を覆うほどであったことを示すものだろう。しかし戦争ということに関して言えば、そうでなくても内村が小国の肩をもつのが常態であるのに加え、南ア戦争には、主義という点で王制と共和制の差が見られたことは、イギリスのやり口を一層批判の対象にしていくのに十分であった。英国の所業はその帝国主義政策に加えて、自由と独立の簒奪者という点でも「大罪悪」と認められたのである。

英国の兵士が敵を殺す時の普通の用語は Go to hell（地獄に落ちよ）との語《ことば》であつたそうであります、然るに此残忍無耻の兵士が讃美歌の外に歌はなく、聖書の外に読物のなき南阿両共和国の民に勝て其国の自由と独立とを奪つたのであります、爾うして是は決して太古時代の事でもなければ亦中古時代の事でもありません、是れは之れ紀元の一千九百〇二年、吾等の目前に於て諸外国に平和の福音を伝へんがために多くの宣教師を送りつゝある英国に由て犯されし大罪悪であります、[70]

内村はこうした状況の中、イギリスと手を結ぼうとした日本を批判し、日英同盟の不義を唱えてやまなかった。普遍的諸価値の全人類的普及に向かう本流に逆らったイギリスに加担することによって、日本も歴史の法則に報復されることが必須と認められたからである。それに加えて、『聖書』に記された古代パレスチナ地域の国際関係に照らし合わせてみて、日本の滅亡への予感は一気に高まったのであった。

罪悪の種類は多し、然れども微弱者の生命を賭して自己の利益を図るに勝るの罪悪世にあるなし、而かして日本国は南阿の二小共和国が敗滅に瀕する時に際し、其敵国たる英国と同盟して其絶滅を早めたり。

若し世に人ありて羸弱《るゐじやく》援《たすけ》なき者の生命を賭して自己の利益を図る者あれば吾人は彼を称《よ》ぶに人面獣心の名を以てするならん、然るに爰に同一の行為に出でし国民あるを見る、義俠を愛するの志士仁人は何の名を附して此国民を責んとするか。

昔しはユダ国の愛国者オバデヤ、其隣邦エドムがユダの敵国たるバビロンと同盟して其滅亡を援けしを憤り、声を放て彼れエドムを詛ふて曰く、

嗚呼汝は滅ぼされて絶えん、汝と盟約を結べる人々は汝の敵となり、汝を欺きて汝に勝たん云々

と、今や南阿の愛国者として同一の呪詛を日本国に向て放たざるものなしとせんや、而してエドムはオバデヤの言に随ひて終に其同盟国の亡ぼす所となれり、余輩は偏《ひとへ》に同一の運命の余輩の愛する日本国の上に臨まざらんことを望む。[71]

この南ア戦争の結果は、内村に「共和国の死」（Death of Republics）を宣言させた。[72] それは南ア共和国という内村が南半球の自由の進歩の旗手として期待した普遍的諸価値の擁護者の消滅を意味するだけでない。それに敵対した英米においても、かつて栄えた共和主義のエートスが消失してしまったのではないか、という疑惑と批判の強さを表明するものであった。この出来事に密着する内村からすれば、共和国の敵は自由・自主独立の敵であって、共和政体は神の王国が到来するまで人類最良の政体として保存され、各大陸・地域における自由と進歩の先導者の役割を果たすべき器だったのである。

④　アメリカの共和政体

南ア戦争が内村におけるアメリカ評価に小さからぬ傷をつけたことは言及した。実際のところ、それ以後も理念としてのアメリカは、内村にとって普遍的諸価値を担保する器として世俗における国家の最高の地位を占め続けたことは否定できない。内村当人の意思表示如何に関わらず、現実のアメリカは常に理想のアメリカから批判される、という熱心さでアメリカの動きが注視されたのであった。[73]

彼のアメリカ共和制への評価については早くから方々で示されたことである。実際、内村が肌で感じ、血肉とした共和主義のエートスはアメリカ「東海岸諸州」のそれであったから、アメリカの共和主義について語ることは、他の歴史上の共和主義を語ることとはわけが違った。アメリカの共和主義を語ることは、次に引用する文章が示すように、当事者の一端として、その達成に至るまでの人民の自由獲得の歴史、欧米を挙げての思想史的遺産の精髄を示すことであったからである。

而して何者が北米合衆国を建設せしや、仏人にあらず、英人にあらず、独人にあらずして、欧人中自由の大思想を抱懐し、之を以て相連結されしものなりき、欧の粋は其胚胎せし自由なり、而して自由は米に移植せられて蕃殖し、終に今日の美菓を結べり。

英は米に供するに其清教徒を以てせり、「モントフホート」公サイモンがイーブスハムの戦場に斃れし以来徐々として発育しつゝありし英国の自由主義が凝固して此に至りし者なり、欧の自由思想は英に於て最上の発育に達せり、而して新自由国の憲法は英の自由を以てすら尚ほ不満なりし清教徒の草案より成れり、北米合衆国の憲法は欧の粋の粋なりと言はざるを得ず。

仏は米に供するに其ヒューゲノー党の子孫を以てせり、天主教徒としての仏人の植民事業は敗れて新教徒たるヒユーゲノー党の植民は大成功なりし、彼等は東海岸諸州に散布し、彼等の少数なりし比例に合衆国の建設事業に尽せし彼等の功績は著大なるものなりし、[74]

ここでは、内村が英国清教徒に発する世俗の自由主義と、フランスのユグノーに発する宗教的改革主義が北米の地で合流し、そこで十全な発達をみた、と理解していたことが示される。

内村において「合衆国」の名は、共和政治と地方自治の合わさったような概念を担っただろうことは、『興国史談』における フェニキヤの記述などに確認される。[75] 彼は平民主義だけでなく地方自治の提唱者でもあったが、これは同時代のアメリカに採用されていた、人民の自由を最も保証するとされる政治制度に倣うことを含意していたのだと考えられる。

このような共和国・アメリカ賛美は『万朝報』英文欄主筆時代に最も盛んに発揮された。「A PEASANT-SAINT」(『万朝報』明治三一年二月一日)[76] では「ただアメリカ市民であるという意味でのみ公的人間である」という人間の価値が称えられているが、内村はそのような平民たち(plain citizens)の存在こそが、「偉大なる共和国」がその大統領や議会、あるいは黄金以上に負っているところであり、共和国という最善の構造が依拠するところである、と評価する。彼はここでそうした平民の存在ゆえにアメリカをうらやむとまでいうのである。

事実アメリカは、平民主義(democracy)と連動した共和主義ゆえに、内村によって世俗国家の最高の地位を与えられていたと見てよい。アメリカの前では「欧の自由思想は英に於て最上の発育に達せり」と認識された君主国イギリスの偉大さは相対化されがちであった。内村は英米を比較してこう述べる。

> 次に両者の相違は政治思想より来る。抑も一国を愛すること、我身を愛するが如くなるに非ざるよりは、真正の愛国心を養成する能はず。直接国事に関係して其の喜憂を共にする所より始て真に国を思ふの心念を喚起する者なり。己を愛する能はざる者を如何にして愛するを得んや。共和政治固より幾多の欠点ありて、完全なる政躰とは称すべからずとするも、政治を国民と共にするの一事に於ては、共和政治を多とせざる可らず。[77]

ここで重要なのは、国民の至当な愛国心の強さが、エートスとしての政治思想からくる政治参加の度合にかかっている、との視座を内村が提出していることであろう。こういう視座をもっていれば、日清戦争以後、政治参加もままならない多くの人々が、国自慢的で自愛的な、その実、国内でしか流通しない類の「愛国心」言説にはまり込んでいるのを見るのは辛抱ならなかったに違いない。内村の愛国心批判の前提には、平等な人びとが下から国を造り上げる気概から生まれる愛郷心（patriotism）と、人神としての帝王崇拝を核とする類の国家主義（nationalism）の対比が控えていたと見られる。内村はアメリカの「平民」性や「個人性」の充実した国家観念を紹介することを通して、人民の正当かつ妥当な権利意識から生まれる責任ある愛国心が日本にも誕生、共有されることを望んだ。そのために、少なくともアメリカを範とする共和主義のエートスだけは定着させなければならない、との焦燥があったと見られる。

内村が焦燥を感じるのには別の理由もある。それは日本もアメリカに続き、東洋における自由の進歩の旗手となる、その位置を確保したいという願いによる。その意味するところは、南半球あるいはアフリカ大陸においてトランスバール、オレンジ自由両国に期待した役割の東洋版を日本に期待するということであっただろう。内村において、アメリカはこのような文脈でも日本の隣国なのであって、日本は次のような思想史的理解から、ぜひともアメリカの隣国にふさわしくなるべく要請されていたのである。

　進歩の理、自由平等の大義、寛裕の精神、………此等を其最も宏濶なる、最も深遠なる意味に於て会得実行する国民を、最も進歩せる国民とは称ふなり。而して世界化さるゝとは、回顧的観念を棄却して遠望的方向を取るを云ふなり。階級的制度を廃して平民的社会組織を採用するを云ふなり。異端を以て他を責むるを止めて、正直なる信仰は咸《ことごと》く之を款待《かんたい》尊敬するに至るを言ふなり。新式の武器を具ふる土耳古《トルコ》国は、其民に自由なきが故に野蛮国なり、回顧的文明を以て満足する支那は、其無比の沃野饒田を以てするも今猶ほ世界の大勢力たる能はず、階級的制度を根本的に廃止せし北米合衆国に於て、人類は最も健全なる進歩を為しつゝあり。

　世に自由に優る有力なる機動あるなし。共和国として仏国百年の生産上の進歩は、王国としての同国千八百年間の進歩に優りしと云ふ。心身に自由を得し吾人は、始めて全世界を家とし定むるに至る。自由なくして健全強固なる膨脹は望むべからず。[78]

ここには図らずも、「進歩」「自由」「平等」「寛裕」（寛容）、「平民」「正直」といった、内村における普遍的価値の系を形作る諸概念がずらりと出揃っていることが注目される。そしてその当時の最大達成地は「北米合衆国」とされ、それに共和国としてのフランスが準じている。その地位を保証するものは階級制度を根本的に廃止することを一条件とする「心身」の自由の普及度である。内心の問題のみならず、身体的な自由も等しく問題とされているのである。こうなると、もはや単なる精神や感情といったエートスの次元における共和主義のみが問題とされているのではなく、制度・政体としての共和主義が現時点での最善の政体として見据えられていたことが知られてくるであろう。

内村が繰り返して述べた「世界化されよ」との日本人民への要請は、ここで述べられた「北米合衆国」や「共和国として」の「仏国」の達成に続くべきとの意味であり、republicanism の、エートスとしての国民性化を必須とするものであった。それから先は時代柄、明言しがたいことであったし、またそれゆえ、内村にとってどこまで自覚的に保持されていたのかは定めがたいが、彼の発言を注意深く拾い上げていくと、その抱懐する西洋発の普遍的諸価値との親和性から鑑みて、内村自身が共和政治の支持者であったことは確かに導かれるだろう。また、それゆえ日本もやがては共和制に移行することが望ましいとしていたこともである。そうであれば、彼が『東京独立雑誌』時代に掲げた次のような政治改革案が総体として何を指示していたのかを忖度し、この文脈において、その一つの思想史的意義を検討することも可能だと思われる。

余輩の欲する改革は、少なくとも左の要件を含む。

一、軍備を縮少して教育を拡張する事。

一、華士族平民の制を廃して、総て日本市民《シッズン》と称する事。
一、軍人を除くの外は、位勲の制を全廃する事。
一、府県知事郡長を民選となし、完全なる自治制を地方に施す事。
一、政治的権利より金銭的制限を取り除く事。
一、上院を改造し、平識以下の者をして其議員たるを得ざらしむる事。
一、藩閥政府の余孽《よげつ》を掃蕩する事。[79]

本書がこれまで論じてきた議論の範囲で考えれば、これは全体的には、アメリカのそれを一つの範型とする共和主義社会への誘《いざな》いであったと見てよいと考える。内村はこれらに付して「皇室と国民との牆壁《しょうへき》を除き、両者の関係をして益〻近密ならしむる」[80]ようにと書き記した。望ましい共和政治の実現のためには当時の国体の改革が必須であり、皇室は現在のような神的に崇拝される政治権力の最上位に位置することはできない、との旨を暗に穏やかに述べたものと解することができる。天皇の権威を奉戴する権威政治では、彼の理想とする共和政治のビジョンにそぐわなかったということになろう。実際、歴史的事実として、日本近代で共和制を語ることの最大の障壁はこの点にあったわけであるから、内村におけるこの政体・国体としての天皇制という問題は、改めて十分掘り下げられて検討されるべき意義をもつだろう。

4　反・明治天皇制国体の射程

①　臣民意識の相対化

日本において共和制採用の可否が公然の議論となりにくかったのは、戦前だけでなく、戦後から現在にかけても同じであるようだ。というのも、日本には戦前も戦後も、門地、血統という所与の属性により規定された国王相当の地位が憲法で規定されている、という点で一貫しているからである。ルソー型の「君主共和主義」であれば、国王は存在して構わないが――中江兆民が支持・提案した形でもある[81]――多少なりとも皇室の位置づけに変化が生じる必要があるだろうし、世界史的知識によれば、共和制への移行は国王の権力を人民のそれと均しくならす方向での革命を経ることになりそうであるから、日本では共和主義については社会主義と同等に、もしくはそれ以上に忌避されてきたように思われる[82]。

内村が生きた明治中後期は、時に程度の差こそあれ、法律上の規定や運営によって天皇の威光が国民の思想、行動を強く制限する時代であったといってよい。内村が巻き込まれたかの不敬事件は、教育勅語に象徴されるところの天皇制国体のドグマである倫理体系――内村の言葉でいえば「日本教[83]」――の布教と確立への布石として、欧米の人民主権あるいは共和主義の気風を強くもったキリスト教徒を、国体から外れた思想・行動を流布させる国賊として告発する、といった意味にも結果したようである[84]。

共和制との関わりでいえば、一八九八年八月二一日、当時文相であった尾崎行雄が国会外でなした共和政治への言及が閣内や宮中、在野の言論より非難を招いたという「共和演説事件」がよく知られている。これが大きく取り沙汰されたことを一契機として、日本初の政党内閣である隈板内閣が短命に終わったことも意義深い。内村自身も「THE JAPANESE NOTES. Tokyo, Oct. 29. 1898.」（『東京独立雑誌』一二号、明治三一年一一月五日）という英文にて、この事件に暗に触れ、「republican form of government」を比喩として持ち出しただけで大臣が追い落とされる政治文化の不健全さを指摘している[85]。政治文化の問題だけではない。彼は republicanism が、たとえ比喩であれ社会の表舞台で使用されえない忌避すべき語となっていることを指して、そのような敏感さは、「ある構造的な疾患」（some organic disease）が国民の生命そのものを食い散らかしている症状である、と厳しく診断した。この「ある構造的な疾患」を、明治の新造ともいえる天皇制国体への批判の隠喩であると受け取ることに無理はないだろう。

本章では内村の共和主義への加担によって自然と視野に入ってくることになる、同時代の天皇制国体への彼の批判的見解について整理し、その内容と限界について見定めていきたい。

さて、この問題を考えるにあたり鍵となるのが、明治憲法体制下で国民の分際を指す用語として機能した「臣民」という言葉である。『DVD版内村鑑三全集』（二〇〇九年）で検索してみると「臣民」と言う語は二七件ヒットする。そのうち、日本の臣民という意味では一三件ほどに絞られる。「国民」が一二三三件、「市民」が二一五件、「平民」が三一九件、「人民」が一一八件であることと比較衡量すると、この「臣民」という語が他の類似語と比較して、内村にあまり用いられていないということが判明する。このデータは、内村による〈nation における people〉といった概念の特質を示すかのような観がある。結果的に内村は「臣民」という言葉を、易々とは使わない傾向があったのではないかと推測されるからである。そうであれば、そのことは内村の平民主義、ないしは共和主義への加担と無関係とはいいきれないだろう。

もちろん、彼は自らが日本国民である限り、自分が「臣民」でもあることを知っている。しかし「臣民」という語が使われるテキストでは、その語がそれなりに限定を受けた形で使われていることが多いのに注目される。例えば、『万朝報』（明治三三年一一月二二日）に発表された「埋葬の辞」における次のような「臣民」の使い方を見てみたい。

日本の社会に葬られるとは下糞《しもごえ》にでも葬られるやうで何にやら臭くて堪らないやうだが、是れは実は下糞の社会から脱する事であつて、少しく志を存する者に取りては幸福此上もない事である。
日本の社会に葬られたならば何も為《す》ることがあるまいとて心配して呉れる人もあらうが、余に取ては為る事は沢山ある、先づ第一に日本許りが社会ではない、社会とは人類の社会である、支那も印度も非律賓も、ツランスヴハールも、米国も布哇《はわい》も皆社会の中《うち》である、日本の社会に葬られたらば金門《ゴールデンゲート》の彼方にある自由国に行ても宜い、或は東海を渡て支那の革命軍に投じても宜い、メキシコかブラジルに新日本国を建設するのも結構である、何も必らずしも伊藤内閣の支配を受けなければ愛国者でないと云ふのではあるまい、何も必らずしも此清廉潔白なる東京市会の御蔭を蒙らなければ善良なる日本帝国の市民でないと云ふのでもあるまい、日本人の霊魂さへ有つて居つたならば世界何れの処へ到りても日本国の忠良なる臣民であると余は思ふ[86]。

ここでは、自らが「世界の市民」としての一個人であり、「人類」を単位とした社会に生きているのである、という国家枠の相対化の主張が見られる。内村はそれを前提として「日本帝国の市民」であること、あるいは「日本国の忠良なる臣民」であることにこだわりを見せているかのように書いている。「陛下」の「臣民」ではなく、「日本国」の「臣民」というところに、時の国体とそれを盤石にしようとする政府への不服従の精神を読み込めるかもしれない。この場合の「日本国」は彼の天職意識が向かうところの〈理想の日本国〉と読むべきだからである。

さらにこれに引き続く次のような文章を見ると、内村の意志にかかわらず、世界や人類の一員であるという規定が、日本の「臣民」であるという立場をも結局は相対化してしまうことになるのが確認される。

余は確に信ず、此日本の社会も遠からずして葬られなければならぬ社会である事を、若し日本の社会が余を葬るものであるとならば宇宙の大道は日本の社会を葬るであらう、余は密かに信ず、葬られんとするものは実は余に非ずして此日本の社会である事を、さうして墓の底（樽の中と申さん乎）から此社会の埋葬を拝見するのも亦一興ではない乎と思ふ、世の君子、仁人、愛国者、さては文学者、批評家が心に満足のなきより、互に擲《なぐ》り合ひを始め、其結果此父祖の国をメチヤ〱に砕して了ふ時は遠からずして来る事であると思ふから、此厄運の我愛する日本の社会に臨む前に其葬る所となるのは甚だ結構の事であると思ふ。[87]

内村は国家枠を相対化するだけでなく、結局現在の「日本の社会」が普遍法則に背くことによって「宇宙の大道」の側から葬られてしまうだろうと予測する。彼はその時、日本社会から葬られて亡命者となっているため、「厄運」に巻き込まれずに助かるわけであるが、その際「父祖の国」=「日本国」の「忠良なる臣民」であるからこそ助かる、といってもよさそうである。というのは、内村のいう「日本国の忠良なる臣民」とは天皇制国体の国是、すなわち帝国憲法や教育勅語に記された人間観や国家像に対する「忠良」を誇るのではない。それはあくまで、宇宙における日本の相対的な地位を正確に把握し、「宇宙の大道」という普遍法則の側に加担することによって、その法則を外れた日本の滅亡を救うことに貢献する、そのような意味で〈理想の日本国〉への忠良であることを意味するからである。ここで「臣民」なる語は当時通常の意味を換骨奪胎して用いられているのであり、そこに内村なりの反骨と抵抗の意志が込められていると読みとられるであろう。

「臣民」概念はまた「平民」概念にも限定されて用いられている。例えば次に取り上げる文章も先の文章と同じく、必ずしも内村自身には意識的でないかもしれない裂け目をもった文章と見られる。

余は貴族ではない、平民である、余は特別に陛下に寵遇せられんと欲する者ではない、唯忠実なる一臣民としてその統治を受けんと欲する者である。

其如く余は使徒でもなければ亦法王、監督でもない、然かり、世に称《い》ふ牧師　伝道師でもない、余は平信者である、余は特別に衆人に越えて神に愛せられんと欲する者ではない、余は唯神が公平に万人を愛し給ふ其愛を以て彼に愛せられんと欲する者である、余は社交的に貴族たるを欲せざるが如く、また信仰的にも僧侶、神官、祭司、教職たることを欲しない、余は国民としては平民として、基督信者としては平信者として存在せんことを欲する者である。[88]

ここでは「平民」である、という自らの宣言と、天皇の統治を受ける「忠実なる一臣民」であるとの規定が一見、何も衝突を起こしていないかのように書かれている。しかしそれはあくまで天皇個人と内村個人の世俗的な関係への言及に限られると読むべきであり、それと同時に、「特別に陛下に寵遇せられ」るような人々が幅を利かせるような国体に対しては批判が加えられていると読むことが可能である。というのも、これに間髪入れずに引き続く次の文章では、共和制下の人々に自分を連ねようとする見解が披露されているからである。

若し神より詩人たるの天才を賜はらん乎、余はヲルヅヲスの如き平民詩人たるべし、若し政治家たるの才能を賜はらん乎、余はフランクリンの如き平民政治家たるべし、若し美術家たるの技倆を賜はらん乎、余はレムブラントの如き平民美術家たるべし、若し伝道師たるの天職を授からん乎、余はダビッド・ブレナードの如き隠れたる平民伝道師たるべし、余は所謂《いわゆ》る偉人たるを好まず、巨人たるを嫌ふ、余は万民と共に救はれずむば万民と共に呪はれんことを欲す。[89]

「フランクリン」「レムブラント」「ダビッド・ブレナード」は皆共和制下の一市民である。内村の意志はいかであれ、彼は「平民」を強調する時に、自然と共和制下の人物を選び出す傾向があった。これは先の彼の「臣民」観が、あくまでも共和主義的な平民理解の枠内にあったことを示唆するだろう。

さらに、内村の「臣民」意識が、彼の理想的な将来像には存在していなかった、ということも重要である。そのことは彼における聖書注解のいくつかにその片鱗を見ることが可能である。というのも、内村がその将来像の根本に抱く理想的な神と人との関係性は、世俗における帝王と臣民との関係性を否定するものとも読み取られるからである。内村が『聖書』から引き出してくる「神の国」あるいは「父の国」（「マタイ伝」二六章二九節）は「自由」と「安心」の場所として次のように描かれている。

此処は恩恵の充ち満つる所である、此処には「アバ父よ」と云ふ声と「ア、我子よ」といふ声との外に権利義務の声は聞えないのである、父の家には帝王の威厳がないと同時に又臣民の奴隷根性がない、愛する父に愛せらる丶子、二者に由て「聖家《きよきいへ》」は組織せらる丶のである。

神の国とは父の家であつて、愛は其唯一の法律であるから、其義なる者は此世でいふ、硬い、冷たい、規則の義ではない、[90]

「帝王の威厳」や「臣民の奴隷根性」がない国を理想の国として語ることは、同時代の日本の国体への間接的批判として機能するだけでなく、あらゆる君主制に対する批判として機能する可能性をもつ。内村はこれと同じような『聖書』の言葉、すなわちその「自由」への理解に関して、やや後年にはさらにはっきりと「臣民が憲法に由て得たる自由」を超克するものであるかのように解釈している。

子若し汝等に自由を与へなば汝等実《まこと》に自由なるべし

と（約翰《ヨハネ》伝八章三十六節）、子は神の子であつてキリストである、キリストの与ふる自由は真実《まこと》の自由であると云ふ、而して子の与ふる自由は子たるの自由である、アバ父と龥《よ》びまつりて父なる神に近づき得る自由である、希伯来《ヘブライ》書に謂ゆる「憚らずして恩寵の座に来る」の自由である（四章十六節）、全能至聖の神と父子の関係に入るを得て、すべての祈禱《いのり》と懇求《ねがひ》とを以て彼の膝下に近づき得るの自由である、律法の供する自由ではない、聖子が其霊を灑《そゝ》ぎて与ふるの自由である、故に真実の自由である、実質的の自由である、臣民が憲法に由て得たる自由ではない、皇子が生れながらにして有つ自由である、身に属いたる自由である、故に何者も奪ふ能はざる自由である。[91]

このように聖書・福音主義の価値基準による言論も参照した上で、内村の「理想の国」の見地から捉えようとすれば、憲法で規定された「臣民」なる境遇は、万民がそれを獲得することが可能とされる「皇子が生れながらにして有つ自由」によって、しかと相対化されてしまうことになったといえるだろう。

以上のような記述を総合的に考え併せてみると、内村は自他が天皇の「臣民」であるという国体内の境遇を前面化する時は、それなりに意識的、操作的に立論しており、それもあくまで、時空間に限定的な一地域の事柄として相対化して言及する傾向のあったことが見えてくる。

明治期の内村は「世界の市民」であったり、「天国の市民」であったりと、神以外の何物にも縛られない個人観を宣伝してきた知識人であること、さらに republicanism の支持者であることからして、帝政概念下の「臣民」という人為的規定には積極的な価値を見出さず、実際、ほとんど何の執着ももっていなかったというのが正確なところだと思われる。内村の天皇制国体批判は、何よりもまず人民個々人の存在と自由の価値を、共和主義的かつ超越的視野において保証するところから始まっていたのである。

② 帝王崇拝批判

そのことと表裏一体である内村の天皇制国体への批判の最たるものは、「帝王崇拝」批判において展開されたということを最後に確認しておきたい。人間である天皇を神のごとく崇め奉ることは、真に普遍的であるべき神信仰の形態を裏切るものと考えられただけでなく、愛国をめぐる人民間の価値づけ競争や、愛国心からくる人民差別の温床でもあると憂慮されたに違いない。内村の「帝王崇拝」批判は主として聖書解釈の文脈で「黙示的」

に発揮されているため、通常の検閲の網目にはかかりづらかったものと考えられる。

その代表的なものの一つは、日露戦争開戦間際に発表された『旧約聖書』の一編、「ハバクク書」の次のような解説に見られる。

諷刺歌第五

彫刻師の刻たる雕像《てうざう》は何の益にあらずや、
鋳像《しゆざう》及び虚を告ぐる者は、之を作りし者の依り頼む所たるも、
何の益あらんや、彼等は語《ものい》はぬ偶像にあらむや、
木にむかひて興《お》きませと言ひ、
語はぬ石に向ひて起ち給へと云ふ者は禍なるかな、
是れ豈に教誨《おしへ》をなさんや、
是れは金銀を着せたる者にして気息《いき》其中にあるなし、
然りと雖もヱホバは其聖殿に在《まし》ませり、
全地は其前に静粛《しづか》にすべし。

偶像を卑めてヱホバの神を崇めし言辞なり、預言者当時の偶像は凡て此の如き者なりしならん、然れども偶像とは必しも金銀木石を以て作りし物のみを謂ふに非ず、凡て神ならざる者にして神の特性を帰せられし者は偶像なり、富も偶像たり得べし、功名も偶像たり得べし、カルデヤ王ネブカドネザルは己れ人なるに神なりと称して民の敬崇を要《もと》めしが故に、自から偶像となりてヱホバの忿怒を身に招けり、羅馬に帝王崇拝は行はれて生きたる偶像は世に顕はれたり、然れども偶像は偶像にして神にあらず、彼の身は金色燦爛たるも彼は朽つべき罪の人にして神にあらず、威力は人を神となす能はず、人の是を拝すると拝せざるとは我儕の関する所に非ず、神は一なり、彼は其聖殿

に在す、彼は聖徒の心に宿り給ふ、亦地を其足台となし天を其座位《みくら》となし給ふ、世界の人は其前に端座して彼をのみ神として崇め奉るべし。[92]

ここには偶像崇拝の最たる現象ともいえる帝王崇拝一般を批判する論調が見られる。引かれている例証が皆、古代のものであることからして、それが横行することの実感はかえって同時代の日本で得られていたものだと推察される。「世界の人は其前に端座して彼をのみ神として崇め奉るべし」という言葉は、「世界の市民」として世界教会を目指した内村らしい表現であるとともに、「彼」以外を神として崇め奉る、同時代の日本やロシアの帝王崇拝を特別に眼中に置いた発言と見てよいだろう。

もっと明瞭に「日本」を標的に発言していたと思われるテキストもある。これは一九〇八年に発表された「ヨハネの黙示録」の註解においてである。内村はここで「黙示録」に記された古代ローマの帝王崇拝に注意を促し、その帝王崇拝が「諸国の民」に強いられた国外膨張的なものであったと述べる。[93]帝王崇拝を強いる政府と、その支配下でのキリスト教など異教徒の迫害、という構図は、内村の最も親しい日本での目下の状況――第三次日韓協約が成立し（一九〇七）、「戊申詔書」が発行され（一九〇八）、社会主義者への取り締まりが活発化されるなど、国内外の帝国主義的統制が強化に向かう――と二重写しになっている。そのことは、次のような総括における「日本歴史」への留意から抽出されてくる。

黙示録は現代の書であつて歴史の書である、然しながら其れが故に永久の書たるを失はない、歴史は時代的であつて信仰は永久的である、爾うして羅馬歴史を信仰的に解釈せし其原理を以て吾人は今日の世界歴史、又日本歴史を解釈することが出来る、黙示録に永久的の価値があるのは全く是れが故である、歴史は善と悪との衝突である、黙示録記者の言を以てすればキリストと悪魔との争闘である、爾うして悪は如何なる手段を弄して善に勝たんとする乎、善は如何なる武器を以て悪に対するか、是を羅馬歴史に於て見て日本歴史に適用することが出来る、「歴史は繰返す」と云ふは此事である、唯舞台に現はる、人物《ペルソネル》が異なるまでゞある、[94]

「黙示録」の内容が現代的な価値を失わないことの強調と、二度にわたって念を押される「日本歴史」への誘導、さらに「歴史は繰返す」との告示が何を指示するのか、歴史学的には結局、限定不可能であるかもしれない。しかし、「皇帝崇拝」の批判が文脈となった上で、「今日の」日本歴史に対する注意を読者に促すということは、世界史に普遍的な出来事が、当事者を変え、同じような構図で当代の日本で復活していることへの通告であったと考えられるから、内村の意志は具体的に表明されずとも、それは社会のさまざまな局面で流通していた天皇崇拝への批判として機能しうる言葉であったと見てよいと思われる。

内村は大正デモクラシーに先立つ明治四〇年頃、周囲に集まってきた学生に向かって「これからの日本は民主主義で行かなければならない」と説いたことを、当時の学生が驚くべき発言として受け止めた、という回想がある。[95] 内村の場合、民主主義とは主としてアメリカの共和制社会が模範となった概念であり、経験上、それ以下のものとして勧められることはありえなかったであろう。彼は周囲の人間に日本社会が「天皇」という「重いもの」を頭に乗せている事実を歎いていたとも伝えられる。[96] こうした発言は公開されれば不敬罪に該当しようから、自らの手でどこかに書き記されるわけもないが、伝統権威の重しがある限り、日本に人民主権の精神が十分育たないことを実感していたであろう挿話である。先に論じた、同時代人においては例外ともいうべき内村の共和主義への強い志向性と併せて考えれば、そうした感懐もまたむべなるかな、とするべきだろう。

本節は、これまでまとまって論じられることのなかった内村の共和主義（republicanism）をめぐる諸論説に焦点を合わせ、それが国民的エートスの次元から政治体制の次元にまで幅広く展開している様を整理し、その思想史的意義や同時代批判の側面をあぶりだすよう努めた。

内村がその共和主義に関わる言説を多く残したのは、ジャーナリスト時代とも呼ばれる日清・日露の戦間期である。キリスト教陣営の一員というよりは、いくつもの文化的事象にわたって、普遍主義に立脚しながら、主にアングロ・サクソン流の良さを説く知識人として、広く青年層の支持を集めていた頃であった。内村の共和主義ひいては共和政治への志向は、理想の超越国家を視野に収めながら、この世における最良の政体あるいはそれをもたらす人民のエートスを問う、という自覚的かつ批判的姿勢において提出されたものであったと論定されよう。このような事情を捉えて、かつて丸山眞男は、内村の明治三、四〇年代の政治への姿勢を「反政治的立場からの政治的ラジカリズムであった」と表現した。[97]これを内村の時の国家政治に対する姿勢、あるいは近代日本政治思想史上における特性について指示したものと受け取るならば、今後こうした明治期の「政治的ラジカリズム」に注目が促される際には、彼の共和主義をめぐる思想や言動も顧みられ、再度、検討されるようになるのが望ましいと考える。

第三節　非戦論

内村はよく知られているように、日清戦争時にはそれを義戦と唱えて開戦を支持したが、日露戦争時には戦争一般を否定した上で非戦を唱えた。客観的に見ればこれは「変節」とか「転向」ということになるだろう。しかし戦争より平和を選ぶようになった、ということが倫理的に、あるいは人類の生命保存の観点からして価値の上昇ということにでもなるのか、当時も、そして現在もこの「変節」自体を避難する言説は見当たらない。サイードも「転向者」それ自身は非難しているが、それは、転向者がまたぞろ別の政治的な「神々」に転向していく可能性が高いことを見据えてのことであった[98]。内村の場合、可戦論者から非戦論者へ、というこのただ一度の「転向」の結果を終生守って死んだという点で、サイードの非難を受けることは決してなかったであろう。しかしながら、パレスチナ独立国家建設運動に加担したサイードからすれば、弱者の抵抗の局面においてすら武力使用を拒否される可能性のある内村の非戦論の論調自体には、どこか違和感をもったかもしれない。

実際、国家・民族の存亡の危機とされた日露開戦に際して「非戦」を唱えたこと自体は当時、批判の声は多く、内村の雑誌の購読者数の減少などにもつながった。内村は非戦論を契機に比較的高給であった『万朝報』を辞め、その上、自身の雑誌の購読者も減るというのだから、非戦論の陣営を張ることは、生活のみならず生命をも賭けることであったといってよい。しかし当時の内村の心境としては「餓死は恐るゝに足りない、恐るべきは餓死を恐れて言ふべき事は言はず、為すべき事を為さない事である[99]」ということに尽きるだろう。こうした言論への責務と、より選択の難しい道を選んだという点において、彼は知識人としての規範的姿勢——サイードのいうそれ——を後世に示したということができそうである。[100]

ところで、この内村の非戦論は、主たる情報だけ整理すれば、彼の戦争に対する姿勢が時に応じて一八〇度変化して出てきたかのように目立つのであるが、実際は、日清戦争中から八年ほどかけてじっくりと非戦論に推移していった経緯がある。ましてやその始まりが開戦を支持した日清戦争の最中にすでに起こっていた、ということはあまり知られていない。本節では、内村が現在も思想史研究において熱心な関心の対象になるその最たる理由の一つであろう彼の非戦論を、その確立への足跡と、確立後の展開という前後の出来事に注意しつつ、考察してみたいと考える。なお、内村の非戦論に関する先行研究はおびただしいが、[101]ここではそれぞれの研究の是非を問うのではなく、あくまで本書の目的に沿った範囲で非戦論への足跡を整理し、その確立の意義を検討することに専念することとする。

1　「裏切り」の経験——日清戦争前・中の言論分析

義戦を唱えた日清戦争前、内村の戦争への意識はどうであっただろうか。日清戦争前年に出版された『求安録』（一八九三年）においては、次のような言説が見られる。

余は曾て米国に於て或る武器製造所に至りしや、其支配人なる退職陸軍士官某余に近世の改良に係る大砲小銃を説明しくれし際、余は彼に問て曰く、「君に聞かん君は人類は何時戦争を止むるに至ると思ふや」と、彼真面目に余に答て曰く、「さればなり武器の改良充分に進歩して戦争場に出るものは敵も味方も一人も残らず打殺さるゝの怖

懼を抱くに至らざれば人類は戦争を止めざるべし」と、吾人が神に帰るも亦然あるに非ずや[102]

これを見ると、内村はアメリカにいた時分より、戦争が人類的規模で廃止される将来が訪れることに関心があったかのように読み取られる。しかし実際は、「戦国の世に生れし人は戦争は罪なりと信ずると雖も戦はざるを得ざる」[103]とか、次に挙げる言葉のような理解があり、当座の必要としても、また神の摂理としても、戦争は後の平和のために有用な手段になりうると把握されていたことがわかる。

戦争其物は害なり、退歩なり、然れども解すべからざる摂理は戦争を以て人霊進歩の必要として命じたり、逆説の如く見へて真理中の真理は人は戦て後始めて他と和するの道を知る事是なり、戦争の目的は平和にあり、戦乱を促がせし欧洲は世界万世の平和の基を開きたり。[104]

非戦論に変化した内村はこの「戦争其物は害なり、退歩なり」の線に文字通り踏みとどまったのだと考えてよい。それは、戦争は有害にもかかわらず、「解すべからざる摂理」という媒介要素が入ると「人霊進歩の必要」となる、といったような、かつての彼特有の弁証法的理屈を覆すものとなった。非戦論の確立が内村の思惟傾向にとっていかに異例の出来事であったのかが、このようなところからも推測されてくる。日清戦争前といえば、戦争はそれ自身忌まわしいものである、と言われながらもその結果、人類が進歩していくための否定媒介的事項として積極的に捉えられてもいたのである。

そうした戦争観の代表的な例が、ペルシャとギリシャの戦いであり、カトリックとプロテスタントの戦いであった。初期内村の歴史理論からすれば、戦争とは文明の衝突が核にあるものであり、旧かつ大なる文明を新かつ小なる文明が打ち負かすことによって、革新的要素が広く伝播・共有され、人類全体の進歩に貢献する、というような物語が設定されていた[105]。

そういった消息は、日本を新かつ小であるギリシャになぞらえて、旧かつ大である支那に打ち勝つべきという筋書きを描いた、日清開戦論の最初のもの「世界歴史に徴して日支の関係を論ず」（『国民新聞』明治二七年七月二七日）でもとくとくと語られたことであった。

波斯戦争の結果は数と量とに対する精と質との勝利なりし、肉に対する霊の勝利なりし、禽獣力に対する人智の勝利なりし、小希臘勝て智と勇とは世界を支配するに至れり、大波斯敗れて人類は禽獣力に信用を置かざるに至れり、希臘の勝利は人類進歩の為めの必要なりき、波斯の敗北は進歩歴史の要求する所なり、希臘は進歩歴史の趨勢に徇て勝ち、波斯は之に逆て敗れたり、軍の勝敗は此歴史的機運に乗ずるにあり、大兵怖るゝに足らず、武器の精良亦深く恃むべからず、進歩を促すものは勝ち、之を妨るものは敗る、鑑るべし[106]。

当時の内村は、時事問題をその当座の国際的、あるいは内政的問題の文脈に徹底的に依拠して理解するという姿勢に弱い。個別具体的な文脈は丁寧に読み取られず、科学的な一般法則と思われたものを当の事態に覆いかぶせるように適用してしまっているふしがある。「米国理学士」「農学士」としての矜持をもっていた内村としては、こういう局面にあたって、歴史の一般法則と信じられたものが目前で検証されることになるだろうことに一種の期待を覚えていたのかもしれない。戦争が関係国の民の生活次元にどういった変容をもたらすものであるのか、あまり深刻な現実味を感じていなかったように思われる[107]。

内村による、この歴史の進歩の法則性に根を持つ戦争価値説の適用は、かなりたちの悪いものであったといってよい。というのは、一見それが科学的であり、恣意的でないように見せかけて、実際のところそれが日本や東洋あるいは異教的立場に対する身びいき、過保護などに奉仕させられていたからである。

基督教国が其迷信と同時に忘却せし熱心は吾人の未だ棄てざる所、吾人に一種の義侠あり、死を知らざりし希臘の豪強を挫きし羅馬の勇は今尚ほ吾人の有する所、西洋已にその熱心時代を過ぎしとするも東洋は尚ほ未だその中に在り、義戦は未だ吾人の忘却せざる所なり。[108]

やがて非戦論に転向していく戦後の内村からすれば、ここで言われる「義侠」やら「死を知らざりし」「豪強」やらといったものがすでに高い価値を付与される条件はなくなったわけだが、この時はこういった価値は高く掲げられ、しかもそれが「西洋」ではなく「東洋」（日本がその先頭である）の方に分がある、という身びいきの物語に仕立て上げられていた。

科学的法則性といえば、公平さの建前がとられているがゆえに、そこに胚胎する自己欺瞞にもまた気づきにくかったといえよう。以下では、後に内村自身が自らその言動を恥じて謝罪したような彼の日清戦争擁護論が、いかにバンダのいう「裏切りの知識人」による言論の系に位置するものであったのかを明らかにしてみたい。

内村は先に引用した「世界歴史に徴して日支の関係を論ず」の冒頭を次の言葉で始めている。

日支両国の関係は新文明を代表する小国が旧文明を代表する大国に対する関係なり、[109]

内村の日清戦争肯定論は、この理論のあやまりを証明するか、この理論を当の事態に適応するのがふさわしくないことを証明できれば瓦解する。今となってみれば、日本を「新文明を代表する小国」というのは、かつてのギリシャの場合と違って、当の「新文明」の生成や渡来を日本自身の功績に帰することができない、という点から、この言説のおかしさは明瞭である、とでもいえばよいのかもしれない。当時の内村は、自身の教養が一九世紀中後期ニューイングランドの古典的な気風の中で養われていたこともあって、東アジアの文明と、急遽採用した欧米文明の懸隔にはあまり敏感でなかったかのようである。

別の角度からいえば、先の世界進歩に関する歴史理論の残酷さについて、彼が目を覆ってしまっていたことも問題となるだろう。というのは、この内村が適応する歴史理論からすれば、新文明を代表する小国も、やがては世界史場の役目を終えて、世界史の中心的舞台からは撤退していくことを余儀なくされるからである。当時の日本が上り調子の気運に遭遇していたとはいえ、天壌無窮の皇室を称えるエートスをもつ日本国に対して、そういう理論を適応するということは、どうも彼が守ろうとしていたものに対してすら過酷な結末を約束することになりそうである。当時の内村の歴史意識においては、そこは都合よく捨象されていたと見える。

後に、西欧の小国を積極的に評価し、日本も小国である自覚に徹して国造りの方向を改めることを提言した時点での内村は、すでにこうした歴史理論の旗振り役を放棄していたことはいうまでもない。そして「宇宙の大理」[110]とか「歴史の趨勢」[111]といった勇ましい語も、この歴史理論に依拠する形では用いられなくなっていくのである。この手の大言壮語で青年層を煽るのを得意としていた徳富蘇峰が、晩年に振り返って、日清戦争時の内村に最も近しさを感じているのは当然のことであろう[112]。

内村のこうした歴史法則主義的立場は、アマースト大学在学中の歴史学教授、モースからの影響が第一であるとすでに指摘されている[113]。しかし、そういう法則性に心奪われるような精神の姿勢を用意していたのは、それまでの自然科学研究の経験であったと考えられる。内村は日清戦争後も、割合こういう法則主義的な考え方をする傾向があったが、その際には、例外を含め、法則から外れたところに逆説的に意義を認める、といった視点も十分に活用される傾向も生まれてきている。日清戦争以前には、たいがい一筋縄であった見方が、戦後、矛盾を多く指摘されるほど一筋縄でいかなくなったということは、逆に自由と進歩を掲げる思想家としては喜ばしいことであったというべきかもしれない。

日清戦争開戦時の内村の「裏切りの知識人」としての問題点の二つ目は、彼が一種の専門家の立場に身を置いて、自身の所属する文化の優越性を説いたり、その必勝に至る義を保証したりした点にあるだろう。後に彼が身を置く立場――アマチュア的意識を携えつつ、権力者に批判的な位置を保持する姿勢――からすれば、これは言論人として批判されるべき権力との安易な同調ということになる。

例えば内村は自らを「歴史家」と自称して次のような言辞を放っていた。

余輩は歴史家として曰ふ、日志の衝突は避くべからずと、而して二者衝突して日本の勝利は人類全躰の利益にして世界進歩の必要なりと、（中略）日本の勝利は歴史の保証する所、人類進歩の促がす所、摂理の約する所、億兆の望む所なり。[114]

これがいかにたちの悪い扇動としてしか機能しなかったかは、「転向」後の内村の立場からすれば瞭然であった。一言すべきは、ここで、かねてより内村の抱いていたはずの普遍的諸価値への奉仕の意識が逆用され、彼をはじめとした日本国民のナショナリズムを増長させるための道具として用いられてしまっている、という普遍と特殊の間の価値逆転現象である。リアル・ポリティクスでものを考えていたのならば、「日本の勝利」は必ずしも保証されていなかっただろうし、世界中が望んだことでもなかったことがわかったかもしれない。しかし内村の思考においては、「日本の勝利」はそうあってほしい結果から逆算されて導かれていたようなものであり、そこでは、反証を見出して自らと世間の激情を沈静化させるような思考の方面が遮断されてしまっている。こういう思考の狭隘さは、普遍に開けた自由・独立の精神とは正反対のものと判定されよう。むしろ普遍の方が特殊の目的に奉仕させられてしまっているのである。次の文章における「吾人」の連続もそれをよく表すといってよい。

吾人は利慾の為めに、争はんとするにあらず、吾人の天職を全ふせんため、吾人の潜勢力を発揚せんため、吾人の真価値を知覚せんため、而して隣邦五億万の生霊を救ひ出さんため、新文明を東洋全躰に施さんため、余輩は此義戦に従事せん事を欲するものなり、[115]

ここで内村は「東洋」を語っているが、これは確かに日本だけでなく、朝鮮の独立や支那の「文明化」が想定された上での「東洋」であった。しかし文明の波及源であること、さらに道徳的長者であることなどの点から考えて、それは日本中心の東洋観であったことは否めない。

こういった発言も、大概が読者扇動の目的によるものであろうから、どこまで自覚的な言語操作であったのかは定かでない。彼は不敬事件の記憶も浅からぬ中で、日清戦争の政府側の大義をあえて信じてみることで、日本国への最後の期待をつなぎとめていたような向きがあるので、疑わしくも、あえてその大義の線に沿った扇動活動を引き受けたのだとも考えられる。しかしいずれにせよ、結果としてはそうしたうまい話に自らを乗せてしまった無智な人間の言葉とみなされても仕方がないだろう。内村の優れた観察力とリアリズムが自国に対しても厳しく適応されるようになるのは、日清戦争の成り行きを見届け、開戦の大義に背くような現実を目撃することで、自らが奉仕した論調への痛烈な反省を余儀なくされてからであった。

日清戦争開戦時の内村の知識人としての問題点の三つ目は、「国を愛する」ことを国民としての価値を計る尺度として適用したことである。彼は不敬事件以後、日本社会に横行している狭隘な自利自愛にすぎない「愛国心」を批判しながら、一方で、いかなる「愛国」であれ、それをその言説が流通する地域に住む人間個人の価値を定めるために用いられることに断固異を唱えたことは、第四章で確認した。

しかし、遡ってみれば、内村自身、一時期こういった営為とすれすれの行為をしていたことが認められる。彼は「世界歴史に徴して日支の関係を論ず」のテキストの終わり部分で「今は実に何人が最も多く日本を愛する乎を試むるの時代なり」[116]と言い、戦争にあたって、政党間の競合や宗派間の争いなどを棄て、挙国一致の体制をとることを呼びかけた。要するにこの戦争に賛成、あるいは積極的に加担しないものは、国民として価値の低い存在とみなされるような気風作りに一役買ったわけである。[117]後に内村が立脚する立場から見れば、この言辞は、人間を第一義的に国家的かつ政治的存在として捉えていること、さらには、ある事象に対して多様な見解をもった個々人の集まりとして国を個人単位から捉えていないこと、などの点から批判されることになるだろう。内村自身が後に批判した愛国的色気を、当時の彼が多少なりとも出しつつ戦争の旗振り役を担っていたことは、彼が、戦後いよいよ募らせた自らの一連の扇動的言論への恥辱の深さを知るには、第一に考慮されるべき事柄である。

日清戦争開戦時の内村の知識人としての問題点の四つ目は、学問や経典の言葉を利用して、真実の隠蔽に力を貸していた、ということにあろう。彼は日清戦争に際して、日本による朝鮮独立支援の建前を完全には信じ切れていなかったのかもしれない。それは、「朝鮮占領」が日本の大陸進出の野心に基づく可能性を追求する契機を、次のように自ら覆い隠そうとしていたことから逆に知られてくる。

吾人の朝鮮占領を以て吾人の邪念に出づるものとなし、傲慢無礼なる吾人の隣邦と干戈《かんか》を交ゆるに至りしを見て帰するに野心を以てするものあるは決して怪むに足らざるなり。然れども歴史上義戦のありし事は何人も疑ふ能はざる所なり。[118]

内村はこの時、日露戦争時には批判の対象となるような営為を自ら行っていたといえる。すなわち『聖書』の言葉や世界史の知識を引いて戦争を肯定する、という所業である。学問や経典の知識が普遍的な意味をもっている、と理解するのは後年と変わりはないが、その引用にあたっての批判的姿勢をここに認めることはできない。代わりに、そこには「利慾を以て戦争唯一の理由と見做し以て神聖なる人類性の価値を下落せしむる勿れ」[119]という言葉に示されているような、「人類」（その実、日本のナショナリティ）に対する妙な信頼が垣間見られる。「神聖なる人類性」などという言葉は、先に『求安録』で罪に沈む人間の苦悩とそこからの超越救済を描いた作家にはふさわしくない「人類」の利用法であろう。

内村はさらに、敵国である清国がいかに撃退するにふさわしいかを説くのであるが、どうもその理由は外交上の実質というよりは、形式上の問題にすぎないように受け取られる。すなわち出兵している日本側はあくまで平和的に朝鮮の開国を促したのに、それを清国の側が妨害したとかいう話では、「干渉」「凌辱」「妨害」「無礼」といった言葉を使って感情的な不満が並べられている。「支那は社交律の破壊者なり、人情の害敵なり、野蛮主義の保護者なり、支那は正罰を免かるゝ能はず」[120]という言葉に、戦争に伴う社交や儀礼以上のリアリズムへの視点がどこか埋没してしまっている様子が伺えるのである。

内村は金玉均殺害事件について言及しているから[121]、一連の見地はかつてその事件を報道した『時事新報』の受け売りであった可能性もある。内村の開戦時の文明論的理屈が福澤のそれに似ていることは容易に指摘されよう[122]。『時事』の受け売りかどうかはともかく、権力者を中心に流通していた言説を採用していることは事実と見える。日本の立場を世界に弁護するためならば事柄の真実性は二の次となってしまっているという姿勢には、後年彼が基調としたところの、普遍的真理や正義を第一義に依るべきものとして、そこから自己の所属集団を常に厳しく批判的に見ていく、という視座に欠けている。

日清戦争開戦時の内村の知識人としての問題点の五つ目は、その全体主義の呼びかけにある。内村が当人の愛国心を宣伝するものとして、国内向けにも挙国一致を呼びかけたことはすでに確認した。さらにたちが悪いことに、彼は世界万国の偉人たちが、あるいはすでに鬼籍に入ったような歴史上の人物も、今回の戦争では日本の側に与するはずだと決めつけている。そこでは後の大東亜戦争の拡大政策の一つの理屈と同じく、天皇という地域に特殊な存在から流出する「余沢」を「亜細亜の億兆」に施していく、という見解もともに披露されていた。

匈牙利《ハンガリー》の愛国者故ルイ、コスート曾て曰へるあり、「余の見る所を以てすれば十九世紀の二大英雄とは独のビスマーク公と日本皇帝陛下なり」と、彼をして此言を発せしめしものは吾人の尊戴する皇帝が其臣下に施せし偉大の事業に止まらずして亜細亜の億兆が将にその余沢に浴せんとしつゝあればなり、日本は東洋に於ける進歩主義の戦士なり。故に我と進歩の大敵なる支那帝国を除くの外日本の勝利を望まざるものは宇内万邦にあるべきに非らず。[123]

管見の限りでは、内村はここでしか「余沢」と言う言葉を使っていない。日本という特殊地域の「皇帝」（天皇）の名を持ち出してアジアへとその威光やら恩恵やらを拡大していこうとする思想も、記録上はここでのみ披露されている。ビスマルクという戦後は批判の対象となる軍国主義政治家と天皇が並べられているのも、この時はただ喜ばしく紹介するのみである。

内村自身、不敬事件を経た後、日本の天皇崇拝が民衆の間に引き起こす普遍的諸価値への裏切りのようなものを骨身にしみて感じていたはずであった。しかし、その後『代表的日本人』を書き下ろすなど、まだ日本の権威筋や国民の資質にはそれなりの期待を寄せている時でもあった。挙国一致を求める全体主義がいかに危険なものであるのかについて自覚は弱かったといえる。「日本は東洋に於ける進歩主義の戦士なり」といった言葉が結局空言となったことは、内村自身、日清戦争後に日本の国体や道徳に現れた旧態依然たる国民の気風を批判し続けたことからも証明されよう。

日清戦争時の内村は、自国のナショナリティへの期待が昂じるあまり、理想的なそれをすでに先取りして現実のそれに附与してしまったかのような観がある。「今は日本が世界に尽すの時なり」[124]ならまだ普遍性の匂いがするが、「吾人は此の栄光を他の国民に分与するを欲せず」[125]となると、単なる自尊心や功名心と大差がないだろう。自国中心的な野心をいかにも普遍的な貢献のような形に粉飾する、という作業はバンダ的な観点から見て、最も弾劾されてしかるべき「知識人の裏切り」行為であったといえそうである。

2　非戦論確立への道

内村による「知識人の裏切り」の克服への旋回点をいつごろと定めるべきか。筆者は日清戦争中の彼の観察と新思想の発露にその徴候を認めるべきと考える。それが認められるテキストは、黄海開戦後の日本の中国大陸における軍事的野心を嗅ぎ取った上で書かれた「日清戦争の目的如何」(『国民之友』、明治二七年一〇月三日)である。ここで特に注目すべき点は、次の通りである。

i) 支那国とその人民に対して、清兵や北京政府を別に分け、後者が前者に敵対している構図を描き始めたこと。さらに支那国民の独立自治を強調し始めたこと

ii) 当時、自由民権論者の一部や徳富蘇峰などが採用していた、欧米に倣った「東洋侵略主義[126]」を、たとえ否応なしの選択だとされても退ける立場が見られること

iii) 戦争初期の大義——朝鮮の独立と東アジアの平和——の貫徹されないことを知るや、正義という普遍的価値の方向に殉じない日本の政策を批判し始めたこと

iについて述べれば、内村はそれ以前と同じく、支那を叩くことに対して何らの後ろめたさも持っていないようである。相変わらず懲罰主義であり、戦争は支那の「積年の罪悪」を裁く、「天人共に許す」「正義の剣」であると言われる[127]。これは一種の神権裁判の論理だといってよいだろう。内村はその時、度重なる戦いに勝利して領

土を広げるユダヤ王を導く、旧約時代の預言者サムエルのような仕事を果そうと意識したのではなかろうか。時勢に乗じて大陸に拡大していく偉大さは、この時期、内村がかの秀吉に認めた積極的な価値でもあった。[128]ところがこの拡張の精神に一つの制御が加わってくる。それは次のような文章に現れている。

清兵は支那国其物の公敵として殲《ほろぼ》すべし、文明の障害物として排除すべし、[129]

吾人は支那其物と戦ふにあらずして、其吾人の同胞を窘迫する、其文明の光輝を吾人の同胞に供せざる、其亜細亜的虐政の下に同胞四億万人を永久の幽暗に置かんと欲する北京政府と戦ふなり。[130]

ここでは欧米経由の普遍主義的世界観における支那の現状認識が散々なものであることに変化はないが、「清兵」あるいは「北京政府」と「支那国其物」あるいは「同胞四億人」を分けることによって、現実の支配権力と、その下に住む人民の理想とを峻別する思想が見出される。戦後の内村はこの二つの系――政府の系と人民の系――を一応切り離すことによって、同時代日本の支配権力を仮借なく批判するようになるのだが、すでにそれ以前に支那に対してその構図を適用していたと見てよい。政府と人民の区別は、すでに述べたように、共和主義者であった内村には当然のことであったが、現実日本に対する期待からくる盲目が、戦中にてその発露を自由にさせなかったのであろうか。しかし支那に対する日本の侵略的野心を耳にした内村は、日清戦争の最中に一つの転向を示し始めていたといってよい。彼はこのテキストの中で、「支那を救ふ」[131]ということを初めて大きな目的に掲げ始めたからである。

然れども余輩は論者に問はんと欲す、支那の討滅は実に吾人の目的なる歟と、吾人は支那を滅さんと欲するか果た亦支那を救はんとするか、支那を倒さんと欲するか支那を起さんと欲する乎、支那を殺さんと欲するか支那を活さんと欲する乎、若し戦争の目的は必ず敵を殺すにありとするものあらん乎、余輩は是れ其直接の目的にして終局の目的たらざる事を弁ぜざるべからず、余輩は尚ほ問はんと欲す、朝鮮の独立は支那の廃頽より来る乎、[132]

内村がこういった論稿を整理して発表する気になったのは、黄海開戦後を見据えた日本の大陸侵略論に不賛成であり、そうした論から還元して当初の戦争の大義すら相当に疑わしく思われてきたからにほかならない。内村は次のような言葉を繰り返して、日本人全般、特に文武の権力者たちや評論家たちに、その戦争の真意の在り処を問いかけようとするのである。

若し世界が汝の揚言する義戦なるものを以て汝の虚託に出るとなし、汝の目的は矢張り朝鮮掠奪にありとするも汝は何を以て答へんとするや、[133]

我を目するに敵国の弱に乗じて我の利慾を計るものとするものあるも我は之れに答ふるの言なし、[134]

この言葉は明治二七年九月一七日の黄海開戦以前に発表された「日清戦争の義」（明治二七年、九月三日）までには見られなかった視座を示している。このテキスト（「日清戦争の目的如何」）が掲載されたのは同年十月三日の『国民之友』であるから、内村はまだ日本軍が満州に入る（一〇月二五日）以前に、ともすれば黄海開戦以前に――というのも、内村はこのテキストで「黄海開戦」の勝利について一切触れていないから――軍や政府あるいは世論の動向を検証して、こうした言葉を急いでしたためたのであろう。どうやら一八九四年の九月上旬から九月中旬頃にかけて内村の批判精神の発露という点で、さらにはバンダ的な意味での「知識人の裏切り」の克服に向けて、一つの思想的転機が生じていたことは間違いなさそうである。
その転機とは、次のように、支那の人民の立場にたって、普遍的な価値とされた自主自立の姿勢が支那に根付くことを願うことであり、日本側もそのために自分の利益をかえりみず、隣国のために適切な距離を置いて奉仕せよ、との姿勢が打ち出されたことを指す。

吾人は宜しく支那国民に向て北京政府今日の醜状を訴へ、其政略たる悉く自己を利するに在て支那国の安福を計るにあらざるを示し、十九世紀の今日若し国家を挙げて之を其軟弱為すなきの手に委ね置くは亡国の悲運を招くの途なるを諭し、彼等支那人をして大に自ら省みる所あらしむべし、而して吾人の教示に因るか、或は時機の危運に迫りて若し彼等の内に清朝に代りて進歩的政略を以て支那を開明の域に導くに足るべき新王朝の起るあれば、吾人は喜んで其輔弼《ほひつ》となり、恰も朝鮮に於て支那党を駆逐して開化党に政権を握らしめしが如く、支那に於ても北京の頑愚党を排除して支那開化党の振興を幇助し、何処迄も支那の auto [no] my（自治）を促がすべきなり。[135]

ここで内村は、朝鮮の人民と同じく支那の人民を、国政上の「自治」を担う主体として明確に認め、等しく文明の市民としての立場から、その国土における近代的諸価値の達成を願う姿勢を見せている。「吾人」という紐帯において、内村自身と日本政府あるいは日本国民全体との同一化が図られていることからして、確かに「時勢の観察」以後の単独者としての日本批判の立場にはまだいない。しかし興味深いことは、この文章にある「支那」や「北京」を「日本」に、そして「清朝」を「薩長」に換えてしまえば、他はほとんどそのまま、「時勢の観察」以後しばらくの彼の内政批判の言説として通用してしまうことである。内村においては、日清戦争中にすでに、同時代日本を批判する道具立てや論理構成は整えられていたということになる。後は自らが国家との適切な距離を測り直す見地が確かになるかどうかであった。それは戦後、現実を直視した後に痛感した、自らのとった〈普遍〉への裏切りに対する反省と、その延長に必然的に生じてくる、国際平和を望む諸経験の熟成を待つことを意味したと考える。

以後、非戦論の提唱という思想史的出来事に結果した内村の「裏切り」克服への道については、すでによく研究されている[136]、ここでは、内村の自己反省、あるいは自国への批判的精神の成長を確認するという視座から、その概観をめぐるにとどめる。

一八九六年、内村は「時勢の観察」で、日清戦争の「大義」にまんまと捉えられ、国家膨張の御先棒を担いでしまったことへの痛切な反省を表した[137]。同年の「世界の日本」では、自らを「世界主義」の側に立つ人間と宣言し、普遍に拓けた見識をもつよう国民に訴えつつ、極力、平和を望む精神を明らかにした[138]。同年暮れには「寡婦の除夜」を発表し、自らを寡婦の立場になぞらえて戦争が社会的弱者にもたらす悲惨さを世に訴えている。

彼は『万朝報』英文欄主筆時代（一八九七—八年）には、トルコと対戦するギリシャに加担し、『独立雑誌』時代には、イギリスに対決するトランスバール、オレンジ両国を支持、米西戦争ではアメリカを応援するなど、いまだ義戦論を棄ててはいなかった。しかしそれはどちらかといえば、小国あるいは新国の側の自衛行為への加担であり、圧制国や大国の側からの侵略戦争批判ともなっていたのである（米西戦争の結果、アメリカには失望することになるが）。そこでは日清戦争時のように、対外膨張政策の一環としての戦争を、文明論を恣意的に用いた形で義戦だと誘導するような作為は弱まってきている。

内村は、一九〇二年末の時点ではまだ一応、義戦論を保っていることが確認される[139]。しかしここでの義戦論は、平和の主であるイエスがこの世に到来して、地上の悪に対する闘争が始まったことを指し示すといった類のものであり、もはや通例の世俗的な意味での義戦論とはいえない。彼が明確に非戦論を打ち出すのは、一九〇三年六月に『万朝報』（明治三六年六月三〇日）に載った「戦争廃止論[140]」である。ここで大胆にもすべての戦争を否定する、という質的飛躍を見せたわけである。そこでは自身の日清戦争時の「裏切り」を改めて反省するとともに、戦争はなぜ廃止される必要があるのか、その精髄の部分のみを、かの日清戦争を具体例として凝縮して述べている。

世には戦争の利益を説く者がある、然り、余も一時は斯かる愚を唱へた者である、然しながら今に至て其愚の極《きょく》なりしを表白する、戦争の利益は其害毒を贖ふに足りない、戦争の利益は強盗の利益である、是れは盗みし者の一時の利益であつて、（若し之れをしも利益と称するを得ば）、彼と盗まれし者との永久の不利益である、盗みし者の道徳は之が為に堕落し、其結果として彼は終に彼が剣を抜て盗み得しものよりも数層倍のものを以て彼の罪悪を償はざるを得ざるに至る、若し世に大愚の極と称すべきものがあれば、それは剣を以て国運の進歩を計らんとすることである。

近くは其実例を二十七八年の日清戦争に於て見ることが出来る、二億の富と一万の生命を消費して日本国が此戦争より得しものは何である乎、僅少の名誉と伊藤博文《いとうはくぶん》伯が侯となりて彼の妻妾の数を増したることの外に日本国は此戦争より何の利益を得たか、其目的たりし朝鮮の独立は之がために強められずして却て弱められ、支那分割の端緒は開かれ、日本国民の分担は非常に増加され、其道徳は非常に堕落し、東洋全体を危殆の地位にまで持ち来つたではない乎、此大害毒大損耗《そんかう》を目前に視ながら尚ほも開戦論を主張するが如きは正気の沙汰とは迚《とて》も思はれない。[141]

この非戦の宣言は、その世界または日本における完全な実現を即時に要求するものではなかった。それは長期的な事業だと考えられた。彼は『万朝報』という大新聞において、通常の慈善事業にもまさる人類的規模の「慈善」としてこの非戦主義を読者に推奨し、賛同者を募ることでこの文を閉じている。

勿論サーベルが政権を握る今日の日本に於て余の戦争廃止論が直に行はれやうとは余と雖も望まない、然しながら戦争廃止論は今や文明国の識者の輿論《よろん》となりつゝある、爾うして戦争廃止論の声の揚らない国は未開国である、然り、野蛮国である、余は不肖なりと雖も今の時に方て此声を揚げて一人なりとも多くの賛成者を此大慈善主義のために得たく欲《おも》ふ、世の正義と人道と国家とを愛する者よ、来て大胆に此主義に賛成せよ。[142]

しかしながら、当の『万朝報』の社是が開戦論に転回したため、内村は朝報社を退社せざるをえなくなった。戦中は自身の雑誌に非戦論の論陣を張りつつ *Kobe Chronicle* に数度、英文で非戦論の寄稿を行った。戦後は開戦前の予想どおり、一層の人心の腐敗堕落を目撃して慨嘆した。「憤怒の無用」というテキストでは、日露講和後の大衆の暴動などを見届けて、「今更らの如くに切歯《せつし》扼腕《やくわん》する者は冷静以て歴史を研究した事のない人達である」といい、戦争に邁進した為政者と民衆の両方を批判の対象とするに至る。[143]

内村の非戦論が完成していくのは、日露戦争後の社会の観察を通じてであるといってよい。その記念碑的テキストとしては「日露戦争より余が受けし利益」[144]（一九〇五年）を挙げねばならない。彼はこのテキストにおいて、全編、口語で語りかけるようでありながら、事態に対して付かず離れず、熱せず冷まさずの距離を保ちつつ、日露戦争の結果に対して理性的な見解を次々に提出していく。

此活ける歴史を目撃するのは私に取り精神上の大なる利益でありました、勿論私の普通の情に訴へまして、私の国の勝つのを見るのは喜ばしくありまして、負けるのを見るのは悲しくありました。然かしながら正義は私情を以て律すべきではありません、正義の遂行は全人類（我国をも含む）のために利益であります、故に私は私のヨリ高き情、即ち信仰に訴へまして、米国ポーツマスに於ける日本国の失敗を聞いて反て神に感謝しました。[145]

ここでは、内村の私人としての自国への愛着が公人としての正義を求める心情に制御される、といった普遍主義者の思惟構造が明らかにされている。彼は該テキストにおいて「正義」だけではなく、「真理」の消息についても注目し、戦争を経て日本から「真理を貴ぶの念」がいよいよ失せて見えることを強く歎いている。さらにそうした観察を受けて、内村の戦争一般に対する理解はいよいよ非戦に定着していく。戦争は「人命を貴ぶの念」を失わさせ、「人を不道理」になし、「社会を其根底に於て破壊」するとされる。「戦争は実に人を禽獣化するものであります」というのが、ここでの内村の結論であった[146]。

内村はここで「非戦」という平和の一形式を、人類に普遍的な諸価値の擁護の手段に確かに組み込んだのだといえよう。よって、この非戦論の確立は、内村において従来の人や物、世界の見方を全般的に更新する画期になったと見通される。その第一は他者を判定する基準の更新であった。彼が次のように宣言した時、それは人を評価する基準であった正義と公正さの humanity の中に、確かに〈平和を望む姿勢〉が組み込まれたことを示している。

私には今や全世界に二種の人があるのみであります、即ち戦争を好む人と戦争を嫌ふ人とのみであります、前者は縦令《たとえ》彼が基督信者であらふが、あるまいが、慈善家であらふが、あるまいが、私の友ではありません、之に反して後者は縦令彼が不可思議論者であらふが、或ひは甚だしきに至つて無神論者であらふが、私の尊敬する友人であります[147]、

明治期の内村は、以後数年間、この humanity（人道・人間性）の基準を最大の準拠枠にしながら、世界と歴史の中に広く自らの賛同者を募る試み——雑誌発行と地方講演——に専心していく。その一方で、この humanity を基準とする普遍主義が承認する範囲内において、キリスト教信仰を核にした緩やかな共同性——教友会の発足

（一九〇五年）に結実する――を探求し始めたことも重視されるべきである。内村の言動の様式は、時勢に応じて常に出方を変える自由度をいくらかもつものであったが、彼が以後、終生、非戦論者であったことは、こうした humanity による基準が常に高度に保たれていたことを示唆する。この基準の活発な応用ゆえに、大正期以後は基督教界へも、近代社会の大衆へも、アメリカへも、以前よりもさらに遠慮なく、手厳しい批判を展開するようになったのだと考えられる。

考察と結論

第一節　近代日本における一普遍主義者

本書はこれまで、内村鑑三を明治期の特色ある一人の知識人として立像しようという意図のもと、資料を集め、整理し、その解釈や考察を行なってきた。その際、序論で打ち出し、各章節でも折々に指摘したようにE・W・サイードとJ・バンダの知識人論の言説を、全体の叙述の方向性を導き、随所でそれを引き絞る理論的枠組みとして機能させてきた。サイードやバンダの名前を直接出さない箇所でも、彼らの知識人論の問題意識を想定して論旨を構成していく姿勢をとってきた。内村がサイードやバンダの知識人観といかに共鳴するものであるかは本論の各所ですでに論じたことであるのでここに繰り返さない。本節では、サイードやバンダの知識人論と内村の立場が齟齬するところ、あるいは両者の知識人像からは漏れ出るところの内村の性質を抽出し、それを彼の歴史的、地域的、個性的要素として取扱っていきたいと考える。

内村が、サイードが提示した、知識人としてとるべきとされる次の三つの見地を[1]、それぞれ独自の価値基準に基づいて保っていただろうことはこれまでの議論を通じて首肯されよう。

i）周辺的存在——亡命者の視点、アウトサイダー性
ii）アマチュア性——権力とその専門性において関係を結ばない
iii）権力に対して真実を語る

また、この三つの立場に通底する姿勢として

iv）所与の属性から離れての公平で徹底した批判精神の発揮[2]

というものも、内村の世界市民的立場を重視する時、見逃すことができない彼の知識人としての特徴だといえる。「批判的センスにすべてを賭ける人間」「迎合する前にまず批判せよ」とサイードが述べた批判的知識人像に調和した骨格が内村に見出されるゆえんである。

ところで以上の諸点すべてに関わることであるが、サイードと内村の公衆あるいは世俗社会に対する理解に多少、違いが見られるように思われる。サイードはかのテキストにおいて、権力に対して真実を語ることが、広く物事の是非を公衆の判定に委ねることにつながることを肯定的に捉えているが、内村の場合、その公衆や世俗社会の本質が主たる批判の対象ともなっていたからである（第二章第二節参照）。内村は、社会階層の下の方から権力を志向し権力との結託を図るような動向に、強く批判的精神を働かせており、中央政府だけでなく、社会のあらゆる場面で人々の政略がうごめいていることを批判の対象と認めていた。この点、権力を現時点でもっている者だけでなく、権力に焦がれる大衆の精神や文化の傾向にも批判的に切り込む厳しさを見せている。事にあたっての公平・公正の判定を公衆にやすやすと委ねることには、為政者に対するのと同様、警戒的であったといえよう。ここに内村における精神の貴族性や指導者意識を見ることができるかもしれない。この内村の啓蒙的姿勢からすると、サイードが知識人の大衆受けする言説を警戒しつつも[3]、アマチュア知識人となりうる公衆一般を公的意見を授受する主体として積極的に捉えていたこととは対照的に思われる。

この公衆や社会への理解は、リベラル左派の論客であるサイードと、単純にそうとはいいきれない内村との相

違として注目されるかもしれない。それはやがて、世俗世界における改新や進歩をあくまで世俗的道具立てのみで説明したり要求したりするサイード的知識人と、他界の視点を導入して、人間存在の変革を経ない活動主義を根本から疑ってかかる内村との相違にも至るだろう。サイードによって「どちらかといえば右翼陣営」[4]といわれたバンダにおいても、安易な世俗的支持をもつことは、それだけで十分知識人としての責務を裏切っている証拠とみなされていたのである。[5]

このような世俗や大衆社会への批判に関して思い至るのは、サイードが控えめにもバンダの言説を借りて打ち出した「普遍的で単一な基準にどこまでもこだわる」という知識人の一特性である。このバンダによる「普遍的な基準」とは「正義と真理と理性の知的価値」といわれるものであり、[6]それゆえ内村の価値基準とほぼ同一の内容を指し、同一の打ち出し方がなされているように思われる。clercs（聖職者）を知識人の中核概念に据えて論じたバンダが、正義や真理や理性を「信」の対象として打ち出していることは注目されてよい。この点で内村はバンダ的知識人像と深く共鳴することになるからである。

ところで、サイードがバンダのこの「普遍的な基準」なる言葉を引いた時、それが本来担っていた半聖半俗のニュアンスは消え、超越的価値は不問にされて、概ね世俗的な意味で機能してしまうことになったようだ。サイードはあくまで世俗の言説空間にとどまりながら、思考と価値判断の原理原則を一貫させる知識人の立場を表すのにこの言葉を参照したと思われる。同じく「普遍」とはいいつつも、その概念が収める範囲・次元が、バンダや内村と、サイードのそれとでは質的に異なることは指摘されねばならない。

このように、サイード的知識人像と内村の間の微妙な相違に、バンダの知識人観が訴えかけるというのが興味深い。それは社会参加や政治意識という点で、サイードと内村との違いを浮き彫りにする。サイードはあくまで、社会参加の情熱を高く保つことを目指しつつ、その線で、政治に対して宗教的ともいうべき信頼をもつことは禁物であることを訴えた。それに対して、内村はそのジャーナリズム活動の最盛期においてすら、政略的な事柄、あるいは政治的に立ち回る社会の動向に対して徹底した批判的姿勢を打ち出していた。これは、先に取り上げた内村の社会公衆の大規模な運動化への批判性の強さとも関わる問題である。

そして内村と同時代人といえるバンダも、その点で内村に近い姿勢の持ち主であったと見られる。知識人による政治的情熱を徹底して批判し、知識人の政治化の基礎に、彼らの国家的情熱、ひいては現実との不当な癒着、実利主義を認めたバンダは、政治的言説の構築や政治への参加は本来知識人がなすべき仕事ではなく、それは正義・真理・理性といった普遍的諸価値の擁護という彼らの本来的な職責への裏切りであると告発したのであった。

周知のとおり、サイードはパレスチナ民族会議に所属し、パレスチナ独立国家の建設を目指す運動に携わっていた。[7]社会参加への意識を高くもち、PLOの重要人物と接触するなど、政権へ直接働きかける意志を持ち合わせた人物でもあった。このようなサイードの政治活動の動機には、民族や国家の独立・自決という意味でのナショナリズムの問題がある。バンダが『知識人の裏切り』を書いた時期（両世界大戦の戦間期）の植民地宗主国では、サイードの活動した二〇世紀後半に比べて、この点で高い問題意識は共有されていなかったと考えるのが自然であろう。それゆえ、バンダや内村が普遍的諸価値の擁護という至上命令から、知識人の政治参加や活動主義的な社会改良運動に冷淡であったことが、必ずしも後世のサイード的な政治への関わりを否定するものであったかどうかは不明である。むしろサイードの政治的活動が、権力への不公正さの告発を主とする営みであったことを考えれば、そこに普遍的諸価値の擁護の姿勢を読み取ることも容易であり、それが高く支持される可能性もあろう。

このように内村とサイードの活動した時代や状況の差を考慮した上で、逆にサイードの側から明治期内村の言動を推し量ってみれば、そこにいわゆる「オリエンタリズム」[8]の染みこみを見出すことが可能となりそうである。例えば、日清戦争後の内村は、正義や真理、自由や人権といった近代西洋に普遍的な諸価値の擁護のために戦ったといえるが、その過程において、「支那的」なもの、あるいは「東洋」的なものは、西洋との対比で一方的に低い評価を与えられることが多かった。これはその政体や道徳体系だけでなく、民衆の気力や良心などといった実態のあいまいなものにすら認められることもあった。[9] 内村が日露戦争前まで一定の水準で保持していた進歩史観的な歴史観に照らしてみれば、中国やトルコといった西欧から見て東方の国はすでに盛りを過ぎた国家であって、アングロサクソンを頂点とした自由の普及史を採用する立場からは、高く評価されようがなかったのである。

この点、朝鮮やインドの独立を求める民衆の動きに反応し、中華民国の成立を東アジア初の共和国の誕生として喜んだ明治末以後の内村の方が、そうした傾向をだいぶ免れているといえるかもしれない。[10] 免れているどころか、それ以後になると反近代・反西欧の性格が亢進し、東洋＝アジア主義と見紛うような言説すら散見されるようにもなるので、これはまた逆の側に振れてしまったという点で、問題をはらんでいるかもしれない。いずれにせよ、本書で主として扱った明治期の内村は、まだ「オリエンタリズム」という点で、サイードの批判を免れないだろうと思われる。実際、バンダがその点でサイードに一言批判されているように。[11]

ここまでは、サイード的知識人観と内村の知識人としての立場の差異を、第二次世界大戦を挟んだ時代の差がもたらした相違という視点を導入して説明してきた。それでは、ほぼ同時代知識人といってよいバンダの知識人観からして、内村の言動はほぼすべて首肯されるものであったと見てよいだろうか。筆者には、バンダの理想とする知識人像と内村がその理想としたであろうそれは、大筋で似通ったものとなるのではないかと考えられる。両者ともドレフュス事件をめぐる不義・不公正さに敏感に反応し、カントに心服する普遍的倫理の提唱者であったという点で、その知識人としての思想的共通基盤が察せられよう。しかし、そうだとしても看過されえない相違もある。それは、当時の西欧の伝統に根付いた規範的知識人像と、明治知識人・内村の実像との違いである。結果としてそのズレにおいてこそ、西欧発の普遍主義に多くを負った知識人・内村に備わった個性が見出されることになるかもしれない。

その相違の顕著なものが、先にも触れた紛争解決に対する理解にある。具体的には、非戦論確立以後の内村の戦争観が、バンダの知識人論におけるそれから見れば、批判の対象となりうるものであったことを指す。というのも、バンダとしては内村のような原理主義的な非戦論＝非暴力抵抗では、正義、真理、理性といった守るべき普遍的諸価値が守られなくなるおそれがある、ということになるからである。これは第一次世界大戦における共和国フランスの帝国ドイツとの関係性を考えれば納得されよう。自衛戦争が直近に想定される場所に生きる以上、すべての戦争を退ける、という内村的選択肢はバンダには生まれえなかった。

そうしたバンダの戦争への理解は、日清戦争以後、非戦論確立前の内村の戦争観に近いものであったと見ることができる。[12] すなわち、正義の戦争の可能性を確保しつつも、自尊心や実際的な利益にかられた国家的情熱による好戦性を糾弾する、という立場である。非戦による平和主義を普遍的価値の系列に加え、自衛戦をも極力消極的に取り扱う内村の非戦論は、バンダ的知識人には度を越した、安直な思想として批判される可能性が高い。

以上のような評価において、序論に掲げたサイード流の知識人像の諸要素に照らして、内村の具体的な思索と活動の足跡を読み解こうとするならば、内村はまさしくサイード的な意味での批判的知識人像に近似し、その明治期日本における好個の一事例であったと論定することができよう。さらに、バンダ的な意味での西洋に伝統的な、いわば古典的骨格をもつ普遍主義の知識人として、内村は日本思想史という文脈を越え、広く近代西洋思想史にその参照と比較の対象を求めることが可能な類の知識人であった、ということも可能であろう。

こうした展望から、普遍的諸価値の擁護者としての知識人の立場において、内村のような非戦論の提唱ということがいかに特異なものであったかということが知られてくる。その正否はともあれ、旺盛な批判的、戦闘的精神を堅持しつつも、武力行使一般の選択可能性を否定した内村の非戦論周辺の議論が、彼を日本だけでなく、近代のみでなく、知識人一般において特異な事例として、今後も耳目を集めるものとすることに貢献するに違いない。[13]

第二節　「特定領野の知識人」かつ「普遍的知識人」として

1　『聖書』からの普遍主義

ポスト・モダンの思想文脈において、西洋史の諸場面で活躍してきた「普遍的知識人」の役割は、以後、「特定領野の知識人」によって、細分化した専門性の諸分野にて担われることになると分析したのはミシェル・フーコーである。[14] サイードがその知識人論で目論んでいた「知識人の復権」とは、こうしたポスト・モダンの論者が指摘する現状に対する反対意見の提出であった。すなわちサイードの場合、専門性に立脚し、権力筋にその専門性の権威をもって奉仕するところの専門的知識人の活動そのものが問題とされたのである。彼は、そうした専門的知識人の役割を推し進める動きに対抗して、市井の名もなき人々の批判的知性にこそ普遍的な知識人性を認めていくこと、それによって専門家知識人と権力筋の癒着した関係に対抗しうる市民的エートスが活性化することを望んでいたのだと考えられる。「知識人」と呼ばれうる人々の存在は、自覚した市民の代表者（representative）として認識されていたのである。

とはいえ、歴史的にいえば、知識人とは、ある特定の専門性を身につけた存在であったことも無視できない事実である。現代において広く芽生えている市民的な立場からの批判的まなざしの醸成も、歴史的には、何らか専門性を身に着けた知識人たちの啓蒙や先例によって種をまかれた結果であるといえるからである。当のサイードも、またバンダも、学問や文筆という形で適宜、特定の専門性に立脚しつつ知識人として行動していた。サイードにおける英仏文学の知識やバンダにおける西洋哲学の知識は、彼らの知識人としての先達性、あるいは啓蒙的立場に伴うべき権威の提供に少なからぬ貢献を果たしたことは疑いえないだろう。

そこで、内村においては、そうした貢献を果たしたところのテキスト群の中で燦然と光り輝く中心的なそれ――『聖書』――を持っていた、という点に再び注目してみたい。本稿の主題上、そこからの光が彼の知識人的な活動を導いてきた、その一大原理に踏み込むことを逸してはならないと考える。『聖書』に関わること、その関わりから醸成された思索を、時に学問的に、時に信仰的に、そして時に社会批評的、市民啓蒙的に公表・伝達していくのが明治期内村の専門性の具体的な公的発露であったと思われるからである。[15]

そこで本節では内村がその普遍主義を学び、あるいは促された源泉とみて不足ないだろう『聖書』中の二種のテキスト群から、彼の専門性と密接に関わる普遍主義の醸成といった課題に迫っていきたい。一つ目は新約聖書パウロのテキスト群であり、二つ目は旧約聖書の預言書、あるいは預言者の記録に関わるテキスト群である。

① パウロの普遍主義（Paul's universalism）

内村において『聖書』が果たしたであろう普遍への拓けについて指摘したのはミシェル・ラフェイである。[16] ラフェイは当該論文の結論部で、内村と『聖書』が「普遍主義」という点で切り離せない関係にあることを示唆しているが、その内実を深く検討するには至っていない。

この内村とは時代も思想的背景も全く異なる見地から、『聖書』における普遍主義を、しかもパウロのそれに限定的に注目したのはアラン・バディウである。[17] バディウはあくまでマルクス唯物論的な見地に立つにもかかわらず、パウロの発言のいくつかを取り上げて、そこに西洋思想史において先駆となった人間性の解放という線での普遍主義の宣言を見たのである。次のようなパウロの言葉がその最たるものであった。

ユダヤ人をはじめとしてギリシア人にも、すべて善を為す者の上には、栄光と栄誉と平安とが与えられる。なぜならば、神のもとでは人の顔を偏り見るということはないからである[18]（「ローマ人への手紙」二章一〇―一一節）

もはやユダヤ人もギリシア人もなく、奴隷も自由人もなく、男性も女性もない[19]（「ガラテヤ人への手紙」三章二八節）

バディウはこのようなパウロの言葉を、古代地中海世界の差別的社会秩序の中にあっては、まさに唖然とするような常識破りの言表であったとみる。そしてこれらの言表をもって、民族や人種ないしは性別といった人間個人に所与の属性によって人間性の価値が計られることがない、同一化主義にも共同体主義にも還元されることのない、近代的な意味にまで通じるところのパウロの「人権宣言」を受け取ったのである[20]。

ところで、内村においても、パウロは『聖書』において最重要視され、最も研究された人物であったと言って不適切でない。内村後期の代表作、加藤周一によって近代日本文学の最高の傑作の一つとも評された[21]『羅馬書之研究』（一九二四年）は、まさにそのパウロの主著を一節一節丁寧に読み込み、一年半にわたって講釈し続けた記録であった。バディウが注目した先の言葉もこの「羅馬書」（ローマ人への手紙）の一節にある。実際、次のような内村の言葉は、先に掲げたパウロの言葉とその普遍主義的まなざしを共有していた、と見て無理のないものであろう。

日本人許《ばか》りが我が同胞であると思へば我は失望する、然れども人たる者はその皮膚の色の如何に関はらず、其言語の何たるに関はらず、総て真を真とし、偽を偽とする者は我が同胞であると思へば我は決して失望するに及ばない[22]

民族や人種、言語や国籍といった所与の性質をもって人間を計ることを拒否し、単独の個人を真理に対峙するその姿勢によって評価していこうとする内村の人間を見るまなざしについては、すでに第二章から第四章において検討したところである。ここでは、かの「ローマ人への手紙」のパウロにおける「ユダヤ人」像に比肩される「同胞」概念の提出が読み取られる。そこから、普遍的な真理を判定基準として自らの所属すべき理想的な共同体の構成員を吟味し、その外縁・領域設定を再構成、再創造していく、という営みが生じてくる。内村は新たに創られつつある神聖なる共同体のために、所与の血縁・地縁共同体（ゲマインシャフト）を解体して、新たな基準、構成員によって改革のための新生共同体（ゲゼルシャフト）を作り直すこと／へ作り直されることに期待する、そうした「結社の人」でもあった。次の言葉はそういった傾向をよく表している。

人は其奉ずる主義に依て別るべきものにして地理的位置又は人種的差異に因りて団躰を異にすべきものに非ず、最終の勝敗は善人と悪人との間に決せらるべきものにして、一国民と他の国民との間に争はるべきものにあらず、[23]

すでに第二章で検討した内村の団体形成の信条は、こうした所与の国民性を越える真・善・美の理想世界からの光によって導かれるものであった。「結社の人」としての内村の共同体形成に関わる奮闘ぶりは、彼があくまで原初の理想――すなわち『聖書』に記されるところの信者共同体の素朴な有様――を保持する限り、パウロの活躍に倣わない、という選択はありえない。なぜなら『新約聖書』における新たな共同体形成の具体的な指針に関する事柄は「コリント人への手紙」などに代表されるように、パウロが思想的にまとめ役、指南役として登場するような文脈において多く存在しているからである。

ところで、内村が、このパウロからいわゆる humanity に関わるところの普遍主義を促されていたとしたなら、それはバディウが注目したような人類平等の希望に満ちたかのような言葉だけからではなかっただろう。明治期よりパウロの書簡を数多く取り上げ、研究発表してきた内村がパウロによって促されたであろう普遍主義は、まず第一に、人間は等しく罪人である、といった絶対的な負の位置に見据えられていたはずである。内村の場合、humanity の価値は絶対者との関わり方如何によって計られる、といった divinity に属する接点をもっていたため、腐敗した「政権」に対して、比較的腐敗していない「平民」を対置する時ですら、基本的には、人間個々人は皆罪人である、という負の平等性への意識を拭い去ることは不可能となる。よって、状況に応じた、出来事当事者間の責任の所在をめぐる議論を推し進めつつある間も、次のような国民全体批判に至っていく原則論への道は常に温存されるのであった。

腐つたり、腐つたり、能《よ》くも腐つたるかな日本今日の社会、華族腐り、平民腐り、官吏腐り、代議士腐り、坊主腐り、牧師腐り、教師腐り、学生腐り、腐らざる部分とては北より南まで東より西まで探究に探究を尽すも見出す能はず、預言者イザヤが言ひし『頭《かしら》は病まざる所なく、其心は疲れ果たり、足の趾《うら》より頭に至るまで全き所なく、只創痍《きず》と打傷《うちきず》と腫物《はれもの》とのみなり』との語は蓋し日本今日の如き社会の状態を云ひしものならん。[24]

内村が特に日露戦争以後、政治批判を甲斐のないものであり、日本は国民的な Conversion（悔改）を経ることが先決であると、あくまでもエートスの刷新に資することを目的にその活動形態を定め直していったのは、パウロが告げたところと同じく、人間個々人、人類一般に対する絶対的な負の性質への普遍主義的まなざしを鋭敏に働かせていたからと見てよい。そこから、政治改革や社会運動もこの国民的エートスの次元における Conversion を促す道の先にあるものであり、個々人の Conversion の連鎖がもたらす「遠心的社会改良法」[25]の外縁に位置する結果であるとする、遠大かつ地道な社会改良論が提唱されていくのである。

このConversionの必要とそれによる独立した人格の達成こそ、内村の個人主義の出発点に位置する不可欠の出来事であった。彼の国民全体批判といった色合いをもつ主張は、国民個々人の人格の尊貴とその刷新可能性を高く見積もることによってでなければ成り立ちえない。とはいえ、その個人主義の核にある人間理解はあまりに古典的にすぎるものであり、また日本においては歴史的に見て西洋的・外来的であったためか、内村在世当時も、決して一般性を勝ち得る類の言説ではなかった。その啓蒙活動は、短期的に見れば失敗を余儀なくされるようなものであることは内村自身にも知れたことであった。[26]

こうした負け戦的な状況を察知しつつも、それでもなお一つの使命感や義務感に駆られて、繰り返し同じ趣旨の主張を展開する気力が、その都度内村に獲得されていったということになる。そうした気力の獲得のために、彼を励ます歴史的な（と内村にあくまで理解されている）、一つの職責をもって活躍した人々の記録は、実際、大きな貢献を果たしたに違いない。そのことは、次に検討していくところの旧約聖書における預言者の活躍への理解と、それをめぐる思索の熱意に顕著に見出される。

②「預言者的個人主義」（prophetic individualism）

かつて、著名な日本研究者のロバート・N・ベラーは、日本の近代化について論じたテキストにてM・ウェーバーの近代化論を総括し、近代社会を唯一独自に達成した西欧の文化圏にあって他のそれにないもの、それは預言者的神観（the prophetic idea of God）であると論じた。[27] この伝統においては、神と人間の連続性（divine-human continuity）は断絶されており、それゆえに特定の社会体系を神聖だと考える傾向は決定的に破壊されたのだという。ベラーはこのような伝統が、その文化の政治思想にもたらすものに注目して次のように述べている。

このことが歴史的発展に関してなすことといえば、政治的忠誠を条件つきのものにするということである。いかなる社会的とりきめも究極的な正統性を持たないのである。というのは、究極的には忠誠は神に対してのみ存在するのであるから。これは、預言者的個人主義《プロフェティック・インディビジュアリズム》とも呼べるような、新しい性格を持った個人主義の可能性を創り出す。そこでは預言者は、神と直接関係しており、社会や国王やどんな力の集りにも対抗することができ、そして神託と信ずるものを宣言する。ウェーバーは、この倫理的預言者という形の預言者は、インド教、仏教、あるいは東アジアの宗教的伝統においては、存在しないと論じた。預言者的神観が存在していないところでは、この意味における預言者はあり得ない。倫理的預言者の権威を基盤として、種々の新しい特質をもった社会体系が生じた。[28]

本書で論じてきたことを踏まえて述べれば、内村はここでベラーがウェーバーを引き合いに出して把握する「東アジアの宗教的伝統」の只中で発言し、批判的活動を展開してきた人物であることが注目される。そしてこれから検討していくように、内村は「東アジアの宗教的伝統においては、存在しない」と言われる「預言者的神観」を重んじた、当時の日本にあっては稀有な知識人の一人であった。

また内村は、Conversion を前提とする個人の変革を強調しつつ、政治・国家批判を展開した人物でもある。特に彼においてはその不敬事件に代表されるように、またその「臣民」概念に現れていたように、「政治的忠誠を条件つきのものにする」という政治批判や政略的実利主義批判の姿勢が強かったことも注目される。こうした内村を、ベラーが提示する「預言者的個人主義」に連なる人物であった、と仮定するのは不自然ではない。

ところで、ベラーは「預言者的個人主義」の近代社会成立への意義を説明した同じテキストの中で、明治期日本の思想史を概観し、その最後において、内村鑑三を次のような文脈にて高く評価している。

個人的観点からすると、近代化の本質は勇気だと思う。大衆の示威行動で政府に対抗する勇気も重要である。しかしより重要でもっとも困難なことは、必要とあらばまったく孤独で一人立つ勇気であると思う。この意味において、内村鑑三は、神学的・政治的基盤の両方において私と異っているのであるが、必要とされるものの真の象徴である。この種の勇気は、つねに超越的準拠点をもつものである。それは、家永が否定の論理と呼ぶものを通してのみ自己肯定をなし得るのであって、何らかのグループ、あるいは、体制に究極的正統性を与える故ではないのである。[29]

ベラーによる内村評価の特色は、彼に近代化を推し進めるところの「一人立つ勇気 the courage to stand utterly alone」を見出したところにある。ベラーは内村と自分との間には宗教的にも、政治的にもその信条（「基盤」）に違いはあるとした上で、内村の公的発言への姿勢、特にその多数者や権力者への毅然とした批判的姿勢において、近代化を推し進めるのに不可欠な、強靭な個人の市民的精神の発露を認めたのであった。

ベラーはまたここで、内村が「超越的準拠点をもつ」こと、それにより「否定の論理と呼ぶものを通してのみ自己肯定をなし得る」といった有様を見せた、との理解を示している。内村においてこの「否定の論理」とは、先にパウロの普遍主義の文脈で取り上げた人類の罪を個々人の罪、「我」の問題として絶対的に否定的なものとして受け止め、そこからの悔改をもって新生の人格的自由を手にしていく、というConversionの出来事のことを指すだろう。

ここに出てくる「何らかのグループ、あるいは、体制に究極的正統性を与える」とは、内村当時の時代背景においては「天皇制国家体制」とその信奉者集団を指したであろうし、それと鋭角的に対峙するもう一方の絶対主義である無政府主義や共産主義が想定されていたかもしれない。広義にとれば、あらゆる政治的なイデオロギーが目されている、といってもよいだろう。内村はそうした政治的なるものへの恭順には終始警戒的であったし、時に積極的に反政治的立場の提唱を行ったくらいだから、このベラーの内村理解は概ね妥当だと見てよい。

以上のような内村評価は、ベラーが同論文において検討していた「預言者的個人主義」の人格類型と、内村のもつ諸性質に共鳴するものがある、ということを示唆する。預言者とは古代ユダヤ社会において、あくまで単独者に委ねられた神聖なる権威によって、普遍道徳的価値意識から、時の権力者や腐敗した多数の国民に向かって批判的言辞を放った存在であった。また社会的文脈に注目すれば、アモス（北イスラエル王国）やエレミヤ（南ユダ王国）など、それぞれ滅びゆく国家の行く末を案じて、その滅びの原因となる国家の内的腐敗とそこからの脱出（悔改）を民全体に迫る単独者であった。

内村はこうした預言者のとる視座や発言内容に重なるような言説を数多く提出している。すなわち、やがて滅びることになる大日本帝国の内部で醸成され、国民的に共有されて抜きがたくなっていた大国的奢りの諸実態を暴露し、そこに認められた正義や自由などの普遍的諸価値への裏切りこそが国を滅び（内的崩壊）に導くと宣言してはばからなかった。こうした『聖書』における預言者たちの活動を喚起するという意味において、明治期日本に内村に比肩される知識人は容易に見当たらない。

そのことはすでに第三章の末尾で言及したように、預言者について、旧約聖書の熟読や独自の研究によって精通していた内村自身の覚悟と決断との産物であったと考えられる。以下では、そうした預言者的な言論姿勢と言論内容を身にまとって社会や政治権力に向き合ったかのような内村その人において、預言者とはどのような人物像として把握されていたのか、ということに迫りたい。それにより、彼が行った古典研究と普遍主義、さらには平和主義に到達するところの知識人活動との深い内的連関の様子を浮き彫りにしたいと考える。

2　内村における預言者像とその模倣的活用

内村の残したテキストの全体において、旧約預言書研究の比重は決して小さくはない。教文館『内村鑑三聖書注解全集』において「預言書」研究は、表題だけを見れば、全一七巻の内、約二巻分を占めるにすぎないように思われるが[30]、実際のところ、預言者への言及は史書や新約各書の研究にも出てくるし、時事論の内にも出てくる。彼にとって各預言者は、いつあらゆるコンテキストにも登場しうる、歴史的に内実をもった生きた人間として身に近しい存在であったようだ。その付き合いは長く、青年時代、渡米時に熟読したエレミヤ記をはじめとして、各預言書を『聖書』の中でも特に愛読してきたと見られる。そのような内村は、明治期に限っても、預言者の働きやその性質をいろいろな言葉で表象できる預言者通であったことが、以下に取り上げるさまざまな預言者像やその積極的な言及、活用からも知られてくるのである。

① 預言者とは何か

内村における預言者像の解明に先立って、内村が「預言」というものをどのように考えていたのかをまず確認するため、彼が提出した一つの説明を掲げてみたい。

預言とは預《(予)》言でないとは余輩が屢々《しばしば》本誌の紙上に於て言ふた所である、prophesy は「前に言ふ」ではなくして「代て言ふ」である、即ち「神に代て言ふ」である、爾うして神は物の外装を透うして其真髄を視給ふ者であるから、其代言者たる預言者は時代顕象の中に存する永久真理を発見して之を人に示す者である、[31]

内村は漢語の字面から、その本義を誤解されやすい「預言」を「代言」と言い換える。「預言者」が何を「預言」=「代言」するかといえば、神によって伝授される外在的で超越的な基準、すなわち「永久」普遍の「真理」である。そうした預言的真理は、「物の外装」を通して視られ、「時代顕象」を通して読み取られるとされる。世俗的に流通する類の象徴とはなりえないが、神的な権威をもち、そこから現在確立している法的または慣習的基準を相対化するような効果をもたらす、という展開が予感されている。

このような意味での「預言」は、歴史において常に表立って語られてきたものではないようだ。内村は預言の必要な時期を見定めて次のようにも述べている。

預言は充たされて後に用なし、預言は先じて語ることとなり、而して「時」なき所に預言の用あるなし、「時」は現世のことなり、「時」なき永遠の来世に預言の用なきは明かなり、預言者は常に乱世に先《さきだ》て出づ、愛の普及する所に預言者の出て世の罪悪を矯むるの要なし、預言者ヱレミヤ歎じて曰く嗚呼我禍ひなるかなと、預言は世の改善と同時に早晩廃《すた》らざるべからざる者なり。[32]

これは「預言」の限界を見据える、という意味で重要な認識であったと考える。つまり、内村が預言者に倣って言動する、ということがあるとすれば、それは現下の世俗社会が「乱世」に先立つ微妙な時にあり、「世の罪悪」に対して「改善」を図らなければ、早晩「乱世」の取り返しのつかない事態になる、という認識が先に控えていたことを示唆するからである。このような「乱世」前の、「乱世」に到らないための「改善」の努力を民一般に促すこと、それが預言者に求められていた主たる役割だと内村に理解されていたことがわかる。さて、そのような「時」の予感は、まずもって預言者自身の身体感覚において発生するものらしい。内村はある人物に預言が起こりうる契機を捉えて次のように表現している。

預言者は暗雲の彼の国民の上に迫り来るを観たり、彼は国民のために之を歎ぜり、彼は来るべき災変の危害を予想して全身為めに朽果てんとするの感を起せり、彼は為に彼の蒙るべき損害を覚悟せり、然れども彼は為めに落胆せざりし、彼はヱホバの神を頼めり、[33]

このようにして、迫りくる共同体の危機を、預言者は先立って全身全霊をもって反応する、と描かれる。そのことを知った自分も無傷ではいられない、との実存的な切迫感を強烈な身体感覚を伴って察知するわけである。しかしながら、預言者は尻込みせず、民に向かって改善の宣告を、すなわち悔い改めの要求を提出しなければならない。特に、公義に反してまでも、他者、他民族に対し自らを過大に見せるかのように傲り高ぶる人々にへりくだりを要求するのが預言者の第一の務めであった。このような預言者は同時に「義者」であり、「大義の宣布者」であると認識されている。

世は概ね高ぶる者の平康を信じて、義者の安全を信ぜざるなり、「高ぶる者」とは誰ぞ、原語の意義は「膨脹る者《ふくれるもの》」なり、即ち実なくして外に膨脹する者の意なり、天爵なきに人爵に誇る者、天の賦与せざる富を得て、自から富者なりと信ずる者、是れ皆な浮虚の徒にして「膨脹れる者」即ち「高ぶる者」なり、然るに矇昧なる世は彼等を指して曰ふ、「幸運なるかな、彼等よ、彼等は昌《さか》へて子々孫々、万代に至らん」と、彼等は国の強固を量るに其兵力の強弱を以てし、人の真価を定むるに其財産の多少を以てす、彼等は真個の平安の義者の信仰に在るを知らず、故に兵を増して国を護らんとし、富を積んで家を起さんとす、国民最大多数の人世観なるものは之より以外に渉ることなし、故に神は預言者に託《よ》り大義を再び世に伝へしめて宣はく

義者は信仰に由りて生活ん

と、信仰は神の不変の正義を信ずることなり、[34]

預言者は「不変」（普遍）なる「正義」を盾に「国民最大多数」と闘う、という構図がここに鮮明に提出されている。ここで述べられる「兵を増して国を護らんとし、富を積んで家を起さんとす」とは、当時の日本「国民最大多数の人世観」として内村に把握されていたと見てよい。預言者の言葉は、軍国主義と功利主義の跋扈を許

すような日本国民の実利主義批判のために活用されているのである。

このような民の生活・思想批判は、畢竟、帝王崇拝に代表されるような「偶像崇拝」批判という形に到達することになる。このことは明治国家を生きる内村にも切実な問題であり続けたことは、次のような冷静な説明の行間からもにじみ出ている。

偶像とは必しも金銀木石を以て作りし物のみを謂ふに非ず、凡て神ならざる者にして神の特性を帰せられし者は偶像なり、富も偶像たり得べし、功名も偶像たり得べし、カルデヤ王ネブカドネザルは己れ人なるに神なりと称して民の敬崇を要めしが故に、自から偶像となりてヱホバの忿怒を身に招けり、羅馬に帝王崇拝は行はれて生きたる偶像は世に顕はれたり、然れども偶像は偶像にして神にあらず、彼の身は金色燦爛たるも彼は朽つべき罪の人にして神にあらず、威力は人を神となす能はず、[35]

「威力」が「人を神となす」ことが、国民皆教育を通じて慣習化していく明治国家にあって、内村自身も、その帝国の行く末を当の古典に描かれたごとく冷徹に見据えることになったのは言うまでもない。「神ならざる者にして神の特性を帰せられし者」を批判する預言者は、明治期の帝王崇拝と衝突した経験をもつ内村に、最も切実な先験者として映っていたのである。

このような預言者の批判的活動をとりわけ難しくするのは、社会・共同体一般に、まだそれほど危機意識が広がっていない時に、先行して来たるべき「乱世」の切迫感をもって「悔改」を語らなければならない、話者と聴者との間に横たわる実感の隔たりである。預言者の全身感覚を伴って保持される切迫感は、普通一般の感覚から見れば過剰であろうし、場違いでうるさく迷惑に尽きるということになろう。預言者の立場は、自然と世の風潮に対して「異端」にならざるをえない。しかし内村においては、この預言者的な異端性こそ、時に超越世界に基礎を置くところの「真理」や「正義」の証明であるとされたのであった。

此時に当り能く将来を洞察し、民を警誡し、濃き雲と黒き雲の彼方に光と栄を指示せしものを預言者ヱレミヤとゼパニヤの二人なりとす、彼等は空、静かなるときに大荒乱の到来を預言せり、人は彼等を狂と呼び、賊と罵りしならん、然れども彼等は否定するの外、何事をも為し得ざる無慈悲なる誹謗者にはあらざりしなり、彼等の声は正義の声なるのみならず、亦愛の声なりしなり、彼等の如く激烈に忿怒を語りし者はあらず、然れども彼等の如く明確に希望を伝へ、柔和に傷を癒せし者はあらず、民繁盛に安ずる時に預言者の声は聞ゆ、[36]

預言者は「異端者」にもかかわらず、ただ民を叱責したり民に悔い改めを迫るだけでなく、「愛」と「希望」とをもって民が必然的に被る傷を癒す、という作業を先導する。内村はそうした預言者の職務をもって「訓慰師」とも呼んでいる。

預言者は責むるばかりではない、又慰む、傷けるばかりではない、又癒す（中略）預言者は畢竟するに訓慰師《なぐさむるもの》である。[37]

内村はこのような預言者の「道徳的改革家」[38]としての職務に対してだけでなく、彼らの人間的な性質についても独自の洞察を多く生み出している。例えば彼は、預言者の「強さ」にも注目するし、預言者の「弱さ」にも注目する。内村は預言者が「全国民」の前に独り立つ強さを次のように表現している。

神の預言者たる一青年は国王、政治家、軍人、宗教家、平民、即ち国民全体よりも強かるべしと、神が彼に在りて国民の中に降りたるなれば、国民は誤るとも彼は誤らざるべし、元老の議は敗るとも彼の言は成るべし、預言者一人は全国民よりも強し、国民は挙て敵国を亡し得るも預言者一人を亡し得ざるべし、然り、彼を殺すを得ん、然れども彼の生命なる彼の言は生存して、事実となりて現はれて終には罪悪の民を滅すべし、禍ひなるかな預言者を送られし罪悪の民は！　彼等の運命は既に定まれり。[39]

内村の描く物語の中の預言者は、超越世界に生存の根拠をもつ活動を展開するわけであるから、「国王、政治家、軍人、宗教家、平民」などの反対によってたとえ地上の生命を失っても、なお地上における影響力は拭い去られない。他界的な勢力である「彼の生命なる彼の言」は必ずや事実となって批判者の奢りに突きつけられることになる。「預言者一人は全国民よりも強し」という見通しこそ、ベラーが内村に見出したところの「一人立つ勇気」、すなわち「預言者的個人主義」の核となるところの実存的告白ということになろう。

このように勇ましく職務を遂行する預言者も、その職務の合間合間に弱さを見せるというのが、内村好みの文学的対比を生んだ。彼は神とともにあって強い預言者に対し、単独としてはむしろ弱い人間としての預言者をも描こうとしている。

又預言者エレミヤのやうな人を御覧なさい、彼は旧約時代の理想的人物でありまして、キリストの予報者と称《い》はるゝ人であります、然るに彼の一代の記事を読んで何人も彼の弱さに驚かない者はありません、[40]

職務中は強く、それ以外では弱い預言者は、しかし一貫して智慧の人間として称揚されてもいた。

預言者は世に克つの秘訣を知る者である、彼の強さの故を以て彼を褒むべきではない、彼の聖き智慧を讃すべきで

ある、[41]

この「世に克つの秘訣」によって、結局預言者は喜びの人、最終的には「喜観的[42]」に生きる人生の模範ともなっている。最終的に「世に克つ」ことに確信があるわけだから、世の大勢に対しては冷静な観察者として対峙することが可能となるし、いかに絶望的な状況を目の当たりにし、人間的な弱さに沈潜したとしても、将来への希望を喪失することはありえない。

預言者は人世の観望者なり、彼は人の未だ覚らざる時に覚り、未だ醒めざる時に醒む、彼が観望台の上に立つは番兵が戍楼に立つが如し、彼れ其処に立ちて新天地の到来を預知し、之を民衆に告げて彼等を導く、預言者にして時々彼の観望台に昇らざらん乎、世に天よりの光明は絶えて、民は常暗の街《ちまた》に迷はん。[43]

預言者は人々の暮らしに、その監視機能をもって緊張感をもたらす「人世の観望者」であったと同時に、『新約聖書』で鮮やかに提出されることになる「世の光」として、民衆の希望の象徴としても存在していたということになろう。

以上のような内容をもつ内村の預言者観において、本書の問題意識から特筆すべきを二点にまとめてみたい。一点目は、内村にとって預言者は「革命家」あるいは「進歩主義者」として現代に通じる存在として提出されていた、ということである。内村にとって預言者は歴史的にみて「イエスの先生[44]」としても見出されていたのであるが、イエスが当時の非政治的な革命家であったのならば、預言者はそれに先駆する革命家であったとみなされうる。革命家としての預言者は「歴史の信仰的解釈者[45]」とも言われており、その「道徳的改革家」としての側面と併せて、超越界に根拠する知恵と正義の言葉を一手に引き受ける存在とみなされた。すなわち、しかるべき時を見定め、人々を大義の道に引き戻すことを要求する知恵の言葉を束ねる存在である。むろんそこには時の富者や政治家への批判が伴うのだが、基本的には民一般の内心に「転回」「悔改」としての革命を引き起こすことが主要な目的として目指されている。そのための言葉は繰り返し何度も語られて、大勢の圧力にあっても岩のように固く動かないとされている。

彼は所謂る八方美人であつてはならない、寛容を唱へて何人でも之を懐《なつ》けんとする人であつてはならない、預言者は磐でなくてはならない、鉄でなくてはならない、ヱホバ預言者エゼキエルに言ひ給はく我れ汝の額を金剛石の如くし、磐よりも堅くせりと（以西結《エゼキエル》書三章九節）、爾うして預言者ヱレミヤも亦万国の預言者として世に立つに方ては鉄面石心の人とならなくてはならない。[46]

このような頑固者の預言者は、世間一般に不人気であるに決まっているし、いつの世でも排斥と嘲りの対象になる。しかし、内村の預言者像はここで逆説的に飛躍する。それが、内村の預言者像の特筆すべきと思われる二つ目の表象、「人類の友」という人物類型に結実する。

例えば、内村にとって最愛の預言者エレミヤは、次のように彼個人においてだけでなく「人類」全般にとっても「友」であるとして紹介されていた。

余の特愛の預言者はヱレミヤである、余はイザヤを尊崇し、エゼキエルを敬畏し、ダニエルを歎賞する、然かしヱレミヤに至ては余は彼を親愛する、預言者と云へば如何にも厳格にして近づくべからざる者のやうに思はれるが、併しヱレミヤに至ては彼に就て少しもさういふ感覚が起らない、余は余の親しき友人として彼に近づく事が出来る、彼は余に取りては預言者といふよりは寧ろ詩人である、神の僕といふよりは寧ろ人類の友である、[47]

内村にとって預言者が時と場所を問わない親愛の対象、「人類の友」となりうるのは、預言者が「詩人」の特性を備えるからであったかもしれない。実に内村において預言者と「詩人」はほぼ交換可能な概念であったように見える。別の場所では、次のような説明すら見出される。

若し強いて両者の間に区別を立てんとするならば余輩は預言者は昔の詩人、詩人は今の預言者と謂ふのが最も適切であると思ふ、二者は同階級の人である、[48]

預言者はその詩人性によって、いつの時代も同時代的な意義を勝ち取り、人類個々人にとっての慰め手や励まし手、すなわち親友のごとくに寄り添う存在になる、という理解が導かれる。実際、預言者エレミヤは明治期内村の愛唱詩人であったワーズワースに比肩されてもいる。[49]

この「人類の友」とすべき預言者は、もう一つ別の意味においてもそのように呼ばれる根拠が提出される。内村にとっての預言者とは、以下で述べられるような「苦言」を呈するという切実な意味においても、「人類の真の友」の謂いに他ならなかった。

聖書のみ人類の堕落を説いて其完全なる救済法を備へた、聖書を除いて他の宗教は人性の全然的腐敗（total depravity）を説かない代りに、又其完全なる救済《すくひ》を供へない、人の善を唱へ、社会の自然的進歩を道《い》ふ者は民の傷を浅く癒す偽はりの預言者である、苦言は親友の特性である、人類の真《まこと》の友はその罪を黙過する者でない、大胆に之を曝露し、然る後にキリストの血なるギリアデの乳香を以て其深き傷を癒す者である。[50]

預言者は、人が救済されるために必要な真の道筋を遠慮や包み隠しなど一切なく率直に述べる、というこのことから、まさしくすべての「友」の原型としても見出されていたことがわかる。それは「人の善を唱へ、社会の自然的進歩を道ふ者」ではありえず、むしろ「人性の全然的腐敗」を親友への苦言のような形で呈する存在とされる。そしてそれゆえに預言者は『聖書』全体の最も核心にある主張――人は等しく救済される必要がある――の代弁者としても立ち現れることになったのである。

さて、このように多角的に接近され、多様な意味づけを持ちえた内村の預言者像であるが、もう一つ重要な理解を逸するわけにはいかない。それは預言者とは、あくまで志望してなるものではない、という資格に関わる言説である。内村にとって預言者を語る際に決定的に重要であったのは、次に述べられるように、彼らがいつも「余儀なくせられて」預言者になってしまった、という「選び」の問題であった。

> 彼等は皆な神に預言者として特別に作られし者であると信じて預言の聖職に就いた者であります、ヤコブを再たび己に復へらしめ、イスラエルを己の許に集まらせんとて我を生れ出し時より立て、己の僕と為し給へるヱホバ言ひ給ふ（以賽亜《イザヤ》書四十九章五節）とは預言者全躰の口調でありまして、彼等に此の確信があつたからこそ、彼等は全世界が彼等に逆つて立ちし時も、惟り己を信じて動かなかつたのであります、（中略）然し若し予定と言はなければ選択は確かに旧約の精神であつたことは何よりも明かであります、ノアであり、アブラハムであり、ヤコブであり、モーセであり、エリヤであり、アモスであり、皆な悉く自から進んで神の忠実なる僕となつたのではなくして、神の特別の選択を蒙つて、神に余儀なくせられて、神の聖業に就いた者であることは旧約聖書の尤も明白に示す所であります、[51]

ここには預言者は「余儀なくせられて」なるもの、「選択」という不可抗力の結果であることが強調されている。自らの志望でなく、神に強制されて職務を付与されているがゆえに、並大抵のことで挫折することは許されず、身を削っても大義の宣布に邁進する、という過酷な現実が控えているわけである。自らの最終的な勝利への確信も、希望や喜びに満ちた将来へのまなざしも、強く拘束されたその身分、ある種の不自由さをもたらす決定論的な取引の結果であったと、淡々と見据えられていたことがわかる。

この「余儀なくせられて」という預言者の成立条件への内村の感度を見る時、彼が自らの信仰生活への参入を「上級生の強制」といった、不可抗力の結果として演出していたことがまず思い出されよう。[52]また、そういう選びの意識を内心強く刻もうとしたこと、その覚悟を身に帯びた結果提出されたであろう、明治中後期ジャーナリストとしての多種多様な批判的活動のことにも想到されてくる。その代表的なものが、万民に「義務の履行」を、さもなければ滅びを、と迫る次のような言論スタイルに結実している。

汝等日本人よ、汝等に果して罪なき乎、汝等の富豪と政治家との堕落は如何、官吏社会の腐敗は如何、我等の姉妹は海外に大なる恥辱を蒙りつゝあるではない乎、然らば如何、同じ神は同じ罰を以て汝等にも亦臨み給ふであらう、神の世を裁判き給ふや決して人を偏視《かたよりみ》ない、日本人と雖も其罪を悔改めずば必ず同様に亡ぼさるゝであらう、[53]

ここには、単なる「道徳的改革家」の意識を超えるだろう国民的な悔改 Conversion を要求する預言者の模倣が顕著である。実際「預言者」をもって当代の「詩人」とまでいう内村は、「詩人」に代表される「独立の文士」こそ、「近世」の「預言者」であるのだ、と気を吐いてもいたのである。[54]

内村における預言者像の主要なところを踏まえた今、これらの中からとりわけ知識人としての彼自らの思索や言論形成、さらには職責意識の模範となり、刺激となり続けたと思われる預言者の愛国心、そして平和主義への言及についてさらに考察を進めていこうと考える。

②　預言者の愛国心と亡国論

内村における「預言者」像が、早くから彼の愛国者像の一つの主たる原型となっていたのは、「預言書は常に余をして余の日本国を真実に愛さしめ」[55]といった知識人活動の初期（一八九一年）の告白からも推測されるところである。預言者は主に自国やその周囲の国に向かって警告を発し、人民や為政者に強い倫理的反省を促す存在であったが、内村における「愛国者」としての活動、特にその批評的活動も、そうした人間像をかたどったようなもの、普遍的な正義の達成を諸方面に等しく要求する、そうした決意を反映する言論活動であったと見られる。内村により「革命家」とも目されていた預言者は、まずもって国民・国家の現状や行く末に無関心ではいられなかったという性質をもつ。しかしその「国家的観念」は世間一般のそれとは別種のものであったことが強調されることになった。

預言者もイエスも彼の弟子等も決して非国家的ではなかつた、彼等は実に激烈に国家的であつた、唯《ただ》前に述べた通り、彼等は世人と全く異りたる方面に向て其国家的観念を発表したのである、神が各人に其国を与へ給ひしは彼が之を愛し之と共に発達せんためである、人は誠に其国を愛して己を愛するのである、国は自己の一部分であつて、国を疎じて彼は自己を疎ぜざるを得ない、（中略）愛国心は国のためにのみ必要でない、又自己のために必要である、「我は国家なり」との仏王路易《ルイ》第十四世の言葉は其聖き高き意味に於て亦我等各自にも適用すべき者である。

イエスの弟子となりて愛国心は之を去るべきでない、之を聖むべきである、世の人は威を以て宇内を圧伏せんとするが故に、我等は愛を以て之を導化せんとすべきである。[56]

ここで述べられる「国家的」という言葉の意味に注意しなければなるまい。それはあくまで「自己」にとって

「国家」がその一部分であるという理解、「自己」にとって国家は神的に委ねられた働きかけの対象であるという、「自己」起点の個人主義的国家理解であったと読み取られる。それゆえ、自己の発達のためにも国家を正しく導く必要あり、という気概が他者一人一人にもたらされるのである。ここで行われていることは、国家内在的な視点からではなく、国家を超越した視座に自己を置いて国家存在を限定的に把握するという思索である。国家観念や国家内在的な教えが自己のすべてになることはそもそもありえない。国家の成り立ちやその意義についても、こういう方面から語られることによって、国家への全的奉仕や没入的一体化ではなく、「共に発達せん」という、自己と横並び的な存在への愛の可能性が確保されることになる。

内村が預言者から学んだ愛国心とはこのような性質のものであった。彼は日露戦争後、巷で増長する自慢、自己拡大の系の愛国心を退けるかのような、先にも紹介した宣言を行っている。

我は我が愛する斯国を今日直に済ひ得ざるべし、然れども我は百年又は千年の後に之を済ふの基を置えんと欲す、我が小なる事業が救済の功を奏するまでには我国は幾回となく亡ぶる事もあらん、然れども我は永久の磐の上に築て時の変遷を懼れざるべし、我は我国を世々の磐なる我神に委せん、世の政治家の如くにあらずして、預言者の如くに、使徒の如くに、大詩人の如くに、大哲学者の如くに、永遠の真理を講じて永遠に我国を救ふの道を講ぜん。57

ここでは日露戦争後の日本社会、あるいは諸政策を見た上での、国家の内発的な改善策の放棄がうたわれており、その外より見下ろすような視点から、国家のいくたびもの滅亡の可能性を見据える姿勢が表明されている。国家は神と我に挟まれた存在であって、我が神にそれを委ねることにより、その内在・内発的で自己治療不可能な病勢を根本的に癒すべき対象として把握されている。国家観念への没我的な服従といった姿勢は、内村の採用する預言者の愛国心には含まれていなかったのである。

この愛国心と預言者との結びつきは、次に見るように、青年時代の渡米時にはすでに自覚化されていたことが確認される。

余は彼れケルリン氏の庇保する所となりて、彼れ（余の旧き聖書）と共に二年の有益なる日月を此慈善病院に経過せり、（中略）余は青草の上に、或ひは緑蔭の下に余の携へ来りし友人と共にユダ国古代の聖徒に就て学べり、余は特に耶利米亜記《エレミヤ》を此所に於て読めり、余は彼れ預言者エレミヤと共に泣けり、余の周囲に七百の白痴童児の人類の罪悪を表現して集まるあり、余は預言者と共に泣かざるを得ざりき、

あゝ、我れ我首《かうべ》を水となし、我目を涙の泉となすことを得んものを、

と（耶利米亜記《エレミヤ》九章一節）、余は赤色インキを以て耶利米亜記の終りに左の如く記入せり（日本文にて）、

明治十八年五月廿九日米国エルウキンに於て之を読み終る、我が心思を動かすこと甚だし、一国の興敗、愛国者の困難、一々我が心魂に徹す、願くは将来国のために計るに及んで大に益する所あらんことを。[58]

「一国の興敗、愛国者の困難」の映像は、内村が「文士」として活躍する以前に、預言書の愛読を通じて先取りされていたことであった。このように米国で預言書に促され、形成された愛国心も、日本に帰国後には時代に特有の主調（欧化主義あるいは国粋主義）におけるそれとの質の差を感じることが多く、諸場面で衝突を余儀なくされたのが明治二〇年代、教員時代の内村であった。しかし彼は預言者の愛国心を自己のものとして保持することに倦むことなく、その類の愛国心が国民的に一般化されるよう熱心に普及する仕事を選んだ。明治期最初の聖書注解書といわれる『貞操美談　路得記』（一八九三年）においても、預言者の愛国心についての啓蒙はさりげなく行われていた。

常に預言者に迫害せしものは猶太人《ゆだやびと》なり、常に彼等を庇保せしものは異邦人なりし（ダビデ、エリヤ等の例を考へよ）、故に預言者は熱心なる愛国者たるに関せず常に異邦人の弁護者の位置に立ちて猶太人民を誹謗せり、基督は実に平民貧民異教人種の特別なる友人として現はれたり、[59]

国家中心的愛国心が全盛な中、預言者は人類普遍主義を基礎にする愛国心をそれに対峙するが、それは具体的には「異邦人」的な他者の視点をとることを選ばせるという。それが、キリストの系として、世間一般の迫害を喚起するような革命的なものであり、そのことはいつの世、どの社会においても変わらないことである、との理解がここから導かれよう。

内村がそうした迫害を意識しながらも、自ら正しいと信じる国家観念や愛国心を民衆に明示する必要を感じたのは、日露戦争勃発の暗雲が立ち込める時期であった。内村はこの時期、古代ユダ王国がバビロニアによって壊滅させられようとしている時期に活躍したとされる預言者ハバククの研究を『聖書之研究』に連載していた。その預言者の境位を内村自らのそれに重ねながら、彼は次のように、危機の時代に持つべき愛国心の有様を一般読者に告知したのだった。

預言者は神の聖霊を接《う》けし愛国者なり、彼れは多く個人の救済に就て説かず、主として国民の運命に就て語る、彼の題目は世界の歴史なり、国民の上に顕はるゝ神の裁判なり、而かも彼は希望なくして語らず、彼は暗黒の彼方に常に大なる光明を認む、彼の憤怒の激烈なるは彼に燃るの愛心あればなり、彼は推理せず、直に神の霊に触れて語たる、彼に哲学的説明あるなし、直感的確信あり、彼が伝ふる真理の証明は単に彼の焼くが如き熱心に存す[60]

ここで重要なのは「彼の題目は世界の歴史なり、国民の上に顕はるゝ神の裁判なり」という言葉である。ハバククが、自国ユダが自身内部の罪が原因で神が用いるバビロニアによって壊滅させられることを知るように、内村も、迫りくるロシアにではなく、自らの国内部の罪をしっかりと見つめるよう日本国民に迫る姿勢をここで呈示したからである。そしてそれらに対する悔い改めを経れば、試練の時にも必ずや「暗黒の彼方に」「大なる光明を認む」ることが可能となる、と預言書ではほぼ定式になっている希望的展開をも併せて告知する――それが預言者の「訓慰師」としての役目とされていた――のを忘れていない。

ところで、このような方法で預言者の愛国心を国民一般のものとするよう啓蒙する内村にとって、最も厄介なのは、預言者に共通な視点である普遍的な正義・人道への感性を埋没させ、自国だけは何の反省もいらないかのような自讃的な言動によって国民の人気を取りつけようとする「当時の愛国論者」一般であった。内村はこのような一群をもって、やはり『聖書』の預言者時代の記述と同じく「偽預言者」と名指しし、厳しく断罪するのである。

蘇《スコツトランド》国有名の聖書学者故A、B、デビッドソン氏曾て其預言論に於て述べて曰く、「偽の預言者とは他なし、当時の愛国論者なり」と、即ち民の徳を称へて其罪を鳴らさず、国の栄光を謳ふて其汚辱を責めざりし者、是れ当時の愛国者にして今日吾人の称する偽の預言者なりと、依て知る真の預言者の当時の乱臣国賊なりしことを、此言、以て何れの時代に於けるも、預言者の真偽を判分つための信憑すべき標準として用ふるを得べし。[61]

内村においては、本当の預言者とは誰かと問うことと、本当の愛国者は誰かと問うことはほぼ一体の事柄であった。ここでは、国の来たるべき真の復興のために、現状の「吾人」に対しては包み隠すことなく厳しく対処する、という姿勢こそ真の預言者の採るべき道とされている。内村の愛国心は、こうして自らの属する、そして自らの一部ともなっている国家を冷静に観察し、その発見された道徳的腐敗は見逃さず、それに対する反省と改善の処置をとる、という強い自己批判から出発している。しかし、そうした自己の堕落を認め、その批判の視座にとどまる姿勢からしてすでに、「神に依る」という選択の結果でもあると認識されていたのだった。

偽《いつはり》の宗教は偽の預言者と同じく常に浅く民の傷を医し、平康《やす》からざるに平康、平康と云ふ者であります（耶利米《エレミ》亜《ヤ》記六章十四節）人類堕落の教義は確かに神の黙示の一であります、神に依るにあらざれば我儕《われら》は我儕の堕落をさへ充分に知ることの出来ない者であります、[62]

ここに来て、いわゆる「偽預言者」＝「裏切りの知識人」との対決は必至となる。内村が偽預言者を排斥しようとする際に使われる言論様式の最たるものは、偽預言者は早晩、国を滅ぼすのに力を貸す、という「亡国預言」であった。例えば、時の価値観である富国強兵策の推進をもって国家内部の正義問題、道徳問題に目をつぶり、その偽りの平和に甘んじようとする為政者や愛国者について、彼は民に向かって偽預言者の所業に注意せよ、と呼びかけるのである。

人の為めと言へば多くは彼の衣食の途を立てる事を称《い》ひ、国の為めと言へば多くは富国強兵を称ふ、然しながら人は必しも衣食足りて礼節を知る者でなく、国は必しも富と兵との上に立つ者でない、或る時は人を苦境に置く事が彼の為めであつて、亦或る時は国を耻辱の淵に沈めるのが之を其真正の栄華に導くの途である、かの慈善家と云ひ、愛国家と云ひ、彼等の多くは善き老婆の種類で外ない。

今の時に方つて平和を予言する者は偽はりの預言者である、何故に国の為めに大胆に事実有の儘を預言しない乎、何故に国民に偽はりの希望を供して其復活の時期を遅くする乎、秋の木梢に一日も長く枯葉を留め置かんとする老婆的愛国家は春陽来復の期をそれ丈け遅くする者である。[63]

ここで言われる「国は必しも富と兵との上に立つ者でない」「或る時は国を恥辱の淵に沈めるのが之を其真正の栄華に導くの途である」というこの逆説的な通知こそが、「偽預言者」には耐えがたく、真正の預言者を「乱臣国賊」と罵らせる主要因である。しかし預言者の物語では、「偽預言者」はその「事実有の儘」の権威によって、早晩その説明に辻褄が合わなくなり、やがて来たる国家の滅亡とともに歴史の表舞台からの退場を余儀なくされる。

内村にとってこの「偽預言者」は、そのジャーナリスト時代の危機意識において、社会の多様な局面で発見される人物群となっていたが、とりわけ日露戦争前には、彼の国政への意識が軍事的拡大の問題に焦点が合い、次のような「亡国預言」に結実することになった。

滅亡です、日本国の滅亡は決して空想ではありません、大隈伯のやうな虚言吐が大政党の首領であり、其下には奸物が群を為して国政を弄んで居るのであります、政治的の日本に一縷の希望のないのは決して怪しむに足りません、故に真正の憂国者は預言者ヱレミヤの言を藉りて泣くのであります。

あゝ我れ我が首《かうべ》を水となし、我が目を涙の泉となすことを得んものを、我が国民の燼滅を思うて我は昼夜哭かんものを（耶利米亜《エレミヤ》記九章一節）

後は唯一撃であります、此海軍が無くなれば日本国は無くなるのであります、此陸軍が無くなれば迹《あと》には国家らしき国家はないのであります、国民的理想のあるのではなく、深い高い聖い希望と歓喜と生命とのあるのではありません、実に心細い極ではありませんか。[64]

日清戦争後、ジャーナリスト時代を通じて日本の軍事的拡大を批判し続けた内村は、いよいよ預言者の公的姿勢を模倣することによって、平和主義でいかなければ国は滅ぶ、という確固とした主張を練り上げ、それを戦中戦後にわたり積極的に発信していくことになる。先に、「偽預言者」が国内の平和を捏造することの批判に用いられた預言者のスタイルは、今度は、国際的な単位で平和主義を推進する目的のもとで引き続き採用され続けるのである。

③ 戦争と平和――預言者の平和主義

明治期内村がその普遍主義の徹底の先に見出したのが、非戦論であり、それを核にする平和主義である。第五章ですでに取り上げたように、内村の非戦論は日清戦争後に次第にその形成を見、日露戦争前にまとまった形で発表された。彼は日露戦争中にすでに預言者の言葉を借りて、繰り返される戦争の果てに訪れるとされる地上の平和国家のビジョンを披露していた。

> 聖書の供する第三の希望は万物復興の希望である（中略）博物学者ルイ　アガシの待望せし「完全せる天然界」は聖書の約束する希望である、真個《まこと》の楽園とは前に在つたものではなくして後に来るべきものである、預言者イザヤの夢想せし山と岡とは声を放ちて前に歌ひ、野にある木は皆な手を拍たん（賽《イザヤ》五五〇十二）との喜ばしき天地は我儕が事実として待ち望むものである。
>
> 聖書が供する第四の希望は地上に於ける天国の建設である、是れは勿論前に述べたる総ての希望を総括したものである、然しながら完成されたる地上の天国は亦一個特別の希望として我儕の心思を牽くものである、[65]

内村がここで引いているイザヤの平和預言は、彼が折に触れて何度か言及したものであり、内村の将来の平和国家の基礎となるイメージを提供していたといってよい。内村は日露戦争後、いくつかの平和を望む「預言」を核として、『聖書』の基幹的な思想——それのみが純粋なキリスト教のそれである、と彼は考える——は平和主義である、との理解を改めて深めていくことになる。彼はそのことを次のように総括している。

> 基督教は如何いふ質の宗教である乎と問ふに、先づ第一に基督教は平和の宗教である、其点に於て基督教は全く神道又は回々教と其質を異にして居る、其旧約聖書時代に於て多少武力を用ひないではなかつたが、然し其創立の最初より平和好きの宗教であつた、特にキリストの福音となつてよりは、全然武力の使用を禁ずるに至つた、神は預言者ホゼヤをしてイスラエルの民に告げて言はしめた、
>
> 　我はユダの家を憐みて之を救はん、然れど我は弓、剣《つるぎ》、戦争《いくさ》、馬、騎兵などに由りて救ふことをせじ（何西阿《ホセア》書一章七節）
>
> と、基督教と戦争とは最も不釣合のものである、基督信者にして戦争を弁護する者は自己の宗教を破壊するものである、深く聖書を究めし者にして、武力を以て正義を維持せんとするが如き者は無い筈である。[66]

内村がここで述べている「基督教は平和の宗教」という言葉は、歴史的に見るとあまり信憑性のない言葉ということになりそうであるが、ここで彼が言うのは、『聖書』の記録・指針に見られる原理に則れば、ということを指す。内村はここで、年来、彼流の普遍主義の最も核にあった「正義」という概念に対して、いよいよ明確に「平和」という概念をその上位に位置づけようとする。これは彼の個人史においても、画期的な思索を展開したのだといえる。内村にとって詰まるところ、『聖書』の中の言葉以上の権威はないわけであるから、humanity（人らしさ・人間性）の感性によって予感されていた平和主義が、『聖書』中のさまざまな預言によって同意を得る、ということになるのであれば、それにより得られた確信によって、翻って全聖書の記述がその平和主義を核に統

合的に読み直されることになるからである。

このように、日清戦争以後、内村個人において経験的に培われてきた平和主義は、徐々に蓄積されてきた『聖書』の言葉への引照によって、その人類的普遍性をより強固に勝ち得ることになったという展開が描かれよう。この平和思想の普遍性を支える『聖書』の言葉の最たるものは、先にも一つ取り上げたところの、預言者イザヤのそれであった。内村は平和主義確立のための国際的な法秩序、という珍しい主題を真剣に検討するにあたり、そのイザヤを彼の同時代にまで至る国際平和思想の先駆者として位置づけようとした。

茲に猶ほ法律上の最大問題の解決が残つて居る、それは国際的戦争廃止の問題である、法律は既に個人間の私闘を禁じた、国内の戦争を廃した、然れども未だ国家間の戦争を廃止することが出来ない、然し是れとても決して為し難い事ではない、法律が此事を成就《なしとぐ》るまでは其最大目的を達したと云ふことは出来ない、而して今や世界各国の大法律家は此大問題の決解に熱注して居る、海牙《ハーグ》万国平和会議は主として法律家の会合である、其外に万国々際法協会なる者がある、又万国々会協同会なる者がある、共に戦争廃止平和普及を目的とする会であつて、歳々に其勢力範囲を拡張しつゝある、戦争廃止は決して痴人の夢ではない、始めに預言者イザヤに由て唱へられ、爾後二千七百年、常に世界第一流の思想家と実際家との賛成を博し来りし理想である、法理学者としてはグローシアスとベンダム、哲学者としてはライプニッツとカント、文士としてはルッソー、実行家としてはウィリヤム・ペン等は特に其錚々たる者である、法律最後の勝利は戦争廃止に於てある。[67]

この文章は一九一〇年の発表であるが、内村が日露戦争以後、カントについての言及が増えていくことについては第四章ですでに論じた。この時点でも、前年に読んだパウルゼンのカント伝などを通じてその平和思想に関する独自の考察をもっていたことが推測される。[68] 彼はここでそのカント以後の国際平和組織の活動を見据えながら、カント以前の平和思想の祖として預言者イザヤを読者に紹介しようとしている。明治末の内村における最大の思想的課題であり、ひいては法律問題にまで考察が及ぶことになった国際平和への望みは、私淑する預言者の言葉に裏打ちされて、次のような「全身を賭して」の「誓ひ」という文学形式にまで昇華されていた。

余は世界の平和は必ず来ると信ずる、余は預言者の唱へし

彼等（国民）は其剣《つるぎ》をうちかへて鋤《すき》となし、其鎗をうちかへて鎌となし、国は国に向ひて剣をあげず、戦闘《たゝかひ》の

ことを再び学ばざるべし

との言《ことば》の必ず事実となりて現はるべきを信ず、（以賽亜《イザヤ》書二章四節）、余は戦争の全廃を信ず、余は人が軍人たるを恥ぢ、軍功が大恥辱として認めらるゝ時の必然的到来を信ず、世に最も確かなる事は戦争の必ず廃止せらるゝ事である、此事は人の必ず死する事丈けそれ丈け確かである、余が全身を賭して誓ひ得る事の一つは未来に於ける戦争廃止の事である。[69]

内村の平和への道筋にとって、現実的に要請されていたのは各国が擁する軍備の廃止であり、中でも国家的膨張の元凶とされていた軍部の縮小であった。彼は大胆にも「軍人たるを恥ぢ、軍功が大恥辱として認めらるゝ時の必然的到来を信ず」とその信念を吐露しているが、これは、日露戦争後、軍人であることが一層の名誉であり、軍功こそが人民により華々しく高い評価を勝ち得ていた時勢に対し真っ向から異を唱えることに等しい。内村は、軍部の存在が国民的に重視される中で、あるいは国内治安に対する一層の統制の高まりの中で、軍部や政治が日本に平和をもたらすといった考えは「誤解」であるとし、次のように、預言者の言説を借りて軍部ないしは政治と平和との関係性を闡明しようとした。

平和は軍人に由て来らない、然らば之を政治家の手腕に待つべきである乎と云ふに、是れ又無益の希望である、軍人は戦場に勝敗を決し、政治家は樽俎《そんそ》の間に利害を論ずと云へば如何にも立派に聞えて、政治家は恰かも平和の天使である乎のやうに思はるれども、然し事実は決して爾うでない、名誉に駆られ、利害に動かさる、政治家は単に表面の平和を計るに止て、永遠無窮の平和を持来たす事は出来ない、彼等は誠に偽はりの預言者であつて、浅く民の傷を癒し、真個《まこと》の平和なき時に、平和平和と叫ぶ者である、然り、内心の争闘を蔽ふに外面の平和を以てする彼等政治家は争闘を絶つ者にあらずして、返て之を増す者である、[70]

「永遠無窮の平和」を将来に見据える内村にとって、「浅く民の傷を癒し、真個の平和なき時に、平和平和と叫ぶ」政治家や軍人たちは「偽預言者」の類として亡国の先導者とみなされる。見ゆるところはこのような指導者たちによって国が率いられている、というのが帝国主義隆盛の世の中で内村が見届けたことであった。こうした指導者たちに対峙させるようにして、彼が預言者のスタイルを借りて導くのが、真の平和を持ち来たらす絶対者の所業であった。彼は、国際平和に向けての列強間の政治的交渉の次第を冷徹に見据えて、次のように分析する。

海牙《ハーグ》平和会議が其の第一回の会合を終りしや否や、其の後に直に起つた者は何んであつた乎、世界の平和か、軍備の縮少か、否な、否な、日露戦争の大惨劇であつた、茲に平和会議の慫慂者（引用注：イギリス）の同盟国（引用注：日本）は其主唱者（引用注：ロシア）に向て戦争を宣告し、而かも他国の領土に於て、平和連続の希望を以て開かれし第二十世紀の第一回の大戦争は闘はれたのである、而して平和会議の第一の目的たる列国軍備縮少の提議は事実に於ては少しも傾聴せられず、平和会議開会後の列国軍備拡張の程度は有史以来未曾有と言ふより外はない。

如斯くにして政治家の企図せる平和計画は今日まで悉く失敗に終つた、而して今後も亦た失敗に終るに相違ない、政治家は常に平和を協議して戦争を醸しつゝあるのである、人類の戦争的性癖は政治家の技倆を以て癒すには余り

に強くある、預言者ヱレミヤの言ひし如く

エテオピヤ人其膚を変へ得る乎、

豹其斑駁《まだら》を変へ得る乎、

若し之を為すを得ば悪に慣れたる汝等も亦善を為すを得べし

である（耶利米亜《エレミヤ》記十三章廿三節）、戦争に慣れたる人類に戦争を廃めしめんとするは黒人の膚《はだへ》を変へて之を白くし、豹の斑駁を除く丈けそれ丈け難くある、是れ政治家又は外交家輩の決して為し得る事でない。[71]

内村は「他国の領土」を狙う日露二国間の争奪戦を目の当たりにして、大きな失望と怒りを表明しているが、それは結局、列強主導の軍縮会議が無力化するような各国の政治的思惑を総じて批判することにまで至る。もはや事は日本一国の問題ではなく、日本もその渦中にいるところの一等国／文明国一般の抱える問題について述べられるのである。「平和会議開会後の列国軍備拡張の程度は有史以来未曾有」「政治家は常に平和を協議して戦争を醸しつゝある」といった分析は、いかにも内村好みの鋭い逆説の産物といってよいが、ここで述べられている事態は、もはや為政者の失敗や政略に関わることに尽きない。長い歴史において「戦争に慣れたる」と言われる人類全般の課題として、その構成員たる個々人に平和を阻害する原因が帰されているのである。古の預言者の決定論的な指摘の引用を通じて、すべての人類が一様に名指しされ、改めて個々人の Conversion の必要が示唆されたと言い換えてもよい。

豹のマダラはいくら洗っても取り払えないごとく、人間の「戦争的性癖」は抜きがたいとされ、その人為的な平和の到来への希望は一度遮断される。しかしその断絶の裂け目から平和の神の到来を予告する、というのが預言者の預言における定式の一つであるとするならば、内村も結局は、その定式と同じく、人為を見捨てて神力にひたすらすがるような平和思想を展開することになりそうである。

ところが興味深いことに、内村にとって、今ここで平和を実現させていく主体はあくまでも人間の側に見出されていたということを見落とすことはできない。内村の地に足の着いた平和への営みの方法が凝縮して伝えられるといってもよい「デンマルク国の話」(一九一一年)では、平和を持ち来たらせようとする個々人は、いつでも広義の意味で「預言者」に含まれる可能性をもつかのように述べられる。それはサイードがすべての市民に向かって「知識人」となりうる主体性を求めた姿勢に重なるかもしれない。

ダルガスは答へました、「然しながら我等は外に失ひし所の者を内に於て取返すを得べし、君等と余との生存中に我等はユットランドの曠野を化して薔薇花咲く所となすを得べし」と彼は続いて答へました、此工兵士官に預言者イザヤの精神がありました、彼の血管に流る、フーゲノット党の血は此時に方て彼をして平和の天使たらしめました、他人の失望する時に彼は失望しませんでした、彼は彼の国人が剣を以て失つた物を鋤を以て取返さんとしました、今や敵国に対して復讐戦を計画するに非ず、鋤と鍬とを以て残る領土の曠漠と闘ひ、之を田園と化して敵に奪はれし物を補はんとしました、誠にクリスチヤンらしき計画ではありません乎、真正の平和主義者は斯かる計画に出でなければなりません。

然しダルガスは単に預言者ではありませんでした、彼は単に夢想家《ゆめみるもの》ではありませんでした、工兵士官なる彼は土木学者でありしと同時に又地質学者であり植物学者でありました[72]

内村はここで、日々の活動的な営みにおいて実現しうる、万民に開かれた生の形としての「預言者」像を提出している。内村において「単に預言者ではない」ということは、「預言者である」と同じく重要なことであったと思われる。すなわち、各個人が与えられた職分や専門性(天職)を自覚しつつ、その都度自らの持ち場で、歴史上の預言者に淵源するところの平和への意志、その具体的な世界像を受け継ぎ、それを基にして、何らか計画的に行動の形に移すということ。それが戦争や他者の持分、領域への物質的な拡大という方途によってではなく、荒れ果てた大地に単独者が刻々と木を植えていくような淡白な営みの繰り返しの先に、平和の神の真の到来もやがて招き寄せられてくる、といった道筋が描かれていたように見受けられる。

このように、預言者の言葉によって励まされ、預言者においてその唱道の先駆性が見出された内村の人類的単位をもつ平和主義は、個々人の決して派手ではない、特別の元手も必要ではない、誰でも独自の仕方で貢献できる、という意味において、手段と目的の両方の普遍性を保った堅実な平和思想として、彼に続く世代の反戦や平和への意識に少なからぬ霊感を与えるものとなったのである。[73]

3　総　括——〈普遍的特殊〉を思索の核とする知識人

内村における古典テキスト群は、『聖書』がその絶対的な中心に位置することは揺るがないが、それ以外の書物が無意味とされたのではない。むしろ『聖書』からの光に照らされて、他の古典籍やその著者の意味づけも高く表明されることになる、という場合が数多くあった。それは例えば、第三章の異端論で検討したように、本来『聖書』外にいる「文人」「詩人」をも「預言者」の系譜に位置づける感性に顕著に発揮されていた。その感性は、次のような不敬事件から間もない頃に発表されたテキストにおいても、すでに現れていたところである。

ゲーテは十九世紀文明の預言者にして其詩歌　美術　学術は創《はや》く既に氏の脳中に存せり　氏の宗教は懐疑的の宗教にしてヲルソドックス派には正反対の位地に立てり　氏曰く「余はプロテスタント中のプロテスタントなり」と時の宗教に対し氏の懐疑と攻撃を加へざりし教理は一としてなかりしならん[74]

ここでは、時の正統に対抗するゲーテの懐疑精神や単独者としての姿勢に内村が少なからぬ共感を寄せ、そうした人間像に対し躊躇なく「預言者」の称号を与えている様が見てとれる。

本書では内村を、西洋諸古典への関心が高く、そこで展開される教えや秩序ある世界観を重んじた人物という意味で、西洋古典主義者とも表現することを躊躇しない。しかし、日本の歴史的人物に対しても、内村は「預言者」という称号を与えるのを惜しまなかった。例えば彼にとって日本の代表的人物（representative man）の一人でもあった日蓮（「彼」）は、次のように預言者に等しいものとして評価されていたのである。

> 彼は戦時の感念を宗教に適用せしもの、余輩彼の例を求めんと欲すれば旧約時代の預言者に非らざればルーテル彼自身に抵《いた》らざるべからず、詩人リヒテルがルーテルを評して「彼の言語は戦争なり」と云ひしは我の日蓮に適用すべきものなり、自重抱負日蓮の如きは彼を措て他に我が国史の載せざる所、基督教国に於けるジヨン、ノックス、ジヨジ、フホツクス等の勇敢熱心に比してのみ日蓮の当時を思ひ得るなり。[75]

日清戦争中『国民之友』に掲載されたこの論考において、すでに「戦争」のイメージが預言者の戦闘心によって聖なる方向へと向けられていたことが確認される。内村にはここで挙げられているルターやノックス、フォックスなども皆、旧約預言者時代に端を発する、義をめぐる聖なる闘いのイメージを同時代日本にまで伝えるのに貢献した、広義の意味における「預言者」であった。預言者のイメージは日露戦争前後にはむしろ平和主義の象徴となっていくことを考えると、この時点とはまるで正反対の意識が生じたかのように思われるかもしれない。が、実際のところ、この両イメージの根底に位置する価値の採り方に変化はないのである。

というのも、内村にとっては前者の闘いのイメージをもたらしたのも「正義」や「真理」を核とする普遍主義なのであり、後者の平和のイメージをもたらしたのも、ほぼ同じ構成要素をもつ普遍主義だったからである。しかし、後者の普遍主義になると、平和主義が「正義」実現のための手段を限定する、といった普遍主義内部の構造変革があり、諸価値の間の関わり、序列に変化が見られたことが、内村の大きな思想的立場の変化、すなわち非戦論を核とした普遍主義の再形成につながっている。しかし、いずれも同じ方向性をもつ普遍主義の判定による言論構築であったことが見失われてはならないだろう。

日本文化、あるいは広く「東洋」の文化に内在するとされる何かが、内村において西洋経由の普遍主義に匹敵する思惟原理になったという形跡は筆者には見当たらない。これは内村が *Japan and The Japanese* のように、日本文化に内在するある人物の特定の側面を評価の対象とする際も、基本的には変わりないことであった。

そこでこうした内村の普遍主義の方向を定めていた原理として考えられるのが、序章に述べたところの humanity と divinity という、一応分けて考えられるであろう二つの価値基準である。内村自身においてこの二種の価値基準の優劣をつけることはおそらくなされえない。それは序論で引いた『羅馬書之研究』の言葉においても示唆されているところである。二つの方向性を十全に達成してはじめて完全な人間が期待されるのであった。その際、一般に humanity の諸性質の妥当性が問われる場において は、divinity の基準が、divinity の諸性質の妥当性が問われる場においては humanity の基準が強く働き始め、双方が双方の逸脱を監視したり、逆に逸脱的な要素を付加したり、といった思索がなされていると説明できる。そうした二基準の関わりは、内村にとって、何より『聖書』のイエスにおいて保証されていることだった。

そのことをよく証明するのが、先に整理した預言者らへの内村のまなざしに現れている。内村は社会正義が問われている時に「預言者」という人物の――これはパウロなど「使徒」という場合もその延長線上にある――、主に divinity の領域に属するとされる職責や世界観を基点にして語ることがあった。逆に預言者の活動を語る時に、そこに人間としての強さや弱さ、切迫感や励まし、慰めといった humanity に属するような諸性質を読み込んで、その実存の消息を伝えようと図っていた。内村にとって預言者は詩人であり、詩人は預言者である、といった両者の不即不離の表現となって現れてくるように、humanity と divinity とは相互が相互を規範的に含み、説明、判断させる一つの原理として機能していた、と言表するのがふさわしい。あるいは、humanity と divinity とは一つの生の全体を異なった側面から理解しようとする二つの試みから導き出された二種の表象である、と説明すべきかもしれない。

このような思索者・内村にとって、もし古典テキストの言葉がなかったなら、その思惟原理の様態はどのようになっていたであろうか。その普遍主義の性質はいかなるものだっただろうか。

内村にとってその普遍主義は、humanity と divinity 双方の基準からの承認を経た結果生まれた言論の集積であったといえる。もし彼がテキスト分析において自由主義的に過ぎたり、科学的な研究姿勢によって古典のテキストを実証的分析的に強く伝達していく立場をとっていたなら、その普遍主義を支える原理は独立・自由に促された理性的な humanity の方向性に大きく傾斜していたことだろう。内村における divinity の原理は、常に、彼の言論がそうした方向にのみ偏りすぎないよう抑制的に働いた、とも考えられる。すなわち、彼が包み隠さず自らの判断基準として呈示する divinity に属する言葉がなかったならば、そこに理性では説明しつくされないことへの強いこだわり（パトス）を感じさせる、理不尽ともいえるような押しの強い表現やレトリックはだいぶ控えめになっていただろうと推察されるのである。

特に本書が重点をおいた「愛国心」や「平和主義」といった問題に関しては、彼の専門であった科学研究の場や、単なる留学生活で得られるはずだった以上のものをその後の内村の思想体系に付加させ、成長させたという点で、『聖書』やそれに隣接する古典テキストの役割はきわめて大きかったといえる。すでに確認したように、預言者からイエス、使徒パウロらに至る聖書の登場人物が提供する類の「愛国心」が、内村の興国意識や愛国者気質を制御する普遍主義からの手綱を形成した功績は大きかったのである。

これは平和主義という点でも同様である。内村は『聖書』を知りたいと集まる人々に、預言者以前の、他者殲滅的な、武力使用の愛国的行動ではなく、預言者以後、パウロに代表される新約の世界観に保持されるところの、平和待望的な他者関係を築くべきことを強調していた。

また、内村が語りかけたり、批判したりする対象への自らの役割意識も、預言者のそれに少なからず倣ったものであった。時の為政者や富者貴族の仕事ぶり、暮らしぶりをやり玉にあげながらも、政治特有の論理や国家理性といった観点を採用することなく、腐敗した政治や富者の存在を許容する人民の風紀（エートス）への強い変革意識をもって民衆一般にその自覚を促した内村の姿勢は、古典的かつ普遍的とされる模範と典拠あってこその熱意と安定性に促されていたといってよい。

内村の反政治の立場も、政治へ無関心でいられなかった預言者の姿勢に通じるだろう。また、社会改革への方法論が非政治的であることは、社会改革の出発点が国民個々の意識や世界観の変革にある、と理解されていたことを示している。それは、内村における反政治主義と非政治主義の共存が、高い社会改革意識を保ちつつも、改革は個人から家庭へ、家庭から近隣へ、といったエートスの拡大・浸透の問題であるとする着眼点を保持したことを意味する。内村の「預言者個人主義」はここで、非政治的改革者であり、同じく個人からの変革の問題を、人種や民族の枠を超え、人類規模の視野をもって語り続けた「パウロの普遍主義」と合流することになる。そこで内村の普遍主義は、預言者からの思想史的な流れを確保されたパウロ的なそれの、日本近代における一つの応用的継承の形として検討することが可能となるだろう。

内村は、旧約預言者からイエス、パウロに至る humanity と divinity が複雑かつ高度に並立している人格をテキスト個々の記述から細かく描出し共感していく、といった文学的作業を、『聖書』の核心的教えの発掘という真理探究に属する営みと結合して行っていた。ここには、一つのテキストに期待し、それを熱心に読ませるところの多様な関心、読解手法などを一手に受け入れ、最終的に調和させていく「信」の場が控えていたことを逸してはならない。

ところで、この内村が「信」を委ねたところの『聖書』の基本的な伝達内容そのものは、そもそも単純に普遍的なものであったといえるであろうか。バディウによれば、パウロが伝えたところの「福音」はそれこそ「普遍的特殊」（universal singularity）といってもよい伝達内容であったとされる。[76]それは「福音」がある特定の地域であるユダヤの地に生誕した一個人の教えに発したものでありながら、そこに参与する個人の所与の属性は一切問われない類の救済の展望を呈示していたことを指している。結果的に、その教えが西洋を中心に地球人類に普遍的なものとなった、という経験的な事実もその語の概念に反映されていることだろう。

内村もその「普遍的特殊」の教えに参与する個人であるのだから、実際のところ、彼の普遍主義は「普遍的特殊」を核とするそれ、とでも分類できそうである。もしそういえるとすれば、内村の普遍主義の一筋縄ではいかない時代への適応事情や、ただ人道主義的な感性のみによってはすべてには賛同しがたいと思う読者も多かっただろう彼の言論は、概ね『聖書』の福音言説が近代的自我と近代社会一般の気風に触れた際にもたらされるところの、多様な反応を率直に映し出すものであったといってよいかもしれない。

また逆に言えば、そうした内村の普遍主義的言説が、当時の日本社会で少なからぬ支持を得られたのは、彼がその都度の言説の思想的出自をできるだけ明確にしていたからであった、と見ることも可能と思われる。内村への誘引力は、先に第一章でいくつか取り上げた後続の知識人たちの言葉が示すように、そのまま西洋思想の枢要なる古典の一つとみなされていた『聖書』への興味関心に支えられていた部分も少なくなかったと見られるからである。さらに言えば、内村の「正義」や「真理」、「平和」を求める情熱（パトス）はどこからやってくるのか、その出典を多くの引用の形で明記していたという事情が、一つの古典テキストに徹底的に依拠して発言する人格の特異な有様を読者にさらし、他の一般総合誌の執筆者では得られない類の特殊な興味関心を引いていた、ということが想像される。

こうした「預言者的個人主義」、あるいは「パウロの普遍主義」に連なるような批判的啓蒙活動の諸側面こそ、内村鑑三の、明治時代における知識人活動の、あくまで世俗的な意義から見た国民的貢献であったと理解できよう。内村によって、西洋古典的な起源をもつ、西洋にあっては当時すでに一つの勢力ともなっていた「普遍的特殊」に基づく市民的精神、あるいは愛国心や平和主義が、日本の広く一般に開かれた言論空間――『国民之友』『万朝報』『東京独立雑誌』『聖書之研究』など――において最も明快な形で展開されたと見ることができるからである。そのことの日本思想史における意味、ないしは近代知識人史における意味は、先に取り上げたベラーが論じたことと考え合わせて、決して小さいとは言えない。

筆者は、内村の明治知識人としての足跡や意義と、彼個人の思想世界は一応区別して論じることが可能と考える立場を本書ではとった。しかし、それらを総合的に説明することもおそらく可能なのであり、その場合、内村の「信」の世界の分析はより徹底したものとならざるをえないと理解している。しかし、そうした「信」に関わる個人の内面的領域を細かく検討すること、すなわち信仰者内村の思想世界を信仰の論理と言説体系に沿って解明すること自体は本書の直接の目的ではなかった。内村が多様な領域に関わるどのような思想の持ち主であれ、その知識人としての足跡にとどまり、その知識人としての価値や意味を論じる言葉、その基準をもとうとしたのが本書の試みであった。すなわち、批判的かつ普遍主義の知識人・内村鑑三の全体像を構築し、その個性を表わす言葉を探ること、それが本書の初発の目的であった。

近代知識人である内村の言動の根本に控える思惟原理と、それを培ったところの特色ある古典テキストとの関わりについて論究すること。教養ある一個人として社会や政治に向き合い、自らの経験と思索を言語化して流通させた明治の一知識人の、その規範性や特質をある外的な基準を設けて論評すること。本書におけるそれらの作業の成否については、とりあえずこのあたりで読者の判断に委ねなければならない。

注

序論

1　代表作と呼べるものが林立しているというのが現状であるので、以下の文献目録に当たることが推奨される。品川力編『内村鑑三研究文献目録　増補版』（荒竹出版、一九七七年）、藤田豊『内村鑑三著作・研究目録』（教文館、二〇〇三年）。国際基督教大学図書館に寄贈された内村の蔵書に関しては、同図書館編『内村鑑三記念文庫目録』第三版（一九九七年）を参照。

2　この点について確認するには、戸坂潤の一連のイデオロギー論が参考になる。現在手に入りやすいものとして、『戸坂潤全集』第二巻（勁草書房、一九六六年）、『イデオロギーとロジック　戸坂潤イデオロギー論集成』（書肆心水、二〇〇七年）などを参照。

3　竹内洋『丸山眞男の時代――大学・知識人・ジャーナリズム』（中央公論新社、二〇〇五年）、同『メディアと知識人――清水幾太郎の覇権と忘却』（中央公論新社、二〇一二年）、苅部直『丸山眞男――リベラリストの肖像』（岩波新書、二〇〇六年）などを参照。

4　竹内好『知識人の課題』（講談社、一九五四年）、伊藤整他編『知識人の生成と役割』〈近代日本思想史講座4〉、筑摩書房、一九五九年）、吉田傑俊『知識人の近代日本』（大月書店、一九九三年）、坂本多加雄『知識人――大正・昭和精神史断章』（読売新聞社、一九九六年）、松本礼二「知識人の時代と日本」（『思想』一九九七年二月、一〇―三三頁）など。ただし松本論文において、内村が福澤諭吉や夏目漱石と並んで「第一級の知識人である」との言及（一六頁）が見られることには注意したい。

5　いくつかのアンソロジーで内村は「宗教者」あるいは「キリスト者」の一人として組み込まれていることが多い。例えば『近代日本を創った百人』下（毎日新聞社、一九六六年）において、内村は福澤諭吉や徳富蘇峰が入っている「思想家」の枠でもなく、夏目漱石や矢内原忠雄が入っている「知識人」の枠でもなく、植村正久や清沢満之の入っている「宗教人」の枠に入れられている。

6　実際のところ、intellectuals という西欧由来の概念によってのみ日本語の「知識人」の意味内容が成立していれば、このような注釈は必要なかったかもしれない。後に取り上げるJ・バンダの場合に見られるように、西欧の intellectuals なる言葉は、clercs（聖職者）という概念を筆頭に含む歴史をもっているとされる。バンダは、その clercs に代表される知識人の伝統やその古典的あり方の側から同時代の知識人のありさまを批判的に論じるため、あえて clercs という、当時、やや古風な印象をもたらす言葉を用いて、同時代に特有と思われた知識人、とくに政治化されたそれらの人々の逸脱を指弾する挙に出たのであった。バンダのテキストについては以後の記述や注13を参照。

7　シャルル・クリストフ『「知識人」の誕生　1880–1900』白鳥義彦訳（藤原書店、二〇〇六年）の序論（九―一八頁）を参照。

8　副題（その実は主題）がこれであった、正宗白鳥『内村鑑三――人生如何に生くべきか』（細川書店、一九四九年）は戦後の内村論隆盛の先鞭ともなった。

9　加藤節『同時代史考――政治思想講義』（未來社、二〇一二年、一三九―一五二頁）を参照。

10　以下、このテキストからの引用は、Said, Edward W., *Representations of the Intellectual: The 1993 Reith Lectures*, New York, Vintage Books, 1996. による。なお引用などのさい、日本語訳は『知識人とは何か』大橋洋一訳（平凡社ライブラリー、一九九八年）のものを用い、その該当ページも指示する。

11　Ibid., pp. 3–12（『知識人とは何か』一四―一五、二七―三八頁）。

12　Ibid., pp. 15–16（同書、一九―二〇頁）。

13　以下、このテキストへの言及は、以下の版による。Benda Julien, *La trahison des clercs* ; introduction d'André Lwoff ; avant-

propos d'Etiemble, Paris, B. Grasset, 1975.
なお、引用などの際には、参考として以下の英語訳と日本語訳の該当ページも併記する。訳語は基本的に以下の日本語訳をそのまま用いる。
・Benda Julien, *The Treason of the Intellectuals*; with a new introduction by Roger Kimball; translated by Richard Aldington, New Brunswick, N.J., Transaction Publishers, 2007.
・『知識人の裏切り』宇京頼三訳（未來社、一九九〇年）。

14 こうした見解は、亀井俊介『内村鑑三——明治精神の道標』（中公新書、一九七七年）や川西進「太田雄三『内村鑑三——その世界主義と日本主義をめぐって』」（書評、『比較文学研究』三四、恒文社、一九七八年、二四三—二四八頁）においても表明された内村観を引き継ぐものと考える。

15 小原信「多面体としての内村鑑三」『内村鑑三研究』三四号（キリスト教図書出版社、一九九九年、一—五三頁）。小原が整理した内村における「二つのもの」のバランスは次の通り。①福音と律法、②宗教性と世俗性、③国際性と愛国心、④生と死、⑤「少数義人」と日本大衆（二〇—二一頁）。

16 徳山近子「内村鑑三における科学」（『科学史研究　第Ⅱ期』一九巻、日本科学史学会、一九八〇年、一〇六—一一五頁）や、加藤真澄「内村鑑三における科学とキリスト教」（『科学史研究　第Ⅱ期』三六巻、日本科学史学会、一九九七年、一二九—一三八頁）を参照。

17 この点は、日本人として初の試みとしての「聖」の側の自伝、という把握からの分析がある。佐伯彰一『日本人の自伝』（講談社学術文庫、一九九一年、五一—九一頁）を参照。

18 昇曙夢「内村先生の思い出」『回想の内村鑑三』（鈴木俊郎編、岩波書店、一九五六年、二一八—二一九頁）を参照。

19 Said, *Representation of the Intellectual*, p. 110（『知識人とは何か』一七五頁）。

20 例えば一九七〇年代、東京大学比較文學比較文化研究室周辺で、内村の「矛盾」なるものをめぐって、多様な見解が交わされたのがとりわけ興味深い。平川祐弘が内村の「矛盾」を指摘し（「内村鑑三の手前勝手」『すばる』一三、一九七三年）、太田雄三がその「矛盾」を精神分裂症のようだと批判した（『内村鑑三――その世界主義と日本主義をめぐって』研究社、一九七七年）のに対して、亀井、前掲書や川西、前掲書評が、内村の「プリンシプル」を強調しながら、その「矛盾」現象にこそ積極的な意義を見出しうる、といったやりとりが見られた。

21 逆に、福澤や蘇峰の場合、「転向」というのが大きく問題とされているようだ。「転向」という点では内村も日清戦争を境に何らかの意味で「転向」したわけだが、そちらの方はむしろ高く評価される向きがあり、問題とはほとんどみなされていない。管見の限り、それぞれの研究史を比較してみて、対照的で興味深い現象だと思われる。

22 『全集』二六巻、四二三頁。

23 「羅馬書講演約説」（『全集』二七巻、九三―九四頁）。引用箇所は『聖書之研究』一九二二年一〇月一〇日号掲載分より。なお、『羅馬書之研究』本編における言説と、その講演草稿にあたるこのテキストにおける言説はほぼ同じ内容であるので、実際の講演で多くの聴衆を前に話されたことだとみてよい。

24 「聖誕節の教訓」『聖書之研究』一一五号、一九〇九年（『全集』一七巻、四二一頁）。

25 福澤における儒学的下地を明らかにし、それを積極的なものと捉える研究として、小倉紀藏「福澤諭吉における朱子学的半身」『日本の近代化と知識人』（東海大学外国語教育センター異文化交流研究会編、東海大学出版会、二〇〇〇年、第十章）を参照。

26 徳富蘇峰（猪一郎）の初期著作『新日本之青年』（集成社、一八八七年）第四回、第五回に表明された彼の基本的な関心と見地を参照されたい。『徳富蘇峰集』〈明治文學全集〉三四（筑摩書房、一九七四年、一三四―一四一頁）を参照。

27 佐藤全弘『希望のありか』（教文館、一九九一年、一六頁）において、内村におけるヘブライズムとヘレニズムの「綜合の道」についての指摘が既にある。

28 「日露戦争より余が受けし利益」『新希望』六九号、一九〇五年（『全集』一三巻、四〇〇―四〇一頁）。

29 「余の今年の読書」『東京独立雑誌』五三号、一八九九年（『全集』七巻、四八九頁）。

30 正宗白鳥「内村鑑三雑感」（『早稲田文学』一六巻三―四号、一九四九年／のちに〈昭和文学全集〉二、小学館、一九八八年、九二九頁)。

31　「如何にして大文学を得ん乎」『国民之友』二六五、二六六号、明治二八年一〇月一二日、一〇月一九日(『全集』三巻、一八五—二〇一頁)や『月曜講演』警醒社書店、一八九八年(『全集』五巻、三二三—三八一頁)を参照。

32　「流竄録」『国民之友』二三三—二五一号、一八九四年八月二三日、一二月三日、一二月二三日、一八九五年四月二三日(『全集』三巻、七五—八一頁)において、内村在学当時の、アマースト大学における標準的カリキュラムが列挙されている。また、このテキストにおいて展開された「カレッヂ」論は、内村における教養の質とそこにおける「古文学」の重要性を自覚的に述べた文章として注目される。

33　「流竄録」(同書、七九頁)。

34　**Benda, *La trahison des clercs*, pp. 210–213**(英語訳、一七二—一七七頁、『知識人の裏切り』二三〇—二三三頁)。

第一章

1　この不敬事件前後の詳細については、小沢三郎『内村鑑三不敬事件』(新教出版社、一九六一年)や、鈴木範久『内村鑑三日録2——一高不敬事件(上)』『内村鑑三日録3——一高不敬事件(下)』(ともに教文館、一九九三年)を参照。

2　山路愛山は東洋英和学校在学中(一八八九年)、田岡嶺雲は水産伝習所在学中(一八九〇年)に内村に教わった際の追憶がある。前者は山路愛山『基督教評論』(警醒社書店、一九〇六年、一四五—一四六頁)、後者は田岡嶺雲「瞥見の印象」(『新小説』一四巻一一号、一九〇九年一一月一日)を参照。

3　『国民之友』二三三—二五〇号、一八九四年八月二三日、一二月三日、一二月二三日、一八九五年四月二三日に分載。かの正宗白鳥もこの記事で内村に注目し始めたと述べる。正宗白鳥『内村鑑三』(細川書店、一九四九年)七—八頁。

4　「ベル宛」一八九六年九月四日付(『全集』三六巻、四四九頁)。

5　色川大吉『明治精神史』下(講談社学術文庫、一九七八年)一五六頁の注5、6を参照。

6　「何故に大文学は出ざる乎」『国民之友』二五六号、明治二八年七月一三日（『全集』三巻、一七七―一七八頁、一八〇―一八一頁、一八三頁）。

7　Said, *Representation of the Intellectual*, p. 23（『知識人とは何か』五四頁）。

8　Ibid., pp. 32-33.（同書、六八頁）。

9　内村と何らかの形で親交を結んだとされる同世代、あるいは後代の著名人を中心とした主な証言集として、鈴木俊郎編『追想集　内村鑑三先生』（岩波書店、一九三四年）や前掲『回想の内村鑑三』、教文館編『現代に生きる内村鑑三』（教文館、一九六六年）などが挙げられる。

10　荒畑寒村「内村先生の導き」『回想の内村鑑三』六九頁。

11　同書、七〇頁。

12　この風説は「妖堂」の名で発表された「文壇風雲記」（『新声』三編四号、一九〇〇年）の内村評にも確認される。

13　中江兆民『一年有半』（博文館、一九〇一年、一四六―一四八頁）。

14　蘆花において、時事問題を論じ、教会批判を辞さないキリスト者内村の批評活動は、自らの自由なキリスト教への姿勢と共鳴するところがあったのかもしれない。「平和と私」（『朝日新聞』一九二四年、七月九日）という文章で、内村の信仰姿勢に遠くから激励されるところがあったと感謝を表明している。内村と蘆花は一九二四年、米国の排日移民法成立の際に、それに触発されてできあがる『太平洋を中にして』（文化生活研究會、一九二四年）という蘆花編集本への寄稿などを通じて、手紙のやりとりや直接対話が行われた形跡がある。内村が同時代の日本の人物を手放しで誉めるのも珍しい例であった。『全集』三九巻、一六八頁における蘆花への言及を参照。

15　安倍能成「内村先生のこと」『回想の内村鑑三』四一頁。

16　『梁川全集』第九巻（梁川會編、春秋社、一九二三年、一九四頁）を参照。魚住影雄宛、明治三七年三月一三日附葉書に「内村氏の聖書の研究一読氏が独自の面目見えておもしろくその信念の剛健と熱情とは敬服に候　この類の雑誌をり〳〵みせたまへかし」とある。

17 武者小路実篤「内村さんに就て」『回想の内村鑑三』三三―三四頁。

18 正宗白鳥は内村の『基督信徒の慰』(警醒社書店、一八九三年)を当時の私小説と言う角度から読み込んでいる。正宗、前掲書、九―一七頁を参照。内村文学のこういった側面については、佐伯彰一が自我の文学としての「自伝」という観点から位置づけようとした。佐伯、前掲書、五一―九一頁を参照。

19 内村における「プリンシプル」の強さについては、亀井、前掲書や川西、前掲書評にすでに指摘がある。

20 『全集』一五巻、一八〇頁。

21 『全集』四巻、一三一頁。

22 『全集』九巻、四七〇頁。以下の引用も同じ。

23 同書、四七六頁。

24 川西、前掲書評、二四三頁。

25 『全集』九巻、四七六―四七七頁。

26 同右。

27 内村の文明史観については、松沢弘陽『内村鑑三の歴史意識』一―三(『北大法学論集』一七(四)、一八(一)、一九(四)、一九六七―六九年)を参照。

28 特に明治中後期において、内村ら「反主流派」の文学者たちに日本の現状を批判させるに有効であったアメリカ文学・アメリカ文化の影響については、亀井俊介『メリケンからアメリカへ――日米文化交渉史覚書』(東京大学出版会、一九七九年、一四六―一七六頁)を参照。

29 『東京独立雑誌』第七〇号、明治三三年六月一五日、「感慨録」の欄で一段落が丸ごと伏字になっている箇所がある。また『聖書之研究』第三号、明治三三年一一月二四日、「雑録」欄では一行分のみ伏字になっている。この二つはおそらく当時の出版制度における当局への刊行前の納本の結果、印刷前に削除要請があったことによるのだろう。一方、後述するように『東京独立雑誌』第二三号、明治三二年二月二五日、「見聞録」欄に載った「東北紀行」中の伏字は文章単位での抜けではないため、自主的なものかもしれず、当局の要請の結果かどうかは判定しがたい。もちろん、当局の忌避に触れる単語が伏せられたのであるから、言論統制ゆえの処置であったことは間違いないだろう。伏せられた箇所は、前後の文脈からみて、いずれも「国体」の維持や教育勅語の精神に関わる言及であったと推測される。

30 内村の活躍した明治・大正期の検閲の仕組みについては、紅野謙介「明治期文学者とメディア規制の攻防」『検閲・メディア・文学』（鈴木・十重田他編、新曜社、二〇一二年、五八―六五頁）、大日方純夫「内務省の検閲と第二次世界大戦前日本の出版文化」（同書、六九―七七頁）、杉山光信「明治期から昭和前期までの日本での言論統制――統制の仕組みとじっさいの運用について」『明治大学心理社会学研究』第六号（二〇一一年、一七―三二頁）などを参照。

31 「過去二十年」『開拓者』九巻九号（『全集』二一巻、五〇四―五〇五頁）。

32 「宣言」『聖書之研究』一号、一九〇〇年（『全集』八巻、二八二頁）。

33 「退社の辞」『全集』五巻、四二一頁。

34 こうした事情については、紅野謙介『検閲と文学』（河出書房新社、二〇〇九年）第二章「出版法と新聞法」（二六―四二頁）を参照。

35 『全集』六巻、四七二頁。

36 「我が叫号の声」同右。

37 「主義と行為」同右。

38 「余の従事しつゝある社会改良事業」『万朝報』明治三四年一二月一九日（『全集』九巻、四六九頁）。

39 時事批評の場合、法律的には「安寧秩序の紊乱」という理由で、発売頒布の禁止措置が取られることになっていた。その内容判定の基準のあいまいさについては、紅野、前掲書、四〇―四二頁を参照。

40 『東京独立雑誌』一一号、一八九八年（『全集』六巻、一七〇―一七一頁）。

41 内村は「教育勅語」の内容には批判的でなかった、ということがたびたび指摘されてきたが、それは時期に配慮する必要がある。というのも、内村が「教育勅語」の内容への同意を示したといえそうなのは「文学博士井上哲次郎君に呈する公開状」(『教育時論』二八五号、明治二六年三月一五日)においてであり、それは日清戦争前、すなわち「転向」前の出来事であった。その時期には後に盛んになる「支那道徳」「忠孝道徳」「国家教育」への批判もまだ見られない。時代柄、「教育勅語」に代表されるそれら忠孝道徳教育が人心にもたらす事柄の深刻さを、まだ冷静に見極める見地に内村がいなかったのだと考えられる。実際、彼がそれに気づき、「国家教育」や「忠孝道徳」への批判を専らにするようになる日清戦後には、同時に「教育勅語」への肯定的な主旨の発言も消えていったと見られる。

42 「罪の目録」『聖書之研究』一一〇号、一九〇九年(『全集』一六巻、三三五頁)。

43 『全集』二四巻、四六九頁。

44 同書、四七〇頁。

45 同書、四六七頁。

46 『全集』三巻、一六三頁。

47 同書、一六七—一六九頁を参照。

48 「国家的罪悪と神の裁判」の元となる話がなされたのは一九一八年一二月である。翌年一月から六月まで開かれるパリ講和会議に先立つ講演であった。ベルサイユ条約の結果は、識者の一部にはこの時点である程度予測できたとも思われるが、この先取り的な早さにおいて、ポーランドの問題を取り上げるのは、内村の国際的な時事感覚の鋭さをうかがわせる。事柄の世界史的推移をつかみ、現状の国際関係の核心を突く、という点で、この時の内村の時事観察眼と批判技術は精度の高いものであったと思われる。

49 亀井『内村鑑三』一二九—一三四頁。亀井によれば、内村の英文のスタイルは英訳聖書の簡潔さ、直截さを一方にし、他方、こういったカーライル的な修辞を自由に駆使する、といった複合的スタイルをとっているという。こうした複合性は後に検討するように、英文著述だけでなく内村における著作活動全般に、さらには思惟原理の根本にも関わる事柄であると考えられる。また、英語のネイティブスピーカーである内村研究者、ミシェル・ラフェイは、内村の日本語文章の構造は英語のそれと近似していることがあり、それは彼の受けた教育の影響だと指摘している。ラフェイ『なまら内村鑑三なわたし――二つの文化のはざまで』（柏艪舎、二〇一一年、五六―六〇頁）を参照。

50 『全集』六巻、三九三―三九四頁。

51 同右。

52 高山樗牛「基督教徒の非国家主義」（『太陽』三巻一一号、一八九七年、六月五日）、「内村鑑三君に与ふ（開書）」（『太陽』第四巻二二号、一八九八年一一月五日）を参照。

53 『全集』五巻、二三九頁。併記の日本語訳は拙訳。

54 『全集』六巻、六頁。

55 明治期の内村鑑三における共和主義の構造と展開については、第五章を参照。

56 内村の文章のユーモアについては亀井『内村鑑三』、佐伯『日本人の自伝』など、現代の論者にも指摘されるところであるが、内村生前にも、カーライルやセルバンテスが引き合いに出され、言及されたことがあった。黙笑生「内村鑑三と滑稽《ユーモア》」『二六新報』明治三四年一二月二五、二六日（鈴木範久『内村鑑三日録6――天職に生きる』（教文館、一九九四年、三七二―三七四頁）を参照。

57 「独立」『東京独立雑誌』一号、一八九八年（『全集』六巻、六頁）。

58 『東京独立雑誌』二三号（同書、四二八頁）。

59 同書、四二八―四二九頁。

60 Said, *Representations of the Intellectual*, p. 32（『知識人とは何か』六八頁）。

61 ibid., p. 56（同書、九八頁）。

62 「加位太書第二章に現はれたる解釈上の困難并に其自訳」『聖書之研究』七八号、一九〇六年（『全集』一四巻、二一四頁）。

63 Said, *Representations of the Intellectual*, p. xiii（『知識人とは何か』一四―一五頁）。

64 ibid., p. 11（同書、三七―三八頁）。

65　正統と異端にまつわる言動については第三章第二節で論じることにして、ここではドグマへの批判点とその克服法について整理する。

66　実際のところ、「御真影」ではなく「親署」であり、「頭を下げなかった」ではなく「深くは下げなかった」が正確なところである。しかし「不敬」が流布されること自体、内村をはじめキリスト者の吊るし上げの意図のもとに行われたことでもあったため、事実はむしろ扇動者側に有利なように脚色して伝えられていたという。「不敬事件」の経過や反響、帰趨については、小沢『内村鑑三不敬事件』を参照。

67　**Benda, *La trasion des clercs*, pp. 139-141**（英語訳、五五—五九頁、『知識人の裏切り』一五五—一五七頁）。

68　「文学博士井上哲次郎君に呈する公開状」『教育時論』二八五号、明治二六年三月一五日（『全集』二巻、一二六—一三三頁）。

69　藤沢音吉宛書簡、一九〇六年五月二六日（『全集』三七巻、一一五頁）。

70　内村において「進化」と「進歩」は同一文脈に併存可能な概念となっている。「進化は或る理想に向ての進歩である」（「近代に於ける科学的思想の変遷」『聖書之研究』一一六号、一九一〇年（『全集』一七巻、八九頁））とあるように、進化は進歩の下位概念であるかのような説明も見られるが、実際、どのテキストにおいても用法は混濁し、厳密な使い分けは見られないので、本書でも両者に有意な区別を施して用いないことにする。

71　「謂ゆる進歩」『聖書之研究』一三〇号（『全集』一八巻、一三三頁）。

72　『福翁百余話』（『福澤諭吉著作集』第一一巻、慶應義塾大学出版会、二〇〇三年、三五三頁、一三七—一三八頁）を参照。

73　米原謙『徳富蘇峰——日本ナショナリズムの軌跡』（中央公論新社、二〇〇三年、二〇三—二一七頁）を参照。

74　むろん、ここできっぱりと「進化」なる言葉を捨て去れないというところに、内村のドグマ（＝学説）への少なからぬ志向性——それは学的真理探究への信頼からくる——を見ることも可能である。この、すでに水漏れのする進化論ですら、晩年に撤去されるまで、彼の歴史的思索の部分的な必要を満たす概念装置となっていたのである。「創世記の研究」（一九

三〇年、『全集』三一巻、二七八—二七九頁）、「創世記第一章」「進化説に就て」（一九二九年、同書、三五三—三五五頁）、「日記」一九一九年六月三十日（『全集』三三巻、一二八頁）などを参照。

75　『聖書之研究』九七号（『全集』一五巻、四二三頁）。

76　「自由の尊儼」『聖書之研究』一一六号、一九一〇年（『全集』一七巻、一〇〇頁）。

77　内村において、キリスト教史の不動のドグマの一つである復活信仰が確立するのは明治末年、再臨信仰が確立するのは大正期中葉であったと見られる。大正期には、近代の主流の学説に対してもつかず離れずの距離を保ち、古い学説をそれらと価値並行的に扱うなど、明治末の葛藤が晴れた先の、観念の上だけでない、知識人（clercs）の実践という点でより自由な境位を感じさせる思索がなされた。それには大正時代中期までの、明治期に比べてより民主的な時代の気風も少なからず関係していたと見られる。

第二章

1　Said, *Representations of the Intellectual*, p 11（『知識人とは何か』三七頁）。

2　「時事雑評二三」『基督教新聞』五七八号、明治二七年八月二四日（『全集』三巻、一〇二頁）。

3　同書、一〇二—一〇三頁。

4　「経済上の独立」『聖書之研究』一六二号（『全集』二〇巻、二〇九—二一〇頁）。

5　「『研究』誌の新年」『聖書之研究』八三号（『全集』一四巻、四三七頁）。

6　戦後の代表的な内村言及者の一人、山本七平は、自身中小書店主として、内村のこうした足跡に自らの実践的な関心を高く寄せていることを表明している。『内村鑑三文明評論集』（一）（講談社学術文庫、一九七七年、三—五頁）

7　「基督教徒の貴顕招待会」『東京独立雑誌』二二号、一八九九年（『全集』六巻、四一八頁）や「日記」一九二一年九月二七日（『全集』三三巻、四三一—四三二頁）を参照。新島襄は晩年、福澤諭吉と同じく、自らの学校・同志社に大学部を設立するため、政治・経済界の有力者を訪ね、寄附金を取り付けることに尽力していた。

8 Said, *Representations of the Intellectual*, p. 17（『知識人とは何か』四七頁）

9 Ibid., p. 121（同書、一九一―一九二頁）。

10 「真理と独立」『聖書之研究』一〇〇号、一九〇八年（『全集』一五巻、四八一頁）。

11 特に同志社における米国伝道会社からの金銭的独立をめぐる動きに対して、内村は終始、辛辣な眼を向けていた。「策士の寄合＝同志社事件」『東京独立雑誌』一一号、一八九八年（『全集』六巻、一六九―一七〇頁）などを参照。

12 「真理と独立」『聖書之研究』一〇〇号、一九〇八年（『全集』一五巻、四八一頁）。

13 「策士の寄合＝同志社事件」、前掲書、一六九―一七〇頁。

14 「日清戦争の目的如何」『国民之友』二三七号、明治二七年一〇月三日（『全集』三巻、一四一頁）。

15 「時勢の観察」『国民之友』三〇九号、明治二九年八月一五日（『全集』三巻、二三〇頁）。

16 大正期には例外もある。一九二四年、米国排日移民法の連邦議会通過をめぐる一連の抗議活動の間に、政友本党総裁の床次竹次郎と会ったことがその最たる例といえる。また、足尾銅山事件をめぐる銅山側への抗議活動に関連して、田中正造や島田三郎と近しい関係にあったことがある。しかしこれらの例においても、内村の政治的宿志の達成のために権力に接触した、というよりは、各個別の事例の解決をめぐり協力関係をもったという程度に見るのが正しいように思われる。実際、当の問題への関わりが薄まれば、内村はそれらの人々からは疎遠となり、継続した提携関係は見られなくなった。

17 内村は、かの不敬事件の結果、二〇年の間、国民的な疎外感を覚えさせられたと何度か口にしている（「完全なる自由」『聖書之研究』三二一号、一九二七年（『全集』三〇巻、三三八頁）、「故横井時雄君の為に弁ず」『聖書之研究』三三五号、一九二八年（『全集』三一巻、一五九頁）など。不敬事件は一八九一年（明治二四年）に起こったことであるから、ほぼ明治の終了までを範囲に入れる二〇年間を意識していたとみてよい。その終わりが、三教会同（一九一二年）により、基督教界が国家体制に親和的に組み入れられる時期と符合しているのは偶然ではないだろう。

18 一九〇三年、朝報社主催の講演会で述べた「富と徳」なる演説の一部。『全集』一一巻、二九〇頁。

19　「独立」『東京独立雑誌』一九号、一八九九年（『全集』六巻、三〇九―三一〇頁）。
20　「新年の独立雑誌」『東京独立雑誌』一七号、一八九八年（『全集』六巻、二七二頁）。
21　とくに清沢満之の弟子、暁烏敏が内村の熱心な読者であったことは知られている。清沢の『精神界』発行への『聖書之研究』の刺激についても推測されるところである。暁烏敏「内村鑑三先生」（『中外日報』一九四七年七月八日／鈴木範久編『内村鑑三を語る』〈内村鑑三選集〉別巻、岩波書店、一九九〇年、二五二―二五三頁に所収）を参照。
22　「余輩の為し得る事」『東京独立雑誌』一八号、一八九九年（『全集』六巻、二九六頁）。
23　同書、二九七頁。
24　同右。
25　第一章注52を参照。
26　明治二〇年代後半、北村透谷、国木田独歩、徳富蘆花、宮崎湖処子らが執筆した「十二文豪」シリーズが有名。民友社は社長の蘇峰その人をはじめ、山路愛山、竹越三叉、人見一太郎など、日本や欧米の歴史ものに高い関心を示し、その概説本を多く発行したことでも国民的な業績をあげていた。
27　その下地となった講演は一八九四年になされ、同年出版の『湖畔論集』（原田章吉編、十字屋）に収録された。内村鑑三名義での該当箇所の出版は一八九七年である。このテキストのもった広い普及状況と、その思想史的影響については鈴木範久『近代のバイブル――後世への最大遺物を読む』（教文館、二〇一一年）を参照。
28　亀井『内村鑑三』。
29　『全集』一巻、三一二頁。
30　内村のホイットマン論の特徴については、亀井『内村鑑三』、一七八―一九七頁。
31　「コロムブスの行績」（『全集』一巻、三一五頁）。
32　「高橋ツサ子」『聖書之研究』一三八号、一九一二年（『全集』一九巻、二四―二五頁）。
33　『東京独立雑誌』一五号、一八九八年（『全集』第六巻、二三九頁）。これは一世代前の福澤諭吉の「衆論」批判、すなわち「東洋」の「衆論」批判に何ほどか通じる口調であると筆者には思われる。むろん、問題の位置する文脈は異なっていよう。

34 「社会の征服」同書、二三九―二四〇頁。

35 同書、二四〇―二四一頁。

36 同書、二四一頁。

37 同書、二四二頁。

38 同書、二四一頁。

39 同書、二四一―二四二頁。

40 内村は「社会」だけでなく、「国家」をも想像の産物ではないか、との抜本的な思索を提出したことがあった。これは「理想の国家」の否定を含むものではなく、むしろ「理想の国家」の側から、同時代の圧制的国家像を否定することを目的としたものであったと読める。「『国家』=想像」『東京独立雑誌』二四号、一八九九年（『全集』六巻、四三八頁）を参照。

41 「社会の征服」、前掲書、二四三頁。

42 同右。

43 同書、二四四頁。

44 内村による「懐疑」の重要性の指摘については「懐疑と破壊」『聖書之研究』一一三号、一九〇九年（『全集』一六巻、四八七頁）を参照。

45 「初冬独語」『東京独立雑誌』一六号、一八九八年（『全集』六巻、二五七頁）。

46 内村と社会主義者との関わりについては、松尾尊兊「内村鑑三と堺利彦」一・二（『全集』月報九（四巻）、月報一〇（五巻））が精細に捉えている。

47 「新紀元の発刊を祝す」（『全集』一三巻、四一三―四一四頁）。

48 「福田英子破門さる」『平民新聞』明治四〇年三月一三日。

49 「社会主義」『聖書之研究』八七号、一九〇七年（『全集』一五巻、六一頁）。

50 堺利彦「理想団晩餐会の記」『万朝報』明治三五年四月三日。

51 「日記」一九二四年六月五日（『全集』三四巻、三一六頁）。

52 「初代の教会は如何なる者なりし乎」『聖書之研究』一二二号、一九一〇年（『全集』一七巻、二七八頁）。

53 『全集』一〇巻、二九頁。この言葉が出てくる「大望」（『万朝報』明治三五年一月二五日）というテキストにおいては、内村における「真正の社会主義」が結局のところ、キリスト教精神をベースにした共和制社会に結実するだろうことが示唆される。なお、これに先立つ尾崎行雄の「共和主義演説事件」（一八九八年）に代表されるごとく、当時の日本では「共和制」はフランス革命を連想させ、当時の主権者である天皇の首が飛ぶようなことを想起させたのか、それを口にすること自体が甚だしく忌避されていた。

54 「狭隘の利益」『聖書之研究』二五号、一九〇二年（『全集』一〇巻、二九五頁）。

55 「西洋の物質主義と東洋の現実主義」『東京独立雑誌』三四号、一八九九年（『全集』七巻、一二五頁）などを参照。

56 「実力の宗教」『聖書之研究』二六号、一九〇二年（『全集』一〇巻、三三二頁）。

57 「基督教と社会主義」『聖書之研究』三六号、一九〇三年（『全集』一一巻、一九八頁）。

58 同書、一九四頁。

59 「救済以外の救済」『蚕業新報』一二五号、明治三六年九月二〇日（『全集』一一巻、四一四―四一五頁）。該掲載雑誌への寄稿は前後を通じてこの一本のみと考えられるが、それゆえかこの文章のはじめには、編集の側からの内村の紹介文のようなものが掲げられていた。そこで内村は「社会改良家として又宗教家としての内村氏」と紹介されている。当時の内村の社会的な認知のされ方を示す興味深い一例である。

60 「THE "RODO SEKAI".」『万朝報』明治三〇年一二月八日（『全集』五巻、一八四―一八六頁）。

61 「冀望ある階級」『万朝報』明治三〇年九月一八日（『全集』五巻、六六頁）。

62 「秋の到来」『新希望』六七号（『全集』一三巻、一八五―一八六頁）。
63 同様の発言は、社会主義に対する言及がほとんどなくなる大正時代に入ってからも続く。「教会と戦争」（一九一五年、『全集』二一巻、四五三頁）、「基督教と戦争」（一九一七年、『全集』二三巻、二五三―二五四頁）など。
64 「聖誕節の教訓」『聖書之研究』一一五号、一九〇九年（『全集』一七巻、四一―四二頁）。
65 「ユダヤ人としてのイエス」『聖書之研究』一一七号、一九一〇年（『全集』一七巻、一五四頁）。
66 「非戦の声」『聖書之研究』二〇三号、一九一七年（『全集』二三巻、二五九頁）。
67 『全集』一七巻、二七七頁。
68 同書、二七八頁。
69 同右。
70 『聖書之研究』二六五号、大正一一年八月十日（『全集』二六巻、三八三頁）。
71 内村が後に好感をもって歓談した賀川豊彦との接点はこのような所にもあった。「日記」一九二四年、六月五日（『全集』三四巻、三一六頁）を参照。
72 以下、内村とオウエン両者の関係をめぐっては、先行研究として江端公典「内村鑑三とロバアト・オウエン」（『ロバアト・オウエン協会年報』26、ロバアト・オウエン協会、二〇〇一年、一一―二二頁）を参照。
73 中田信蔵「ロバート・オーウェン伝（内村先生講話大要）」『全集』一九巻、五〇四―五〇八頁。
74 同書、五〇四頁。
75 同右。
76 同書、五〇八頁。
77 同右。
78 同右。
79 メキシコ在住の「布施常松宛封書」（一九一一年二月一七日）にて「当国未だに「社会主義者」の取締最も厳密に有之

候、諸君の御地に於て広き自由の天地に逍遥せらる丶を遥かに御羨み申上候」と付記している。『全集』三七巻、四〇二頁。

第三章

1　Said, *Representations of the Intellectual*, pp. 60–64（『知識人とは何か』一〇四―一一〇頁）。
2　この内村の渡米時の足跡については、大山綱夫による詳細な考証がある。「考証　アマストの内村鑑三」（『内村鑑三研究』九号、一九七七年、八三―九八頁）、「考証　ハートフォードの内村鑑三」（同、一〇号、一九七八年、七五―八四頁）を参照。
3　「亡命」という言葉は明治期の内村には一度も使われていない。『全集』で見る限り、「亡命」なる言葉の初出は一九一七年であり、現在確認されているテキスト全体で見ても二件しか用いられていない。内村は exile という言葉を亡命という単語よりもむしろ「追放」「流浪」「流竄」「漂流」といった日本語で対応させることが多かったように見受けられる。
4　太田雄三『内村鑑三』第一部第二章（三三―七六頁）を参照。
5　*How I Became a Christian*（『全集』三巻、*76* 頁）。
6　以下、第一高等中学校不敬事件に関する伝記的事実については、鈴木『内村鑑三日録2』『内村鑑三日録3』の該当箇所による。
7　Said, *Representations of the Intellectual*, p. xviii（『知識人とは何か』二三頁）。
8　弟子、塚本虎二の（無）教会論をめぐる師・内村からの添削のことを指す。詳しくは塚本「附箋附無教会論」『内村鑑三先生と私』（伊藤節書房、一九六一年）二〇―二七頁。
9　Said, *Representations of the Intellectual*, pp. 56–57（『知識人とは何か』九九頁）。
10　*How I Became a Christian* 前掲書、*94* 頁。

11 『代表的日本人』（ワイド版岩波文庫、一九九七年）の鈴木範久「解説」、二〇二頁を参照。
12 『全集』三巻、191頁。
13 同書、281頁。
14 同書、291頁。
15 同書、287頁。
16 正宗『内村鑑三』三九—四〇頁。
17 「SOME LITERARY EXPERIENCES. 1.」『万朝報』明治三一年一二月二六日（『全集』六巻、二八三頁）。
18 『全集』一巻、二二一—二二三頁。
19 同書、二二一頁。および正宗、前掲書、三九—四〇頁。
20 同書、二二一頁。
21 同書、二二二頁。
22 同書、二二三頁。
23 同書、二二一頁。
24 正宗、前掲書、三九—四〇頁を参照。
25 『月曜講演』（『全集』五巻、三五二頁）。
26 同右。
27 同右。
28 同書、三五三頁。
29 「疑はしき書翰」『聖書之研究』一一三号、一九〇九年（『全集』一六巻、四四七頁）。
30 『東京独立雑誌』一七号（『全集』六巻、二六九頁）。
31 同書、二七〇頁。

32　同右。

33　「ボーイス・ビー・アムビシヤス」『聖書之研究』三三〇号、一九二八年（『全集』三一巻、七七頁）。

34　「再臨の有無」『聖書之研究』二一六号、一九一八年（『全集』二四巻、二三三頁）。

35　「復活の希望」『聖書之研究』一四号、一九〇一年（『全集』九巻、二五三頁）。「神学瑣談」『聖書之研究』九〇号、一九〇七年（『全集』一五巻、一六六頁）にも同様の主旨の発言がある。

36　例えば「コロンブスの行績」（『全集』一巻、三一六頁）、『後世への最大遺物』便利堂書店、一八九七年（『全集』四巻、二六五―二六六頁）。

37　『全集』一五巻、二三五頁。当時、札幌農学校は東北帝国大学農学部に編入されていた。

38　『全集』一〇巻、一〇九―一一〇頁を参照。

39　『全集』一五巻、二三六頁。

40　同右。

41　例えば「摂理の事」（一九〇〇年、『全集』八巻、二二一頁）や「埋葬の辞」（一九〇〇年、同書、四八八頁）など。アメリカの実態に失望することも多くなった日露戦争後でもその見方は基本的には変わっていない。「平和成る　特に平和的膨脹策に就て語る」（一九〇五年、『全集』一三巻、三六四―三六五頁）や「スチーブン・ジラードの話」（一九一〇年、『全集』一七巻、三一五頁）を参照。

42　『全集』一五巻、二三五―二三六頁。

43　同書、二三六頁。

44　同右。

45　「北上録」『万朝報』明治三四年一一月三日（『全集』九巻、三八三頁）。

46　「今秋の運動」『聖書之研究』一五号、一九〇一年（『全集』九巻、四五八頁）。本段落における引用はこのテキストより。

47　「北海の秋」『聖書之研究』一四八号、一九一二年（『全集』一九巻、二八二頁）。

48　同書、二八五頁。
49　東北帝国大学農科大学基督教青年会編『内村先生講演集』（『全集』二〇巻、四三一頁）。
50　『全集』一七巻、二九七頁。ここで「私の生れた所は上州の高崎であるが」という言葉は、内村の口述を筆記した記者の単純な誤りであるか、それとも、内村が江戸小石川鳶坂上にある高崎藩の武士長屋で生まれたことをこう表現したのか、いずれかに解釈する必要があろう。
51　「故郷と人格」同書、二九七―二九八頁。
52　同書、二九八頁。
53　同右。
54　「札幌の任務」『全集』三一巻、二五九頁。
55　「私は上州人である」『聖書之研究』三〇三号、一九二五年（『全集』二九巻、三〇三頁）。
56　「志賀重昂氏著『日本風景論』」『六合雑誌』一六八号、明治二七年一二月一五日（『全集』三巻、一五一―一五四頁）。
57　大山はこの **climate of opinions** を「個人の知的営為に影を落とす同時代の全般的知的状況を意味する」と説明している。大山綱夫「内村鑑三――日清・日露の間」『内村鑑三研究』二七号、一九八九年、六四―六五頁を参照。
58　明治前期の渡欧事情についてはM・B・ジャンセン『日本　二百年の変貌』加藤幹雄訳（岩波書店、一九八二年、一〇八―一一三頁）を参照。
59　佐伯、前掲書、七二―七七頁を参照。
60　『万朝報』明治三〇年七月四日（『全集』四巻、二三五―二三六頁）。
61　同書、二三六頁。
62　「無題」（仮題「JAPANESE NOTES. Tokyo, Oct. 9, 1898.」『東京独立雑誌』一〇号、一八九八年）『全集』六巻、一五二頁。
63　「THE SPIRIT OF REPUBLICANISM.」『万朝報』明治三〇年二月一九日（『全集』四巻、一二一―一二三頁）。
64　内村の生涯を通じてのアメリカへの高い関心と評価については、山本俊樹「内村鑑三と米国大統領たち」（『内村鑑三研

究』一五号、一九八〇年、五一―七七頁）を参照。

65 『全集』五巻、三〇〇―三〇一頁。

66 同書、三〇一頁。

67 物質的な面をないがしろにしない内村を見ると、彼がその思想的立脚地の幾分かを福澤諭吉ら先代の実証主義者と共有していた、という事実が浮かび上がるだろう。この点、拙論「内村鑑三における福沢批判と福沢評価――その総合的理解にむけて」（『近代日本研究』三二巻、慶應義塾福沢研究センター、二〇一六年、六七―一〇三頁）を参照。

68 『全集』九巻、四五三頁。

69 同右。

70 『月曜講演』（『全集』五巻、三六九―三七〇頁）。

71 内村の小国日本論の全容とその時代史的な意味については、高橋正幸「小国主義と内村鑑三」（『内村鑑三研究』三号、一九七四年、五七―七八頁）を参照。

72 「MR. HOAR'S GREAT SPEECH.」『万朝報』明治三二年二月二七日（『全集』六巻、四三四―四三六頁）。

73 「世の状態と吾人の希望」『聖書之研究』二二号、一九〇二年（『全集』一〇巻、二〇六―二〇七頁）。

74 「近時に於ける非戦論」『聖書之研究』五五号、一九〇四年（『全集』一二巻、三四四―三四五頁）。

75 同書、三四五頁。

76 「日露戦争より余が受けし利益」『新希望』六九号、一九〇五年（『全集』一三巻、四〇六頁）。

77 「緑蔭独語」『聖書之研究』八九号、一九〇七年（『全集』一五巻、一三二頁）。内村は前半四連分を訳して掲げているが、詩全体の基調はこの箇所で十分伝わると思われるので、後三連分の掲載は省略する。

78 同書、一三三―一三四頁。

79 「詩人ワルト　ホヰットマン」『櫟林集　第壱輯』聖書研究社、一九〇九年（『全集』一六巻、一七〇―一九八頁）。

80 『全集』七巻、二三五頁。

81　同書、二四〇頁。
82　『かほりの園』二号、一九〇八年（『全集』一五巻、四一一―四一三頁）。
83　この出版元の前主人、今井樟太郎は生前内村に私淑しており、その遺産を内村へと寄贈したことから、新宿・柏木の新居と講堂（今井館）が建造された、という経緯がある。詳しくは「今井樟太郎君逝く」（一九〇六年、『全集』一四巻、一六九頁）、「今井樟太郎君追悼演説」（一九〇七年、『全集』一五巻、一一〇―一一五頁）などを参照。
84　「香のなき国　之を補ふの必要あり」（前掲書、四一二頁）。
85　「日記」（一九一九年二月八日）に、「アービユータス草の咲く頃ペンシルバニヤ洲エルウインに旧師の墓を訪ふも悪くはない」という記述がある（『全集』三三巻、六七頁）。「余の旧き聖書より」（一九〇六年、『全集』一四巻、三三頁）も参照。
86　このシーリーの思想的影響の、内村における長期的な発現については、大山「内村鑑三――日清・日露の間」、七八―八一頁を参照。
87　『聖書之研究』五〇号（『全集』一二巻、九七頁）。
88　「余の旧き聖書より」『新希望』七一号、一九〇六年（『全集』一四巻、三四頁）。
89　「回顧と前進」『聖書之研究』九五号、一九〇八年（『全集』一五巻、三七五頁）。
90　同右。
91　W・S・クラークが札幌農学校に伝達したキリスト教の性質については、大山綱夫「札幌農学校とキリスト教」『北大百年史』通説（一九八二年、五五〇―五六四頁）を参照。
92　『聖書之研究』七九号（『全集』一四巻、二四八頁）。
93　日露戦争以後のアメリカ観の一例として徳富蘇峰のそれについて詳説した、澤田次郎『近代日本人のアメリカ観』（慶應義塾大学出版会、一九九九年）も参照。特に第一章、第二章（三―七七頁）。
94　「読書余録」『聖書之研究』一一三号、一九〇九年（『全集』一六巻、五〇八頁）。

95　亀井俊介『近代文学におけるホイットマンの運命』（研究社、一九七〇年、三一七―三五一頁）や、亀井、『内村鑑三』（一七八―一九七頁）を参照。
96　「詩人ワルト　ホヰットマン」前掲書、一七〇―一七二頁を参照。
97　『全集』一巻、三三三頁。
98　同書、三三三―三三四頁。
99　「美文と名論」『聖書之研究』五号、一九〇一年（『全集』九巻、九頁）を参照。
100　例えば「古今集擅評」（『東京独立雑誌』一一―一五号、一九九八年（『全集』六巻、一七四頁））における署名（ペンネーム）がまさに「ぶいき」であった。
101　「独立雑誌の最後」『東京独立雑誌』七二号、一九〇〇年（『全集』八巻、二六六頁）。
102　『全集』二巻、一八頁。
103　同書、二七頁。
104　『全集』二巻、三一三頁。
105　同書、三三〇、三三八頁などを参照。
106　『東京独立雑誌』三号（『全集』六巻、三〇頁）。
107　同書、三二頁。
108　同書、三一頁。
109　Said, *Representations of the Intellectual*, pp. 98–102（『知識人とは何か』一五八―一六四頁）。
110　「誤解の恐怖」（『全集』六巻、三二一―三三頁）。
111　独立雑誌社解散に伴って、数人の関係者が『東京評論』という雑誌を創刊したが、そこでは頻繁に、捏造といえそうなものも含め、一方的な内村への悪口が書き立てられていた。『東京独立雑誌』廃刊の経緯やその後の世評については、鈴木範久『内村鑑三日録５――ジャーナリスト時代』（教文館、一九九四年、二八六―三〇七、三六六―三七四頁）を参照。

112 『新希望』六八号（『全集』一三巻、三七三頁）。

113 「誤解と疑察」『聖書之研究』一号、一九〇〇年（『全集』八巻、三三〇頁）。

114 『聖書之研究』一四六号（『全集』一九巻、二〇六頁）。

115 『全集』六巻、一〇二頁。

116 「DISTURBANCES IN CHINA.」『万朝報』明治三一年一〇月五日（『全集』六巻、一三八―一四〇頁）。当初は「A. DIOGENES.」という筆名だったが、次回「AN ANGLO-SAXON DREAM.」（同年一〇月一九日、同上、一五八―一五九頁）からはA.がとれて「DIOGENES.」だけになっている。

117 『全集』六巻、三七九―三八一頁。

118 同書、三八一頁。

119 「罪人の友」（一九〇七年、『全集』一五巻、一四四―一四五頁や「交友と信仰」（一九〇八年、同書、四三〇―四三一頁）を参照。

120 『聖書之研究』一〇二号（『全集』一六巻、七三―七四頁）。

121 例えば「青木義雄宛」明治四三年二月一〇付（『全集』三七巻、三三六頁）を参照。

122 この時期の内村の思想遍歴の総括については、澁谷浩「ユニテリアン、無教会、ルーテル」（『全集』月報一七、一九八二年）が参考になる。

123 『聖書之研究』一〇二号（『全集』一六巻、一八一頁）。

124 同書、一八五頁。

125 同書、一八〇頁。

126 「冬休み」『聖書之研究』一〇六号、一九〇九年（同書、二三五頁）。

127 『聖書之研究』一三二号、一九一一年（『全集』一八巻、一五九―一六〇頁）。

128 なお、以下本文で述べられる内村とのやりとりの当事者かどうかは定かではないが、この時期、デンマークの聖書学校校長のカール・スコウゴー＝ピーターセンという人物が来日し、内村のもとを訪ねて対話を行っている。その興味深い記録はカール・スコウゴー＝ピーターセン『デンマーク人牧師がみた日本』長島要一訳注、思文閣出版、二〇一六年、二一九―二二四頁で確認できる。

129　土肥昭夫『内村鑑三』（日本基督教団出版部、一九六二年、二七四―二七九頁）。戦後日本を代表する神学者の北森嘉蔵は、内村に「二元論的思考」を認め、それに対して長大な批判を行っている。『日本の心とキリスト教』（読売新聞社、一九七三年、一〇五―一四一頁）を参照。

130　『聖書之研究』一〇三号（『全集』一六巻、八二頁）。

131　「日蓮上人を論ず」（一八九四年、『全集』三巻、一二一―一二二頁）、「基督信徒の敵」（一九〇〇年、『全集』八巻、四九五頁）、「基督伝研究」（一九〇四年、『全集』一二巻、七三、七五頁）、「預言者エリヤ」（一九〇八年、『全集』一五巻、三四二頁）、「詩人ワルト　ホヰットマン」（『全集』一六巻、一九六頁）など。

132　*How I Became a Christian*『全集』三巻、*109*頁。

133　ロバート・N・ベラー「近代日本における価値意識と社会変革」大塚信一・大和田康之訳（『比較近代化論』武田清子編、未來社、一九七〇年、一〇四―一〇六頁）の呈示する概念。この語の位置する近代化論についても「考察と結論」部において取り上げることになる。

第四章

1　本書で「愛国心」という言葉を使う時、それはロジャー・ミッチェナーの提供した「愛国心」（patriotism）と「ナショナリズム」（nationalism）の区分を参考にしている。（Roger Michener ed, *Nationality, Patriotism and Nationalism* in Liberal Democratic Societies, St. Paul: Paragon House, 1993.）

ミッチェナーは本書の序論において「ナショナリズム」を一つの政治哲学、「愛国心」（patriotism）を一つの感情と規定することから始めており、「ナショナリズム」が政治的ないしはイデオロギー的な概念であるのに対して、「愛国心」は文化的で感情的なものと一応の区分けをした。しかし彼自身も述べるように、イデオロギーと感情とはそれほど容易に分離できるものではなく、実生活においては、「ナショナリズム」と「愛国心」は密接に関わりあうものとされている。もしこの区分に従うとするなら、福澤諭吉（『文明論之概略』）などとは異なって、国政の担い手における政治的正統性（**political legitimacy**）や、そこにおける個人の国籍ほか所与の属性の問題にはほとんど関心を示さなかった内村に「ナショナリズム」を認めることは困難になるだろう。彼が何らかの意味で「愛国者」（**patriot**）であるといえそうなことは本稿の議論で確認されようが、「ナショナリスト」であるかどうかは、その語の定義や適用の基準によって判断が異なると考える。ここでは内村を何の前置きなしに「ナショナリスト」と呼ぶことには慎重になるほうがよい、との注意を喚起するに留めておきたい。

2　『全集』二巻、一七頁。

3　同右。

4　同書、二〇―二一頁。

5　『全集』三巻、二六二頁。

6　『福音新報』七八号、一八九六年一二月二五日（『全集』三巻、二七三―二七四頁）。

7　鈴木範久『内村鑑三日録4――後世へ残すもの』（教文館、一八九三年、一七〇頁）によれば、このテキストは、一八九五年に発表された『普通学講義録』あるいは『普通学全科講義』に収められたという。しかし鈴木も述べているように、その二冊は現在所蔵先が明らかでないため、一八九八年の『小憤慨録』収録版との内容の異同を確認できないだけでなく、そもそもそれらに本当に収録されたのかどうかも断定されえない。それゆえ、本書ではさしあたり「史学の研究」をそれが流布した一八九八年の時点の内村の考えを述べたものとして扱うことにする。

8　「史学の研究」『全集』三巻、二七五―二七六頁。

9　同書、二七六頁。

10　『東京独立雑誌』四号（『全集』六巻、四四頁）。
11　『東京独立雑誌』三七号（『全集』七巻、一八一頁）。
12　『全集』九巻、六七頁。
13　同書、六八頁。
14　「新年の珍客」『聖書之研究』八三号（『全集』一四巻、四三四頁）。
15　「豈惟り田村氏のみならんや」『国民之友』二三二号、明治二七年七月一三日（『全集』三巻、一三頁）。
16　『全集』一七巻、三八三―四二八頁。
17　「ウエスレーとカント」『聖書之研究』六二号、一九〇五年（『全集』一三巻、一二一頁）。
18　「単独の称讃　パウルゼン著『カント伝』を読みて感ずる所」『聖書之研究』一一二号、一九〇九年（『全集』一六巻、四三三頁）。なお、内村が読んだと推定されるのは、現在、北海道大学内村鑑三文庫に所蔵されている次の英訳版である。Friedrich Paulsen, *Immanuel Kant : his life and doctrine*, translated from the revised German edition by J.E. Creighton and Albert Lefevre, New York : Scribner, 1902.
19　「新年の珍客」前掲書、四三六頁。
20　「単独の称讃　パウルゼン著『カント伝』を読みて感ずる所」前掲書、四三三頁。
21　『全集』三四巻、二四六頁。
22　『全集』三五巻、二一三頁。
23　例えば「農夫亜歴士《アモス》の言」（一八九五年、『全集』三巻、一七〇頁）、「聖詩訳解」（一九〇三年、『全集』一一巻、一七八頁）を参照。後者で取り上げられる『詩編』一九編（「諸の天は神の栄光を顕はし」）とカントの言葉との接続は、一九一八年の聖書講義でも同様に行われている。「詩篇第十九篇の研究」（『全集』二四巻、三九八頁）を参照。
24　「逆境の恩寵に序す」徳永規矩『逆境の恩寵』（警醒社書店、一九〇四年）（『全集』一二巻、九一頁）。
25　「基督伝研究」『聖書之研究』四九号、一九〇四年（『全集』一二巻、七三頁）。

26 『聖書之研究』二二二号（『全集』一〇巻、二〇一頁）。
27 同書、二二〇頁。
28 『新希望』七四号（『全集』一四巻、六六頁）。
29 当時、基督教界の大立者である植村正久や海老名弾正をはじめ、大多数の斯界の指導者たちが、日露戦争を「義戦」とみなして、『聖書』中の言葉を引用しながら説教の中で戦争支持を打ち出していた。「主戦論者に由て引用せらる、基督の言葉」（一九〇四年、『全集』一二巻、一四〇―一四九頁）や「戦時に於ける非戦主義者の態度」（一九〇四年、同書、一五六頁）などを参照。またこうしたキリスト教指導者たちの国家主義や帝国主義的性格については、鄭玹汀『天皇制国家と女性――日本キリスト教史における木下尚江』（教文館、二〇一三年）がその全体像を窺うのに最適である。
30 「雅各書《ヤコブ》の研究」『新希望』七四号（『全集』一四巻、一二〇頁）。
31 「課題」『聖書之研究』七九号、一九〇六年（同書、二八〇頁）。
32 『全集』二巻、三三六三頁。
33 同書、三三六五頁。
34 実際にこの教えに通じる生活実践を行おうと異国で奮闘した人々の例については、石田雄『メヒコと日本人』（東京大学出版会、一九七三年、一四五―一六一頁）を参照。
35 「宗教問題として見たる日米問題」『福音新報』大正二年六月二六日、『全集』二〇巻、四一四頁。
36 『全集』七巻、二七九―二八〇頁。
37 「宗教座談」（『全集』八巻、一九一頁）。
38 『全集』一七巻、二九九頁。
39 詳細は不明であるが、義務教育後を想定した、男女共学のキリスト教主義による中高等教育学校だということはわかる。予科三年、本科四年とある。自身の経歴を参考に、東京外国語学校と札幌農学校を合わせて一つにしたような学校の設立を企図していたように読める。

40 「入信日記」『万朝報』明治三四年一〇月一—八日（『全集』九巻、三五六—三五七頁）を参照。荻原守衛や清沢洌を輩出した少人数の私立学校・研成義塾の塾長井口喜源治は青年時代からの内村の愛読者であり、信仰上の教えを受けていた。詳しくは、同志社大学人文科学研究所編『松本平におけるキリスト教——井口喜源治と研成義塾』（同朋舎出版、一九七九年）を参照。

41 いわゆる「北越学館事件」については、本井康博「内村鑑三、松村介石、そしてアメリカン・ボード——ふたつの「北越学館事件」」『キリスト教社会問題研究』四四号（同志社大学人文科学研究所、一九九五年、一—二五頁）を参照。

42 内村の北越学館教頭就任演説（一八八八年）記録を参照。『新潟新聞』明治二一年九月一二日（『全集』一巻、四一九頁）。

43 山路愛山（『基督教評論』一四五—一四六頁）によれば、内村は一八八九年の天長節の折、勤務先の東洋英和学校において、皇室を富士山と同じく日本を代表する、万邦に卓絶すべき日本の代表とみなすような発言をしていたという。

44 内村はこの「天子」という言葉を日本の天皇への使用に限定していない。支那の「天子」、「露西亜の天子」といった表現も使っている。こういった用法からも、日本の天皇を他国の皇帝よりも突出した、特別に神聖な存在として認識しない姿勢を見てとることができる。『地理学考』（一八九四年、『全集』二巻、四五〇頁）や「真正の宗教」（一九〇五年、『全集』一三巻、二八九頁）などを参照。

45 「我主耶蘇基督」『聖書之研究』一六号、一九〇一年（『全集』九巻、四〇〇頁）を参照。

46 「読書余録」『聖書之研究』一一三号（『全集』一六巻、五〇九—五一〇頁）。

47 北海道大学内村鑑三文庫に所蔵されてい該当のテキストは以下のもの。Thomas Carlyle, Oliver Cromwell's *Letters and Speeches with Elucidations*, London : Chapman and Hall, 1871–1872.（Thomas Carlyle's works）

48 「読書余録」前掲書、五〇九頁。

49 明治三〇、一年頃と見られる講演でも「この文豪の名著クロンウェル伝を古本屋で買って来て読んでいたので、帝王に頭を下げてなるものかと思った」という意味のことを「声を低めて」言っていた、という正宗白鳥の証言がある。『我が生涯と文学』（新生社、一九四六年／のちに『内村鑑三　わが生涯と文学』講談社、一九九四年、一二九頁）参照。

50 『全集』二巻、四六五頁。
51 「余が非戦論者となりし由来」『聖書之研究』五六号、一九〇四年（『全集』一二巻、四二三—四二四頁）。内村はここで自身の「戦争問題」に関する立場が日清戦争前と比べて全く「変説」した、と明言している。
52 「「精神的教育」を論ず」『国民之友』二四五号、明治二八年一月二三日（『全集』三巻、一五七頁）。
53 同書、一五九頁。
54 『地理学考』『全集』二巻、三六五頁も参照。
55 「胆汁余滴」『世界之日本』十八号、一八九七年、『全集』五巻、七頁。
56 「信仰と愛国心」『東京独立雑誌』三九号、一八九九年（『全集』七巻、二一四頁）。
57 本章第一節、一九八—一九九頁を参照。
58 「公開演説の効力」『聖書之研究』二号、一九〇〇年（『全集』八巻、四七四頁）。
59 「愛国心と救霊」『聖書之研究』四八号、一九〇四年（『全集』一二巻、六頁）。
60 「我が愛国心」『聖書之研究』九五号、一九〇八年（『全集』一五巻、三一八頁）。
61 「日本国の救済」『聖書之研究』一一九号、一九一〇年（『全集』一七巻、二三三頁）。
62 「モーセの五書」『聖書之研究』一〇八号、一九〇九年（『全集』一六巻、三〇八頁）。
63 「人類の堕落」『聖書之研究』五三号、一九〇四年（『全集』一二巻、二二〇頁）。
64 「イエスの愛国心」『聖書之研究』一二二号、一九一〇年（『全集』一七巻、三〇六—三〇七頁）。
65 同書、三〇八—三〇九頁。
66 「憎悪の念」『万朝報』明治三〇年一一月一三日（『全集』五巻、一四五頁）、「宗教座談」（『全集』八巻、一八八頁）など。
67 「罪界の時事」『聖書之研究』四六号、一九〇三年（『全集』一一巻、五〇六頁）。
68 Said, *Representations of the Intellectual*, pp. 25-30（『知識人とは何か』五七—六五頁）。

69 『全集』二巻、一七頁。
70 『全集』二巻、一二九―一三〇頁。
71 「非愛国的愛国心」『東京独立雑誌』八号、一八九八年（『全集』六巻、一二二頁）。
72 「愛国心の抑圧」『東京独立雑誌』一二六号、一八九九年（同書、四七二頁）。
73 『全集』二巻、三二〇―三二一頁。
74 同書、三六五頁。
75 「死活の岐」『東京独立雑誌』一号、一八九八年（『全集』六巻、一二頁）。
76 同書、一四頁。
77 「時勢の観察」『国民之友』三〇九号、明治二九年八月一五日（『全集』三巻、二四一頁）。
78 「新世紀を迎ふ」『東京独立雑誌』五四号（『全集』八巻、七―八頁）。文中、内村は、一九〇〇年をもって新世紀が開始したと思いこんでいる。
79 Benda, *La trahison des clercs*, pp. 153-167（英語訳、七九―一〇三頁、『知識人の裏切り』一七〇―一八六頁）。
80 「日本人と基督教」『聖書之研究』五五号、一九〇四年（『全集』一二巻、三四九―三五〇頁）。
81 海老名弾正の「神道的基督教」や松村介石の「儒教的基督教」など、『聖書』内の世界観や教えを、日本在来のそれと融合させようとする営みは、明治期後期から大正期にかけて、キリスト教界の指導者と目される人たちによって盛んに行われていた。吉馴明子『海老名弾正の政治思想』（東京大学出版会、一九八二年）や加藤正夫『宗教改革者・松村介石の思想――東西思想の融合を図る』（近代文芸社、一九九六年）などを参照。
82 「胆汁余滴」前掲書、五頁。
83 「日本教」の勢力が外来の「世界の標準」をも日本色に染め上げてしまうことの文化的問題については、戦後、山本七平が、内村のこの言葉を受け継いでいくつかの著作を遺すことになる。ベンダサン『日本教について――あるユダヤ人への手紙』山本七平訳（文芸春秋、一九七二年）、ベンダサン『日本教徒――その開祖と現代知識人』山本七平編訳（角川

文庫、一九八〇年）、山本七平『日本教の社会学』（講談社、一九八一年、共著）など。
84 「『雅量』と『偏狭』」『東京独立雑誌』二〇号、一八九九年（『全集』六巻、三九一頁）。
85 「人を作れ」『万朝報』明治三一年二月三日（『全集』五巻、二五七頁）。
86 「破壊者」『東京独立雑誌』六九号、一九〇〇年（『全集』八巻、二三三頁）。
87 『東京独立雑誌』一一号（『全集』六巻、一六九頁）。
88 「頼むべからざるもの」『東京独立雑誌』一一号（同書、一六九頁）。
89 「原因と結果」『東京独立雑誌』二五号、一八九九年（同書、四五五―四五六頁）。
90 「警世小言」『万朝報』明治三〇年一一月二〇日（『全集』五巻、一五八頁）。
91 「破壊者」前掲書、二三三―二三四頁。
92 「我が理想の日本」『万朝報』明治三四年七月一二日（『全集』九巻、二二九頁）、「我が愛国心」前掲書、三一八頁。
93 「改革の難易」『東京独立雑誌』二五号、一八九九年（『全集』六巻、四五四頁）。
94 「家庭雑誌の発刊を祝して」『家庭雑誌』一号、一九〇三年（『全集』一一巻、二〇〇頁）。
95 「吾人活動の区域」『東京独立雑誌』二五号、一八九九年（『全集』六巻、四五四頁）。
96 **Said, *Representations of the Intellectual*, pp. 68–69, 82–83**（『知識人とは何か』一一五―一一六、一三五―一三七頁）。
97 鈴木範久「キリスト教の村長さん」『宗教と生活』（青木・川本・筒井・御厨・山折編、岩波書店、一九九九年）七九―九四頁を参照。
98 『東京独立雑誌』三号（『全集』六巻、三四頁）。
99 「宗教と政治」『東京独立雑誌』四号、一八九八年（同書、四七頁）。
100 以下、引用は「再び吾人の目的に就て」（同書、四五頁）。
101 『東京独立雑誌』一二号、一八九八年（同書、一九七頁）。
102 以上、同書、一九七―一九八頁。

103 同右。
104 「如何にして宗教界今日の乱麻に処せん乎」『伝道之精神』(『全集』二巻、三四二―三四三頁)。
105 「神田演説『日本の今日』」『東京独立雑誌』四九号、一八九九年(『全集』七巻、四六八頁)。個人から始まる社会改良、という視座にトマス・カーライルの影響が大であったことも披露されている。内村における個人の Conversion のイメージは『聖書』に限定されず、多様な教養を背景に理解されていたことの一つの例となるだろう。
106 家永三郎『近代精神とその限界』(角川新書、一九五〇年、八五―八六頁)、色川大吉『明治精神史』下(講談社学術文庫、一九七六年、一五〇―一五三頁)。
107 『東京独立雑誌』一二号(『全集』六巻、一九九―二〇〇頁)。
108 同書、二〇〇頁。
109 注106に掲げた家永、色川による論稿を参照。
110 一八九四年の『地理学考』においてすでに、日本は地理的に地方自治制に適している、との見解が述べられていた。『全集』二巻、四六〇―四六一頁。
111 「信仰の独立」『聖書之研究』五四号、一九〇四年(『全集』一二巻、二四三頁)。
112 「基督教と其信仰」『聖書之研究』一四一号、一九一二年(『全集』一九巻、九六頁)。
113 田中正造と内村の関わりに関しては、大竹庸悦「内村鑑三、その政治観の変遷をめぐって――特に田中正造との関連において」『流通経済大学論集』二九(二)(一九九四年、一一四―一五九頁)を参照。
114 「FOUR NOTORIOUS FACTS ABOUT MOUNTAINS.」『万朝報』明治三〇年三月一六日(『全集』四巻、五七頁)。
115 「鉱毒地巡遊記」『万朝報』明治三四年四月三〇日(『全集』九巻、一五八頁)。
116 同書、一五九頁。
117 『聖書之研究』三一号、「社告」欄(『全集』一一巻、五二八頁)。
118 同書、五二一頁。

119 永島與八なる人物については、『全集』一〇巻、五〇〇頁、澁谷浩「解題」を参照。
120 「講談会感想録」への付言、『聖書之研究』二二号、一九〇一年（『全集』九巻、五一二頁）。
121 永島與八「嗚呼幸福なる哉西谷田の地（鉱毒問題解決の第一歩）」への付言、『聖書之研究』二一号、「雑録」欄、一九〇二年（『全集』一〇巻、四四二頁）。
122 鈴木『内村鑑三日録6』一三三―一三八頁を参照。
123 住谷悦治『河上肇』（新装版、吉川弘文館、一九八六年、四二―四九頁）を参照。
124 「松本栄子宛」明治三五年四月二八日付（『全集』三六巻、五一八頁）。
125 「聖書之研究の過去並に現在」『聖書之研究』三〇〇号、一九二五年（『全集』二九巻、二五九頁）。
126 「聖書を棄てよと云ふ忠告に対して」『聖書之研究』一九号、一九〇二年（『全集』一〇巻、九七頁）。
127 「聖書の研究と社会改良」『聖書之研究』一九号、一九〇二年（同書、一〇七頁）。
128 「国を活かすの法」『万朝報』明治三四年五月二二日（『全集』九巻、一八四頁）。
129 「失望と希望（日本国の先途）」『聖書之研究』三三号、一九〇三年（『全集』一一巻、五四―五五頁）。
130 「FOUR NOTORIOUS FACTS ABOUT MOUNTAINS.」前掲書、五七頁。この記事は、同年二月二六日、田中正造が第一〇回帝国議会に「公益に有害の鉱業を停止せざる儀につき質問書」を提出して、是に関する説明演説を行ったことに呼応していると見られる。大竹庸悦『内村鑑三と田中正造』（流通経済大学出版会、二〇〇二年）一一六頁を参照。
131 『全集』四巻、一二六頁。
132 「内村氏の鉱毒問題解決」『福音新報』三五四号、明治三五年四月九日（『全集』一〇巻、四六九頁）。
133 同書、四六八頁。
134 同書、四六九頁。
135 序論、七―八頁の議論を参照。
136 「露国と日本」『万朝報』明治三六年八月一七日（『全集』一一巻、三七二頁）。

137　同書、三七二―三頁。「キシネフに於ける猶太人虐殺」とは、一九〇三年、ロシアの街キシネフ（キシニョフ）でユダヤ人四五人が殺害され、約一五〇〇のユダヤ商店や家屋が破壊された、近代ロシアにおける第二次ポグロム（ユダヤ人虐殺）の代表的な一つ。この時期のポグロム発生の背後には、革命運動（第一革命は一九〇五年）を制止するために反ユダヤ主義を利用しようとした政府の「ユダヤ陰謀論」的な画策があったという。黒川知文『ユダヤ人迫害史――繁栄と迫害とメシア運動』（教文館、一九九七年、二〇五―二〇七頁）を参照。

138　この点について、ミシェル・ラフェイが示唆的な研究を提供している。「内村鑑三と聖書」（『内村鑑三研究』第三三号、キリスト教図書出版社、一九九八年、六二―一〇四頁）。

139　「我が信仰の表白」『六合雑誌』一三一号（『全集』一巻、二一一頁）。

140　内村における日本南北朝『太平記』受容の特質や楠木正成評価に関しては、藤田豊「内村鑑三と『太平記』」（『内村鑑三研究』二三巻、キリスト教図書出版社、一九八六年）がある。なお、北海道大学図書館内村鑑三文庫には、生前の内村の蔵書の一部として『太平記』（野口竹次郎編『日本文學全書』第一六―一八編、博文館、一八九一年）、緑亭川柳『天禄太平記』初編（山口屋藤兵衛、一八五二年）が所蔵されている。

141　「聖書の話」『聖書之研究』一―五号、一九〇〇―〇一年（『全集』八巻、二九〇―三二一頁）を参照。

142　「約百記の研究」『聖書之研究』二三九号、一九二〇年（『全集』二五巻、三七〇頁）。

143　「平民の書としての聖書」『新希望』六四号、一九〇五年（『全集』一三巻、一五六頁）。

144　「平民の書としての聖書」『聖書之研究』一六四号、一九一四年（『全集』二〇巻、二八二頁）。

145　「基督信徒の貴顕招待会」『東京独立雑誌』二二号、一八九九年（『全集』六巻、四一七―四一八頁）。

146　「本誌の性質」『聖書之研究』一号、一九〇〇年（『全集』八巻、二八六―二八七頁）。

147　「聖書研究の話」『聖書之研究』一三三号、一九一一年（『全集』一八巻、二一五頁）。

148　同書、二二一頁。

149　ウェーバーによる初期プロテスタンティズムの来世観やその世俗内的禁欲がもたらす社会経済史的意義については、大塚久雄「解説」(『プロテスタンティズムの倫理と資本主義の精神』改版第一刷、岩波文庫、一九八九年、三七三―四一二頁)を参照。

150 「戦争の結果」『聖書之研究』九五号、一九〇八年(『全集』一五巻、三一九頁)。

151 「三年前の今日」『聖書之研究』四二号、一九〇三年(『全集』一一巻、三〇五頁)。

152 『聖書之研究』八号、「謹告」欄、一九〇一年(『全集』九巻、五二〇頁)。

153 『東京独立雑誌』の発行部数に関する言及は「発刊一周年」(一八九九年、『全集』七巻、一〇五頁)を参照。『聖書之研究』のそれについては「本誌の発行部数」(一九一七年、『全集』二三巻、四四五―四四六頁)を参照。

154 『聖書之研究』一三号(『全集』九巻、三四〇―三四一頁)。なお、この出来事は渡米前と見て間違いないから、文中「明治二十三年」というのは何かの間違いであろう。

155 同書、三四一頁。

156 同書、三四二頁。

157 内村の当代青年たちによる高い関心の持たれようの一例として、生方敏郎『明治大正見聞史』(春秋社、一九二六年/のちに中公文庫、一九七八年、九一―九三頁)の記録が有用。

158 「聖書之研究の過去並に現在」前掲書、二五九頁。

159 「聖書の研究と社会改良」前掲書、一〇五頁。

160 同書、一〇六頁。

161 『地理学考』や『興国史談』などを参照。

162 「聖書研究と根本的改革」『聖書之研究』一六五号、一九一四年(『全集』二〇巻、三一三頁)。

163 「聖書研究の話」『聖書之研究』一三三号、一九一一年(『全集』一八巻、二一二頁)。

164 「社会事業として見たる聖書研究」『聖書之研究』三五一号、一九二九年(『全集』三二巻、二一四頁)。

165 同書、二一五頁。

166 例えば「日記」における次の箇所を参照。一九二三年四月二四日（『全集』三四巻、一六九―一七〇頁）、一九二四年八月六日（『全集』三四巻、三三五―三三六頁）、一九二五年七月一七・一八日（『全集』三四巻、四六二頁）、一九二七年一月一日（『全集』三五巻、一三七頁）、一九二八年七月一五日（『全集』三五巻、三四一頁）、同年七月二四日（同上、三四四―三四五頁）、同年一〇月八日（同上、三七二頁）、同年一一月二七日（同上、三九〇頁）。

第五章

1 **Benda, *La trahison des clercs*, pp. 125–129**（英語訳、三三―三九頁、『知識人の裏切り』一四一―五頁）。

2 こうした事態の分析、弾劾が『知識人の裏切り』の主題にあたる。同書第三章「知識人、知識人の裏切り」（一四六―二三三頁、英語訳、四三―一七七頁）でその徹底かつ詳細な検討がなされる。

3 「秋と読書」『聖書之研究』一七〇号、一九一四年（『全集』二一巻、五八頁）。

4 「片言」『東京独立雑誌』三三号、一八九九年（『全集』七巻、一一二頁）。

5 同書、三七一頁。

6 「西洋の物質主義と東洋の現実主義」『東京独立雑誌』三四号『全集』七巻、一二四頁。

7 同書、一二四―一二五頁。

8 同書、一二五頁。

9 「宗教家としての米国人」『聖書之研究』一五五号、一九一三年（『全集』二〇巻、一六頁）。

10 「伝道師の処世問題」『聖書之研究』八〇号、一九〇六年（『全集』一四巻、三〇八―三〇九頁）。

11 内村が生涯にわたって、アメリカの古今の実業家や政治家などに多大な興味と高い評価を抱いていたことについては次の文献を参照。山本俊樹「内村鑑三と米国大統領たち」『内村鑑三研究』一五号（キリスト教図書出版社、一九八〇年、五一―七七頁）。

12 二〇一五年現在、内村を政治思想という観点から研究しようとした日本語の先行文献としては以下の三点が挙げられる。①渋谷浩『近代思想史における内村鑑三——政治・民族・無教会論』（新地書房、一九八八年）。②半沢孝麿「政治思想家内村鑑三」『日本のカトリシズム』（みすず書房、一九九三年、二八八—三四二頁）。③大竹庸悦「内村鑑三、その政治観の変遷をめぐって——特に田中正造との関連に措いて」『内村鑑三と田中正造』（流通経済大学出版会、二〇〇二年、一—一二四頁）。

この三論考のうち、本書が積極的に参考にできる文献は①のみと考える。というのは②についてはその題目から想像される内容、あるいは著者が当初掲げた目標「政治思想家として内村を見ることによって、彼のさまざまな「矛盾」のような言動が理解しやすくなる」が十分に達成されずに終わった試論のようなものだからである。実際のところ著者の試みが、内村にまつわる後世の言論の「脱神話化」を本務とするような調子になってしまい、いくつか重要な指摘がなされるもなかなか本題を詰めていくことに紙幅が割かれなかったような印象が残る。また、③に関しては、一応内村の政治に関わるような具体的なトピックを扱っているものの、著者の思想的立場（活動的な政治主義）からの判定に終始してしまうような、また他方で田中正造との比較によって劣位に位置づけられてしまうような、一方的な議論しか提供されていない。

①の著者、渋谷は長年の内村研究において、内村の一市民としての社会改良の方法論や結社の思想を解読することに尽力してきた研究者であり、当該文献では内村とその周辺に見られる組織論や民主主義に適合的な人間理解などについて思想史的に検討されている。本書での内村の政治思想の切り取り方はこの書でなされた諸考察を踏まえて行われることになるが、渋谷とは異なったアプローチから内村における「政治」とは何かを整理しようと試みている。

13 『佐渡新聞』明治三三年一月一日（『全集』八巻、三頁）。

14 『万朝報』明治三四年一二月二四日（『全集』九巻、四七三頁）。

15 サイードがジャン・ジュネの述べた言葉「自分の書いたものが社会の中で活字になった瞬間、人は、政治的生活に参加したことになる」を強調したことが思い起こされるところである。Said, *Representations of the Intellectual*, p. 110（『知識人とは何か』一七五頁）。

16　高山林次郎「内村鑑三君に与ふ（開書）」『太陽』四巻二三号、明治三一年一一月五日。
17　『全集』一〇巻、六五頁。
18　同書、六六頁。
19　『全集』一〇巻、一一一頁。
20　同書、一一二頁。
21　「日英同盟に関する所感」『万朝報』明治三五年二月一七、一八、一九日（『全集』一〇巻、四三―四八頁）。この文章は河上の前掲のものよりも早く『万朝報』に掲載されていたが、当時河上がアメリカにいたことにより、新聞や原稿の送付期間をとられたことから、このような時間差が生じていたと見られる。
22　河上清「再び内村先生に寄せて政治を論ずる書」『万朝報』明治三五年、五月一五日。
23　松本三之介「解説」『明治思想家集』Ⅱ〈近代日本思想体系三一〉（筑摩書房、一九七七年、四四六―四四七頁）。
24　丸山眞男「解説」『福澤諭吉集・内村鑑三集・岡倉天心集』〈現代日本文学全集五一〉（筑摩書房、一九五八年、四一三―四一五頁）。ここで丸山は、内村の明治三〇、四〇年代の政治への姿勢を「反政治的立場からの政治的ラジカリズムであった」（四一三頁）と解釈している。
25　「政府以外の政府」『万朝報』明治三〇年九月一八日（『全集』五巻、六六頁）。
26　「基督教的政治」『聖書之研究』三二号、一九〇三年（『全集』一一巻、一三一―一四頁）。
27　『宗教座談』（『全集』八巻、一九五頁）。
28　この点、共和主義のみならず、内村の共同体主義の基礎づけという点でも、従来の学説との関わりで議論が深められる萌芽が認められるだろう。政治思想史上における共通善と正義をめぐる相関性に関する諸議論については、菊池理夫・小林正弥編『コミュニタリアニズムの世界』（勁草書房、二〇一三年、一四―一七、四一―五三、三四二―三四八頁）などを参照。
29　神川信彦『グラッドストン――政治における使命感』（吉田書店、二〇一一年、二五―二六頁）を参照。

30 「大望」『万朝報』明治三五年一月二五日（『全集』一〇巻、二九頁）。

31 『宗教座談』一九六―一九七頁。

32 共和主義をめぐるこうした区分に関しては、M・サンデルのそれにおける「国家の術」（statecraft）と「魂の術」（soul-craft）との区別を参照しながら行われる、小林、前掲『コミュニタリアニズムの世界』第四章「日米の公共哲学と民主政――コミュニタリアニズム的共和主義をめぐって」（二一九―二二四頁）の記述を参照。

33 「内と外と」『東京独立雑誌』七号、一八九八年（『全集』六巻、一〇五頁）。

34 「神田演説『日本の今日』」（『全集』七巻、四六四頁）。

35 「読書余録」（『全集』一六巻、五〇九―五一〇頁）における内村自身による往時の回想を参照。

36 内村におけるユダヤ人観、ユダヤ人が果たす／果たしたであろう歴史上の民族的意義に関する考察、その変遷については、原島正「内村鑑三の「ユダヤ人」観」（『内村鑑三研究』三七、二〇〇四年、一四―三七頁）を参照。

37 「ドレヒユース事件の真相＝国家対正義」『東京独立雑誌』一三号、一八九八年（『全集』六巻、二〇七―二〇八頁）。

38 「時勢の観察」（『全集』三巻、二二七―二三四頁）を参照。

39 「ドレヒユース事件の真相＝国家対正義」前掲書、二〇八頁。

40 同書、二〇八―二〇九頁。

41 「神田演説『日本の今日』」前掲書、四六四頁。

42 同右。

43 代表的なところでは明治三一年に起こった文相・尾崎行雄の「共和演説事件」が注目される。尾崎は講演において当代の拝金主義を批判した際、たとえとして共和政治に言及しただけで衆人の非難を浴び、その後まもなく文相の辞職を余儀なくされた。この事件は日本最初の政党内閣の崩壊の契機ともなったことを考えると、「共和政治」やそれに類する単語・思想の吐露がいかに当時の日本において困難であったのかが知られてくる。詳しくは、小股憲明「尾崎行雄文相の共和演説事件――明治期不敬事件の一事例として」『人文学報』七三（京都大学人文科学研究所、一九九四年、二〇一―二四一頁）を参照。
44　『全集』二巻、四四頁。
45　同書、四八頁。
46　『全集』七巻、二七六頁。
47　「日本の基督教界に於ける故本多庸一君の位置」『聖書之研究』一四二号（『全集』一九巻、一二五頁）。
48　『全集』一巻、四一九頁。
49　「独立雑誌の最後」『東京独立雑誌』七二号、一九〇〇年（『全集』八巻、二六五頁）。
50　『東京独立雑誌』五四号（『全集』八巻、七頁）。
51　「秋の到来」（『全集』一三巻、二八七頁）。
52　「宮部金吾・藤田九三郎・内村達三郎宛封書」一八八五年一二月一七日付（『全集』三六巻、二二一頁）。
53　「コロムブスの行績」（『全集』一巻、三二〇頁）。
54　『全集』四巻、一二―一三頁。訳文は拙訳による。
55　本章の注43で述べた「共和演説事件」はこの文章発表の翌年明治三一年のことである。尾崎の帝国教育会での演説が八月二一日、共和政治に言及したことへの非難が昂じて辞任を余儀なくされたのが一〇月二四日であった。
56　この点、第三共和政のフランスに学びながらも、「君民共治」を表立って提唱した「共和主義」推進者、中江兆民と内村は、日本における republicanism 確立への展望を一部近くしていたといってよいかもしれない。中江による明治一〇年代の共和制理解と、その日本への適応可能性に関する見立てについては、井上清「兆民と自由民権運動」『中江兆民の研究』（桑原武夫編、岩波書店、一九六六年、一三八―一四五頁）、河野健二「東洋のルソー　中江兆民」『中江兆民』（中央公論社、一九八四年、四三―四四、五一―五二頁）、宮村治雄『理学者兆民』（みすず書房、一九八九年、七八―八四、二一二頁）、飛鳥井雅道『中江兆民』（吉川弘文館、一九九九年、一三二―一三三頁）等を参照。
57　「モンテスキヤの言」『東京独立雑誌』二八号、一八九九年（『全集』七巻、一九頁）。

58 「国家的道徳としての忠孝」『東京独立雑誌』二八号、一八九九年（同書、一九頁）。

59 「FOOLISH WISE MEN.」『万朝報』明治三〇年五月二五日（『全集』四巻、一七八頁）や「TWO AMERICAN PARTIES.」『万朝報』明治三〇年七月四日（同上、二三五頁）を参照。

60 「日本国の天職」（一八九二年、『全集』一巻、二八七頁）における地理学的に見た古代ギリシャへの言及や、『後世への最大遺物』（一八九七年、『全集』四巻、二七〇―二七一頁）におけるジョン・ロックのフランス革命への影響を論じる箇所などを参照。

61 同書、二六七頁。

62 『万朝報』明治三四年一月一三日（『全集』八巻、五二八頁）。

63 同書。

64 「日本国の大困難」『聖書之研究』三五号、一九〇三年（『全集』一一巻、一五五頁）。

65 『求安録』（『全集』二巻、二三五頁）。

66 「謀叛人」『東京独立雑誌』二四号、一八九九年（『全集』六巻、四三八頁）。

67 「神学研究の利益」『福音新報』明治三一年一〇月二八日（『全集』六巻、五〇四頁）。

68 「余の今年の読書」（『全集』七巻、四九二頁）。

69 「世の状態と吾人の希望」（『全集』一〇巻、二〇六―二〇七頁）。

70 同書、二〇三頁。

71 「日本国の大罪悪」『万朝報』明治三五年六月六日（『全集』一〇巻、一八四頁）。

72 「DEATH OF REPUBLICS.」『万朝報』明治三五年六月六日（『全集』一〇巻、一八六―一八七頁）。

73 山本俊樹、前掲論文、五一―一七七頁を参照。

74 『地理学考』（『全集』二巻、四三六頁）。

75 『全集』七巻、三三九―三四〇頁。

76『全集』五巻、四三一頁。これは論文ではなく、引用文への編集者の注記という性格を持つ文章である。しかし内村の思想が表明されているという点では遜色のないものと考える。

77『月曜講演』（『全集』五巻、三六二頁）。

78「世界化さる、の意」『東京独立雑誌』四号、一八九八年（『全集』六巻、四九頁）。
79 第四章の注107を参照。
80 同書、二〇〇頁。
81 本章の注56を参照。
82 この点、社会主義を国体の変革を伴わずとも実現可能な「経済組織の改造」と見、同志、木下尚江の活動をその仮借ない国体・政体批判ゆえに「誤解」を招き「迷惑だ」と面責した、ある日の幸徳秋水の発言が注目される。木下尚江『神人間自由』（中央公論社、一九三四年／のちに『木下尚江全集』一一巻、教文館、一九九五年、一四頁）。
83「愛国的妄想」『世界之日本』一八号、一八九七年（『全集』五巻、五頁）。
84 内村鑑三不敬事件を始め「教育と宗教の衝突」論争に発展するようなキリスト者と学校現場をめぐる不敬事件の性質については、小股憲明『明治期における不敬事件の研究』（思文閣出版、二〇一〇年、三七―五七頁）を参照。
85『全集』六巻、二〇四頁。

86『全集』八巻、四八八―四八九頁。
87 同書、四八九頁。
88「平民と平信者」『新希望』七三号、一九〇六年（『全集』一四巻、五三頁）。

89「平民の友」『新希望』七三号、同書、五三頁。

90「生活問題の解決」『聖書之研究』一〇二号、一九〇八年（『全集』一六巻、六八頁）。

91「聖書に所謂自由」『聖書之研究』一六〇号、一九一三年（『全集』二〇巻、一六一頁）。

92「預言者哈巴谷《はばくく》の声」『聖書之研究』四七号、一九〇三年（『全集』一一巻、四七八頁）。

93　「黙示録は如何なる書である乎」『聖書之研究』九五号（『全集』一五巻、三三〇頁）。
94　同書、三三一頁。
95　前田多門「内村先生と私」前掲『回想の内村鑑三』二一〇—二一一頁。
96　正宗白鳥『内村鑑三』一二頁。
97　本章の注24を参照。
98　*Said, Representations of the Intellectual*, pp. 103–121（『知識人とは何か』一六五—一九二頁）。
99　「キリスト伝研究（ガリラヤの道）」『聖書之研究』二九〇号、一九二四年（『全集』二七巻、四二八頁）。
100　中野好夫や丸山眞男をはじめ、内村の非戦論関連の言説は戦後、平和主義の隆盛を受けて、論壇にて高い評価を得、広く注目を集めることになった。中野好夫「内村先生のこと」（『回想の内村鑑三』二八八—二九一頁）、丸山眞男「内村鑑三と「非戦」の論理」（同書、一〇四—一一〇頁）を参照。
101　内村をある程度まとまって論じるテキストにて、非戦論について触れていないものは稀であるといってよいので、ここではそれを主題化する際に必読と思われる研究論文のみ挙げておく。
・大山綱夫「内村鑑三——日清・日露の間」『内村鑑三研究』二七号（キリスト教図書出版社、一九八九年、六二—八五頁）。
・田畑忍「内村鑑三の戦争と平和にかんする政治思想」『キリスト教社会問題研究』五号（同志社大学人文科学研究所、一九六一年、一—九頁）。
・千葉真「内村鑑三——非戦の論理とその特質」『政治思想史における平和の問題』（日本政治学会編、岩波書店、一九九二年、九五—一一二頁）。
・吉馴明子「内村鑑三と非戦論」『内村鑑三研究』四三号（教文館、二〇一〇年、三—二二頁）。
102　『全集』一二巻、二四七頁。
103　同書、一四五頁。

104 『地理学考』(『全集』二巻、四一七頁)。

105 これは同時期、『時事新報』に載った、福澤諭吉周辺の一連の論調とほぼ同じものといってよいだろう。内村が滞米中より『時事新報』に関心を払っていたことからも——「太田稲造宛」明治一八年三月一日付(『全集』三六巻、一三九頁)や「内村宜之宛」同年四月一日付(『全集』三六巻、一四八頁)を参照——、『時事』からの影響ということも考えられなくはない。例えば「世界の共有物を私せしむ可らず」(『時事新報』明治二七年七月七日)や「日清の戦争は文野の戦争なり」(『時事新報』明治二七年七月二九日)を参照。ただ、後者の記事に関しては、内村が『国民新聞』に載せた日清戦争関連の最初の記事である「世界歴史に徴して日支の関係を論ず」(明治二七年七月二七日)の方が二日早い。よって、内村のそこでの論調が『時事』の記者の論調に影響した可能性も考えられなくはない。

106 『全集』三巻、三三二—三三四頁。

107 しかし生半可な構えがない分、一八九六年の暮れに『福音新報』に発表した反戦歌「寡婦の除夜」に見られるように、戦争がもたらす負の現実を突き付けられた時の衝撃も大きく、その衝撃の体験を深化して次の新たな経験則に昇華していこうとする意欲も強く働いたように見受けられる。

108 「日清戦争の義」『国民之友』二三四号、明治二七年九月三日(『全集』三巻、一〇五頁)。

109 同書、三〇頁。

110 同右。

111 同書、三〇、三四頁。

112 徳富蘇峰「思い出」前掲『回想の内村鑑三』四—五頁。

113 大山「内村鑑三」、六六—六九頁。なお『全集』四〇巻(九七—一八一頁)に、そのモースの講義筆記録にあたる「LECTURES ON HISTORY, by Prof. Morse」が翻刻されて収録されている。

114 「世界歴史に徴して日支の関係を論ず」『国民新聞』明治二七年七月二七日(『全集』三巻、三五頁)。

115 同右。文中「隣邦五億万の生霊」とは清国の民のことを指す。

116 同書、三七頁。
117 この姿勢も、当時『時事新報』で国民統合の陣営を張っていた福澤諭吉らの議論に同調的なものであるといえる。
118 「日清戦争の義」前掲書、一〇四頁。
119 同書、一〇五頁。
120 同書、一〇六頁。
121 同右。
122 本章の注105を参照。
123 『全集』三巻、一一一頁。
124 同右。
125 同右。
126 『全集』三巻、一四四頁。
127 「日清戦争の目的如何」『全集』三巻、一四一頁。
128 「*JAPAN AND THE JAPANESE*」(『全集』三巻、*206*—*207*頁)。
129 「日清戦争の目的如何」前掲書、一四三頁。
130 同書、一四四頁。
131 同書、一四七頁。
132 同書、一四一頁。
133 同書、一四五頁。
134 同書、一四七頁。
135 同書、一四六頁。
136 とくに大山「内村鑑三」を主要参考文献に挙げておきたい。

137 『全集』三巻、二三三頁。

138 同書、二六一―二六二頁。

139 「クリスマス演説　平和と争闘」『聖書之研究』三〇号、一九〇二年（『全集』一〇巻、四三六頁）。

140 『全集』一一巻、二九六―二九七頁。

141 同右。

142 同書、二九七頁。

143 『新希望』六八号、一九〇五年（『全集』一三巻、三七八―三七九頁）。

144 『新希望』六九号、一九〇五年（同書、三九九―四〇七頁）。

145 同書、四〇二頁。

146 同書、四〇三―四〇四頁。

147 同書、四〇六頁。

考察と結論

1 Said, *Representations of the Intellectual*, pp. 15–16（『知識人とは何か』一九―二〇頁）。

2 Ibid., pp. 25–45（『知識人とは何か』五七―八四頁）。

3 Ibid., p. 12（同書、三九頁）。

4 Ibid., p. xii（同書、一四頁）。

5 Benda, *La trahison des clercs*, p.136（英語訳、五〇―五一頁、『知識人の裏切り』一五二―一五三頁）。

6 Ibid., pp. 97–104（『知識人の裏切り』一一二―一二〇頁）。なお、参照した英語訳にこの「知的価値の補遺」（一九四六年版の際の加筆）の箇所は訳出されていない。

7 Said, *Representations of the Intellectual*, pp. 107–109（『知識人とは何か』一七一―一七三頁）を参照。

8 Said, *Orientalism*, Pantheon Books, 1978.（サイード『オリエンタリズム』今沢紀子訳、平凡社、一九八六年。）

9 例えば「支那主義」（一九〇〇年、『全集』八巻、二三八―二四〇頁）における一方的な「支那主義」批判が注目される。

10 「岩本信二宛」一九一二年一月二日付（『全集』三七巻、四六五頁）。

11 サイードはバンダが民族や国境といったアイデンティティに縛られない知識人像を立ち上げたことを高く評価するとともに、彼の知識人への関心がヨーロッパに限定されていたことを批判的に指摘している。Said, *Representations of the Intellectual*, p.25（『知識人とは何か』五七頁）。

12 Benda, *La trahison des clercs*, pp. 217–221（英語訳、一八四―一九〇頁、『知識人の裏切り』二三六―二四一頁）。「総括的展望・予想」と題されたこの結論部では、平和主義のいくつかのパターンへの手厳しい批判が展開されている。

13 内村の非戦論は、いついかなる場合でも絶対に戦闘行為は行わない、といった「絶対的非戦論」ではない、という指摘もある。内村の非戦論に関する比較的新しい研究として、吉馴「内村鑑三と非戦論」（八―一六頁）を参照。

14 フーコー「権力について」『ミシェル・フーコー 1926–1984』福井他編（新装版、新評論、一九九七年、三三五―三三六頁）、同「真理と権力」（同書、八六―九八頁）。両者の原典は以下の通り。

«Du pouvoir: un entreiten inédit avec Michel Foucault», *L'Express*, 13 juillet 1984.

«Vérité et pouvoir», *L'Arc*, n 70, 1977.

15 内村の『聖書』を用いたこの種の作業に注目し、それに精彩ある表現を与えたのは、かの世界的な神学者エミール・ブルンナー（Emil Brunner）であった。「彼は今日の新聞を永遠の真理の光に照らして読み取るというあの稀に見る術を心得て居た。彼はまた聖書を現代の眼を以て読む人であった。」（「A word of introduction to the new edition of the works of Kanzo Uchimura」『内村鑑三著作集』月報九、二―三頁。原文は英語、日本語訳は神田盾夫による）

16 ラフェイ「内村鑑三と聖書」、九二頁。

17 Badiu, Alain, *Saint Paul: La Fondation de l'universalisme*, Presses Universitaires de France, 1997.

本書での言及は主に英訳本と邦訳本による。英訳と邦訳の版は以下の通り。

・Badiu, Alain, *Saint Paul: The Foundation of Universalism*, translated by Ray Brassier, Stanford University Press, 2003.

・バディウ『パウロの普遍主義』長原豊・松本潤一訳（河出書房新社、二〇〇四年）。

18　同書（英語訳九頁、『パウロの普遍主義』二〇頁）。

19　同右。

20　同書（英語訳一三―一五頁。『パウロの普遍主義』二六―三〇頁）を参照。

21　加藤周一は『日本文学史序説』下（『加藤周一著作集』五、平凡社、一九八〇年、四〇六頁）において、内村の『羅馬書之研究』を、文章は「簡潔で明快、まことに緊密で、筆者の全人格をそこにかけた迫力にみちる」と述べ、「これが内村の著作の中心であるばかりでなく、明治以後の文学的散文の最高の傑作の一つであることに、疑いの余地はないだろう」と日本文学史上に位置づけられるものとして評している。

22　「希望の区域」（『全集』九巻、六七頁）。

23　「新世紀を迎ふ」（『全集』八巻、七―八頁）。

24　「腐敗録」『東京独立雑誌』四八号、一八九九年（『全集』七巻、四五五頁）。

25　澁谷浩によって提出された、内村の社会改良の方法的視点を説明する概念。澁谷浩『日本思想史における内村鑑三――政治・民族・無教会論』（新地書房、一九八八年）、第五章「遠心的社会改良法」一一九―一三八頁を参照。

26　内村の社会改革に関する諸言説は、常に以下のような長期的な移行期間が確保されていたことを念頭にして読まれなければならないだろう。「我は我が愛する斯国を今日直に済ひ得ざるべし、然れども我は百年又は千年の後に之を済ふの基《もとゐ》を置えんと欲す、我が小なる事業が救済の功を奏するまでには我国は幾回となく亡ぶる事もあらん」「我が愛国心」（一九〇八年、『全集』一五巻、三一八頁）。

27　ベラー「近代日本における価値意識と社会変革」『比較近代化論』一〇四頁。原典は以下の通り。*Values and Social Changes in Modern Japan*, Asian Cultural Studies, 3, International Christian University, Tokyo, 1963, pp. 13–56.

28　同書、一〇四—一〇五頁。

29　同書、一六二—一六三頁。文中「家永」とは、家永三郎『日本思想史に於ける否定の論理の発達』（弘文堂、一九四〇年）における議論を指す。この「否定」は、聖徳太子の「世間虚仮。唯仏是真」に代表されるごとき超越原理であり、現世的なものの「絶対的否定」ゆえに「弁証法的性質がある」とされる。ベラー、同上、一二九頁。

30　『イザヤ書　エレミヤ書』（山本泰次郎編『内村鑑三聖書注解全集』六巻、教文館、一九六五年）と『エゼキエル書　ダニエル書　小預言書』（同、七巻）がそれに当たる。

31　「黙示録は如何なる書である乎」（『全集』一五巻、三三二頁）。

32　「愛の賞讃」『新希望』六六号、一九〇五年（『全集』一三巻、二三七頁）。

33　「預言者哈巴谷《はばくく》の声」『聖書之研究』四八号、一九〇四年（『全集』一一巻、四八四頁）。

34　『聖書之研究』四七号、一九〇三年（同書、四七三頁）。

35　同書、四七八—四七九頁。

36　「預言者西番雅《ゼパニヤ》の言」『聖書之研究』五八号、一九〇四年（『全集』一二巻、四五八頁）。

37　「天然詩人としての預言者ヱレミヤ」『聖書之研究』一〇八号、一九〇九年（『全集』一六巻、二九〇頁）。

38　「我主耶蘇基督」『聖書之研究』一八号、一九〇一年（『全集』九巻、四一五頁）。

39　「耶利米亜記感想（余の古き聖書より）」『聖書之研究』七五号、一九〇六年（『全集』一四巻、一一〇頁）。

40　「聖書の話」『聖書之研究』三号、一九〇〇年（『全集』八巻、三〇三頁）。

41　「耶利米亜記感想（余の古き聖書より）」前掲書、一一一頁。

42　「外国語之研究」『東京独立雑誌』二六五号、一八九九年（『全集』六巻、三六九頁）。

43　「預言者哈巴谷《はばくく》の声」前掲書、四七二頁。

44　「イエスの先生」『聖書之研究』一二三号、一九一〇年（『全集』一七巻、三六三頁）。

45　「黙示録は如何なる書である乎」前掲書、三三二頁。

46 「耶利米亜記感想（余の古き聖書より）」前掲書、一〇八頁。
47 同書、一〇〇頁。
48 「天然詩人としての預言者エレミヤ」前掲書、二八一頁。
49 「ヱレミヤは預言者中のウオルヅオスである」という理解がある。同書、二八二頁。
50 「神人の乖離」『聖書之研究』一三二号、一九一一年（『全集』一八巻、一八〇頁）。
51 「予定の教義」『聖書之研究』五二号、一九〇四年（『全集』一二巻、一七八頁）。
52 *How I Became a Christian*『全集』三巻、*13*—*21*頁。
53 「国家的罪悪と神の裁判」『聖書之研究』二二三号、一九一九年（『全集』二四巻、四七〇頁）。なお、この文章の基になった講演は一九一八年の一二月一日に行われている。翌年三月に朝鮮において「三一独立運動」が、五月に北京において「五四運動」が起こる時代背景と合わせて読むべきだろう。内村自身、講演後の感想として次のように述べている。「日本国も亦悔改めずして其犯せし又犯しつゝある国家的罪悪に対する適当なる刑罪より免るゝ能はずと断言した、非常に緊張したる講演であつた、聴衆は如何に感じたか解らない、余自身は能くも斯く思切つて言ひたりと思て反て愉快であつた」。
「日記」一九一八年一二月一日（『全集』三三巻、三九頁）。
54 「文士と神学者」『聖書之研究』八一号、一九〇六年（『全集』一四巻、三一九頁）。
55 「我が信仰の表白」（『全集』一巻、二一一頁）。
56 「イエスの愛国心」（『全集』一七巻、三〇九頁）。
57 第四章の注60を参照。
58 「余の旧き聖書より」（『全集』一四巻、三三三頁）。
59 『全集』二巻、二九六頁。
60 「預言者哈巴谷《はばくく》の声」前掲書、四六七頁。
61 「偽の預言者」『聖書之研究』五五号、一九〇四年（『全集』一二巻、三二二—三二三頁）。

62 「人類の堕落」(『全集』一二巻、二一〇頁)。
63 「国と人とを救ふ者」『警世』五号、一九〇〇年(『全集』八巻、五五七頁)。
64 「失望と希望(日本国の先途)」(『全集』一一巻、五五頁)。
65 「聖書に所謂る希望」『聖書之研究』五四号、一九〇四年(『全集』一二巻、二五〇―二五一頁)。
66 「基督教の性質」『聖書之研究』九六号、一九〇八年(『全集』一五巻、四〇五頁)。
67 「基督教と法律問題」『聖書之研究』一一九号、一九一〇年(『全集』一七巻、二二三頁)。
68 「単独の称讃　パウルゼン著『カント伝』を読みて感ずる所」(『全集』一六巻、四三三頁)参照。
69 「世界の平和は如何にして来る乎」『聖書之研究』一三四号、一九一一年(『全集』一八巻、二三四頁)。
70 同書、二三五頁。
71 同書、二三七頁。
72 『聖書之研究』一三六号、一九一一年(『全集』一八巻、三〇八頁)。
73 これは内村の直接の弟子である矢内原忠雄らの戦時中の平和主義的姿勢などを指すだけでない。内村を直接には知らなかった戦後の中野好夫においても(「内村先生のこと」『回想の内村鑑三』二八八―二九一頁)、また加藤周一においても(「戦争と知識人」『加藤周一著作集』七巻、平凡社、一九七九年、二八八―三三七頁)、『聖書』の預言者の姿勢に倣った内村流の平和主義思想から学ぶ点は少なくなかったことが確認される。
74 「ダンテとゲーテ」(『全集』一巻、二二一頁)。
75 「日蓮上人を論ず」『国民之友』一八九四年九月二三日(『全集』三巻、一二五頁)。
76 バディウ、前掲書、英語訳一三―一五頁、『パウロの普遍主義』二六―三〇頁を参照。なお該当の日本語訳では universal singularity に当たる訳語は「普遍的特異性」となっている。

参考文献

・一次文献・内村鑑三関係

全集・選集

『内村鑑三全集』一—四〇巻（岩波書店、一九八〇—八四年）
『内村鑑三全集』全四〇巻セット（岩波書店、二〇〇一年）
『DVD版内村鑑三全集』（内村鑑三全集DVD出版会、二〇〇九年）
『内村鑑三全集』一—二〇巻（岩波書店、一九三二—三三年）
『内村鑑三思想選書』一—五巻（羽田書店、一九四九年）
『内村鑑三著作集』一—二一巻（岩波書店、一九五三—五五年）
『福澤諭吉集　内村鑑三集　岡倉天心集』〈現代日本文学全集〉五一（筑摩書房、一九五八年）
『福澤諭吉　三宅雪嶺　中江兆民　岡倉天心　徳富蘇峰　内村鑑三集』〈現代日本文学大系〉二（筑摩書房、一九七二年）
『内村鑑三集　附　キリスト教文學』〈日本現代文學全集〉一四（講談社、一九八〇年）
『キリスト者評論集』〈新日本古典文学大系キリスト者評論集 明治篇〉二六（岩波書店、二〇〇二年）
家永三郎編『内村鑑三・柏木義円・河井道』〈日本平和論大系〉四（日本図書センター、一九九三年）
石原兵永訳『英文雑誌による内村鑑三の思想と信仰』（新地書房、一九八三年）
内田芳明編『内村鑑三集』〈近代日本思想大系〉六（筑摩書房、一九七五年）

亀井勝一郎編『内村鑑三』〈現代日本思想大系〉五（筑摩書房、一九六三年）
河上徹太郎編『内村鑑三集』〈明治文学全集〉三九（筑摩書房、一九六七年）
亀井俊介訳『内村鑑三英文論説 翻訳編』上（岩波書店、一九八四年）
新保祐司編『内村鑑三――1861–1930』（別冊『環』一八）（藤原書店、二〇一一年）
鈴木範久編『内村鑑三選集』八巻＋別巻一巻（岩波書店、一九九〇年）
同『内村鑑三談話』（岩波書店、一九八四年）
道家弘一郎訳『内村鑑三英文論説 翻訳編』下（岩波書店、一九八五年）
松沢弘陽編訳『内村鑑三』〈日本の名著〉三八（中央公論社、一九七一年）
山本七平編『内村鑑三文明評論集』一―四巻（講談社学術文庫、一九七七―七八年）
山本泰次郎編『内村鑑三信仰著作全集』（教文館、一九六一―六六年）
同編『内村鑑三聖書注解全集』一―一七巻（教文館、一九六〇―六一年）
同編『内村鑑三　ベルにおくつた自敍傳的書翰』（新教出版社、一九四九年）
同編『内村鑑三日記書簡全集』一―八巻（教文館、一九六四―六五年）
山本泰次郎・武藤陽一著『内村鑑三英文著作全集』一―七巻（教文館、一九七一―七三年）

単行本

亀井俊介編『外国語の研究』（講談社学術文庫、一九八八年）
鈴木俊郎訳『余は如何にして基督信徒となりし乎』（岩波文庫、一九三九年）
鈴木範久訳『代表的日本人』（ワイド版岩波文庫、一九九七年）
同編『後世への最大遺物・デンマルク国の話』（岩波文庫、二〇一一年）

新聞・雑誌

『万朝報』（復刻版）（日本図書センター、一九八三年）
『東京独立雑誌』（復刻版）（キリスト教図書出版社、一九八二―八四年）
『聖書之研究』（復刻版）（聖書之研究復刻版刊行会、一九六九―七三年）

・一次文献

単行本

石田雄編『福澤諭吉集』〈近代日本思想大系〉二（筑摩書房、一九七五年）
伊東隆ほか編『徳富蘇峰関係文書』一―三巻（山川出版社、一九八二―八七年）
植田通有編『徳富蘇峰集』〈明治文學全集〉三四（筑摩書房、一九七四年）
神島二郎編『徳富蘇峰集』〈近代日本思想大系〉八（筑摩書房、一九七八年）
木下尚江『木下尚江全集』二一巻（教文館、一九九五年）
慶応義塾編『福澤諭吉書簡集』一―九巻（岩波書店、二〇〇一―〇三年）
隅谷三喜男編『徳富蘇峰・山路愛山』〈日本の名著〉四〇（中央公論社、一九七一年）
徳富蘇峰『蘇峰自傳』（中央公論社、一九三五年）
同『読書法』（講談社学術文庫、一九八一年）
富田正文・土橋俊一編『福沢諭吉選集』一―一四巻（岩波書店、一九八〇―八一年）
福沢諭吉『福澤諭吉全集』一―一九巻、別巻（岩波書店、一九五八―七一年）
同『福沢諭吉著作集』一―一二巻（慶応義塾大学出版会、二〇〇二―〇三年）
松沢弘陽校注『福澤諭吉集』〈新日本古典文学大系 明治篇〉一〇）（岩波書店、二〇一一年）
Badiu, Alain, *Saint Paul: La Fondation de L'universalisme*, Paris, PUF, 1997.（Saint Paul: *The Foundation of Universalism*, translated

by Ray Brassier, California, Stanford University Press, 2003.）
Benda, Julien, *La trahison des clercs*, Paris, B. Grasset, 1975.（*The Treason of the Intellectuals*: with a new introduction by Roger Kimball, translated by Richard Aldington, New Brunswick, N.J., Transaction Publishers, 2007.）
Said, Edward W., *Representations of the Intellectual: The 1993 Reith Lectures*, New York, Vintage Books, 1996.

新聞・雑誌

『時事新報』一—六三八号（復刻版）（龍渓書舎、一九八六年）
明治文献資料刊行会編『国民之友』（複製版）一—二九冊（明治文献、一九六六—六八年）

・二次文献

単行本（日本語文・内村関係）

青地晨『叛逆者——日本を支えた反骨精神』（弘文堂、一九六六年）
赤江達也『「紙上の教会」と日本近代——無教会キリスト教の歴史社会学』（岩波書店、二〇一三年）
秋元芳郎『反逆と祈り——内村鑑三の青年時代』（読売新聞社、一九七〇年）
朝日ジャーナル編集部編『日本の思想家　第2』（朝日新聞社、一九六三年）
朝日ジャーナル編『新版 日本の思想家』中（朝日選書、一九七五年）
阿部行蔵『若き内村鑑三』（中央公論社、一九四九年）
天野貞祐『道理の感覚』（岩波書店、一九三七年）
同『わたしの生涯から』（青林書院、一九五三年）
荒正人『近代日本の良心』（光書房、一九五九年）
荒畑寒村『寒村自伝』（板垣書店、一九四七年）

家永三郎『近代精神とその限界』（角川書店、一九五〇年）
同『近代日本の思想家』（有信堂、一九六二年）
石田雄『近代日本の政治文化と言語象徴』（東京大学出版会、一九八三年）
石原兵永『忘れ得ぬ人々――内村鑑三をめぐって』（キリスト教図書出版社、一九八二年）
同「身近に接した内村鑑三」上・中・下（山本書店、一九七一―七二年）
稲垣真美『内村鑑三の末裔たち』（朝日選書、一九七六年）
色川大吉『新編 明治精神史』（中央公論社、一九六四年／講談社学術文庫〔上・下〕、一九七六年）
岩野祐介『無教会としての教会――内村鑑三における「個人・信仰共同体・社会」』（教文館、二〇一三年）
内田芳明『現代に生きる内村鑑三』（岩波書店、一九九一年）
内村祐之編『内村鑑三追憶文集』（聖書研究社、一九三一年）
梅津順一『「文明日本」と「市民的主体」――福沢諭吉・徳富蘇峰・内村鑑三』（聖学院大学出版会、二〇〇一年）
エコノミスト編集部『私の古典』（毎日新聞社、一九六七年）
江端公典『内村鑑三とその系譜』（日本経済評論社、二〇〇六年）
大内三郎『近代日本の聖書思想』（日本基督教団出版部、一九六〇年）
大河内一男・大宅壮一監修『近代日本を創った百人』下（毎日新聞社、一九六六年）
大島正満『水産界の先駆――伊藤一隆と内村鑑三』（北水協会、一九六三年）
太田十三男『予言者としての内村鑑三』（大翠書院、一九四八年）
太田雄三『内村鑑三――その世界主義と日本主義をめぐって』（研究社出版、一九七七年）
同『英語と日本人』（講談社学術文庫、一九九五年）
大竹庸悦『内村鑑三と田中正造』（流通経済大学出版会、二〇〇二年）
大塚久雄『社会科学と信仰の間』（図書新聞社、一九六七年）

同『歴史と現代』(朝日選書、一九七九年)
大山綱夫『札幌農学校とキリスト教』(EDITEX、二〇一二年)
岡邦雄『内村鑑三――明治文化史の一断面』(評論社、一九五〇年)
桶谷秀昭『天心・鑑三・荷風』(小沢書店、一九七六年)
小沢三郎『内村鑑三不敬事件』(新教出版社、一九六一年)
小原信『評伝 内村鑑三』(中央叢書、一九七六年)
同『内村鑑三の生涯――近代日本とキリスト教の光源を見つめて』(PHP研究所、一九九二年)
影山昇『人物による水産教育の歩み――内村鑑三・寺田寅彦・田内森三郎・山本祥吉・天野慶之』(成山堂書店、一九九六年)
加藤周一『加藤周一著作集』五巻(平凡社、一九八〇年)
加藤周一・久野収著『知識人の生成と役割』〈近代日本思想史講座〉四(筑摩書房、一九五九年)
加藤節『同時代史考――政治思想講義』(未來社、二〇一二年)
亀井勝一郎『文学と信仰』(文体社、一九四九年)
同『三人の先覚者』(要選書、一九五〇年)
同『日本人の精神史』第五巻(文藝春秋、一九六七年)
亀井俊介『近代文学におけるホイットマンの運命』(研究社、一九七〇年)
同『内村鑑三――明治精神の道標』(中公新書、一九七七年)
同『メリケンからアメリカへ――日米文化交渉史覚』(東京大学出版会、一九七九年)
同『ナショナリズムの文学――明治精神の探求』(講談社学術文庫、一九八八年)
唐木順三・竹内好共編『世界のなかの日本』(近代日本思想史講座 八)(筑摩書房、一九六一年)
柄谷行人編『近代日本の批評』(明治・大正篇)(福武書店、一九九二年)

茆部直・黒住真ほか編『日本と日本思想〈岩波講座 日本の思想〉一』（岩波書店、二〇一三年）
河上徹太郎『日本のアウトサイダー』（中央公論社、一九五九年）
北森嘉蔵『日本のキリスト教』（国際日本研究所、一九六六年）
木村毅『日米文学交流史の研究』（講談社、一九六〇年）
教文館編『現代に生きる内村鑑三』（教文館、一九六六年）
熊野義孝『日本キリスト教神学思想史』（新教出版社、一九六八年）
久山康『近代日本とキリスト教』（明治篇）（基督教学徒兄弟団、一九五六年）
同『近代日本とキリスト教』（大正・昭和編）（基督教学徒兄弟団、一九五六年）
同『近代日本の文学と宗教』（国際日本研究所、一九六六年）
黒川知文『内村鑑三と再臨運動――救い・終末論・ユダヤ人観』（新教出版社、二〇一二年）
憲法研究所『平和思想史』〈憲法研究所特集〉2（憲法研究所出版会、一九六四年）
小泉仰『預言者エレミヤと現代』（教文館、二〇〇二年）
国際基督教大学図書館『内村鑑三記念文庫目録』（国際基督教大学図書館、一九九七年）
国会図書館調査立法考査局『内村鑑三研究文献目録』（国立国会図書館、一九六〇年）
斎藤宗次郎『花巻非戦論事件における内村鑑三先生の教訓』（クリスチャン・ホーム社、一九五七年）
同『ある日の内村鑑三先生』（教文館、一九六四年）
同『恩師言――内村鑑三言行録・ひとりの弟子による』（教文館、一九八六年）
斎藤勇『思い出の人々』（新教新書、一九六五年）
佐伯彰一『日本人の自伝』（講談社学術文庫、一九九一年）
坂田祐『恩寵の生涯』（待晨堂、一九六六年）
向坂逸郎『近代日本の思想家』（和光社、一九五四年）

佐古純一郎『大いなる邂逅』（教文館、一九五八年）
同『近代日本文学とキリスト教』（有信堂、一九六四年）
佐藤全弘『希望のありか――内村鑑三と現代』（教文館、一九九一年）
志賀直哉『革文函』（座右宝刊行会、一九四九年）
澁谷浩『近代思想史における内村鑑三　政治・民族・無教会論』（新地書房、一九八八年）
品川力『内村鑑三研究文献目録』（増補版）（荒竹出版、一九七七年）
新声社同人『明治文学家評論』（新声社、一九〇一年）
新保祐司『内村鑑三』（構想社、一九九〇年）
新保祐司・富岡幸一郎『日本の覚醒――内村鑑三によって』（リブロポート、一九九三年）
スコウゴー＝ピーターセン『デンマーク人牧師がみた日本――明治の宗教指導者たち』長島要一編訳（思文閣出版、二〇一六年）
鈴木俊郎『内村鑑三伝――米国留学まで』（岩波書店、一九八六年）
同『内村鑑三先生――追憶集』（岩波書店、一九三四年）
同『回想の内村鑑三』（岩波書店、一九五六年）
同『内村鑑三の遺産』（山本書店、一九六三年）
鈴木範久『内村鑑三とその時代――志賀重昂との比較』（日本基督教団出版局、一九七五年）
同『内村鑑三をめぐる作家たち』（玉川大学出版部、一九八〇年）
同『「代表的日本人」を読む』（大明堂、一九八八年）
同『内村鑑三日録』一―一二巻（教文館、一九九三―九九年）
同『近代日本のバイブル――内村鑑三の『後世への最大遺物』はどのように読まれてきたか』（教文館、二〇一一年）
同『内村鑑三の人と思想』（岩波書店、二〇一二年）

鈴木範久監修・藤田豊編『内村鑑三著作・研究目録　CD-ROM付』（教文館、二〇〇三年）
住谷悦治ほか『明治社会思想の形成』〈講座・日本社会思想史〉1（芳賀書店、一九六七年）
関根正雄『内村鑑三』（清水書院、一九六七年）
相馬愛蔵『一商人として――所信と体験』（岩波書店、一九五〇年）
高木謙次『内村鑑三とその周辺』（キリスト教図書出版社、二〇〇五年）
高桑純夫『日本のヒューマニスト』（英宝社、一九五七年）
武田清子『峻烈なる洞察と寛容――内村鑑三をめぐって』（教文館、一九九五年）
同『日本プロテスタント人間形成論』〈世界教育学選集〉29（明治図書出版、一九六三年）
武田友寿『正統と異端のあいだ――内村鑑三の劇的なる生涯』（教文館、一九九一年）
田中収『内村鑑三の研究』（愛知書房、二〇〇三年）
田村直臣『我が見たる植村正久と内村鑑三』（向山堂書房、一九三二年）
千葉真『平和の政治思想』（おうふう、二〇〇九年）
趙景達・原田敬一・村田雄二郎・安田常雄編『講座東アジアの知識人』第二巻（有志舎、二〇一三年）
塚本虎二『内村鑑三先生と私』（伊藤節書房、一九六一年）
土肥昭夫『内村鑑三』（日本基督教団出版部、一九六二年）
道家弘一郎『内村鑑三論』（沖積舎、一九九二年）
桐朋教育研究所『対話の精神』（桐朋教育研究所、一九六九年）
富岡幸一郎『内村鑑三――偉大なる罪人の生涯』（リブロポート、一九八八年）
中沢治樹『若き内村鑑三論――職業と結婚をめぐって』（待晨堂書店、一九五八年）
同『内村鑑三　真理の証人』（キリスト教夜間講座出版部、一九七一年）
中村勝己『内村鑑三と矢内原忠雄』（リブロポート、一九八一年）

中村光夫『志賀直哉論』(筑摩叢書、一九六六年)
日本政治学会編『政治思想史における平和の問題』(岩波書店、一九九二年)
野田良之『内村鑑三とラアトブルフ——比較文化論へ向かって』(みすず書房、一九八六年)
半沢孝麿『日本のカトリシズム——思想史的考察』(みすず書房、一九九三年)
氷上英廣『ニーチェとその周辺』(朝日出版社、一九七二年)
平野義太郎『反戦運動の人々』(青木書店、一九五五年)
福田清人『内村鑑三——宗教界の偉人』(世界社、一九五〇年)
藤田省三『維新の精神』(第二版)(みすず書房、一九七五年)
藤田若雄編著『内村鑑三を継承した人々』上・下(木鐸社、一九七七年)
毎日新聞社前橋支局『群馬の明治百年』(毎日新聞社、一九六八年)
政池仁『内村鑑三伝』(再増補改訂新版)(教文館、一九七七年)
正宗白鳥『内村鑑三』(細川書店、一九四九年)
益本重雄・藤沢音吉『内村鑑三伝——信仰思想篇』(内村鑑三伝刊行会、一九三六年)
松本三之介『近代日本の政治と人間——その思想史的考察』(創文社、一九六六年)
同『明治精神の構造』(岩波書店、一九九三年)
三浦永光『現代に生きる内村鑑三——人間と自然の適正な関係を求めて』(御茶の水書房、二〇一一年)
湊謙治『信の内村鑑三と力のニイチエ』(警醒社書店、一九一七年)
村松晋『三谷隆正の研究——信仰・国家・歴史』(刀水書房、二〇〇一年)
森有正『内村鑑三』(弘文堂、一九五三年/講談社学術文庫、一九七六年)
同『森有正全集』七巻(筑摩書房、一九七九年)
柳父圀近『エートスとクラトス——政治思想史における宗教の問題』(創文社、一九九二年)

同『日本的プロテスタンティズムの政治思想――無教会における国家と宗教』（新教出版社、二〇一六年）
矢内原忠雄『内村鑑三と新渡戸稲造』（日産書房、一九四八年）
同『内村鑑三とともに』（新装版）（東京大学出版会、二〇一一年）
同『矢内原忠雄全集』第二四巻（岩波書店、一九六五年）
山枡雅信『クラークと内村鑑三の教育』（日新出版、一九八一年）
山本泰次郎『内村鑑三』（角川新書、一九五七年）
同『内村鑑三――信仰・生涯・友情』（東海大学出版部、一九七六年）
由木康『私の内村鑑三論』（教文館、一九七八年）
ラフェイ ミシェル『なまら内村鑑三なわたし――二つの文化のはざまで』（柏艪舎、二〇一一年）

単行本（日本語文・その他）

有山輝雄『「中立」新聞の形成』（世界思想社、二〇〇八年）
同『近代日本のメディアと地域社会』（吉川弘文館、二〇〇九年）
安藤優一郎『勝海舟と福沢諭吉――維新を生きた二人の幕臣』（日本経済新聞出版社、二〇一一年）
伊藤正雄『福沢諭吉論考』（吉川弘文館、一九六九年）
同編『明治人の観た福澤諭吉』（慶應義塾大学出版会、二〇〇九年）
植手通有『陸羯南集』〈近代日本思想大系〉四（筑摩書房、一九八七年）
大下尚一『ピューリタニズムとアメリカ』〈講座アメリカの文化〉一（南雲堂、一九六九年）
小川原正道『福沢諭吉「官」との闘い』（文藝春秋、二〇一一年）
鹿野正直『陸羯南・三宅雪嶺』〈日本の名著〉三七（中央公論社、一九八四年）
苅部直『丸山眞男』（岩波新書、二〇〇六年）

河野健二『日本の近代と知識人』（岩波書店、一九九五年）
菊池理夫・小林正弥編著『コミュニタリアニズムの世界』（勁草書房、二〇一三年）
紀平英作・亀井俊介『アメリカ合衆国の膨張』〈世界の歴史〉二三（中央公論社、一九九八年）
キャンベル イアン『トマス・カーライル』多田貞三訳（成美堂、一九八一年）
クリストフ シャルル『「知識人」の誕生 1880-1900』白鳥義彦訳（藤原書店、二〇〇六年）
黒岩比佐子『日露戦争――勝利のあとの誤算』（文藝春秋、二〇〇五年）
同『パンとペン――社会主義者・堺利彦と「売文社」の闘い』（講談社、二〇一〇年）
黒川知文『ユダヤ人迫害史――繁栄と迫害とメシア運動』（教文館、一九九七年）
現代思想研究会著『知識人の天皇観』（三一書房、一九九五年）
坂本多加雄『知識人――大正・昭和精神史断章』（読売新聞社、一九九六年）
酒本雅之『アメリカ・ルネッサンスの作家たち』（岩波新書、一九七四年）
白井堯子『福沢諭吉と宣教師たち――知られざる明治期の日英関係』（未來社、一九九九年）
隅谷三喜男『大日本帝国の試練』〈日本の歴史〉二二（中央公論社、一九八四年）
田村秀夫編『市民社会批判の系譜』東京大学アメリカ研究センター編（中央大学出版部、一九七三年）
チェスタトン G・K『正統とは何か』福田恒存・安西徹雄訳（春秋社、一九七三年）
寺崎修『福澤諭吉の思想と近代化構想』（慶應義塾大学出版会、二〇〇八年）
東海大学外国語教育センター異文化交流研究会『日本の近代化と知識人――若き日本と世界Ⅱ』（東海大学出版会、二〇〇〇年）
東京大学アメリカ研究センター編『高木八尺著作集４　民主主義と宗教』（東京大学出版会、一九七一年）
遠山茂樹『明治の思想とナショナリズム』（岩波書店、一九九二年）
中野好夫『中野好夫集』第二巻（筑摩書房、一九八四年）

西川俊作・松崎欣一『福澤諭吉論の百年』（慶應義塾大学出版会、一九九九年）
西田毅・山田博光・和田守・北野昭彦編『民友社とその時代――思想・文学・ジャーナリズム集団の軌跡』（ミネルヴァ書房、二〇〇三年）
西部邁『福澤諭吉――その武士道と愛国心』（文藝春秋、一九九九年）
長谷川泉『近代日本文学評論史』（有精堂出版、一九五八年）
ハーバーマス ユルゲン『近代――未完のプロジェクト』三島憲一編訳（岩波現代文庫、二〇〇〇年）
平石直昭・金泰昌『知識人から考える公共性』〈公共哲学〉一七（東京大学出版会、二〇〇六年）
平山洋『福澤諭吉――文明の政治には六つの要訣在り』（ミネルヴァ書房、二〇〇八年）
ビン シン『評伝 徳富蘇峰――近代日本の光と影』杉原志啓訳（岩波書店、一九九四年）
福沢諭吉事典編集委員会『福沢諭吉事典』（慶應義塾大学出版会、二〇一〇年）
松田道雄『日本知識人の思想』（筑摩叢書、一九六五年）
松永昌三『福沢諭吉と中江兆民』（中公新書、二〇〇一年）
松本三之介『明治思想における伝統と近代』（東京大学出版会、一九九六年）
丸山眞男『福沢諭吉の哲学 他六篇』松沢弘陽編（岩波文庫、二〇〇一年）
丸山眞男手帖の会編『丸山眞男話文集 4』（みすず書房、二〇〇九年）
三宅芳夫『知識人と社会――J＝P・サルトルにおける政治と実存』（岩波書店、二〇〇〇年）
門奈直樹『民衆ジャーナリズムの歴史――自由民権から占領下沖縄まで』（講談社学術文庫、二〇〇一年）
吉田俊傑『知識人の近代日本』（大月書店、一九九三年）
米原謙『徳富蘇峰――日本ナショナリズムの軌跡』（中公新書、二〇〇三年）
和田守『近代日本と徳富蘇峰』（御茶ノ水書房、一九九〇年）

単行本（欧文）

Howes, John F., *Japan's Modern Prophet : Uchimura Kanzô, 1861–1930*, Asian religions and society series, Vancouver, B.C., UBC Press, 2005.

Miura, Hiroshi, *The life and thought of Kanzo Uchimura, 1861–1930*, Grand Rapids, Mich., William B. Eerdmans, 1996.

Moore, Ray A., ed., *Culture and religion in Japanese--American relations : essays on Uchimura Kanzo, 1861–1930*, Ann Arbor, Center for Japanese Studies, University of Michigan, 1981.

Mullins, Mark R., *Christianity made in Japan : a study of indigenous movements, Honolulu*, University of Hawai'i Press, 1998.

Scheiner, Irwin, *Christian converts and social protest in Meiji Japan*, Berkeley, University of California Press, 1970.

Shibuya and Chiba ed., *Living for Jesus and Japan: The social and theological thought of Uchimura Kanzo*, Grand Rapids, Mich., William B. Eerdmans Publishing, 2013.

Willcock, Hiroko, *The Japanese political thought of Uchimura Kanzō（1861–1930）: synthesizing bushid?, Christianity, nationalism, and liberalism, Lewiston*, N.Y., Edwin Mellen Press, 2008.

論文・記事

『内村鑑三研究』一―四八号（教文館、一九七三―二〇一五年、続刊中）

『内村鑑三流域』（真菜書房、二〇〇〇年）

饗庭孝男「近代と反近代の相克――内村鑑三を中心として」（『すばる』一〇巻、集英社、一九七二年一二月）七四―八九頁

新井明「ミルトン受容のひとつの型――内村鑑三のばあい」（『日本女子大学英米文学研究』一九号、日本女子大学英語英文学会、一九八四年三月）一七―二六頁

飯岡秀夫「福沢諭吉と内村鑑三――日本における「内面的個人主義」の二つの源流」上・中・下（『高崎経済大学論集』三〇巻一・二号／三〇巻三・四号／三一巻一号、高崎経済大学経済学会、一九八七年三月／一九八八年三月／一九八八年六

月）五二二—四九七頁／四一六—四〇三頁／二二二—一九五頁
伊藤隆二「平和と教育——内村鑑三の「非戦論」の具現化」（『東洋大学大学院紀要』三七巻、東洋大学大学院、二〇〇〇年）四三七—六〇頁
稲田雅洋「日露非戦論——内村鑑三と深沢利重を中心にして」（『愛知教育大学研究報告　社会科学』三五輯、愛知教育大学、一九八六年二月）一〇〇—八八頁
鵜沼裕子「内村鑑三における信仰と論理——戦争と平和の問題をめぐって」（『聖学院大学総合研究所紀要』四六号、聖学院大学総合研究所、二〇〇九年）九〇—一一三頁
鵜木奎治郎「カーライル・エマソン・内村鑑三——「代表的日本人」に於ける伝統と変容」（『比較思想研究』一四号、比較思想学会、一九八七年）一〇七—一一八頁
梅津順一「内村鑑三における「自然の神」と「歴史の神」」（『聖学院大学総合研究所紀要』二〇号、聖学院大学総合研究所、二〇〇〇年）七五—一〇六頁
梅本順子「田村直臣のアメリカ体験——内村鑑三と比較して」（『国際文化表現研究』四号、国際文化表現学会、二〇〇五年）一三三—四五頁
榎本守恵「内村鑑三の精神形成序説——北海道との関連」（『北海道学芸大学紀要　第一部B社会科学』一三巻二号、北海道学芸大学、一九六二年一二月）一—一六頁
遠藤欣之助「日本における民主社会主義の伝統——日本社会主義史における内村鑑三の意義（上）」（『社会思想研究』一三巻四号、社会思想研究会、一九六一年四月）二二—三〇頁。
遠藤興一「内村鑑三における「慈善」の論理」（『キリスト教社会福祉学研究』一一巻、日本キリスト教社会福祉学会、一九七八年五月）三〇—三九頁
大島良雄「内村鑑三の非戦の思想と戦時下の抵抗」（『関東学院大学人文科学研究所報』二号、関東学院大学人文科学研究所、一九七九年）八九—一一六頁

大竹庸悦「内村鑑三、その政治観の変遷をめぐって――特に田中正造との関連において」(『流通経済大学論集』二九巻二号、流通経済大学経済学部、一九九四年一一月)一一四―五九頁
大本達也「英語論説に見る内村鑑三の戦争観」(『日本語・日本文化研究』一三号、京都外国語大学留学生別科、二〇〇七年)五六―六九頁
大山綱夫「内村鑑三と新渡戸(太田)稲造のアメリカ滞在期体験――非制度的聖職者への道とクエーカーへの道」(『キリスト教史学』六一号、キリスト教史学会、二〇〇七年七月)二八―四六頁
小田清治「内村鑑三の「地人論」について」(『季刊日本思想史』三号、ぺりかん社、一九七七年)一一七―三四頁
加藤真澄「内村鑑三における科学とキリスト教――札幌農学校入学から米国留学まで」(『科学史研究　第二期』三六巻、日本科学史学会、一九九七年九月)一二九―三八頁
亀井俊介「内村鑑三の大憤慨録――明治の英文ジャーナリストは何をなしたか」(『世界』四七四号、岩波書店、一九八五年五月)一四五―六三頁
神沢惣一郎「内村鑑三と社会主義」(『早稲田商学』二四七号、早稲田商学同攻会、一九七四年一二月)八四五―五六頁
同「内村鑑三訳詩集「愛吟」について」(『文学』五〇巻一号、岩波書店、一九八二年一月)三八―五五頁
亀井秀雄「内村鑑三――青春期の表現について」(『文学』四七巻三号、岩波書店、一九七九年三月)一三七―五〇頁
同「内村鑑三における「日本」――志賀重昂との対照的照応」(『文学』四七巻一〇号、岩波書店、一九七九年一〇月)一―一四頁
同「内村鑑三における「書く」意味――いわゆる不敬事件との関連で」(『文学』四八巻六号、岩波書店、一九八〇年六月)三二―四四頁
同「実学の論理と文学のことば――農学校における内村鑑三・志賀重昂の場合」(『日本文学』三〇巻一号、日本文学協会、一九八一年一月)一―一一頁
川西進「太田雄三「内村鑑三――その世界主義と日本主義をめぐって」」(『比較文學研究』三四号、鈴沢書店、一九七八年

一二月）二四三―四八頁

小泉仰「預言者エレミヤと内村鑑三――召命から非戦論までの軌跡」（『社会科学ジャーナル』四二号、国際基督教大学、一九九九年九月）一五―三八頁

コヘン ドロン・B「反戦の声――内村鑑三と与謝野晶子」（『一神教学際研究』二号、同志社大学、二〇〇六年）七八―九二頁

近藤信行「旅と棄郷と―17―内村鑑三のアメリカ」（『早稲田文学』復刊九三号、早稲田文学会、一九八四年二月）一〇四―七頁

坂井基始良「新聞人としての内村鑑三」（『新聞研究』三二号、日本新聞協会、一九五四年三月、一六―二〇頁

澁谷浩「内村鑑三の思想における異文化交流」（『明治学院大学法学研究』八一号、明治学院大学法学会、二〇〇七年一月）二二一―四三頁

島薗進「宗教言説の形成と近代的個人の主体性――内村鑑三と清沢満之の宗教論と普遍的超越性」（『季刊日本思想史』七二号、ぺりかん社、二〇〇八年）三二―五二頁

清水威「内村鑑三の愛国心」（『倫理学年報』一九号、日本倫理学会、一九七〇年）一六九―八二頁

徐正敏「内村鑑三の韓国観に関する解釈問題」蔵田雅彦訳（『桃山学院大学キリスト教論集』三一号、桃山学院大学総合研究所、一九九五年三月）一二三―四八頁

鈴木俊郎「内村鑑三のヒューマニズム」（『理想』二五巻六号、理想社、一九五一年七月）六四―七三頁

鷲見誠一「内村鑑三不敬事件――その思想史的考察」（『法学研究』四三巻一〇号、慶応義塾大学法学研究会、一九七〇年一〇月）二九一―三一五頁

隅谷三喜男「内村鑑三と現代――座標軸をもつ思想」（『世界』四二三号、岩波書店、一九八一年一月）五四―六六頁

多井一雄「内村鑑三と日本の改革」（『人文社会紀要』一八巻一号、武蔵工業大学人文社会系教室、一九九九年）一―九頁。

田賀俊平「内村鑑三と自然科学」（『科学技術史』一〇号、日本科学技術史学会、二〇〇七年一〇月）四一―七五頁

高崎宗司「内村鑑三と朝鮮」（『思想』六三九号、岩波書店、一九七七年九月）一三五〇―一三六六頁
高橋正夫「四家論（福沢諭吉、西村茂樹、内村鑑三、夏目漱石）」（『心』二七巻一号、平凡社、一九七四年一月）七六―八八頁
滝沢秀樹「内村鑑三における国民経済形成の主体」（『甲南経済学論集』一八巻二号、甲南大学経済学会、一九七七年一一月）一―三〇―四四頁
武市英雄「ジャーナリスト内村鑑三の対韓観――日清・日露両戦争を中心に」（『コミュニケーション研究』一五号、上智大学コミュニケーション学会、一九八五年）一―二三頁
田中浩司「アメリカ文芸思潮と内村鑑三――アメリカ・ロマン主義と日本近代文学をめぐって」（『防衛大学校人文科学分冊』八一巻、防衛大学校、二〇〇〇年九月）一二三―八二頁
同「内村鑑三に関する英学史的考察――英文家、教育者、異文化交流の先駆者としての内村」（『防衛大学校紀要　人文科学分冊』八六巻、防衛大学校、二〇〇三年三月）一―六八頁
同「ロマン派詩人としての内村鑑三」（『キリスト教文学研究』二二号、日本キリスト教文学会、二〇〇五年）七六―九三頁
同「内村鑑三の文学観――近代日本文士たちの憧憬と絶望」（『明治学院大学キリスト教研究所紀要』四一号、明治学院大学キリスト教研究所、二〇〇八年一二月）一八五―二二二頁
田畑忍「内村鑑三に於ける平和主義思想の展開」（『思想』一一巻三五三号、岩波書店、一九五三年一一月）一三〇六―一七頁
同「明治二〇年代の平和思想――北村透谷と内村鑑三の場合」（『同志社法学』一七巻六号、同志社法学会、一九六六年三月）一―二二頁
辻田右左男「地人論の系譜――A.Guyotと内村鑑三」（『奈良大学紀要』六号、奈良大学、一九七七年一二月）二八―四二頁
道家弘一郎「「臍《へそ》を見るな」――ゲーテ、カーライル、内村鑑三」（『宗教と文化』一八号、聖心女子大学キリスト教文化研究所、一九九七年三月）一〇五―一一八頁

同「内村鑑三「日本（国）の天職」について」（『宗教と文化』二〇号、聖心女子大学キリスト教文化研究所、二〇〇〇年三月）二九―六一頁
徳山近子「内村鑑三における科学――Practical Science としての水産業・農学」（『科学史研究　第Ⅱ期』一九号、第一書房、一九八〇年七月）一〇六―一五頁
内藤酬「内村鑑三と有島武郎」（『初期社会主義研究』二三号、初期社会主義研究会、二〇一一年）一九七―二〇三頁
中沢生子「内村鑑三の「詩人ワルト・ホイットマン」」（『英米文学』三三号、立教大学文学部英米文学専修、一九七三年三月）八七―一〇一頁
中沢護人「家永三郎氏の内村鑑三論を駁す――明治変革期の〝和魂洋才〟を〝異質の価値の無葛藤の共存〟といいうるか」（『論争』四巻八号、論争社、一九六二年九月）九〇―一〇一頁
中野宏美「内村鑑三と共同体の論理――明治二〇年代を中心に」（『人間文化研究科年報』一七号、奈良女子大学大学院人間文化研究科、二〇〇一年）五二四―五一二頁
中村博武「内村鑑三の万朝報英文欄と長崎外人居留地の英字新聞の議論――万朝報英文欄時代における内村鑑三のキリスト教理解の視点」（『宗教研究』六八巻二号、日本宗教学会、一九九四年九月）三八三―四一〇頁
長谷川博一「内村鑑三と継承者の研究――伝統と変革」（『明治大学教養論集』四八三号、明治大学教養論集刊行会、二〇一二年三月）一九三―二三六頁。
原島正「内村鑑三における「内と外」の論理」（『基督教学研究』一三号、京都大学基督教学会、一九九二年）一―二〇頁
氷上英廣「内村鑑三の原型」（『図書』三七三号、岩波書店、一九八〇年九月）二六―三〇頁
平川祐弘「内村鑑三の手前勝手――日米中の三角関係について」（『すばる』一二号、集英社、一九七三年六月）一〇八―二五頁
藤田省三「日本のエリート――内村鑑三論」（『みすず』一巻七号、一九五九年一〇月）二―六頁
堀孝彦「内村鑑三と近代市民倫理学の屈折」（『名古屋学院大学論集　社会科学篇』三一巻一号、名古屋学院大学総合研究所、

一九九四年七月）三一四—二八二頁
同「内村鑑三の平和思想——信仰と倫理」（『名古屋学院大学論集　社会科学篇』三六巻三号、名古屋学院大学総合研究所、二〇〇〇年一月）一〇五—一九頁
堀江義隆「内村鑑三のコロンブスとの関わりを廻って——時代的背景などを顧慮しながら」（『近畿大学語学教育部紀要』二巻一号、近畿大学語学教育部、二〇〇二年一一月）一二九—四一頁
松沢弘陽「内村鑑三の歴史意識」一—三（『北大法学論集』一七巻四号／一八巻二号／一九巻四号、北海道大学法学研究科、一九六七年三月／同九月、一九六九年三月）五六—一〇六頁／一—四二頁／一—三三頁
三浦泰生「内村鑑三の文体と思想——「基督信徒の慰め」の考察を起点として」（『日本文学』一八巻二号、日本文学協会、一九六九年二月）一—一七頁
宮田光雄「宗教と平和——内村鑑三の非戦思想」（『理想』四九〇号、理想社、一九七四年三月）二四—三六頁
本井康博「内村鑑三、松村介石、そしてアメリカン・ボード——ふたつの「北越学館事件」」（『キリスト教社会問題研究』四四号、同志社大学人文科学研究所、一九九五年一二月）一—二五頁
山折哲雄「巻頭の言葉——福沢諭吉と内村鑑三」（『ＶＯＩＣＥ』三一七号、ＰＨＰ研究所、二〇〇四年五月）二七—二九頁
山田洸「内村鑑三と社会批判」（『山口大学文学会志』三一号、山口大学文学会、一九八〇年一一月）六五—八二頁
山本俊樹「内村鑑三と英文学」（『成蹊法学』一三号、成蹊大学法学会、一九七八年一一月）一二五—四九頁
吉田久一「内村鑑三の社会事業思想とその実践」（『社会事業』三八巻一〇号、全国社会福祉協議会、一九五五年一一月）五七—六五頁
同「内村鑑三における社会福祉と平和——生誕百年を記念して」（『社会事業の諸問題』九号、日本社会事業大学、一九六一年一一月）六七—九二頁
ラフェイ　ミシェル「内村鑑三の聖書論」（『基督教學』三三号、北海道基督教学会、一九九八年七月）一—一九頁
李清松「内村鑑三と朝鮮」（『岩手大学大学院人文社会科学研究科研究紀要』一四号、岩手大学大学院人文社会科学研究科、

二〇〇五年五月）九九―一一八頁

＊

著者既発表論文（おのおの修正を施して本書に収録）

・第二章第一節
「明治期・内村鑑三における〈独立・自由・個〉の展開（1）」『アジア・キリスト教・多元性』一二号、「アジアと宗教的多元性」研究会、二〇一四年
・第二章第二節
「明治期・内村鑑三における〈独立・自由・個〉の展開（2）―反・社会観と親・社会主義の様相―」『アジア・キリスト教・多元性』一三号、「アジアと宗教的多元性」研究会、二〇一五年
・第四章第三節
「内村鑑三における社会改革の論理と倫理――明治後半期を中心に」『内村鑑三研究』四九号、教文館、二〇一六年
・第四章第四節
「知識人の社会事業としての聖書研究―内村鑑三の職責意識と普遍主義をめぐって―」『宗教研究』三八一号、二〇一四年
・第五章第二節
「明治期・内村鑑三における共和主義の展開」『公共研究』一〇巻一号、千葉大学公共学会、二〇一四年
・「考察と結論」第二節2
「内村鑑三における預言者研究の特色とその思想史的意義―ロバート・N・ベラーの議論をてがかりに」『人文科学研究　キリスト教と文化』四六号、国際基督教大学キリスト教と文化研究所、二〇一五年

あとがき

本書は著者による同名の博士学位論文（二〇一四年、東京大学）に手を加えたものである。論文審査後、二年弱が経過しているため、部分的な修正は施したが、論旨に変化はない。公刊にあたりいくつか節を削り、全体は当初よりやや小さくなっている。それでもこれだけの原稿を形にするのは容易なことでなく、その物量ゆえに、みすず書房の方々、とくに編集の成相雅子氏には大きな労力を割いていただいた。

本書が成立する背景となった研究においては、博士院生時代に指導教員をお願いした菅原克也教授をはじめ、東京大学大学院総合文化研究科の先生方、職員の方たちにお世話になった。博士課程を出た後の研究環境である国際基督教大学にては、千葉眞教授（現特任教授）を筆頭に、研究員として所属した同大学キリスト教と文化研究所の方々、同平和研究所の方々、研究戦略支援センターの方たちにお世話になった。内村関連では、『内村鑑三研究』編集委員の方々や、NPO法人今井館教友会に連なる方たちに折に触れ、支援や激励をいただいた。他にも本書の成立に関わる助力を提供してくれた方たちがいる。別して名前を記すことはしないが、ここに改めて感謝申し上げる。

本書はあるモチーフを元にして執り行われた特殊研究的な内村鑑三論である。そのモチーフとは、従来と異なる道具立てによって、彼内村を世俗社会史に明け渡す新たな道筋を作るというものであった。むろん、これをもって著者の内村観のすべてを網羅するのではないし、ましてや内村研究の決定版のつもりで提出するのでもない。内村くらい研究史が豊かであると、通り一遍の方法によってなされた研究では、世に問われたばかりで既に、その存在意義が怪しくなってしまうほどであろう。かといって、精魂傾けさえすれば、学術的な手続きを超克して構わないといった「私の内村論」は、著者のような身分の研究者が行うべく期待されていることではなかった。そうした意味において、本書の肝はその「序論」で呈されている、近代日本の思想家研究の方法論的展望にこそあるといってよい。それはひとえに本書一巻に収まる以上の意義を込めたものであることをご諒察されたい。

ところで、人間本性に関わる普遍的な事柄を思索した古人の凝縮された言葉は、たとえ見かけ新しい革袋に入れられたとしても、容易にそこから破れ出てだめになる心配は無用であろう。それどころか、そうすることによってかえって、彼の生きた時代の文明の精神が根本において今に共通のものであり、その国民的、世界史的課題も基本的に変わるものではないことがありありと知られる、といった結果にもなるのである。

なお、この「あとがき」を本文に先がけて目を通している読者を想定して一言しておくが、本書は「序論」と「考察と結論」の章以外独立性が高く、ある程度順不同に読んでも差し支えない構成になっている。大部のものゆえ、一章から順々に読み進めるのは気が乗らないという読者は、「序論」に目を通した後、各々興味の赴く箇所から読んでいただいて構わない。

本書は、平成二八年度日本学術振興会・科学研究費補助金（研究成果公開促進費）を得て刊行された。

二〇一六年八月

著者

著者略歴

（しばた・まきと）

東京大学教養学部卒業．2013 年，東京大学大学院総合文化研究科博士課程（比較文学比較文化コース）単位取得退学．博士（東京大学，2014 年）．日本学術振興会特別研究員を経て現在，国際基督教大学平和研究所助手．明治学院大学国際平和研究所研究員．専攻は比較文学比較文化論，日本思想史，社会倫理学．著書に『南原繁と平和』（共著，EDITEX，2015 年），『矢内原忠雄』（共著，東京大学出版会，2011 年），論文に「内村鑑三における福澤批判と福澤評価―その総合的理解に向けて―」（『近代日本研究』32 巻，2016 年），「見神と自然をめぐる思索と交錯――綱島梁川と内村鑑三」（『宗教研究』第 85 巻第 1 輯，2011 年），「矢内原忠雄による戦時下共同体の成立と展開――そのエクレシヤ観との関連に注目して」（『比較文學研究』第 94 號，2010 年）他．

柴田真希都

明治知識人としての内村鑑三

その批判精神と普遍主義の展開

2016年9月9日　印刷
2016年9月23日　発行

発行所　株式会社 みすず書房
〒113-0033 東京都文京区本郷5丁目32-21
電話 03-3814-0131(営業) 03-3815-9181(編集)
http://www.msz.co.jp

本文組版　プログレス
本文印刷所　平文社
扉・表紙・カバー印刷所　リヒトプランニング
製本所　誠製本
装丁　安藤剛史

ISBN 978-4-622-08533-1
[めいじちしきじんとしてのうちむらかんぞう]